現代の四国遍路

――道の社会学の視点から――

長田攻一・坂田正顕・関三雄編著

学文社

●執筆者

＊長田攻一　早稲田大学文学部教授（序・一・四・六・七章・結）
＊坂田正顕　早稲田大学文学部教授（序・二・三・六・八章・結）
＊関三雄　山陽学園短期大学教授（序・五章・結）
杉本昌昭　早稲田大学文学部非常勤講師（第八章）
鈴木無二　早稲田大学教育学部非常勤講師（第十章）
入江正勝　千葉商科大学商経部非常勤講師（第九章）
田所承己　早稲田大学文学部非常勤講師（第十一章）
藤沢由和　国立保健医療科学院研究員（第十二章）
浅川泰宏　慶応義塾大学大学院社会学研究科博士課程（年表）

（＊は編者・執筆順）

現代の四国遍路

――道の社会学の視点から――

目次

第三部

序章　四国遍路道と道空間の社会学

巡礼という用語があたかもスタンプラリーと同義のごとく広く用いられる今日、改めて「スタンプラリー」とは何かと問い直してみると、両者が同じものではないとしてもどこか共通の志向が認められ、しかもそれが聖なるものへの志向に通ずるように思われる。番号順に一巡りするという意味で、何かを成就するための形を与えてくれるものとして、スタンプラリーはそのことの意味を疑わずに無条件にその形に身を委ねて行動するある種の宗教行為としての特質を共有しているのかもしれない。とはいえ、史跡巡りや鉄道路線の全駅巡り、さらにはラーメン店巡りに至るさまざまな「スタンプラリー」的行為に「巡礼」という用語が用いられる理由は、われわれにとって巡礼という用語により聖性を感じる度合いが高いからではなかろうか。このような観点からすると、一方で、巡礼という語によってスタンプラリー行為が幾ばくなりとも権威づけられ、他方で、今日の自動車中心になった巡礼がスタンプラリー化しているという非難がそれなりの意味をもつとすれば、「巡礼」が「スタンプラリー」という俗なる語によって貶められるのと裏腹に、むしろ逆に「巡礼」という語の聖性は再活性化されつつあるといえるのかもしれない。

一　問題意識

聖地を求めて人びとが旅する行為のなかに、歴史的時代区分を超えた一定の時間的持続性と一定の同質性が認められ、また他方で異なる地域において相互の表面形態上の相違をみせつつもそれらの間に一定の内的同質性を認めうるかぎり、われわれはそれをとりあえず「巡礼」とよんでおくことにしよう。その意味での「巡礼」が長い歴史を耐え今日の時代に生きているという見方に立つとき、一方では一定の時代や地域を超えて持続する「巡礼（の構造）」とは何かが問われなければならないと同時に、他方では、時代や社会の構造的変化のなかでそれが生きつづけるための社会的メカニズムの解明が求められる。そして巡礼が現代社会において必要とされる理由は何か、また現代社会の条件のなかで巡礼が実現するためには、どのような仕組みが必要になるのかが問われよう。

日本にかぎってみても、代表的な観音巡礼と四国遍路をはじめとして、親鸞上人二十四輩、法然上人二十五霊場、南都七大寺巡礼や日蓮宗二十一ヵ寺巡り、六十六部などの他に、七福神なども含めると、実際の数が把握できないほど日々新たな巡礼の誕生と衰退が繰り返され、その内容は変化している。大法輪閣発行の『全国巡礼巡拝事典』（一九九八年）によれば、その数は全国で三〇〇を超えるとされ、今日の巡礼の隆盛を物語っていよう。その隆盛の意味を考えることは、巡礼研究の観点からも現代社会の特質を探る上からも疎かにすることのできない今日的課題であろう。その大部分は西国、坂東、秩父を代表とする観音霊場と四国遍路それぞれの写し巡礼である。そのなかでも四国遍路は、四国の島の海岸沿いの道に八十八ヵ所の札所霊場が配置されており、巡礼者の巡り方、巡拝作法、お接待習俗などの巡礼儀礼慣行、巡礼者の参加規模の点でも、他の巡礼にみられない特質を有しているばかりでなく、現代に至るまで日本における代表的な巡礼の仕組みを比較的よく維持しているように思われる。

時代の流れのなかで荒廃し崩壊を余儀なくされた八十八ヵ所の札所寺院をその都度再建しつづけ、さまざまな伝説上の具体的な舞台装置をフィジカルな空間の一部として再構成してきた社会的メカニズムこそ、それぞれの時代の人びとに対して遍路道をひとつの意味をもったリアリティとして再生産していくメカニズムの重要部分を成しているに違いない。人間が身体をもつ存在であるかぎり、「同行二人」の思想も、弘法大師の厳しい修行を自らのものとして一体化するリアリティ経験として結実するためには、それを可能にするような条件としての遍路道空間が再構成されつづけられねばならないのである。

四国遍路の庶民化は室町時代から始まっているとされるが[1]、それが急激に進展するのは、戦国期の社会的混乱が収拾され、政治的、経済的安定がもたらされた江戸期に入ってからのことになる。中世までの遍路道は、橋がなく渡し舟で渡らなければならない河川も多く、道しるべがほとんどない状態であり、宿泊施設も整備されていなかった。寛永一五年(一六三八年)大覚寺宮空性法親王の遍路の場合、足掛け四ヵ月を要しており、承応二年(一六五三年)の澄禅の遍路は九一日、貞享二年(一六八五年)の俳人三千風は一二〇日を要したという[2]。その後、江戸幕府の政治体制も安定してくると、参勤交代のための五街道が整備され、農業技術や地域産業技術の発達・改善、大阪方面での商業の発達によって農民を含む一般庶民の生活水準も上昇してくるにつれて、人びとの寺社参詣への動機も高まっていった。これは、伊勢参りや大山参り、西国、坂東、秩父の観音巡礼ばかりでなく、四国遍路への人びとの関心をも高めていった。しかしこれと同時に遍路道空間の整備も進められていったのである。

宥辨真念という高野聖が寺院法度や遊行・勧化の禁止によって高野山を下り大阪の寺島で暮らしていたが、弘法大師への信仰止み難く、五〇年間に二十余度に及ぶ遍路行に出かけたという[3]。真念が貞享四年(一六八七年)に最初の遍路案内書である『四国偏礼道指南』を出版、さらに高野山の学僧、寂本に資料を提供しつつ執筆を依頼して完成した『四国偏礼霊場記』(一六八九年)、そして最後に『四国偏礼功徳記』(一六九〇年)を出版し、それらは版を重ねロングセラーとなった。真念の遍路行の目的は単に自らの行脚の集積ではなく、交通路の整備が主眼であったという[4]。それを裏づけるように、真念は真念庵と呼ばれる遍路屋を建てたり、二〇〇基に及ぶ道標石を建立したのである[5]。

ところが、遍路に出かける民衆の数が増えるにつれて、真念は『四国偏礼道指南』のなかで、「今は劣根、僅に八十八ヵ所の札所計り巡拝し、往還の大道に手を拱く御代なれば、三百有余里の道のりとなりぬ」と回り方が簡略化したことを嘆いているのは、現代の事情が重ね合わせられるようで興味深い。庶民化したあとの四国遍路は、明治・大正・戦前の昭和の時代については十分に明らかにされていない部分が多いとはいえ、不治の病を抱えて住むところを追われた病人遍路や行き所のない囚人や職業遍路と呼ばれる人びとの溜まり場といわれたような影の部分を含みながら、その信仰的磁場としての吸引力を失うことなく、浮き沈みはありながらも多くの人びとを惹きつけてきた。その間の四国遍路は、その後も時代の変化を反映して少しずつ変容しつつも脈々と生きつづけ、第二次世界大戦後の日本社会の急激な変化のなかでそれを支える仕組みを適合的に変容させつつ、巡礼としてのその基本的性格を維持していると(6)いう仮定に立つならば、とくに社会の急激な変容のなかで「巡礼の構造」が維持されるメカニズムに注目することは、現代社会論のテーマとしても十分意義があるものと思われる。

ところで本書は、「巡礼（の構造）」とは何か、という問について正面から答えるものではない。この問に答えるためには日本の巡礼のみならず、世界の巡礼についての豊富な経験的知識と歴史的データを踏まえる必要があろう。それについては「巡礼の構造論」、「比較巡礼論」など多くの先学の業績に学ばなければならない。それらについてはすでに一定の蓄積があり、それらに依拠しながら本書では、むしろ現代日本における四国遍路についての事例研究を中心にそれが維持される社会的仕組みに関心を注いでいる。その意味で、巡礼研究としての本書の意義は、大きく変動しつつある第二次世界大戦以降の現代日本社会のなかで生きつづけている四国遍路という事例を通して、一方では、巡礼の構造に迫るためのささやかなデータを提供することであり、他方では、とくに現代社会における巡礼と社会構造とのかかわりについてのひとつの視点を提供することにあるといえよう。

二　研究方法――道の社会学と巡礼社会という視点――

ここで、本書の構成について若干コメントしておこう。第一部の第一章、第二章は、研究の視点に関するもので、社会学および道の社会学の視点から四国遍路を扱っていくことの意義やポイントについてまとめてある。第二部の第三章、第四章、第五章は、四国八十八ヶ所霊場会（第三章）、行政による道路整備と遍路道（第四章）、移動メディアと遍路体験の変遷（第五章）を扱ったものであり、これらは主に一九九四年のわれわれの研究報告書の内容に沿ったもので、その後の展開を追ったものである。さらに、第三部、第六章から第一二章までは、一九九六年にわれわれの実施した遍路対象のアンケート調査の内容を中心に、調査方法（第六章）、遍路の巡り方（第七章）、遍路の分化形態（第八章）、宿泊・費用・納経形態（第九章）、遍路の動機（第一〇章）、遍路の充実感の現代的生成メカニズム（第一一章）、遍路道に関する意識（第一二章）について、それぞれの問題意識から行った考察をまとめたものである。そして最終章で、現段階での現代四国遍路研究の課題と展望についてまとめている。巻末には、第二次世界大戦後の四国遍路史年表が付されている。

そこで、このような構成をとっている本書の内容理解の一助として、われわれの研究の経緯を振り返ることから、本書の研究方法の特徴を描き出してみよう。われわれ早稲田大学道空間研究所（二〇〇〇年四月から「道空間研究会」より改組再編）では、人間にとっての道の経験的意味を社会学的に考察する方法として、道が線的に長くつづくとともに上り下りを含む幾何学的立体空間としてとらえられる一方、道はそれを利用する人間や社会のさまざまなパースペクティヴの交錯する社会・文化的意味空間としても構成されている点に注目し、道の社会学の可能性を探ってきた。このような視点から、現代社会において多元的な意味の交錯からなる道の空間構成を最も豊かに表象する道空間のひとつとして四国遍路道を事例にとりあげ、一九九〇年前後より一〇年以上にわたり実証的研究を行ってきた。巡礼研究についての予備知識もほとんどなく、文字通りの手探り状態から四国に足を踏み入れたのであり、その最初の手がかりは、巡礼の歴史や普遍的構造であるよりは、それを括弧に入れたままでむしろ現代社会において「巡礼」を可能にしている社会的装置およびその装置の運営方法であった。

四国遍路道は、社会の構造的変容を背景に一方では道の形態ならびに意味変容を余儀なくされつつも、他方では「巡礼の道」として一定の意味の連続性を保っている。そのことは現代人および現代社会にとっていかなる意味をもっているのか、というのがわれわれの当初の素朴な問題意識であったといえよう。それに対するアプローチは研究所構成メンバーの理論的志向や対象への関心のありかたによって微妙に異なるが、現代社会における四国遍路の存立メカニズムの解明を問題にする点でその関心は共通している。

本書はこれまでのわれわれの研究の一部を公にするための第一ステップとして構想されたものであり、これまでわれわれが資料的にまとめた二つの報告書がその源泉となっている。まず第一の報告書『現代社会と四国遍路道』（早稲田大学道空間研究会編、一九九四年）では、四国遍路の聖性の中心的部分を担う八十八ヵ所札所霊場の現代的維持メカニズムを探るという面から取り上げた四国八十八ヶ所霊場会の組織と活動、遍路道の現代的再生のメカニズムを主に第二次世界大戦後の行政の道路づくり（一般道路と自然遊歩道「四国のみち」）の観点から眺めた現代遍路道の再生産メカニズムとその経緯、さらに車遍路の普及を促した「巡拝バス」の第一号からその後の発展を記述し、それに対応して登場してきた歩き遍路、ウォーキングを勧める民間団体の活動とその意味などについてまとめた。第二報告書『四国遍路と遍路道に関する意識調査』（早稲田大学道空間研究会編、一九九七年）は、第一報告書で触れられなかった巡礼者自身の意識と行動について、一九九六年四月から五月にかけて行ったアンケート調査の結果をまとめたものである。

これら二つの報告書に基づいた研究成果は、CD-ROM『現代に生きる四国遍路道―四国遍路の社会学的研究』（早稲田大学文学部編、長田攻一・坂田正顕監修、一九九八年、日本図書センター）ならびに、早稲田社会学会機関誌『社会学年誌』（第四〇号、一九九九年三月）の特集「現代四国遍路の社会学的研究」などがある。また、その後、旧文部省科学研究費で行った『現代社会における四国遍路道を巡る経験と社会・文化的装置に関する研究』（早稲田大学道空間研究所編、二〇〇〇年八月）においては、主として現代四国遍路における接待習俗についてまとめた。これらの研究成果は、その後の同研究所の継続研究の成果の一部およびそれぞれの研究参加者の個別の研究成果とともに、本書の内容に少なからず反映されている。

それらの過程でわれわれが基本的に目指してきたことは、現代四国遍路道を「道の社会学」あるいは「道空間の社会学」という観点からみていくための枠組みを整理することであり、そのための方法を開発することであった。本書、「第二章　道の社会学と遍路道」の試みは、われわれのこれまでの研究の蓄積とそのような観点からの現時点での到達点である。道という語のルーツとその意味の検討、道という線的に長く続く空間特性が、点的空間や面的空間とどのように関わり、それが人間の相互作用や社会関係をどのように規定してきたのか、また道の開設、維持、閉鎖は社会の構成にどのようなかかわりをもち、それがマクロ社会の歴史的変容のなかでどのような変容を余儀なくされるのかなどについて、さまざまな側面と準拠点を整理している。さらに四国遍路道を事例としてみていくさいに、それらの概念装置が現代社会において四国遍路道の果たしうる機能に関してどのような分析的意義を有するかを詳細に論じている。とくに、従来どちらかといえば四国遍路道が地図を上からみた平面的空間としてとらえられる傾向が強かったことを指摘し、実際にはそれが上り下りを含む立体的空間として構成されていることの社会・文化的意味に改めて注意を促すというねらいとアイディアは、遍路道の立体空間構成を視覚化するためにCD-ROMを用いるという構想へと発展したのであり、CD-ROM『現代に生きる四国遍路道』（前出）の重要な制作動機のひとつとなっている。

他方では、そのような遍路道を再生産していく仕組みを巡礼という現象にひきつけてみていくために、巡礼社会とでも呼ぶべき概念が必要であるように思われる。それは、宗教、日常と非日常、聖と俗などの現象としての側面を、道空間の概念のなかにいかにして組み込むかという問題に答える必要があるからである。とくに、第二次世界大戦後日本における急激な社会変動のなかで、日常性と非日常性、聖と俗がどのような形で交代し再生産されていくのかを考察していく必要があろう。今日の巡礼者にはさまざまな人びとが含まれ、単純化することが難しいにしても、日常的漂泊者を別とすれば多くの巡礼者は日常生活から離脱して巡礼経験をするわけであり、その経験は日常性とは異なるリアリティ構成のなかで実現されると考えられる。巡礼行為が宗教的意味をもつとすれば、それは日常生活のリアリティとは別のリアリティ経験であることが求められるのであり、「巡礼社会」とはそのようなリアリティ経験を可能にする社会文化的装置と巡礼者の相互作用によって成り立つといえるのではなかろうか。

もう一点重要なことは、時間と空間の概念が社会的構成物であり、現代社会のマクロからミクロに至る社会的秩序として構成されるものであること、また、それらが日常性—非日常性、聖—俗—遊などの人びとの異質なリアリティ経験として生み出されるものであること、さらにそれらが強固な秩序として人びとを拘束したり相互に交代を繰り返したり対立しあうものであることを考えると、巡礼社会がマクロな社会秩序との関係のなかで巡礼者にとっていかなる時空として生成されうるのかが問われなければならないであろう。後に述べるようにその焦点となるのは、「巡礼社会」の文化的側面としての現代の「巡礼習俗」である。

ただ、四国遍路における「巡礼社会」といういい方は、最初の段階では用いていない。そこでは四国遍路を支えている基本的な社会的装置の具体的な研究対象として、四国八十八ヶ所霊場会、遍路道の再生にかかわる道路行政、巡拝バス運行会社などを、その重要性と調査可能性の観点から列挙し選別していたのであり、あまり日常性と非日常性、聖と俗の交代メカニズムを考慮に入れていたわけではなかった。そのメカニズムよりはむしろ、社会・文化的装置の存在自体に着目したのである。その場合でもその当時、それらで巡礼を支える社会的装置のすべてを網羅していると考えていたわけではない。たとえば、それらの報告書では触れられていない遍路道沿道の生活者、宿泊施設、遍路用品業者などは、その後の研究課題として重視されている。

ただ、それら現代四国遍路を支えている社会的装置は、一括して「巡礼社会」という用語によってくくられる社会の構造的側面として扱ってもよいのではなかろうか。現代四国遍路が、情報化社会、高齢化社会、リスク社会、グローバリゼーションなどと呼ばれる現代社会のマクロな傾向をどのように反映し促進しているのか、またいかなる面で変容を余儀なくされているのか、またそれらのマクロな傾向のなかでどのような存立の意義を有しているのかが明らかにされなければならないと思われる。道の社会学の諸概念は、このような側面の解明に重要な役割を果たすように思われる。

次に、われわれの第二報告書で扱ったのは、巡礼社会のもうひとつの立役者である巡礼者の意識と行動である。本調査でのわれわれのアプローチは大量観察による巡礼者のきわめて表面的特徴の把握であり、それは巡礼者の日常生活上のごく簡単な属性（性別・年齢、職業、家族構成、居住地、関心のある宗教等）と遍路経験のうち客観的に把握しうる回り方、訪問札所、移動手段、日数・費用、持ち物、宿泊施設などと、主観的経験内容としての、動機、充実感、難儀などについての質問によるデータ収集である。その母集団はきわめて確定しにくいものであり、調査対象者の選定も宿坊利用者、調査方法も自発的協力によるというように、調査可能性や物理的条件にかなり制約されざるを得なかった。しかしながら、現代四国の巡礼者についての大まかな特徴をつかむ上で、いまのところこのような方法しか取りえないという判断は現在でも変わっていない。標本の代表性に関して問題があるとはいえ、現代遍路の意識と行動についてのデータがきわめて希少である現状においては、以上のような条件を踏まえて読めば、参考データとして少なからず意義を有するものであるという判断に立ち、少々時間はたっているが本書でもそれらのデータに依拠した分析を行っている。調査方法の詳細については、本書第六章を参照していただきたい。

もともと巡礼者のリアリティ経験内容に迫るためには大量観察的質問方法には限界がある。調査票の自由記述に、このような調査をやることについての疑問を述べる回答者もいた。もちろん主観的内容については、巡礼者へのインタビュー、巡礼者の出版している多数の巡礼記や巡礼ノートなどをデータとして扱う方法などもあり、今後さらにシステマティックに巡礼者の経験内容にアプローチする方法についての検討が必要である。それでもわれわれは、本書の第七章から第一二章までの各論考に示したように、同行形態、移動手段、回り方や納経・装束などの儀礼的手続き、動機やきっかけ、充実感、道や移動手段についての経験や意識などの限られたデータを通じて、現代人の遍路経験の多様性、歩くという行為や身体観、車社会化、観光化、情報社会化など四国遍路に関するミクロからマクロに至るさまざまな現代的特質を浮かび上がらせることができるように思われる。

さて、「巡礼社会」が巡礼者を迎える諸装置と巡礼者相互の関係のなかで再生産されているとするのであれば、われわれは「巡礼社会」のうちでも両者の相互作用のなかで蓄積されてきた「巡礼習俗」とでも呼ぶべき文化的側面に注目する必要がある。それが、日常性と非日常性、聖と俗の転換を可能にする社会・文化的装置の中核部分をなすからである。

三　現代四国遍路習俗の見方―世俗化をキーワードにして

「遍路習俗」といった場合に二種類の回答が可能である。もちろん、一番目としては遍路それ自体が巡礼の種であり、巡礼は多くの宗教にみられる、広い支持基盤をもった宗教的慣行であり、更に、遍路は日本の巡礼のなかでも特異な位置を占める習俗である点が挙げられよう。二番目として、遍路という宗教的慣行を特徴づける内的要素や個々の慣習という面である。このような視点からすれば、遍路（者）と道周辺の住民との関わり合いとして「善根宿」があるし、更に、四国外の広域からの参加者をも巻き込んだ「お接待」がある。ともに四国遍路を個性化する習俗として遍く知られている。ただ、ここでは「道あるいは道空間の社会学」という本書のテーマに従えば、純粋に宗教的（というような現象がありうるならば）あるいは観念的現象としてではなく、時代を超えて存続してきた遍路を複合的な社会習俗として捉えなおす、すなわち、「現代」の価値こそが大きくクローズアップされるはずなのである。

早稲田大学道空間研究会では、現代に生きる（残っているのではない）遍路現象を、道空間という幾何学的位相としては「線」で表示される平面的軌跡を社会的コミュニケーションのトポスとして認識しよう、と調査研究を継続して行ってきた。そのようなアイディアがあって道は道空間へと変換されたわけだが、物理的には道は平面ではなく、立体として意味を帯びてきたことになる。しかし、元来道はそのようなものであったのだ。道の社会的機能は単純ではない。現象的には、人やモノが移動する空間には違いないが、より根源的には人と人との関係が多様に成立する空間である。これを「人間関係」というような矮小化した実体的表現に還元してはならないのである。その意味では、巡礼遍路は宗教的コンテクストのみで語られるには、余りに多面的なテクストとして社会的な「関係」を維持発展してきた空間なのであった。「情報ハイウェイ」のようなアイディアにみられる、人が移動せずとも情報が飛び交う時代の歴史はまだ浅い。つまり、「道」を人が移動するプロセスのなかから、モノや情報が人に付いて回ったのであって、この原理は今尚生きているのである。というよりも、人が移動する空間とは人と人が交流するトポスでもあって、ただ閉ざされた空間を移動するわけではないのであるから、さまざまなトランザクションが生起するのは時代を超えているのだ。そのように考えるならば、「現代」を語るためにも歴史的持続を誇る道を選択した点は意義深いといえよう。いわば、現代の位相において時間的多層性を浮かび上がらせるモデルとなっているのである。「習俗」とはそうしたものであり、まさに時間のテクストとして社会的機能を実現してきたのであって、この道空間にあっても世俗化というベクトルを介入させて読み解こうとしているのである。

遍路という習俗を成り立たせてきた要素は少なくない。しかし、そのなかから道空間研究会では中心的機能を有している要素を絞っている。いうまでもなく、「現代社会」がキーワードになるのだが、習俗を伝統と置換してみれば、その集合表象の積極的価値が輪郭として立ち顕れてくるであろう。そこで、遍路道空間を維持している要素としては、行攻組織も無縁ではないのであり、霊場会のような札所組織は遍路習俗を強化する一方の主役であって、更にバス会社などの移動手段の機械化を導入したことが、遍路習俗の変容を否が応にも推進した点にまずは注目したのである。道空間研究会の研究成果(7)の巻頭言に、「いま、遍路道は岐路に立たされている。とりわけ戦後日本の産業化のプロセスに並行して、遍路道は激しく変容しており、いま現在もその途上にある」と、率直な現状認識が吐露されているが、遍路道空間が歴史的機能、すなわち多層化した社会機能を呑み込んで発展していることは間違いないし、それが今後の展望に繋がっていくはずである。旧遍路道の復元作業が重要であるのは、「現代」のパースペクティヴのうちに再生されるから意味深いのであり、また復元の意味は現代の視点でしか再構築しえないのはアルケオロジーの属性である。

それではこの遍路習俗にとって「世俗化」はどのように絡み合ってきたのだろうか。もちろん、世俗化は近代一般の現象として語りうるものであるが、その際につねに反芻すべきことは、「近代」のモデルは「ヨーロッパ近代」から構築された点である。すなわち、ヨーロッパ近代が何を意味するのかというテーマ自体巨大な問題群を構成しているとしても、あくまでも「近代」はヨーロッパ産のカテゴリーであったことは銘記しておかねばならない。このことが、モダニズム／ポスト・モダニズムというかたちでグローバルな展開を示したには違いないが、少なくとも日本社会を俎上に載せた場合、この認識図式を安易に導入する危険性には敏感であってよいのではなかろうか。ともあれ、世俗化の問題は遍路現象のような巡礼慣行にとっては直接的な「関心事」であった。いうまでもないことであるが、遍路巡礼は宗教行為であり、遍路道を歩く修行が基本思想であったからである。したがって、聖なる世界への道程が遍路の意味であったから当然その帰結としては、俗なるものは極力排除される。修行者の遍路はそのようなもっぱら、弘法大師空海の追体験を通じて聖性を獲得してゆくプロセスと認識されたであろう。

しかし、聖／俗の関係はつねに良好の状態にあるのではなかった。別な表現を与えるならば、世俗という価値観の浸蝕に聖なるものは脅かされてきたのである。まさしく遍路という習俗は、習俗たらしめているところが矛盾を内包していたといえるのだ。なぜなら、宗教家、修行者のみに許された巡礼として遍路が展開してきたのであれば、いわゆる習俗として長きに亘って存続するはずはないからである。広く社会的に開かれつつ、聖化された俗性を保つことが遍路巡礼存続の鍵であり、遍路道がその機能を時代的変容を超えて維持していることが肝要なのである。そのような意味からすれば、道空間それ自体が社会的メディアであり、修行・宗教の道という限定的機能から遍路者と地域住民との関わりの多重化した機能を媒介したのである。それは、時代が下るに連れて強化される。すなわち、遍路道が地域の生活道とクロスすることによって、線的社会のメディアとして機能したことを意味するのである。「お接待」や

「善根宿」がこの習俗の具体相として広く知られているが、この人と人との取り結び方は、いわば「聖性のおすそ分け」なのであって、遍路が自律した宗教行為であればそのような効果は生じないはずである。もちろん、このような理論化は「マレビト信仰」に連合していく意識のあり方であり、聖／俗が結界する地点こそ聖性が生起するという認識に繋がるものでもあろうとすれば、世俗化の視点は聖／俗関係において「構造的に」組み込まれていたと解釈すべきではないか。(8) 遍路が空海弘法大師を媒介とした巡礼には相違あるまいが、空海そのものは聖性を表象する記号一般に還元したとしても、遍路の現代性を考えた場合さほどの不都合はない。そして、その聖なる世界を求める行為は世俗的な力に基盤をもっているからこそ、綿々と続く生命力を宿す習俗となったとしてもいい過ぎではなかろう。たしかに遍路者と地域住民とのコミュニケーションは減退しつつある。これには双方の想像力が関係しているであろうし、それが「世俗化」の指標にもなっている。つまり、日常を超えるものに対する感受力の衰退を世俗化と看倣し、その原動力が科学技術の普及浸透にあり、社会全体が日常の「楽の思想」を第一義とするコスモロジカル上の転換をもたらしたといえるのである。しかし、この現象の流れを過大に評価しすぎるのは現実を見誤ることになる。というのも、聖の領域が水増しされてきたとはいえ、快適性や利便性の追求と並行して非日常性を求める傾向は決して減じてはいない。宗教的思考の根源に聖／俗の区別を置いたのはデュルケムであったが、この差異化する感性が消滅しないかぎり、聖なる世界への往還運動としての巡礼遍路は生き続けるであろう。なるほど、日常生活の質を反映した遍路はお手軽なもの、いわゆる観光化現象が蔓延していることを否定するのは困難である。気楽に遍路に出られるから聖と俗の境界が曖昧になったともいえるだろう。お接待の意味が解らず当惑した遍路者の話もある。それでも「お接待」はなくならないではないか。(9)

ある慣行が習俗として継続するのは変化しないからではなく、じつは変化するからである。今日、遍路は多様な関心の対象となっており、ある意味では活況を呈しているといってもよい。厳冬期や酷暑期はともかくも、春や秋の行楽シーズンには、多くの団体あるいは少人数のグループが札所を訪れる。マイカーや巡拝バスに乗って霊場を巡る場合が多い。じつはこの移動手段の様変わり振りに多数の視線が集まったし、また集まっている。

長く続いた遍路シーンのなかで最大の変化は「乗り物」の導入であるとの印象が強い。もちろん、われわれはつねに過去を再構築し続けているのであるから、かっての遍路シーンに直接触れることはできない。が、道そのもののハードの部分が「歩き」と「乗り物」では決定的に異なるのであって、その結果が遍路形態にも影響することは容易に想像できよう。遍路が修行である、といった古来の認識に立つのであれば、遍路そのものの存立基盤に関わる大事も生じて来る。ただ、道空間という社会的トランザクションの次元では、お接待などの線的関係、ひいては面的ひろがりをも示した関係が、点的なスポットの連鎖でしかない「感受性」が変質を余儀無くしているのだ。早い話が、霊場近くで「物売り」か「お接待」か判別しにくい路傍の人びともいる。トランザクションであるならば、双方向的関係でなければならないし、それは共有された暗黙のコードが存在したことを意味する。遍路が修行、それも在俗の一般人が参加できる宗教習俗として定着した点は特記に値するが、このような「本質論」の議論に与するのは必ずしも賢明な方向とはいえないのではなかろうか。というのも、原初の形（そのようなものがあったとしての話だが）とその変遷を再構築するとしても、ある習俗を社会現象として学問的踏査の対象にするのであれば、「当為」の次元で語ってはならないからである。[10] 遍路・巡礼とは何かという命題はつねに反芻してしかるべきだろうが、原初のモデルや形に拘泥すると現状がみえなくなってしまうであろう。

切れ切れになった「本質」を繋ぎ合わせるような作業は、習俗の持続を社会の流れから故意に切り離すことになろう。確かに民俗学的調査も必要であろうし、歴史学的アプローチも「実像」を構築するためには欠かせないであろう。

あるいは逆に、個別学問のタテワリ意識で対処すべき種類の現象ではあるまいと認識すべきかもしれない。

そのような試みはもちろん、今日までなされてきたし、なされているであろう。しかし、ある種の学問上の専門性に関するイデオロギーがなかったとはいえまい。それが払拭されないかぎり習俗としての遍路あるいは遍路習俗の「現代性」はみえてこないであろう。つまり、こういうことなのだ。「遍路する側」の認識が時間によって変化する、それは「移動手段」などの多様化が大きく作用している可能性が高いが、実は「遍路される側」すなわち「遍路行為を受け入れてきた側」の認識の変化でもあること、も意味する。このようなしごく当然の基本原理を共有しなければ、ささやかな遍路のコスモロジーすら描けないことになるであろう。世俗化という大きな潮流を、止めることは叶うまい。というよりも、世俗の秩序維持のためにエネルギーを供給する源が聖性であったはずである。であるとすれば、世俗化とは、聖／俗の関係が俗の原理である「楽の思想」によって逆転するプロセスに他ならない。つまり、プライオリティが変わった。しかし、一方で世俗は聖を求める。求め方が変わったのである。それを社会の進歩と単純化する者がいたとしても笑うわけにはいかないだろう。たとえば、善根宿でのお接待のあり方の調査がその時代の「遍路像」を再構成することに資するには違いないが、それが廃れた原因を個別のコンテクストで追求するだけではなく、広く社会の動きと末端の宗教意識の絡みを解き明かさなくてはならないのである。巡礼・遍路など殊に一般社会との繋がりが深い宗教慣行であればこそ、なおさら特別の思い込みは禁物である。遍路経験のない者が「お遍路はやはり歩かなければいけない」、などと軽口を叩いたりすることがある。もちろん、徒歩で体験することも意味はあるであろう。しかし、なぜ「やはり歩かなければならない」のだろうか。世俗の生活を享受していればこそ、このような「理念型」が逆説的に出るのだ。(11)

もっとも、まったくふだん遍路のような習俗・慣行に疎い人であるからこそ、あんがい一般的「モデル」を暗示しているかもしれないではないか。そして問題になるのは遍路研究に携わる者が、このモデルを暗黙裡に受け入れており、「いま、ここに」ある遍路の実態を少々歪んだイメージで捉えているとすれば、喜ぶべきことにはならない。課題としてあるのは、現在は過去が流れ込んでいるものと認識して習俗を観察することであり、また過去はつねに現在によって再構築されるという「間テクスト性」の意識であろう。

注

（1）室町期の八〇番国分寺本堂の「四国中辺路同行三人」、四九番浄土寺における「四国中辺路」、「四国遍路」、「四国遍路同行五人」といった落書きがこれを証明する。宮崎忍勝『四国遍路―歴史とこころ』、一九八五年、一六四―一六五ページ
（2）新城常三『新稿 社寺参詣の社会経済史的研究』塙書房、一九八二年、一〇二五ページ
（3）山本和加子『四国遍路民衆史』新人物往来社、一九九五年、一一一―一一四ページ
（4）新城常三、前掲書、一九八二年、一〇二六ページ
（5）頼富本宏・白木利幸『四国遍路の研究』日文研叢書23、国際日本文化研究センター、二〇〇一年、一〇五―一三一ページ
（6）近藤喜博『四国遍路研究』、一九八二年、一九七ページ
（7）道空間研究会編『現代社会と四国遍路道』、一九九四年
（8）高橋徹「まれびと、巡礼、ノーキョーさん」『講座日本の巡礼 第三巻 巡礼の構造と地方巡礼』真野俊和編、雄山閣、一九九六年参照。
（9）お接待の力学は、遍路される個の能動性を象徴する。この変遷を明らかにすることは、遍路における聖性と世俗性の関係構造を解明する契機となる。
（10）当為とは遍路は修行であるし、あらねばならないという思想に立脚した主張のことを指している。研究者のなかにもこの考えが暗黙の前提になっているようなふしがある。
（11）実際のところ、遍路に出ようと思えば、巡拝バスやマイカーがいかに便利かが良く解って、歩くことなど忘れることが多い。それくらい日常の快適さと便利さは人びとの脳髄に浸透しているのであろう。

第一部

第一章　現代社会と四国遍路社会

四国遍路は、いうまでもなく他方の西国、坂東、秩父に代表される観音巡礼と双璧をなす日本の代表的な巡礼のひとつであり、観音巡礼とは異なる固有な性格をもつ。本書は、現代日本における四国遍路の実態について、われわれがここ数年にわたって道空間の社会学という観点から考察してきたことを中間報告的にまとめたものであり、現代四国遍路についての社会学的事例研究のひとつである。

これまで巡礼論は、社会学よりも民俗学、宗教学、歴史学、地理学などで扱われることの方が多かったとはいえ、巡礼が社会現象であり現代社会に生きていることを考えれば、社会学の立場から巡礼に関心を寄せることの正当性について改めて弁解の必要はないであろう。しかしながら、巡礼が世界に多様にみられ、それぞれが固有の歴史をもつことを考えると、巡礼とは何かについての答えは現代の社会学にとって自明ではない。かといってこの問に正面から答えることや、現代という時代状況における巡礼の意味一般について言及することは明らかに本書の課題を超えている。本書は、特殊な社会学的関心をきっかけとした四国遍路についての個別巡礼研究であり、また別の意味では四国遍路を素材とした現代社会論である。

次章で詳しく論じられるが、われわれの研究の出発点は道の社会学である。現代社会において道空間がどのようにその意味を変容させてきたか、すなわち道をめぐる人間の経験の質は時代とともにいかなる変化を遂げてきたのか、またそれは現代社会にとっていかなる意味をもつのかについて考察することであり、その具体的な研究対象として戦略的に重要な意味をもつと思われたのが四国遍路道であった。四国遍路は巡礼のひとつとされ、巡礼一般の特質を有する一方、変化の激しい現代社会で存続可能な条件を考えると、それは日本を含む現代社会のマクロな特質とも無関係ではない。

それでは四国遍路を社会学的に考察するに際して、われわれはどのような側面に注目しなければならないのであろうか。まずここでは、四国遍路の巡礼としての側面、および現代社会のマクロな特質との関係について、あくまで本書での現代四国遍路の研究視角を位置づけるための暫定的かつ必要最低限の予備的考察を行っておきたい。

まずその順序として、現代社会に生きる巡礼に対する現代社会学のひとつの視点を示し、四国遍路をここではどのような視点から扱うかについて若干述べておきたい。

一　現代社会における巡礼研究への視角——巡礼社会——

巡礼への社会学的アプローチについて考える手がかりを得るために、巡礼の比較類型基準に注目してみよう。これらは主として日本の巡礼を念頭に置いた類型基準であって必ずしも網羅的とはいえないが、四国遍路の特質を考える上では十分であると思われる。まず崇拝対象の形態（聖跡、本尊、祖師など）[1]、聖地と日常世界の往復形態（直線型、巡り型）[2]、巡礼の原体験とその歴史的変遷（カミの巡遊、カミ・ホトケとの人間の邂逅、それらを一時的に模倣する庶民巡礼）[3]、巡礼者の資格（厳しい修行を経た資格獲得者、または生得的な資格者のみに許される巡礼と、とくに限定された資格条件を付与しない巡礼、およびその中間形態）に注目した分類[4]などさまざまな試みがある。

具体的巡礼の分類は、これらの組み合わせによって細分されうるが、その詳細に立ち入るのはここでの目的ではない。むしろこれらの比較類型基準が、巡礼を定義づける基本的ポイントのいくつかを示唆していることに目を向けてみよう。第一と第二の基準から、巡礼が聖地を目指す行為であり、聖地は日常生活から分離された非日常世界に位置すること、そして巡礼者はそこで非日常的聖なる体験をして俗なる世界に還ってくる構造が示唆される。そして第三の「巡礼諸形態の変容」という基準は、巡礼が歴史的に、神の巡遊、修行者のカミとの邂逅、修行者をなぞる一般民衆の増大（庶民化・大衆化）という歴史的過程が示唆されている。しかし巡礼形態の歴史的変容は「庶民化」で終っているのであろうか。とくに、四国遍路が現代社会の急激な変動のなかで、巡礼の構造をある程度まで維持しながら変容を遂げているという見方に立つと、現代の巡礼の性格や位置づけに対しても新たな検討が必要であるように思われる。そして、第四の「巡礼者の資格」は、それが聖地に接近するための資格の有無を問題にする視点の重要性を示唆する一方、第二の基準である「聖地と日常生活の往復形態」との関係、第三の「巡礼形態の歴史的変容」との関係を考えるならば、二つの異なる世界における地位と役割（社会関係）の変更・転換はどのようになされ、その転換メカニズムは現在どのように変容してきているのかについての関心を惹起する。

以上の比較類型基準のなかにある「巡礼の構造」、そしてそれを象徴する「非日常性」についてもう少し詳しくみてみよう。巡礼は、日常性からの分離、非日常性の経験、日常性への回帰という、旅一般、あるいは通過儀礼や祭りと類似した構造をもっているといわれる[5]。ここでいう非日常性はもう一度日常性へ回帰するという意味で、俗なる世界から分離された「境界性（liminality）」であり、聖または遊の経験であるといいかえられる[6]。巡礼は、それが非日常性（境界性）のなかでも聖なる経験をともなうことによって広義の旅の限られた領域を占め、また基本的に移動をともなうことによって通過儀礼や祭りと区別される。つまり巡礼は、「聖なる旅」であることにその特徴がある。V・ターナーによれば「境界性」は、① 聖なるもののコミュニケーション、② 遊戯的再構成、③ コミュニタスの三つの側面を含むという。[7]「聖なるもののコミュニケーション」とは、日常性とは異なる聖なる存在へと人間を含めた存在の意味の転換を可能にするコミュニケーションを指し、「遊戯的再構成」とは、日常的文化要素を逆転させたり解体して再構成する過程であり、「コミュニタス」とは、日常的社会規範から解放された平等な社会関係を指す。このうち①と②は、俗から聖、聖から俗の転換儀礼と境界性における聖なるものとの交渉儀礼の二面にまたがるものであり、③は境界性における日常性とは異なる社会関係を指している。現在では彼のもっともよく知られた「コミュニタス」については、あまりにも形式的に平等性を強調し、日常性における社会関係をすべて解消させるような理念的なモデルとして提示されているところから、現実に合わないとする批判が多い。[8]たしかに四国遍路を例に考えてみても、移動メディアの相違や巡礼者自身の考え方の相違、さらには先達のランクづけなどから、巡礼者自体が多様化し、それぞれの間に不平等な関係や対立があるし、日常性における社会関係を反映するような側面も観察される。しかしながら、「境界性」における社会関係はやはり日常性における社会関係から何らかの転換を経ており、そこに基本的な機能上の変化がある以上、V・ターナーがこの側面に注目した慧眼には十分な敬意を払わなければならないであろう。

これらの点を念頭におきつつ、四国遍路の巡礼の基本構造と比較類型論的視点からの基本的特徴をまとめてみよう。まず巡礼の構造としての特徴は、日常世界から聖なる世界への転換の旅であり、最後にはまた元の日常世界へいわば生まれ変わって帰っていくことを意味する擬死再生の儀礼構造をもっていること、さらに、そのような巡礼の基本構造が俗から聖、聖から俗への転換儀礼として制度化されていることである。さらに比較巡礼論的視点からみると四国巡礼は、弘法大師一尊化の観点からみれば「祖師巡礼」ということになるが、聖地が弘法大師に限らずさまざまな信仰に支えられた聖跡であることに注目すれば「聖跡巡礼」になる。聖地と日常生活の往復形態をみれば、八十八ヵ所の霊場を一番から順番に右回りに巡拝して帰途につくという意味では直線型ではなく巡り型である。また歴史的にみれば、とくに江戸時代以降に庶民化された巡礼であって誰でも参加できる、といった点が指摘できよう。

しかし、それはさまざまな歴史的条件に規定されつつ現代社会のマクロな過程の影響を受けており、絶えず変容を余儀なくされている。したがって、このような変容過程にある現代四国遍路を社会学的な関心からとらえようとするときに、これらの巡礼の構造論ないし比較類型論的側面のみに注目するのでは不十分であろう。そこで、ここでは現代四国遍路を社会学的にとらえようとするときに、それを広い意味で「巡礼社会」という観点からとらえてみることにしたい。ここで「巡礼社会」とは、現代社会における巡礼者にとって非日常的時空として成立するような「状況的社会システム」と、それを可能にするような「社会・文化的装置」の両面を含むものである。その範囲は、広義には日本全国にまで拡大するが、狭義には四国の周辺部を中心とする地域に限定される。また、それはつねにマクロな社会過程と連動しているような「社会システム」である。

「状況的社会システム」とは、恒常的に成立しているような社会システムと異なり、一般には、日常的生活においても特定の社会的場面などが一時的に固有のコンテクストにおいて構成される場合に成立する対面的社会システムを指すのに用いられる。寺院やバス会社、宿泊施設など日常生活の営みとして巡礼にかかわる仕事をしている人びと、また年に数日程度であれお接待や善根宿、遍路道の整備などに携わる人びとが、一生に一度であれ毎年であれ日常生活から離れて巡礼者として四国を訪れる人びととの間で、直接的なコミュニケーションによって、多様なレベルにおいて無数に形成する状況的社会システムを総称して用いることにしたい。そこでは、日常生活において経験するリアリティとは異なる一種の聖なる時空が成立するのであり、巡礼者は札所の本堂や大師堂の前で、あるいは苦しい道を歩きながら弘法大師の苦行をなぞる「同行二人」を感じて敬虔な気持ちになり、お接待を受けるときには沿道の住民に「弘法大師」として迎えられるのである。

そのような状況的社会システムを可能にするための「社会・文化的装置」としての巡礼社会とは、①状況的社会システムを当事者として担う人・組織（札所寺院、バス・タクシー会社、宿泊・観光業者、遍路用品販売業者、巡礼者となる人・組織などを含む。ここではこれらを総称して巡礼社会「エージェント」とよぶ）、②フィジカルな社会的構築物としての道、道標、建物など、③境界世界を可能にする巡礼儀礼システム、④それらによって可能になる経験を相対化するメディア、⑤その他の情報・モノなどから構成されるもので、現代社会の構造の一部をなしている。

「状況的社会システム」は、寺院やバス会社、職業的巡礼者にとっては日常的社会システムとして状況的に構成されるが、巡礼者や巡礼者を迎える一部の人びとにとっては、特定の儀礼に従うことを通じて構成する非日常的な状況社会システムであり、彼らの日常的社会システムとは異なるリアリティとして一時的に成立するような社会システムである。それは「状況的社会システム」であるかぎり、四国の外部の人であれ四国在住者であれ、ある特定の制度化された儀礼システムを通じて、一般の生活者が巡礼者になったり巡礼を迎える人としての役割を期待されることになる。その儀礼システムは日常生活のなかで恒常的にそれを維持する役割をもつエージェントによってばかりでなく、非日常的状況（時空）に身を置くことによってその役割を引き受けるエージェントによっても支えられている。

二　「社会・文化的装置」としての四国遍路社会の諸相

われわれは「巡礼社会」を問題にする場合、それが「境界性」を実現する「状況的社会システム」として成立するメカニズムに注目しなければならないとしても、それが「社会・文化的装置」によって可能になるとすれば、その装置を構成する内的要素に注目する必要があろう。それは、他方で同時に「巡礼社会」とマクロな社会過程とのかかわりにつねに気を配らなければならないからでもある。つまり「巡礼社会」を支えている「社会・文化的装置」は、現代社会のマクロな構造と連動しているのであり、そのような現代社会的諸条件を背景とした状況的社会システムの成立のメカニズムを考察するためには、マクロな諸過程を背景として絶えず変容を遂げている「社会・文化的装置」について記述していくことが前提となろう。そのような観点から、四国遍路社会の「社会・文化的装置」の構成に関して、われわれは便宜的に次のようないくつかの側面を焦点化することができよう。

一　札所寺院

四国巡礼が聖地を巡る行為である点に目を向けるならば、その聖性（ないしは宗教性）が生み出され経験される聖地として最も重要な霊場寺院に注目しなければならない。四国巡礼の場合、八十八ヵ所霊場は弘法大師信仰によって統一されているのであるが、必ずしも真言宗の寺院ばかりが集まっているわけではなく、禅宗、天台宗、時宗などの寺院も含まれている。また、各寺院の本尊も、観音菩薩、薬師如来、阿弥陀如来、大日如来、釈迦如来、地蔵菩薩、不動明王、虚空蔵菩薩、その他と多様性に富んでいる。開祖も弘法大師とされている寺院が最も多いとはいえ、行基菩薩の開祖とされる寺院もかなりの数にのぼるし、役小角(役行者)、聖徳太子、日証上人、和気道善、越智玉澄などさまざまであり、その真偽や時代も明確に裏づけがあるものばかりではない(表1-1・1-2・1-3を参照のこと)。それら多様な寺院がどのように八十八ヵ所霊場として選定されたかについても、またなぜ「八十八ヵ所」なのかについての根拠も明確になっているとはいえない。またどの寺院が巡礼霊場としての対象になるかは時代とともに変化するし、それら寺院間に巡礼を支えるための特別な組織や制度が構成されているかどうかも時代によって異なる。ただ「八十八ヵ所札所霊場」の聖地寺院が選定され体系化されてきたことは歴史的事実であり、現在それらの寺院には、本堂

表 1-1　四国八十八ヵ所霊場の宗派

宗派		阿波	土佐	伊予	讃岐	計
真言宗（80）	高野派	17		4	1	22
	豊山派		9	8		17
	智山派		6	2		8
	善通寺派	1			6	7
	大覚寺派	1		1	4	6
	御室派	1		3	7	11
	醍醐派			3	1	4
	律宗			1		1
	石鎚系			1		1
	東寺	1		1		2
	単立			1		1
	計	21	15	25	19	80
天台宗（4）	比叡山派				1	1
	寺門派			1	1	2
	単立				1	1
	計			1	3	4
禅宗（3）	曹洞宗	1				1
	臨済宗妙心寺派	1	1			2
	計	2	1			3
時宗（1）					1	1
総計（88）		23	16	26	23	88

表 1-2　四国八十八ヵ所霊場の本尊

本尊		阿波	土佐	伊予	讃岐	計
観音菩薩	十一面観音	1	2	6	3	12
	千手観音	3	2	2	5	12
計 29(1)	聖観音		(1)		4	4(1)
	馬頭観音				1	1
薬師如来		7	5(1)	5	6	23(1)
阿弥陀如来		2	1(1)	4	2	9(1)
大日如来		1	1	3	1	6
地蔵菩薩		3	1(1)	1		5(1)
不動明王			1(1)	2		3(1)
釈迦如来		3		1	1	5
虚空蔵菩薩		2	1			3
文殊菩薩			1			1
弥勒菩薩		1				1
毘沙門天				1		1
大通智勝如来				1		1
計		23	15(5)	26	23	87(5)

注）第 37 番岩本寺には本尊が 5 つある。（　）内の数字は外数で岩本寺の本尊を示す。

とそこに祭られている本尊とは別に「大師堂」「修行大師像」が境内に配置されており、弘法大師への信仰を共通項として「八十八ヵ所」としての統一化が図られている。各寺院は制度化された仏教系創唱宗教の各宗派のひとつに属してその制度と組織によって運営されており、檀家をもっている寺もあるし、薬師如来、観音菩薩、境内の別堂にある歓喜天などへの信仰をもつ信者が数多く訪れる寺院もある。「八十八ヵ所霊場」であるからといって、つねに巡礼者のための活動のみを行っているわけではない。このように四国八十八ヵ所霊場は、真言宗、禅宗、天台宗、時宗各派を中心とするそれぞれの既存宗派組織を基礎としながらも、その傍らで、戦後でいえば昭和三〇年前後に四国八十八ヶ所霊場会が再組織されて現在

表 1-3　四国八十八ヵ所霊場の開祖

	阿波	土佐	伊予	讃岐	計
弘法大師	14	7	7	10	28
行基菩薩	7	8	7	4	26
役小角	1		3		4
聖徳太子			1	1	2
日証上人				2	2
和気道善				2	2
越智玉澄			2		2
聖武天皇			1		1
天武天皇	1				1
推古天皇				1	1
鑑真和上				1	1
正澄上人			1		1
越智守興			1		1
恵明上人			1		1
百済王の仏師		1			1
百済の僧			1		1
義淵僧正				1	1
豊後の真野という長者			1		1
佐伯氏の氏寺				1	1
計	23	16	26	23	88

では霊場会固有の活動を行うようになっており、札所寺院はつねにこのような二重性を抱えている。したがってわれわれは、霊場会のような巡礼寺院社会システムが、現代社会のなかで既存宗派組織と並存しつつ維持されるメカニズムに注目することが必要である。霊場寺院はのちに述べる巡礼社会「エージェント・システム」の一部をなすが、八十八ヶ所霊場会は状況的システムを可能にするために四国遍路社会（巡礼社会）に制度化された構造的側面の一部として特別の位置を占めている。

二　巡礼道

四国遍路が聖地を巡る行為であるとすれば、聖地までの道、あるいは複数の聖地を結ぶ道が四国巡礼社会に必要不可欠な条件である。しかし、四国遍路専用の道などはほとんどない。四国遍路道は、みな一般の国道、県道、市町村道などであり、それらの道が、沿道にある道しるべや寺などの文化的施設、上り下りや海辺、山辺、田園、街中などの地理的形態、順路、巡り方等の儀礼的意味、利用する人の経験によって、道そのものが聖なる道となるのである。道は、地形や社会・文化的環境条件に依拠した社会・文化的空間構成物であり、その構成形態と人びとの利用形態に従って、幹線道路とよばれたり、生活道路とよばれたり、観光道路とよばれたりするように、同じ道であっても利用する人のパースペクティヴ（ないし「まなざし」[9]）に従って、沿道の人、自然、文化との交流経験は大きく異なり、道の意味は大きく変化する。日常的に多様な機能的意味を与えられうる道が非日常的巡礼のパースペクティヴによってどのように選択され分節化され、どのような範囲の道が巡礼道として意味づけられるのか、また、そのことによって沿道に住む人はどのような存在として振舞うことを期待されるのか、また巡礼者と沿道生活者の関係は、巡礼者がその道で利用しうる移動メディアによってどのように変容するのかなどが問われよう。歴史的に遍路用の道標が立てられたり遍路墓が点々と残っていたり、遍路にゆかりのあるさまざまなお堂や石碑、弘法大師の加持水源などは、その道が遍路道であることを人びとに思い起こさせる重要なマーカーとなっている[10]。しかしそれらのマーカーは、時代の変化とともに廃れてしまったり新旧の交代がなされたり、その内容も変化し、それに付与される意味も大きく変わってくる。道はつねに巡礼者がそこを巡礼道として選択し意味づけることによって、「巡礼社会」の一部となるといえよう。

三　巡礼儀礼システム

巡礼の聖地および巡礼道は、そこをつねに「聖なるもの」として意味づけることを可能にする文化的装置によって支えられている。ここでは、巡礼行為を可能にするためのそのような装置として制度化された儀礼システムを「巡礼儀礼システム」とよんでおきたい。それは通常、巡礼を開始するための儀礼、札所での参拝儀礼、道中でのさまざまな儀礼(接待儀礼、お堂や番外聖地での参拝儀礼、回り方の儀礼など)、さらにはもとの日常生活に還るための儀礼などを含む。またそのような儀礼の実践を通じて、人びとはもともと霊地に建てられた寺院を巡礼の札所のひとつとして意味づけ、多様な意味をもつ道を「聖なる道」として意味づけ、特定の儀礼にしたがってそこを通り聖地を訪れる人を「巡礼者」として意味づけるのである。その場合、沿道にあるさまざまなマーカー(道標、札所、その他の聖地にゆかりのある場所やモノ)は、巡礼儀礼システムの働きを容易にする社会・文化的装置の一部をなしている。また巡礼を始める際には、持ち物として、経本、巡礼装束、参拝作法書、納札、日記、納経帳、その他の巡礼用品、案内書や入門書、地図、情報誌、パンフレットなどが携行される。それら儀礼を実践するための直接的用具も、その意味で巡礼儀礼システムが作動するための重要な文化的装置の一部である。狭義の巡礼儀礼システムは、それを支える人びとに共有されている知識ないし行動様式である。ただしここでは、巡礼儀礼システムが実践に移される際に参照されたり動員される情報、参拝用具としてのモノも、広義の巡礼儀礼システムの一部と考えておきたい。狭義の巡礼儀礼システムとしての知識や行動様式は、巡礼者や巡礼を迎える人びとが具体的な状況のなかで相互に参照し合い、それぞれの経験の結果にもとづいて絶えず修正されていくものである。その内容は人や集団によって、あるいは時代によって、必ずしも均一ではないし、その内容を正確に記述することは困難である。しかしその内容は緩やかな形であれ一定の合意の下で統合されており、それによって人びとが「四国遍路」を同定し「四国遍路社会」という状況的社会システムを作り出すことができると考えられる。四国巡礼儀礼システムは、このような「巡礼社会」を可能にする社会・文化的装置の中心的位置を占めるものであり、これについては項を改めて検討したい。

四　メディア

巡礼儀礼システムは、人びとに伝達されなければならない。また、実践で得られた経験は、メディアを通じて表現され伝達される一方、それらメディアに接する人びとによって学習され疑似体験される。ただしここでいうメディアは「出来事の経験を相対化する機能」に注目した概念であり、遍路について知り、実践し、表現・伝達し、学習・疑似体験するなど、経験を相対化する手段を一括して「メディア」という言葉を用いることにしたい。車などの移動手段は、遍路経験の意味を相対化し大きく変容させたという意味で、ここではメディアのひとつとして扱っておきたい。また、人(たとえば先達)、書物、パンフレット、テレビなど、具体的なモノや人といった手段も、そのような機能を果たす側面に注目するかぎりにおいて「メディア」として扱われる。巡礼儀礼システムは、移動手段、さらにはいわゆる情報メディアを媒介することによって、境界性の経験ならびにそこでのリアリティ構成の変換(境界性への変換ばかりでなく境界性経験自体のさらなる変換）をうながすことに注目したいからである。まず、現在では、巡礼行を実践するためには移動メディアとして、自らの身体、自転車、オートバイ、自動車、バス、タクシー、鉄道、飛行機など、さまざまな手段が使われる。そして、事前にあるいは自宅に戻ってから、巡礼経験や巡礼作法について学ぶためのビデオ、CD-ROM、インターネット、また、巡礼の歴史についての案内書や解説書、研究書、巡礼を題材にした小説やテレビ番組、演劇などの学習・疑似体験メディア、またさらには、経験者の日記や単行本などの表現・伝達メディアは、遍路経験の変換メディアとしての機能を果たしうる。

これまでは、儀礼を実践したり伝えるためのモノや情報からなるメディアは儀礼システムの一部と考えられてきたが、現代社会における移動メディア、学習・疑似体験メディア、表現・伝達メディアの多様化と複雑化は、巡礼儀礼システムとこれらメディアの組み合わせによる多元的なリアリティ構成の可能性についての議論を示唆するように思われる。

五　巡礼社会エージェント・システム

巡礼を支える儀礼システムはまた、さまざまな社会的エージェントによって支えられている。そのような社会的エージェントには、寺院、沿道住民、地域集団、宿泊業者、用品販売業者、みやげ物業者、交通機関、観光案内業者、行政、その他多様な社会的存在が含まれる。また、巡礼儀礼システムを支える構成員としてもうひとつ忘れてならないのは次に述べる巡礼者自身である。しかしここでは巡礼社会を可能にするエージェントを、巡礼者を迎える側のカテゴリーと巡礼者というカテゴリーの二種類に便宜的に分けておきたい。そして、巡礼者を迎える側の社会的エージェントを総称して、ここでは巡礼儀礼を支える四国遍路「エージェント・システム」[11]とよぶことにしよう。四国遍路

「エージェント・システム」は、状況的社会システムとしての「巡礼社会」を可能にする当事者となりうる人や組織を指しており、道や聖地、巡礼儀礼システム、メディアとともに、社会・文化的装置としての巡礼社会の一部をなす。「エージェント・システム」の構成員は、状況的社会システムとしての「巡礼社会」を恒常的に作り出すための日常的仕事を行っている場合もあれば、特定の期間や巡礼者がそこを訪れる場合にのみそのような装置としての役割を果たすこともある。また、行政のように直接的に宗教的活動に奉仕する目的はもたないが、歴史・文化と伝統維持のための活動へと目的を変換することによって結果として巡礼社会に奉仕する役割を果たすという意味で、間接的に四国遍路「エージェント・システム」の一部をなしているとみなしうる場合もある。巡礼を可能にする儀礼システムはどのような社会的エージェントによって支えられ、またとくに変化の激しい現代社会において、さまざまな社会的エージェントがその儀礼システムをどのように相互に支え合い再生産しているかは社会学の中心的関心対象となろう。

六　巡礼者

最後の重要な社会学的関心の焦点となるのは、巡礼者である。巡礼者になる人は、状況的社会システムとしての「巡礼社会」のエージェントとして巡礼社会の社会・文化的装置を利用しかつ支える人である。現代の巡礼者はいかなる社会構造的背景をもち、いかなる意識の下で、いかにして巡礼という行為を選択し実践するのであろうか。またどのようなメディアを使って巡礼を行い、その行為を通じて人びとはいかなる経験をし、その経験は現代社会のなかでいかなる意味をもつのであろうか。現地の社会・文化的装置としての巡礼社会エージェント・システムを構成している人びとも、ときには巡礼の旅に出ることがある。巡礼社会の巡礼儀礼システムは巡礼を志す人の社会的地位や資格の転換を可能にするのであり、それによって巡礼者は状況的社会システムとしての「巡礼社会」の参与者としての資格を得るのである。そのような巡礼儀礼システムを必要とする巡礼者の意識や社会構造的背景と、日本社会全体のマクロな傾向とのかかわりはきわめて重要になってこよう。

巡礼者と巡礼社会との関係については若干補足的コメントが必要であろう。誰でも巡礼者という資格において状況的社会システムとしての「巡礼社会」の一員となりうるが、巡礼に出かける以前や日常生活に還っている間は潜在的巡礼者である。巡礼者に注目すれば、これら潜在的巡礼者までを含めて巡礼社会エージェントという言葉を使うこともできるし、巡礼地を中心としてそこへ巡礼者としてかかわっているかぎりにおいて、巡礼者を状況的社会システムとしての「巡礼社会」の一員として限定的に扱うこともできる。他方、四国に在住している人であれ四国以外に住んでいる人であれ、状況的「巡礼社会」を支える一員としてかかわるかぎりは社会・文化的装置としての巡礼社会エージェントの一員であるし、そのかかわり方にも顕在性と潜在性の違いは出てこよう。このように巡礼社会という用語も、状況的社会システムと社会・文化的装置という区別の他に、顕在性と潜在性の区別が問題になる軸があり、しかも巡礼社会の範囲を巡礼地に限定するか否かによって概念のカバーする範囲は異なってくる。ここではとくに巡礼地を中心とし顕在的巡礼者となっている人びとに焦点を絞って「巡礼者」という用語を用いることにしたい。また、そのような顕在的巡礼者を受容するエージェントを、巡礼社会エージェント・システムと考えることにしたい。とはいえ、日本全国あるいは海外にまで広がる潜在的巡礼者の存在を無視することはできないし、現代に限ったことではないが社会・文化的装置としての巡礼社会を支える人の広がりも巡礼地に限定することはできない。したがって、そのような潜在的巡礼者や社会・文化的装置としての巡礼社会を支える間接的・潜在的エージェントの広がりについても、文脈に応じて言及することは必要であろう。

以上の諸点は、上述のような意味での巡礼社会という特殊な社会の諸局面を操作化しうるべく範疇化したものであり、現実の社会を巡礼という観点から把握するためのあくまで便宜的な区別であり概念装置に過ぎない。しかしながら、その中心にある「巡礼儀礼システム」を通して、それを実践する人びとや集団が状況的社会システムとしての「巡礼社会」を創出し、社会・文化的装置としての巡礼社会を維持し再生産するメカニズムを明らかにするために、以上のような諸側面について巡礼者や巡礼者を迎えるさまざまな立場の人びとの意識や行動についてのデータを収集し分析していくことができるであろう。

以上を念頭におきつつ、四国遍路という巡礼社会の諸局面のそれぞれに現代社会のマクロな過程がどのような関わりをもちうるのかについて考察していこう。次節以降では、現代日本を取り巻くマクロ状況と四国遍路との関わりを背景として、四国遍路の「巡礼社会」と「巡礼者」に関してとくに重要な意味をもつと思われるトピックをとりあげて仮説的な考察を試みよう。第一には、社会・文化的装置の中心にある四国遍路の巡礼儀礼システムがどのように持続し変容しつつあるかであり、第二には、現代社会の工業化、情報化の結果としての利便化の問題が巡礼者や遍路社会にどのような問題を提起しているかについてである。また第三には、現代社会における標準的人生の喪失と人生サイクルの変容の問題であり、それが四国遍路に出かける人や四国遍路社会にいかなる問題を提起するかを考えたい。

三　四国遍路における巡礼儀礼システムの持続と変容

四国の遍路儀礼システムは、必ずしも整合性をもって体系化されたものではない。それは、霊場会の教義、地元の人びとの多様な民間信仰や習俗、さらには新宗教的な組織[12]の儀礼慣行、狭義での非宗教的個人儀礼などが、弘法大師という宗教的シンボリズムを媒介として相互に結びつけられ緩やかに一元化されてはいるが、その内部でそれらが共存しつつ相互に対立ないし競合している面もみられ、「宗教—非宗教」にまたがる幅広い現代的巡礼儀礼システムを構成している。したがって多様な儀礼が許容されるかぎりにおいて多様なカテゴリーの参与資格が生み出されうるばかりでなく、現代社会のさまざまなメディアによって、人びとの間に多様な経験の違いを生み出すことにも目を向ける必要があろう。

巡礼者を迎える人びとの多くもある程度まで現代社会の一員として現代的ライフスタイルで生活をしているのであり、巡礼に出かける人のパースペクティヴの転換に協力するためには、特定の制度化された儀礼に従わなければならない。しかしながら、現代社会はこのような制度化された儀礼をさまざまな形に変容させてきている。それは必ずしも脱聖化という意味での世俗化やプライバタイゼーション（信仰の私化）の概念では説明しきれないのであり、現代の巡礼における聖性は、創唱宗教か民俗宗教かといった二者択一的な狭義の宗教範疇では十分にとらえきれない複雑な様相をみせているように思われるが、この点についてはここで詳しくは触れない[13]。

ここで考えなければならないのは、四国遍路における「巡礼儀礼システム」の内容はどのようなものかということ、その儀礼システムを受け入れ側および巡礼者がどのように担っているのか、それがどのように持続され変容しつつあるかである。まず儀礼システムの内容であるが、基本的なものとしては、巡礼の構造論から巡礼が「境界性」の経験であることに注目すれば、「境界性」は日常性と日常性との間に生ずる非日常的時空を指し、「巡礼儀礼システム」とはそのような非日常的時空を生み出し、そこでの聖なる経験を可能にする社会・文化的装置である。これは基本的に、境界性の経験と日常性経験との間の転換儀礼と、境界領域における聖なるものとの交渉儀礼という二つの側面を含む。

歴史的にこの大師信仰を支えそれによって支えられてきた巡礼社会システムの転換儀礼、聖なるものとの交渉儀礼を含む基本的な儀礼的装置は、時代とともに変化するとしても、平成一三年時点の典型的なものとして仮説的に確認できるのは次の諸点であろう。

(一) **境界領域と日常領域の転換儀礼**

① 始まりの寺院から最後の寺院までの番号が振られ、日常性からの分離と境界性への移行を時間的、空間的に当事者に確認させるための霊場巡拝順序が設定されている。

② 日常世界からの分離と境界領域に立ち入るための遍路装束(菅笠、白装束、杖、鈴、輪袈裟等)、納経帳、線香、その他の持ち物。

③ 最後には結願寺にて感謝の祈りをささげる儀礼を経て、日常性への回帰を可能にする社会的儀礼。

(二) **聖なるものとの交渉儀礼**

① 右回りに順番に回るという巡拝儀礼。インドに起源をもつという、聖なるものへの敬意を示す右繞儀礼。

② 境界領域での「死者」としての平等な資格を獲得し、擬死再生を可能にする遍路装束(死装束)、死をイメージさせる持ち物(墓標としての意味をもつ杖、棺桶の蓋に書かれる文句の書かれた菅笠)。

③ 各霊場境界内での本尊、弘法大師、その他の神仏に対する参拝作法(聖なるものへの挨拶、懺悔と誓い、納経、読経、回向)によって聖なる力による擬死再生を図る儀礼。

④ 「同行二人」に象徴される、「弘法大師とともに巡拝する」「弘法大師の苦行をなぞる」という弘法大師信仰にもとづく、大師と一体化することを目指す行動様式。

⑤ 遍路者を弘法大師として迎える沿道住民の接待習俗。遍路社会を支えている地域住民のお接待や善根宿の習俗

が、儀礼行為として存在すること。これも、「遍路者を弘法大師として迎える」「遍路者へのもてなしにより自らの功徳を積もうとする」、などのように、弘法大師信仰にもとづいて解釈され説明されている。

さて、これらの基本的儀礼システムは、現代社会のマクロな過程のもとでさまざまな変容や簡略化の影響を受けている。しかしながら現代社会の過程がすべて儀礼を簡略化させたり境界性の経験を希薄化させるものであるわけではなく、その逆の場合もみられるし、現代に見合った新たな形態が生み出されてくる場合もみられることに注意しなければならない。そして境界性の経験を希薄化させるベクトルをもつ傾向と、境界性の経験を強化するベクトルをもつ傾向は、ある程度まで拮抗しつつ基本的儀礼システムを支えていると思われるのである。

たとえば、昭和三〇年代から四〇年代にかけて飛躍的に増大した大型バスによる巡拝は、いわゆる車遍路を一般化させたが、これによって歩くことによる経験の意味が見直され、歩き遍路を本来の遍路とする考え方が生じるようになった。今日の車遍路は、「時間と金銭的余裕さえあれば、本当は自分も歩きたい」「歩いている人の姿をみると本当に頭が下がる」といった言葉に表れているように、ほぼ一様に一種の後ろめたさや引け目意識をもっているのである。車遍路／歩き遍路にみられるこのような二項対立は、通し打ち／区切り打ち、順打ち／逆打ち、札所霊場／奥の院、本霊場／番外霊場、本霊場／写し霊場など、遍路儀礼システムの外延と内包を含むさまざまな側面について観察できる。このような二項対立は現代社会に特有のものではなく、むしろ巡礼の構造そのものの特質であるようにも思われる。時代状況のなかで新たなメディアや道の構造の変容によって、その二項対立の構成内容は新たな形態をとるとしても二項対立の構造自体は再生産されていくにちがいない。

ところが他方では、メディアの多様化は、境界性としての経験を相対化しドラマ化することによって疑似体験を可能にする。このような過程は、V・ターナーのいう「リミノイド（liminoid〝境界性のようなもの〟を意味する造語）[14]」に近いものを生み出す。この疑似体験が身体感覚を通して現実体験へとフィードバックされないかぎり、聖なるものは多元的に変換され増殖しつづけるように思われる。ただ変換された聖なるものが、儀礼システムの二項対立の緊張関係を弱めることになるかどうかは一概にいえない（たとえば、演劇やテレビ・ドラマのなかでは、巡礼の聖性はある種誇張され美化されることによって、より強まるとも考えられる）のであり、その内容は変容するとしても二項対立の緊張関係そのものは程度の差はあれ維持されるといえよう。

四　四国遍路の利便化と儀礼的システムの変容

さて次に、今度は現代日本のマクロな状況の側から四国遍路をみた場合に、社会学の関心から視野に入ってくるいくつかの点についてみていくことにしよう。その第一は、利便化の問題である。四国遍路は、現在では車で行く人がほとんどであり、ロープウェイが設置された霊場も二ヵ所ある。また遍路に関する情報もきわめて豊富になっている。これらを推し進めたのは日本の戦後の工業化でありその延長としての情報化である。これらの過程について簡単にみることによって、利便性が四国遍路に提起する問題について考えてみよう。

まず、工業化をここでは基本的に生産力の飛躍的拡大を促す拡大再生産過程であると理解しておくならば、工業化を支えてきた近代の（そして戦後日本の）価値観は、経済的豊かさの追求であると同時に自由と平等を目指す基本的民主化のそれであり、それは戦後日本の経済高度成長とそれにともなう急激な社会構造上の変容をもたらし、その帰結が第三次産業を中心とする産業構造への移行と豊かな新中間大衆の出現であった。さらにそれはハード面では、必然的に工業化による土地利用の地域的再構成の要因でもあり結果でもある道路網の整備とモータリゼーションをもたらした。それは、四国遍路を支える沿道地域社会の仕組みを大きく変えたばかりでなく、その結果としての巡礼道の車道化を推し進めた。しかしながら、この過程で四国遍路は衰退するどころか、一九五三(昭和二八)年以降順調な伸びをみせる大型バスを中心とする車遍路が活発化し始め、昭和四〇年代から五〇年代にはそのピークを迎えるのである。

車遍路は現代遍路の中心部分をなしており、それを否定することはできない。しかしながら、車遍路の主流化を契機として歩き遍路の再評価が行われ、車遍路と歩き遍路を両極として、巡拝バス・タクシー、鉄道・路線バス、バイク、自転車など多様な移動メディアを利用した遍路形態が登場し、遍路者の分化と経験内容の多様化が生じるようになる。これらの点については後の章においてより詳しく論じられる予定であるので、ここではこれ以上立ち入らない。ここでは、モータリゼーションが巡礼者の二項対立的分断を生み出したことが、その他のマクロ過程によってどのような影響を受けることになるかについてみていこう。

遍路道の利便化は、一方的に誰でもが安易な方法を選択する傾向を促進するわけではなかろう。これまでは健康上の問題から断念していた体力の衰えた高齢者や体の不自由な人でも、車なら数多く参加できるようになる。実際に、ワゴン車から降りてキャスター付きの点滴装置を引きながら札所で参拝する高齢者や病弱な人の姿を、最近ではけっこうみかけるのである。絶対数からすると、今後は高齢者のなかにそのような人の割合が高くなることは明白である。われわれの一九九六年の遍路対象調査のフリーアンサーにみられるように、歩き遍路のなかに、そのような人びとが車を利用してであれ遍路に出かけられるようになったことを肯定的にとらえている人は少なからずいる。(15)

すでにみたように、歩くことが本来の姿であるとする見解が生じてきたのは、モータリゼーションの帰結である。そのことは、利便化が必ずしも脱聖化と直結するわけではないこと、歩くことの聖性をさらに強化するばかりでなく、移動手段の選択肢の幅を許容し聖性を享受しうる層の拡大を促すことにもつながることを意味してもいるのである。

また、利便化は情報化の観点からも指摘することができる。たとえば、四国遍路に関する書物や案内書は数多く出版されている。そのなかでも「へんろみち保存協力会」代表の宮崎建樹氏が出版している『四国遍路ひとり歩き同行二人』[16]は、歩き遍路のために札所ばかりでなく、番外霊場、遍路墓、旧遍路道、道しるべの位置、宿泊施設、距離と時間などを書き込んだ詳細な地図を一冊の本にしたものである。遍路地図は江戸時代からさまざまなものが残されているが[17]、縮尺二万五〇〇〇分の一の地図に正確に道沿いのさまざまな施設の他に、距離と時間まで書き込んだ詳細な地図がつくられたことはかつてない。そのような地図がなぜ現代の社会で必要とされるのかについて、当の宮崎氏は「江戸時代から昭和初期くらいまでは、札所の順番を示すような簡単な地図でも現地の人びとの情報に依存しながら回ることができたが、現代の道は複雑に枝分かれしていたりつねに変化しているため、現地の人びとに聞いてもわからないことが多い。したがって、とくに歩き遍路専用の詳細な情報量の多い地図が必要である」として、自ら地図を作ろうと一念発起した理由の一端を語っている[18]。もちろんこのような地図はそのような非凡で奇特な個人の志と努力がなければ実現できないとしても、遍路道案内書は、現代社会の主流である車遍路用のものも含めれば枚挙に暇がない。これは、情報化社会の技術の浸透した現代社会の四国遍路においてはじめて可能になったといえよう。

「へんろみち保存協力会」の地図でもうひとつ重要なのは、旧遍路道を掘り起こす思想と運動が背後にあることである。たとえば今ではほとんど使われなくなってしまった遍路道を、草刈奉仕団を組織して草刈や清掃を行い、歩き遍路に紹介したり自ら歩き遍路を組織して遍路に出かけその道を通るのである。そのような道の一例として、三六番青龍寺と三七番岩本寺の間、高知県須崎市に近いところにある「そえみみず遍路道」がある。これが同地図に紹介されているばかりでなく、実際にこの道沿いには多くの人の協力で、立派な平成遍路石が立てられ、多数の簡単な道しるべが付けられているのである。

ここで注意すべきなのは、四国遍路の各種情報提供にみられる利便化のもたらす帰結には、二つの側面があることである。つまり便利情報が遍路旅を容易にしすぎて巡礼の境界性の輪郭を曖昧にしてしまう側面と、他方でそれに対抗して新たな境界性創出を促すような情報生産や情報交換を活発化させる側面である。宮崎氏は、道しるべもあまりに親切に付け過ぎないように注意を払っていると述べているし、旧遍路道の復旧は、現代歩き遍路のための新たな難所創出のための作業であり、それは同時に現代遍路の聖性活性化へ人びとを誘うための情報提供なのである。

情報化のより顕著な例をあげると、四国八十八ヶ所霊場会では伊予鉄観光開発と愛媛新聞記者によって発行されている遍路の新聞『月刊へんろ』の監修をしているし、善通寺に置かれている事務局にはコンピュータが設置され先達名簿管理が行われている。また同青年部で作られたインターネット・ホームページがある。また、遍路でも歩き遍路をした場合、かなり多くの人が遍路日記を出版している。そのなかには、率直に綴られた自らの経験ばかりでなく、現代社会で生活する自らの日常生活への反省、これから遍路に旅立つ人へのさまざまなアドバイスなどが盛り込まれている。そして、コンピュータでインターネットを活用している現代の遍路なら必ず利用するのが、情報のお接待をしている「掬水へんろ館」[19]のホームページである。そこからは現在ホームページを開いている遍路に関連するあらゆるサイトにリンクが張られており、さまざまなタイプの遍路日記や写真、刊行物の紹介、その他の案内情報、意見交換の場が用意されている。広義の四国巡礼社会エージェントは、このような形で広がりをみせているといえよう。

それらのメディアを通じてやり取りされるのは、遍路経験を通して語られる、歩き、自転車、車のそれぞれの手段に合わせた細かな便利情報であるが、他方では、それは、宿泊施設、札所、トイレ等々についての苦情や不満などの表出であったり、難所へ楽に行けるようになったことへの感謝と、難所がなくなることへの嘆息と憂いなど、そこには相反する感情や意見の交錯がみられる。しかしながらそれでもなお、それらのメディアの隆盛は、現代における境界性（聖性）の喪失を憂い、新たな境界性の創出を希求する人びとのニーズとそのニーズに突き動かされた豊かなコミュニケーションに支えられているといえよう。さらには、メディアによる遍路経験の変換は、一方ではメディアを通しての四国遍路のバーチャルな経験を可能にし、それはともすれば現実の遍路経験からかけ離れた遍路イメージを作り出すことに貢献している。しかし他方では、それにもかかわらず、変換された「四国遍路」への人びとの関心には、変換されたものの究極に、あるいは逆に変換されたものの根源に、何らかの聖なるものの魅力ないしそれを求める志向が見出せるように思われるのである。それは、巡礼社会の境界性そのものが現代においても重要な意味をもっていることを暗示すると同時に、それを可能にする四国遍路の社会・文化的装置が、利便性を追求する現代社会のメカニズムを自らの内部に組み込みながら、新たな様相のもとで自らを再生産していく過程を裏づけるものであるにちがいない。さもなければ、四国遍路そのものが現代社会において存続することは難しいとすら思われるのである。利便性が遍路社会の商業化、観光化、脱聖化を促したり、安易な職業遍路を増やすことにも繋がりうることにも注意が必要であるが、それは事態の一面であることを認識する必要があろう。

五　標準的人生喪失と自己決定の強要にともなう四国遍路社会の変容

現代社会のマクロな過程として、再帰的近代化が指摘されている。これは工業化を中心として進展してきた近代社会の新しい段階を指しており、これがもたらす結果として個人が個々の行動ばかりでなく、アイデンティティ選択、生活選択、人生選択に至るまであらゆる面で自己決定を迫られるというより、むしろ強制される状況が生じている。

このような現代社会の特質から四国遍路に関して提起される問題はどのようなものであろうか。

一　自己決定を強要する社会と四国遍路社会の巡礼儀礼システム

自己決定を迫る社会状況は、再帰的近代化という過程から生じるとされる。A・ギデンズは、現代社会をモダニティではなくハイモダニティとよび、U・ベックは「リスク社会」とよんでいるが、両者ともにその特徴を「再帰性(reflexivity)」によって表現した。[20]それは社会全体のレベルでいえば、工業化の諸制度が自ら統制できないような脅威を生み出し、それに対する公的、政治的、私的な論争や対立が、そのような近代化の帰結を近代化そのものの基盤と対決させる状態、およびそのような状態が累積的に増殖することが正当化されるような段階に至った近代社会の特質を指している。U・ベックによれば、それは個人が既存の職場組織、階層構造、家族構造におけるジェンダー、人種、年齢などの秩序から解放されてくるとともに、新たな構造へと再編成されていく際に自己決定が強要されるようになるという意味での「個人化」という過程をともなう。

近代化における工業化の生産様式や労働形態が変容するとともに、核家族が単位となり世帯主(男性が中心)が仕事を得てはじめて家族の生存が保証されるような、近代の工業化段階の核家族的・階層的・ジェンダー社会が適合性を喪失し始め、自らのアイデンティティの根拠、家族、結婚、男女の役割についての価値観の揺らぎによって、行動に関する知識、信仰、行為を導く伝統的規範の安定性と確実性が失われることになり、個人は、家族や職業選択、地域社会の伝統的な生活規範から解放されて自由になる一方、教育水準や、可処分所得の上昇、労使関係の法制化、労働時間の短縮と自由時間の増大、職場の脱集中化(在宅勤務等)など、変化が激しく新しい社会的秩序化の動きのなかで再適応を迫られる。その際、個人は標準的人生を喪失する一方、どのような人生を創出するかの決定はつねに自らの責任で行うことが義務づけられ、その予測不可能な結果についても個人の責任に帰せられるようになる。日常生活においても、つねに自らの行動の結果を踏まえて再帰的（リフレクシヴ）に自らの行動を見直し次の行動選択を行うことを余儀なくされ、しかもすでに絶対的信頼を置くことができなくなった科学にそれでも最終的には依存せざるをえないことから、自らの行動選択にはつねにリスクがつきまとうことになり、その結果には自ら責任をとらざるを得ない。つまり、個人レベルでのあらゆる行動の決定が個人に委ねられるとともに「自己決定」が社会によって強制されるようになるのである。[21] 工業化を進めてきた近代社会が、このような再帰性（リフレクシヴィティ）を特徴とする段階に至った現代社会の過程を再帰的近代化とよぶ。

再帰的近代化、高齢化にともなう第二の人生選択などが、従来の地域社会の時間的秩序を崩壊せしめた過程で、新たに適応すべき秩序はいまだ構造化されるに至っていないにしても、それは個人に自らの人生を創造するように迫る構造の生成へ向かっていることは否定できない。その過程で明らかになってきたのは、標準的人生の喪失であり、学校選択、職業選択、配偶者選択、子どもの数や養育方法の選択、親の扶養や介護に関する選択、退職と新たな職業選択、自由時間の過ごし方に関する選択など、人生のあらゆる段階において自分自身の選択を強制的に迫られる事態である。そのような状況において、進学、結婚、就職、退職、死の受容といった人生の重要な節目は、社会的な秩序のなかに埋め込まれたものであるよりは、身近な人びととの間での自由な選択に委ねられるものとなる。人間は、自らの人生を分節化し、自らの成長を確認し、次の段階への移行を成し遂げる社会的仕組みを必要とするとすれば、現代社会は、このような確認すらも個人の選択に委ねるような仕組みを生み出しつつあるといえよう。このような傾向を「人生サイクルの節目の個人化」とよぼう。

人生そのものが再帰的（リフレクシヴ）な特質をもたざるを得ない現代社会の傾向は、人びととの間に標準的人生が失われたという感覚を強め、人生そのものの拠って立つ基盤と確実性を模索する動機を高めるに違いない。等身大の人間としての存在に立ち返り、地に足をつけて歩くという行為に何らかの足場を見出そうとする一部の現代歩き遍路の動機の背景に、このような再帰的近代化ないしリスク社会の特質があること、またそれらの動機にはまさに大地や自然に対する等身大の人間の無条件の信頼があることを見据えることは重要であろう。また、個人化と再帰的近代化の影響が遍路ばかりでなく遍路社会にも及んでいくことや、四国の地域社会において遍路社会を支えている人びとが高齢化していることを考えるならば、遍路社会そのものの存続可能性をこのような現代社会的背景に照らして考察することは重要であるに違いない。

最近の遍路案内書には、四国遍路道全体が阿波、土佐、伊予、讃岐の四つの地域に分けられ、それぞれ発心の道場、修行の道場、菩提の道場、涅槃の道場としてマクロな意味づけがなされており、その順番に巡ることが悟りを開くステップを表していると説明されている。つまり四国全体が立体曼荼羅を構成するという教義が儀礼システムの重要な部分を占めるようになっているのである。遍路経験が単に霊験や現世利益的なものばかりでなく、「悟りを開く」ものであるという解釈は、それほど古い時代に遡れるものではなく戦後になってからではないかとする見解もあり[22]、むしろ再帰的近代化の進んだ現代において「悟りを開くための曼荼羅道場」としての四国遍路というイメージが、ほとんどの遍路体験記や案内書に強く現れていることは印象深い。

自らの存在の座標軸を確認したいという欲求と並んで重要なのは、個人が行動する際の自由な選択の幅の拡大である。モータリゼーションによる道路の整備やロープウェイの設置、情報化によるさまざまな遍路情報の利用可能性は、遍路の利便性をいちじるしく高めた。しかしより重要なことは、これらの移動手段や情報が、遍路をする人にとって多様な選択肢を提供する機能を果たしていることであろう。遍路は、「歩かなければ意味がない」という主張にはそれなりに根拠があるが、健康上の理由、仕事の忙しさ、金銭的な問題から、歩くことが困難な人も多い。また逆に、現代の社会では便利になったからといって、すべての人がその便利さを選択するとは限らない。むしろ便利さ、時間的、金銭的条件などに応じた手段がたくさんあるなかで、それぞれの人が自らの人生創造のために、関心の度合いや自分の条件に適した手段を選択できることが、個人化の進んだ現代社会の特徴である。自己決定を強制される現代人を受け入れる四国遍路社会の儀礼システム自体が、聖なるものの再生産メカニズムを維持しながらも、そのような個人化の影響を受けて自己決定を迫る儀礼システムへと変容してきていることは興味深い。

二　高齢者と再帰的近代化

高齢社会化についてここで確認しておくべきなのは、平均寿命の延長によって、人びとの人生サイクルにおける定年以降の生活設計と、既存の社会構造が確立してきた従来の人生サイクルに適合的な雇用制度、家族構造、地域集団の役割構造、医療・介護システムなどとの関係に大きな齟齬が生じていることである。その結果、「人生八〇年時代」といわれる人生サイクルの延長は、健康な高齢者の生活の質向上に向けて雇用制度の拡充、余暇活動の充実ばかりでなく、心身エネルギーの衰えた高齢者に対しては医療や介護制度を整備するための社会構造変容を要請していった。

高齢者について高齢化社会が提起する問題は、健康の衰えばかりではなく、むしろ健康な高齢者が第二の人生をどのように選択したらよいのかについて、それを受けとめる社会的仕組みの整備を欠いたまま自己決定を迫られている状況であろう。経済高度成長期に進展した第二次産業およびその後に肥大化した第三次産業の進展、さらには都市への人口移動とともに、第一次産業に適合的な三世代直系家族形態が衰退し、地域に根づいていた年齢集団や機能集団を含む各種の地域集団が解体していくことを背景として、人口高齢化は、工業化社会、情報化社会における高齢者の労働者としての価値を相対的に低下せしめたばかりでなく、定年を迎える高齢者のスムースな役割移行を困難にしていった。

かつての隠居制度は、たしかに仕事上の能力と権限を後継世代に譲り渡すことを義務づける一方、高齢者の地域社会における主として神社や寺院などの宗教的役割をも保障したのであり、定年はそのような仕事から地域社会への役割移行を果たすための人生儀礼的意味を担っていた[23]。十分な健康と時間的余裕を残して退職を迫られる現在の日本の退職者は、以上のような仕組みを崩壊させる急激な社会構造変容のなかで、第二の人生の準備と新たな選択、それによってもたらされる試練を余儀なくされるのである。さらには、配偶者を失い長期にわたって孤独な生活を強いられる高齢者の数は、今後も増え続けるに違いない。

現代社会に生きるさまざまな世代が、境界性を通じて人生の節目を乗り越える儀礼を「個人の人生選択」儀礼という意味でのいわば「通過儀礼」として迫られるとすれば、その経験は必然的に「自己を見つめ直す」過程を含むことになろう。そのような境界性の経験を可能にするための装置が地域社会に埋め込まれたものでなく、メディアによって対象化され、情報として流通する選択肢のひとつとして提供される現代において、四国遍路もあらゆる地域のあらゆる世代にとって個人の選択肢のひとつとなる傾向を強めることは避けられまい。四国遍路が唯一の選択肢ではないにしても、それがこの意味での通過儀礼のひとつとして一定の機能を果たしているとしたら、第二の人生のスタートに立つための社会的儀礼が地域社会において失われていることを背景として、個人的人生儀礼の代替的機能を果たすいくつかの社会的装置のひとつとしての機能の観点から、四国遍路を見直すことは時宜にかなっているといえよう。

このようなことを背景にして現代の四国遍路社会の特質をみると、巡礼者の側では、自己をみつめ直すための手段として四国遍路を選択する人の場合、さまざまな移動手段、回り方、参拝儀礼からの選択を迫られる。それは四国遍路の儀礼システムの側からみると、四国遍路社会自体が巡礼者に対して自己決定と自らの遍路の創造を促しているかのようであり、四国遍路という境界性の領域においてすら現代人はこのような自己決定過程から完全に自由になることはないことを示している。つまり境界性を可能にする巡礼社会そのものが現代社会のマクロな過程の影響を受けて変容してきていることを示している一方、機能的にみれば、それがかえってそのような現代社会の日常性への巡礼者の再統合を円滑にしているという見方ができるかもしれない。それらのさまざまな選択肢の多くは、多様な生活条件の下にある人びとの遍路行為の自由度を高めてきたが、それは必ずしも宗教的儀礼や制度の規範的弱体化を意味するわけではなく、遍路儀礼の聖性を二項対立的に再生産し強化するメカニズムが維持されているかぎり、状況的社会システムとしての「巡礼社会」は境界性を創出しうるエネルギーを失うことはないにちがいない。

三　現代社会における死の受容の問題

四国遍路の動機のひとつに「先祖供養」や「身近な死者の供養」などがある。さらに「自分の残された人生を意義あるものにしたい」といったものもある。これは、「死者の供養」や「死」をどのように受容するかという問題に関して、四国遍路が何らかの役割を果たしていることを示唆している。人生サイクルの終局にある「死」の問題は、人生サイクルの個人化との関連で「死の受容に関する個人の選択」という意味を強く帯びるようになる。身近な人の死、とくに子どもや兄弟、親などの死に遭遇するチャンスにいつの時代にもそれほど大きな差はないのかもしれないが、現代においては、身近な人の自殺、交通事故、通り魔殺人など、その理由もわからず予期せずに不意に襲われることが多い。現代人がそのような突然の死に見舞われたときに、残された者のケアの社会的仕組みは地域社会の変容とともにきわめて脆弱になったり機能不全に陥っている。これは、標準的人生の喪失、人生サイクルの個人化を促進したリスク社会の構造変動、再帰的近代化の当然の帰結でもある。現代の多くの日本人にとって、「死」の意味や「死後の世界」を宗教的教義によって自ら納得しうる形で説明することは困難であるばかりか、高齢期を迎えてもできるだけ健康で積極的に生きることのみを奨励される。多くの人は、死期が近づくことに対する準備を自らに納得できる形で進める必要性は感じながらも、先延ばしすることが多いといえよう。その結果、自らの死についても身近な他者の死についても、「死」は多くの人にとって不意打ちとして経験されることになる。(24) しかもそれを受けとめ、克服していくための社会的メカニズムはほとんど失われているばかりか、現代の個人化の仕組みに適合する形で再編成されるに至ってはいない。

身近な人の死は、共同体や組織の問題として位置づけられることは少なく、またそれが可能な場合でも、家族や身近な人の個人的問題として処理することを強要されるのが現代社会である。その死が突然であったり不条理でどうしても理解できない場合には、家族の死の受容そのものが困難であったり長引くばかりでなく、まったくその事態に対処することができずに家族が崩壊する場合すらみられる。その人の人生をわが人生の一部として共有しようとする人びとにとって、その死の意味を洞察し自らに納得させることは、小規模化した家族が生活単位となっている現代人にとってきわめて重要かつ深刻な課題となろう。そのような困難に遭遇したときに、自らの人生の意味を再構成するために一時的に身を委ねる境界領域の存在は現代人にとって不可欠であろう。

遍路の世界で死を迎えることに自らの死の意味を見出すことのできたかつての遍路とは異なり、現代の遍路は自らの人生創造の過程で、個人個人の人生の節目をそれぞれの条件に応じて確認し、危機を克服していくことを迫られる。発心（阿波）、修行（土佐）、菩提（伊予）、涅槃（讃岐）の各道場の経験を経て悟りへ至ることを示すとされる、曼荼羅道場としての四国遍路の空間構成は、よく人生サイクルにたとえられる。発心の道場は少年期、修行の道場は青年期、菩提の道場は壮年期、涅槃の道場は老年期に重ね合わされ、遍路行は人生のサイクルを擬似的に体験させる装置となっているといわれるのである。[25] この説明は曼荼羅的絵解きにもなっているのであるが、必ずしも死後の世界についての仏教的イメージはそれほど強いわけではなく、むしろ四国の自然の地形や変化に富む遍路道空間の特質に合わせた説明になっていて、どちらかといえば、死後の世界をそのまま信じることができなくなったり、いわゆる「無宗教」を表明する現代人にとっても受け入れられやすいものとなっている。またそれは、何度でも四国巡礼を繰り返すことを奨励することによって、人生を何度でも擬似的にやり直すことを可能にするとともに、人生の節目の確認とその全ステップをたどることの意味の反芻を促しているという意味で、四国遍路道の空間イメージを借りてまさに現代人の個人化した人生儀礼の性格を的確に表現しているといえよう。四国遍路の儀礼システムのこのような一面が現代社会に適合的なものになっている可能性があるかぎり、また四国遍路が身近な人の死の悲しみや自らの抱える問題を克服して新たな日常生活への再統合を可能にする社会的装置のひとつとして選択される可能性があるかぎり、そのメカニズムの解明は現代社会における死の受容という問題の解明につながる重要なテーマのひとつとして位置づけられよう。

六　まとめ

四国遍路に「癒し」の機能があるといわれる。その言葉にはさまざまな意味がこめられていようが、現代日本人にとって、身近な人の死や自らの死の受容であれ、あるいは自らの健康上の問題、仕事上の悩みであれ、それを解消するための社会的装置が、親族組織、地域社会の構造変容によって失われてしまっている現在、四国遍路が果たしている社会的機能に注目することの意義は十分に理解できる。しかし、そのような社会的機能に期待をかけそれを単に「癒し」という言葉で表現するだけでは不十分であるように思われる。

現代遍路には、家内安全、先祖供養、健康祈願などの基本的な動機に加え、身近な家族や恋人を失ったことが遍路への旅立ちの動機となっていたり、定年を迎えることがきっかけになっている例もきわめて多い。そして最近では、企業のリストラによって職を失った人びとの姿を少なからずみかけるようになっている。一方ではたしかに、自己洞察を深め再統合の機能によって安定した生活に戻っていくことのできる人びとも多いとはいえ、他方では、帰るべき生活の場を失った人や、あるいは温暖でお接待の習俗に支えられた居心地よい四国遍路の世界にひたすら依存しながら生き延びる道を見出そうとする人びとも少なからずいるのである。

自らの日常生活の基盤を失う危機に立たされたとき、一時的避難場所として、あるいは非日常的境界領域に一時身を置くために四国遍路に旅立つ人もいよう。しかしそのような動機が、工業化の論理のなかで生活してきた自分自身を振り返り、新たな生き方を模索するなかで隠遁生活に身を投ずるか、あるいは工業化の論理自体を乗り越えるための情報生産に結びつくような契機を遍路経験のなかに見出すことによって自らの新たな日常生活の積極的な創造へとつながるか、あるいはこれまでの仕事に気持ちを新たに取り組む英気を養うか、あるいは新たな事業意欲を充満させて不況脱出に貢献する仕事を創造する道の選択につながるか、あるいは四国遍路という非日常を自らの日常に転化させることにつながるかはその人の人生選択であり、遍路社会の境界性の経験がどのような意味をもつかはその人次第である。

本論は、現代四国遍路社会を「巡礼社会」という視角からとらえ、その社会・文化的装置と現代社会のマクロ過程との関わりをみるために、現代日本人に課せられる人生選択の自己決定という問題、すなわち現代社会は各個人にそのような選択を強要する特質をもっているという側面に注目してきた。そのような現代社会の特質は、境界性を構成する状況的社会システムを要請するばかりでなく、四国遍路の社会・文化的装置そのものに対して自己決定メカニズムを浸透させるような変容と再編を迫っていることをみてきた。このような限られた一面をみるだけでも、われわれは四国遍路社会自体が現代社会とはかけ離れた別世界であるかのように錯覚したり、現代社会のマクロな過程の影響下にあることに無関心なままでいることはできない。むしろそのような現代社会の現実のなかで持続性を保ちつつ変容を遂げている四国遍路社会を、実態に即して明らかにしていく作業が必要である。それは逆に、現代四国遍路社会が、現代における宗教の問題や、情報社会化、再帰的近代化、グローバリゼーションなどの過程の社会学的意味を探り出すという現代社会論的問題意識を刺激する要素を数多く内包していることをも示唆している。現代四国遍路は、現代の四国遍路社会のメカニズムや社会的機能の解明の対象となるばかりか、現代社会論そのものの重要な視点と素材を提供してくれるに違いない。

注

(1) 真野俊和「巡礼［日本］」平凡社百科事典、1998 Hitachi Digital Heibonsha。
(2) 星野英紀「歩きと巡りの宗教性―西国巡礼と四国遍路」、山折哲雄編『大系・仏教と日本人6―遊行と漂白』春秋社、一九八六年、二三三―二七一ページ
(3) 山折哲雄「巡礼の構造」、真野俊和編著『講座日本の巡礼第三巻 巡礼の構造と地方巡礼』雄山閣、一九九六年、三―一七ページ。五来重『日本の庶民仏教』角川書店、一九八五年、一六四―一六六ページ
(4) 星野英紀「比較巡礼論の試み」、真野俊和編著『講座日本の巡礼 第三巻 巡礼の構造と地方巡礼』雄山閣、一九九六年、一一八―一三二ページ
(5) V・ターナー（梶原景昭訳）『象徴と社会』紀伊國屋書店、一九八一年、第三章参照。

（6）「聖―俗―遊」の概念については、R・カイヨワ（小刈米硯訳）『人間と聖なるもの』せりか書房、一二三五―一二四三ページ、一九六九年、R・カイヨワ（多田道太郎・塚崎幹夫訳）『遊びと人間＝増補改訂版』講談社、一九七一年、二九七―三一六ページおよび訳者解説、井上俊『遊びの社会学』世界思想社、一九七七年、一一三ページなどを参照のこと。

（7）V・ターナー、山口昌男編『見世物の人類学』三省堂、一九八三年、六―一五ページ

（8）Ian Reader and Paul L. Swanson, Editors Introduction to Japanese Pilgrimage, *Japanese Journal of Religious Studies*, Vol. 24/Numbers 3-4, 1997, pp. 256-258. を参照のこと。ここには Victor Turner の巡礼概念枠組みへの批判的な研究がいくつか紹介され、その基本的なポイントがまとめられている。

（9）ここでいう「パースペクティヴ」は、G・H・ミードの行為（act）の時空を指すものとして用いる。George H. Mead, *The Philosophy of the Present*, The University of Chicago Press, 1932, pp. 161-175. ミードの場合、それは具体的状況における「いま」と「ここ」を起点として構成される現在を中心に過去と未来を含む行為の時空の広がりの範囲を意味しており、金槌で釘を打つ行為から、人生全体、さらには来るべき社会の実現のためのビジョンなどに至るまで幅広く適応される。これに対して、「まなざし」はJ・アーリの用いた意味でのそれにヒントを得たものであり、ここでは特定の社会的エージェントの社会構造上の役割の背後にある論理的一貫性をもった思想・観念体系に支えられた行動上の視点ないし視界という意味で用いることにする。J・アーリ（加太宏邦訳）『観光のまなざし―現代社会におけるレジャーと旅行―』法政大学出版局、一九九五年、一―三ページ。先の「パースペクティヴ」の方は、「まなざし」を含むより包括的な概念であり、聖―俗―遊などの相異なるリアリティ経験、心理的・生理的状態によって対象を障害物とみたり食物とみたりする個体の志向に至るまでのあらゆる行為のオリエンテーションを含むものといえよう。

（10）ここでいうマーカーは、G・ベイトソンが「コンテクスト・マーカー」とよぶものによって理解するとわかりやすい。つまりいまここで何についてのコミュニケーションが行われるべきか（コミュニケーションのコンテクスト）を当事者が決定するためのマーカーとなるような情報源を指す。G・ベイトソン（佐藤良明訳）『精神の生態学』思索社、一九九〇年、三九四―三九五ページ。ここではそのようなマーカーのうち、とくに展示物として人の目に触れるものに焦点を当てている。

（11）ここでは「巡礼社会エージェント」という用語を、関連する寺院、道、バス・タクシー会社、沿道の人びと、さらには外部から接待のために訪れる団体なども含めて、それらが巡礼というパースペクティヴから巡礼社会の構成員として把握

しうる場合に用いることにしたい。したがって、沿道住民は通常は巡礼とは関係のない生活を送っているであろうし、巡礼寺院であっても、檀家の葬儀や本尊への特別の祈願を基礎にした年中行事などが制度化されている場合のように、巡礼のパースペクティヴによってとらえられない場合もありうる。

(12) Ian Reader, *Pilgrimage as cult: the Shikoku pilgrimage as a window on Japanese religion*, in P. F. Kornicki & I. J. McMallen (ed.), Religion in Japan: Arrows to Heaven and Earth, Cambridge University Press, 1996, pp. 267-286には、新宗教のひとつ「滋賀信行会」の事例が紹介されている。

(13) 長田攻一「現代四国遍路における聖なる経験の持続と変容」『早稲田大学大学院文学研究科紀要 第四七集』二〇〇二年三月において、この点について若干考察している。

(14) 「リミノイド」については、Turner, V., *From Ritual To Theatre: The Human Seriousness of Play*, PAJ Publications, 1982, pp. 20-60を参照のこと。

(15) 長田攻一「現代『遍路道』と遍路の多様化の意味」善通寺教学振興会『善通寺教学振興会紀要 第六号』一九九九年一二月、九九―一〇〇ページ

(16) へんろみち保存協力会（代表：宮崎建樹）『四国遍路ひとり歩き同行二人（別冊）』一九九〇年

(17) 江戸時代の最古の詳細な地図として現存するのは、一七六三（宝暦一三）年、細田周英の作といわれる「四国偏礼絵図」である。この地図には、当時の道沿いの村の名前が詳細に記されている。

(18) 「へんろみち保存協力会」代表宮崎氏へのインタビュー。二〇〇一年八月二三日

(19) 掬水へんろ館：http://www.kushima.com/henro/

(20) U・ベック、A・ギデンズ、S・ラッシュ（松尾精文・小幡正敏・叶堂隆三訳）『再帰的近代化』而立書房、一九九七年、一〇―一八ページ、一〇七―一一四ページ

(21) 同上書、三一―三五ページ。および、U・ベック（東廉・伊藤美登里訳）『危険社会』法政大学出版局、二五二―二七一ページ

(22) 四国の四つの国を、大日経にある五転思想に基づいて、阿波を「発心の道場」、土佐を「修行の道場」、伊予を「菩提の道場」、讃岐を「涅槃の道場」とよび、八十八ヵ所を順番に回ることによって最終的に「方便」（他者の救済）に至るというように、曼荼羅になぞらえて四国遍路道の構成を説明する考え方が現在はどの案内書でも紹介されている。しかしこの考

え方は、比較的新しいものであるという見解が最近示されている。星野英紀「ご利益の道から悟りの道へ―四国遍路の意味づけの変化―」『石上善應教授古希記念論文集　仏教文化の基調と展開』山喜房仏書社、二〇〇一年、六〇五―六二〇ページ

(23) 長田攻一「定年と旅」濱口晴彦・嵯峨座春夫編著『定年のライフスタイル』コロナ社、二〇〇一年、一三三―一五六ページ

(24) 広井良典『生命と時間』勁草書房、一九九四年、一四四ページ

(25) 種田山頭火の「人生即遍路」という句は、まさにこれを象徴している。六番安楽寺住職　畠田秀峰『四国八十八ヶ所と胎蔵界マンダラ　人生は遍路なり』安楽寺、一九九六年、二一一―二一二ページ

第二章　道の社会学と遍路道

本章では、現代四国遍路の社会文化的過程を「道の社会学」の視点から取り扱うときに必要と思われる最小限の基本的事柄について検討する。すなわち遍路道という特殊な空間に焦点を当てて、現代遍路文化の一端を社会学的に明らかにしようとする場合に、前提となる領域仮説と基本的枠組みについて取り扱う。これらの基本的発想は、これまでの早稲田大学道空間研究所における共同研究において育まれてきたものである。(1) ただし本章では、道や空間についての研究一般や、社会学における空間研究の近年の動向、あるいはその他、道に関するさまざまな論考（たとえば仏道・茶道などの道の考察）や評論などの諸状況については取り扱わない。(2) なお、本章の一部は、別角度から以前に提示したわれわれの枠組みを議論の土台にしているが、(3) ここでは四国遍路研究との関わりにさらに深く踏みこんでいる。

論述の手順は、はじめに、「道」という空間（「道空間」）に関する基本的諸次元について概説し、次に「道空間」を主要な契機として生成する社会過程の社会学的分析（「道の社会学」）に関する諸次元について考察する。章末では、「道の社会学」の視点からみた「遍路道」に関する諸次元について概観する。

一 「道」という空間

一 漢字からみた「道」

たいていの人は日常、道のことをあまり意識することはない。道はいつでもどこでも目的の場所に行くための一手段にすぎない。それ自体で意識されることの少ないマイナーな空間である。道のことが意識されるのは、普通、道が機能障害を起こしたか、起こす可能性が高い場合に限られる。このような現代の「道」について考察するにあたって、まず手始めに、「道」という漢字の特徴から眺めてみよう。図2-1は、殷代青銅器に彫られている金文の道という字を並べたものである。[4]この文字をめぐっていろいろ解釈があるようであるが、道という漢字は、概ね、①「行」(意符)と、②「首」(音符)という二つの要素から成り立っている。「首」というものを「彳」と「亍」が両脇から挟み込んでいることが、容易にみて取れよう。さらには、「首」を「手」が掲げているように思われるものもある。なぜ「首」なのか。

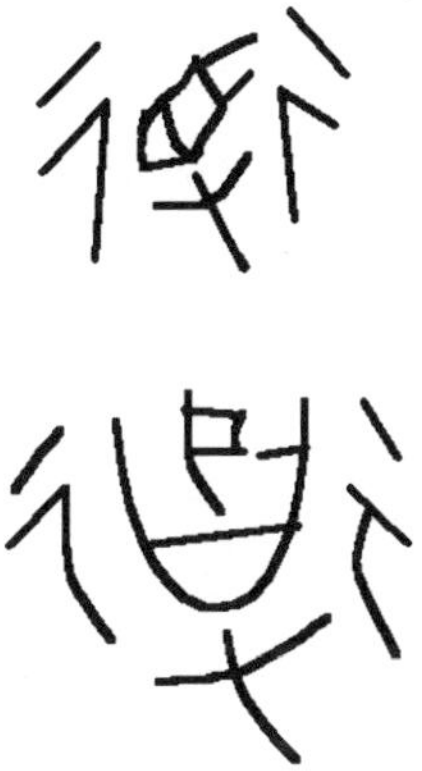

図 2-1 段代の金文の「道」

これを、原始時代の首狩・断首葬などの習俗との関わりにおいて解釈したのが古文字学者の白川静である。「異族の首を携えて、外に通ずる道を進むこと、すなわち除道の行為をいうもの」だという。[5]つまり古代では、道が氏族神の境界を越えて異境へつながることから、邪悪を祓うための呪詛として祭首や断首葬などの鎮めや祓いを必須とした、という解読である。文字通り、古代人が首を手に掲げて祓いながら道を進行したというのである。それゆえ、溝口雄三も、道は「未知の世界への通路という、古代人にとってもっとも緊張に富んだ概念であったと推測される」としている。[6] このような道のイメージは、遍路道を踏みしめ遊行する行者が道沿いに点在する札所や祠・聖跡での修行において死者や聖人の霊力に預かり、あるいは信じがたい霊験に遭遇するイメージに重なるものではないだろうか。鎮魂し、念じ、祈願しながら歩みを進める空間が、道本来の空間なのである。

要するに、その漢字文字の構成構造からは、「道」なる記号が、非日常的で宗教的・呪術的意味の込められた異界に通じる特異な空間として観念されたところから形成された、と推測されるのである。道は、元来、日常システム外部に通じる空間であった。道は異界へと延びていくことを本質とした。

いうまでもなく、このような観念が古代中国を舞台とする特殊な文化圏のものである点には留意を要する。しかし、道という空間が、そもそも宗教的な儀礼と深く結びついていたらしいということ、また、緊張を孕んだ未知の非日常的空間への専用通路として観念されていたらしいということ、この二点は重要である。中国文化の影響を色濃く受けた日本における巡礼の道や遍路道を考える上で、きわめて示唆的な特質であることに着目したい。

二　ミチという音

以上のように、道は未知につながる特性をもっていた。とはいえ、ミチという音（オン）は未知そのものを意味するものではむろんない。ここでは、ミチという音について検討してみる。

定説では、ミチのミは、神酒（ミキ）、神輿（ミコシ）、神子（ミコ）、岬（ミサキ）、峰（ミネ）などのミで、霊威あるものに対する畏敬の念を表す接頭辞である。[7] また、このミは、丁寧語としての御（ミ、オ）にも通じる。さらには、「お接待、お四国、お遍路……」など遍路習俗で多用される「「お…」の文化」に通底する次元でもある点を指摘しておきたい。[8]いずれにしても、ミは、畏敬すべき聖なる象徴的含意をもつ音である。

他方、ミチのチは、アッチ、コッチ、ソッチ、ドッチ、イズチ、チマタなどのチと同様で、方角、方向、場所を指示する接尾語である。これらのことから、古代日本におけるミチとは、霊威ある聖なる象徴的方向性をもっている空間のことを指していたことがわかる。畏敬すべき異界へと誘う方角に伸びている特異な空間がミチであった、といってよい。

古代日本において、ミチがそのような空間として観念されたものであったとすれば、漢字の道（タオ、ドウ、dao）にミチという訓読みがあてられたことは、それほど不思議なことではない。漢字からみても音からみても、道《ミチ》は、本来、聖なる宗教的象徴性を帯びた方向を指示する特異な空間として観念されたものであったからである。

現代のわれわれが想定している典型的な道や道路は、まずもって生活道路や産業道路などの効率的で機能的な道であろう。これに対して、古代の道は、なによりも非日常的な異界へ通じ、聖なる宗教的意味が濃密に漂う空間であった。異界、カオス、聖性、霊性、生死転換、非日常へのベクトルをもった空間が道であったのである。

今日、遍路道を歩くことに惹かれる老若男女が後を断たない。なぜであろうか。その一端は、霊威ある異界へと通じる古代以来の道の記憶がわれわれの心に深く遺伝的に組み込まれているところにあるのかも知れない。

ちなみに、道という空間に対する諸外国の言葉には、以上のような道の観念は含まれていないようである。たとえば、way、via、weg は「運ぶところ」の意であり、road は ride から派生した語で「馬道、町と町を繋ぐ道」である。street は「舗装された」、route は「切り開かれた」空間、path は「踏まれてできた道」の意であるという。[9]

こうしてみると、古代の中国や日本に比して、欧米諸国の道概念は機能的・実用的意味合いが強いといえる。物を運び、馬が通り、人が踏み、切り開くなど、日常的で実践的な空間が彼らにとっての道であるようだ。このような発想は、むしろ今日のわれわれの道観念に近いものといえよう。

以上の語源論的検討から、ここで次のことを確認しておきたい。つまり、道には「機能的な文脈の道」(道の機能論)と「象徴的な文脈の道」(道の象徴論)の二層が峻別されること、また、道は本来その二層の立体的な構成からなっている、という点である。近代化は、明らかに、後者の相対的後退と前者の相対的優勢の歩みを辿ったように思える。現代において巡礼の道と遍路道が投げかける問題のひとつは、この両次元の弁証法的ダイナミクスをあらためて吟味してみることにあるように思われる。

三　点・面・線の分化と〈外部機能〉

ここでは、日常用語としての点・線・面というキーワードを叩き台にして、道という特異な線的空間の特性を明らかにしてみる。

たとえば、数学においては「ジョルダン弧」としての「曲線」(直線も含む)や、その曲線を構成する座標要素としての「点」、あるいは二次元位相多様体としての「曲面」(平面を含む)など、さまざまな立場から厳密な定義が施されうる。また逆に、D・ヒルベルトのようにこれらの語を無定義用語として扱って、それらの間に公理系を設定する立場から幾何学基礎論を展開する立場もある。(10) 以下の議論は、比喩的にいえば、このヒルベルトの関係論的論法に近いスタイルを採る。もっとも、本節で使用する点・面・線の関係は、公理系のように厳密なものではない。あくまでも直感的で比喩である。われわれが常識的に観念している点・面・線の相互関係を前提としているものだ。

その際に、社会学的立場からは、家族・組織・地域などの類型的な社会過程ないし社会集団諸単位をレファランスに取ってみよう。そして、これらすべての社会過程は、確率的な意味で一定の物理的な社会空間上において生起している、と仮定する。ある意味で常識的で古典的なこの仮定は、近年のポスト・モダンの「時空の圧縮」論や「非―場所（non-place）」論、「テレ・プレゼンス」論などと拮抗するように思えるが、これらの主張と必ずしも矛盾するものではない。[11] むしろ線的な道を問題とすることは、時空に関するこれら脱近代論的枠組みと基本的な発想を共有しているものである。

（二）点・面・線の分化

前述のような類型的な社会過程の分化に応じて、〈空間分化〉が進展するという社会分化論的スタンスが本節でとる基本的立場である。[12] すなわち、点・面・線の分化がそれである。

第一に、個人、家族・世帯の家族過程、工場・企業などの産業過程、学校などの教育過程、芸術・スポーツなどの文化過程、神社仏閣における宗教過程などいずれの集団・組織の社会過程も、これに特化した主要な物理的空間が対応している。しかも、各過程の主要部分は点在する比較的小規模の固有の空間的境界内において生起している。その意味で相対的に小さな生態学的空間である〈点的な空間〉において生成するものだ。たとえば、通常の家族集団は門・塀・垣根などに囲まれた比較的小さな敷地や家屋・集合住宅内の特定スペースなどを占有している。同様に、工場は塀で囲まれ、企業組織は室内壁や建物外壁で囲まれている。四国の札所が森や寺塀で囲まれて「境内」を構成していることはいうまでもない。これらの社会過程は、その大半が、確率的に概ね閉じられた小空間のなかで生成しているのである。このような空間は、それ自体がR・バーカーらの生態心理学でいう「行動装置（behavior settings）」に近接した舞台といえる。[13]

他方、これら点在する諸社会関係は、F・ベイッツによれば、各集団や組織固有の目標を追求するために分化した「互酬的関係」(reciprocal)を基礎にした社会構造をもつ社会システムである。[14] 固有の目標を点的に閉じた空間で遂行する傾向をもつこれらの社会システムは〈点的システム〉だといってよい。

第二に、これに対して、近隣、地域コミュニティ、市町村、国民社会、国際社会などの社会単位には、別レベルの生態学的空間が対応している。これらの社会システムは、具体的な地域的広がりのなかで、前述の点的な個別社会機関を連結し、共通環境を整えながら相互の利害調整をはかることを主要目的としている。ベイッツのいう「接続的関係」(conjunctive)構造をもつ水準の社会システムである。[15] もとより、これらの社会システムを地理的範域それ自体と同一視する「範域の誤謬」は避けなければならない。しかし、地域コミュニティや近隣が守備範囲とする一定の地理的範域が明らかに存在している。点在する点的空間を接続して一定の社会過程が生起するような面的な場を設定・整備するのがこの社会システムの要諦である。したがって、この面的な範域的広がり(「面的空間」)のなかで自ら作動することが要求される。換言すれば、これらの社会単位は「範域性」「領土性」に基礎を置いているのである。この面的空間に対応した社会システムを〈面的システム〉とよぼう。いずれも、地図に落とせば、地と図のなかでそれなりの面積を占有する区画を形成するだろう。グローバリゼーション下の現代国家の「脱領土性」が指摘されるのも、面的システムであればこその問題であろう。

第三に、比較的安定的な社会過程が生起する点的空間や面的空間に対して、より流動的な社会過程が生成する第三の空間が分化している。〈線的空間〉がそれである。そして、道は、その代表的な事例空間であり、巡礼の道や遍路道はさらにその特殊事例である。道のように線的に延びる空間は、前述の二者とは、質的に異なる生態学的社会空間を構成する。一般に、道路や鉄道などの移動空間は、第一に個人と個人、個人と集団、集団と集団などの点的・面的システム相互をいろいろな意味で連結する。これら各システムが結ばれるには、ヒト・モノ・カネ・情報などが行き交う線的な移動空間が要請される。このことは現代のような高度情報社会の時代においてもかわらない。むしろ、デジタル情報が高密度にオンライン交信されればされるほど移動空間がますます活性化する側面ももつ。

ところで、このような線的空間を主要な活動ベースとする社会的単位はどのようなものであろうか。このような「線的システム」の具体例を挙げるなら、一方で、歩行者、ランナー、ドライバー、ハイカー、バイカー、通勤・通学者、行商人、旅芸人、旅人、移民、巡礼者、遊行者、遊牧民、漂流民、流浪の民、流れ者などの移動者・移動集団、他方で、沿道商店、門前商店、郊外ショッピングセンター、コンビニ・ファミレスなどのロードサイドビジネス、ドライブイン、道の駅、沿道周辺の諸エージェント、鉄道駅構内諸施設、空港・港湾諸機関などの移動者相手の関係者が典型的なものであろう。線的な移動空間を往来する流動的な社会単位とこれを迎え入れる沿道関係者が、線的空間の主役たちである。もっとも、F・ベイッツの枠組みでは、このような社会的主体はすべて点的な行為・集団として扱われ、特別レベルの行為者としては把握されない。ここではむしろ、空間分化の視点から、これら線的空間に対応する社会的主体を、独立した線的な行為者類型として設定したい。このような視座は、近年の「移動する者」「動民」「ホモ・モーベンス」「ノマド」等への眼差しに通底している。線的空間において生成する社会過程は、他空間におけるそれに比べて相対的に、非日常的・非構造的・流動的・可変的・緊張的な性質を強くもっている。線的空間は、文化継承的な空間というよりも、本来は、異文化の出会う新文化創造的な空間である。

（二）外部機能

このような線的空間は、点的空間や面的空間に対して、次のような三つの主要な〈外的機能〉をもっている。

① 点と点、点と面、面と面相互を連結する
② 点と面の境界を横断して外部へ連絡する
③ 面を内的に分断する

これらの各機能について、四国遍路道を主な事例にとりあげて説明してみよう。

線的空間が点と点を結ぶ空間であるという①の常識的な機能については多言を要しない。一般に膾炙している遍路道とは、八十八ヵ所の札所（点的空間）を結ぶ大師の道、というものだ。遍路道の出自はさまざまである。しかし、山岳遍路道の一部のものは、一般の往来険しい場所に点在する修行場を連絡すべく、一部行者たちにより開かれた行道に由来する。

他方で、線的空間は、面的システム相互と面的空間相互を取り結ぶ。遍路道は、巨視的にみて海辺回りに四県を結んでいる円環的な線的空間である。各県にそれぞれ「関所寺」なる概念装置が組み込まれるようになったのも、面的四地域が線的に連絡すればこそのことであろう。また、近年架橋された瀬戸大橋など本四を結ぶ三つの連絡橋は、面的な四国地方と本州地域を連結する。整備中の四国高速道路網は、四国特有の地勢によって分断されていた四県を相互連結する重要な線的空間である。この三架橋と四国高速道路網の整備が、現代遍路の回り方や移動手段ひいては遍路宿事情などの遍路文化に多大な影響を及ぼしつつあることは指摘しておくべきであろう。

次の②の機能（点と面の境界を横断し外部へ連絡する機能）は、前節でみた古代の道観念に関連している。①の機能をよりミクロな視点からみた機能ともいえる。線的空間はなによりも特定システムの境界を突き破り、システム外部と連絡する空間である。点・面の空間から脱出するには、道という開口機能をもつ線的空間が不可欠である。象徴的にみて、遍路道は日常生活（此岸）からあの世（彼岸）へと連絡している開口部分である。現代においてもなお多

くみられる先祖供養や死者鎮魂の遍路動機が意味するものは、これであろう。また、たとえば、「発心の道場」から「修行の道場」への移行ステージに遍路道が要請されるのも、このような点・面からの離脱機能にほかならない。遍路道沿いの国境に置かれた番所（古目番所や市場町番所など）は、現代遍路にとってはそのような仕掛けのひとつとすらいえよう。遍路道そのものではないが、茶堂が多数残存している「龍馬脱藩の道」の檮原街道が四国地方整備局により「歴史文化道」の一ケースとして指定されているのも頷ける。[16] 前項でみた、漢字や音からみた道の原初的観念は、線的空間がもつこのような機能に依拠している。異質なシステム・異文化・異界に通じる線的空間が道である。

三番目の③の分断機能はどうか。線的な空間は面的システム内部を分断し隔離することもしばしばである。道は、一般にそれ自体が境界空間を構成する。道路が町を左右に分断してしまう個所は全国に数え切れないほど存在している。日本における「町割り」はもともと道を境にしたものだった。今日でも高速道路やバイパスの新設により両側の町が分断される事例があとを絶たない。防災空間として道はフィルター作用も果たす。

後節で論じるように、遍路道は、行く手を左右に分断し、象徴的にも景観的にも独特のマクロな巡礼空間を構成する。尾根筋や川沿いの遍路道、平地の国道遍路道などは、左右の面的地域を分断する。たとえば、四国独特の地勢形状から、「順打ち」の四国遍路道は、空間的につねに右手側に山高く左手側に海低く山と海が位置する「右高左低」のマクロ構造をとる。[17] このことは、古代インドの風習に由来するという「右繞三匝」の論理に順応的な構造、したがってまた「右繞の行道」に適合的な構造を示唆している。遍路道を境に、左右では風景、音景、街景、そして象徴的意味（象景とよべるであろう）も異なることが少なくない。

なお他方で、道は、左右両側をある程度分断しつつも、両者をむしろ結合する機能も果たす点を付言しておこう。京都先斗町の小道や下町の路地などは、両側の店や家々を結束させる装置でもある。

四　〈道空間〉と道の段階構成と〈内部機能〉

（一）　道空間

さて、これまで想定してきた道は、陸上の道をモデルにしている。H・シュライバーの古典的名著『道のシンフォニー』で扱われた道も、典型的には陸上の道、歩道や車道などの道路である。[18] しかし、道というものはこれに尽きない。一般道路（陸路）以外にも、鉄道、運河、河川、海路、空路、地中路、そしてとりわけ古代文明における海流なども忘れてはならない線的空間である。これら線的に延びる移動空間は、すべて類似した線的空間特性をもっている。そこで、われわれは、これらすべてを包括する概念として〈道空間 road space〉という上位概念を提示しておく。

たとえば、現代の遍路道は歩行道路ばかりではない。歩き遍路道のみならず、歩車共用の遍路道、車遍路道、自転車専用遍路道、鉄道遍路道、渡し舟の水路遍路道、ケーブルカー遍路道、そしてロープウェイやヘリコプターなどの空中遍路道すら登場している。なかでも、車中心のトンネル遍路道は、現代歩き遍路にとっては鬼門のひとつであろう。現代遍路道という道空間には、多様な形態の移動空間が並存しているのである。そして多様な遍路道空間が、さまざまな遍路群像や遍路経験を生み出す下地のひとつにもなっている点に留意したい。

他方、多様な遍路道のそれぞれに象徴的意味が差異化されて織り込まれていることにも留意する必要がある（たとえば、「旧遍路道が正統で、渡しは消え行く伝統的遍路道だが、空中遍路は不敬な行為」等々）。したがって、前個所で指摘したように、道の機能は単なる移動にのみとどまるものではない。このことから、「移動空間」という用語が「道空間」の一面を指すに過ぎないことがわかる。いうまでもなく、遍路道は単なる移動空間ではない。基本的に大師ゆかりの道であり、聖跡の道、修行の道、つまりは聖なる象徴的意味作用をもった道である。V・ターナーのいうように、巡礼は意味創造の通過儀礼的行為であり、かつまたそれは巡礼の道を舞台に展開されるものなのだ。[19] さらには、お接待やコミュニケーションが生成する道である。コンビニ・自販機・コインランドリー・飲食店利用など生理的ニーズを充たす道でもあり、加えて、遍路宿や善根宿が点在する休息の道である。他方、自然景観を愛で森林浴ができる癒しの道でもある。「景観としての遍路道」に焦点が当てられる道でもあるのだ。[20] 象徴的機能からコミュニケーション機能を経て、心理的さらには生理的・実用的機能にまで至る実に豊かな働きを多面的にもつ道空間こそが遍路道である。そして、重要なことだが、このような多面的性格は遍路道に限られるものではない。したがって、道空間には多様な形態と多様な機能がある、というのがわれわれの立場である。

(二) 段階構成論

そこで、多様な形態の道（道路）を機能分化論的に段階構成的に把握しようとしたのが、C・ブキャナンに代表される道の「段階構成論」である。[21] 要するに、道をミクロ・マクロという水準規模と道路機能の段階構成において把握する視点である。同じ道でも、高速道路や主要幹線道路のような大規模な道路（幹線分散路）と、小規模の商店街通りや路地・通学路などの等身大的な居住環境地区内街路（局地分散路）とでは、様相も機能も異なる。どちらかといえば、大規模な道路はシステム外部に連絡し、小規模な道路はシステム内部の諸単位を結合していよう。筆者はかつて、このことを「結ぶ道」と「めぐる道」と表現したことがある。[22] 高速道路のようなマクロな幹線道路は主として効率的な高速移動空間に特化している。さらには、たとえばアメリカのハイウェイ草創期やヒットラー・ムッソリーニ時代のアウトバーン・アウトストラーダ建設期にみられた近代国家のシンボル機能のように、高速道路はマクロな社会統合的機能をもつものでもある。[23] これに対してミクロな生活系道路は、買い物・立ち話・散歩など各種の等身大的生活行為を多機能的に内包している。あわせて下町の路地のように「人間くささ」のシンボル機能ももつものである。高速道路がマクロ統合のチータの道なら、生活系道路はミクロ分化のカタツムリの道である。同じ線的空間でも、その性格はだいぶ異なる。道がもつ機能は、形態に応じてかなり異なるのである。

(三) 道空間の内部機能

ここで、道空間が人間に対して貢献する〈内部機能〉について検討する必要がある。われわれのこれまでのフィールド調査から得られた知見によれば、それを暫定的に以下のように整理することができるだろう。

表 2-1 道の内部機能

① エネルギー処理機能	移動にともなう物資の補給と排出を処理する場の提供
② 移動機能	ヒト・モノ・カネ・情報が移動・伝達する場の提供
③ コミュニケーション機能	移動にともなう人間同士の社会的相互作用が生成する場の提供
④ 意味生成機能	移動にともなう象徴的・心理的意味作用を促す場の提供

平たくいえば、道空間は、① 人間や物の移動空間を提供するばかりでなく、② 移動にともなう物質・エネルギーの流出入空間を提供する。さらには、③ 移動に際して遭遇する他者(または異文化)との相互作用空間を提供すると同時に、④ これら諸行為に関連した聖俗各種の意味を生成・継承する意味空間としても機能する。道空間は、移動空間であり、エネルギー処理空間でもあり、さらにはコミュニケーション空間であり、意味生成空間でもある。したがって、遍路道を例に象徴的にいうならば、それは歩き道空間であり、遍路宿空間であり、接待・コミュニタス空間であり、大師信仰空間である。多くの人が遍路道に惹かれる理由の一端は、遍路道がもつこの豊かな多面性にあるに違

いない。

他方、これらの四機能は、いまではすっかり忘却された感のあるT・パーソンズによる古典的な「AGIL機能」図式におおよそのところ対応しているとも考えられる。[24] ここで「AGIL」図式がもつ難点を承知の上で、理解を助けるためにあえて関連づけてみよう。すると、道のエネルギー処理機能は、移動にともなう人間・機械の生理的・エネルギー的ニーズ充足の諸資源を提供する用具的A機能（Adaptation）に対応する。その究極的様態は、負のエントロピー処理としての水処理問題（弘法清水）である。同様に、移動機能はなんらかの目的達成のために行われるものでG機能（Goal attainment）に対応し（歩く修行）、また、移動にともなう相互作用機能は人間同士の社会的統合（または不統合）に貢献するI機能（Integration）に位置づけられる（接待習俗）。最後の象徴的・心理的意味作用機能は潜在的な文化的コードを制御するL機能（Latency & Tension management）に対応するもの（聖なる昇華）と解釈することも可能である。この場合、道空間という空間装置システムのAGIL四機能の原初的機能分化は次のような論理によるだろう。つまり、線的に異界へと延びる道空間システム外部の環境に対して、多様な移動目標（G）を達成するが、そのためには対外的な用具的エネルギー処理（A）が必要である。他方、システム内部の問題として、個々の移動に応じて道空間内に並存する他者とのコミュニケーション過程を調整するが（I）、同時に、各種コードにガイドされ一定文化を継承しつつ多様な緊張を処理し、かつそれぞれが新しい意味を創造すること（L）、が必要となる（図2-2参照）。

付言するなら、A→G→I→Lの順で、物質エネルギー度が高く、情報度が低くなるヒエラルキーを構成する順序構造をもっている。したがって、この順序で（たとえば、AがGを条件づけ得る）「条件づけ」が、逆の順序で（LがIを制御する）「制御」メカニズムがはたらく力学をもっている。この視点からみるなら、遍路道ではなによりも、聖

図 2-2　道空間の内的機能

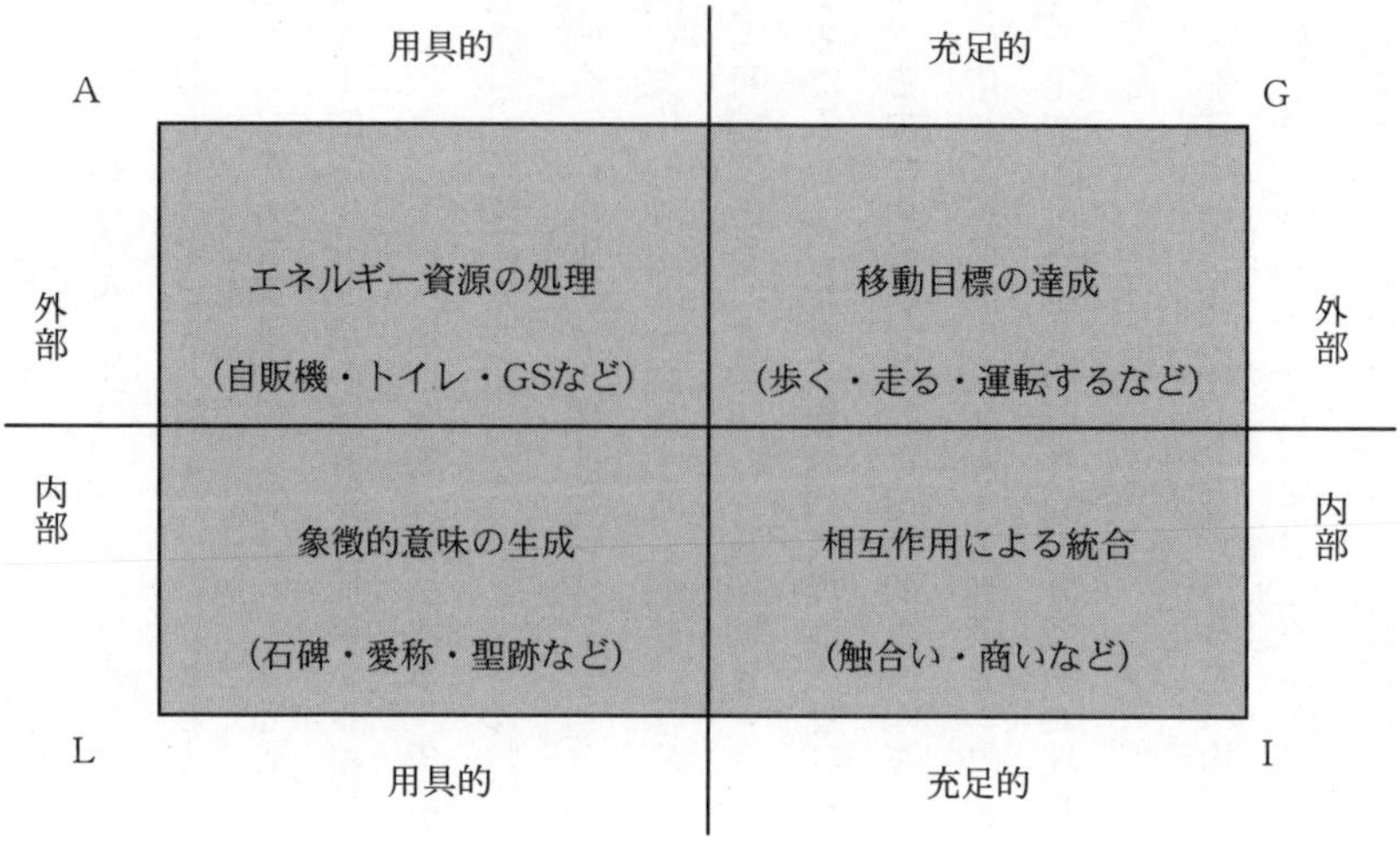

なる象徴（たとえば、弘法信仰）が基本的に他機能を誘導し、生体エネルギーの摂取排出処理が、他機能を根本的に条件づけている、とみるのである。やや乱暴な推論であることを承知でいえば、おそらくは、エネルギー処理（A）のある極限状態と、象徴的意味処理（L）のある極限状態とが、ある点で接合するところに、AGIL位相運動の究極的なメビウス的反転があり、涅槃に到達する状態を意味するもの、との解釈の余地があるかもしれない。

以上のような内的機能分化からみるなら、幹線道路は主に①「移動」に特化し、高速道路SAや国道の「道の駅」にみられるような②「エネルギー処理」ないし③「コミュニケーション」の補足的機能がこれに付随する。他方、生活系道路は、これら四機能すべてを比較的均質に含んでいる。とりわけ、下町路地などのように、③「コミュニケーション」や④「意味生成」の機能が重要な意味をもつ。

（四）遍路道の内部機能分化

さて、このような道の段階構成論的枠組みに照らすと、現代遍路道はどのような位置を占めているのだろうか。どの個所の遍路道も、本質的には移動しながら(G機能)、最終的には象徴的な「意味生成」のL機能を潜在させている空間といえるだろう。前述した「機能論的な道」と「象徴論的な道」の往復運動に、遍路行の実践がある。しかし、現代遍路道の実態はまことに複雑である。山辺の遍路道は、赤線(地図上にない赤線で描かれた道)はいうにおよばず山道・林道も幅員狭く、上り下りやカーブの多い自然系道空間だ。したがって、人との接触は稀だが、過酷な修行性と自然の癒し系機能に富んだ道である(主として④や②)。他方、土佐などの海辺の遍路道は、その多くが海岸沿いの国道幹線道路であって、主に移動機能に特化しているが、札所間距離が長く人家もまばらで、修行要素が前面に出る空間である(①と④)。かわって四県の主要都市や小都市に入れば、遍路道は街中の住区内街路を縫うところ多く、生活系機能を色濃くもった遍路道となる(②や③)。修行性はやや霞む傾向はあるが、接待を受ける機会も少なくない。他方、郊外の田園地帯の遍路道は、長閑な農道や里道に姿を変える。自然と文化の交錯する風景や仕掛けに富んだ空間となる(③や④)。このように、現代の遍路道がもつ機能は一様ではない。

約言すれば、現代の遍路道は複雑な段階構成にある多様な水準の道から成り立っており、その意味で多機能かつ立体的な構成をとっていることが理解できる。このことは実に示唆的である。歩き遍路をしても、ミクロな生活系道路のみで済ますことはできない。コンクリート舗装の主要幹線道路を車に怯えながら前進するのが、現代歩き遍路修行のひとつとなっている。移動手段と移動空間のミスマッチに逆説的な修行要素が潜在している。逆に車遍路は、広い幹線道路から一転して狭隘の住区内街路や草おい茂る農道に迷い込むことがしばしばである。これまた、移動手段と旧遍路道とのミスマッチに遍路行のパラドクスが焼き付けられている。とはいえ他方で、大局的にみて、車遍路道と歩き遍路道の分化現象もまた明らかである。このように多様な顔をもつ遍路道での変転錯綜する複雑な諸経験が、むしろ現代遍路の魅力のひとつともなっているように思われる。

二　道の社会学

さて、前節では、「道空間」についての基本的事項について概説した。ここでは、現代四国遍路文化を道の視点からとらえるためにさらに突っ込んだ「道の社会学」の戦略的視点について検討しよう。

一　脱工業社会と道空間

現代社会の特性については、前章で詳述されているので、ここでは、マクロな社会学的発展段階論の視点から、道空間について考察してみたい。

D・ベルの「脱工業社会論」は、現代の社会学的発展段階論のなかでは、最も人口に膾炙している図式である。[25] この所説をめぐってはいろいろな議論もあるが、ここではとりあえず、ベルの三段階図式をそのまま援用してみたい。本図式を詳述する余裕はないが、前工業社会・工業社会・脱工業社会という三段階モデルは、もともと社会構造レベル（経済・技術・職業）に対して設定された段階である。とりわけ、産業構造の変化に着目した図式であるが、ここでは、この三段階に、前節で検討した生態学的社会空間の軸をクロスしてみよう。すると、表2-2のように、主要な生態学的空間として、前工業社会に面的空間が、工業社会に点的空間が、そして脱工業社会に線的空間がそれぞれ発展史的に対応する、というのがわれわれの主張である。

手短な説明をするなら、ベルにおいては、前工業社会の中軸となる産業セクターは第一次産業である。その主な担

表 2-2　点・面・線の発展段階

発展的な社会類型	前工業社会 (pre-industrial)	工業社会 (industrial)	脱工業社会 (post-industrial)
主な社会過程	面的な社会過程	点的な社会過程	線的な社会過程
中心的な集団	① 村落共同体 ② 都市自治体	① 組織・企業 ② 家族・個人	① ネット集団 ② 移動集団
中心的な主体	① 領主・荘園主 ② 農民	① 企業家 ② 労働者	① 旅人・遊牧民 ② 沿道住民
主要な空間	① 領土・村域 ② 町域	① 敷地・工場 ② 家・個室	① 道 ② 移動空間

い手は職人や農民であり、社会誘導の基礎原理は伝統主義である。ところで、これらの産業の多くは、相対的に閉じている面的な村落社会や中世的都市社会に基盤をもっていた、と考えるのが妥当であろう。たとえば西欧では、点的な家族やギルドはそれぞれこれを包摂する面的広がりをもつ中世村落や中世都市自治体の境界内にしっかりと埋め込まれていた。中世家族や諸ギルドは、工業社会における家族や企業組織に比して、それ自体で十分独立した点的エージェントとは見なしにくい。彼らの活動の主たる場は、村境のなか、都市城壁のなかにあったのである。前近代社会が「終始移動する社会」とする見解も逆説的な意味においてであった。[26]なお、この時代の線的道空間は、J・P・ルゲが指摘するように、地域社会内の驚くほど道幅の狭い生活系連絡道路網や運河網を中心に発達した。[27]これらの道に、城壁や村落社会の境界を越え異文化へと通じるいくつかの市門から延びる少数のマクロな街道道空間が色を添えた状況であった。

日本においても基本的状況はさして変わらない。日本特有の海路交通網も含めた近世期の全国交通網整備と、宿駅制度の長期的持続や馬車文化の未発達などの相違点は少なくないが、概して閉鎖的な地域社会内の路地文化を中心に道空間は展開された。徒歩（かち）中心の等身大的、多目的な道空間を構成していたといえよう。上田篤のいうように、西欧の「広場の文化」に対

して、「道の文化」を謳歌していたのである。(28)

これに対して、第二段階の工業社会の主要産業部門は、第二次産業であり、その主な担い手は技師、半熟練労働者たちである。また、地域の桎梏から解放されて小規模化した核家族が、その労働力再生産の場でもあった。点的な企業組織と都市小家族が、この段階の主要な社会システムである。その主たる活動の場は、地域社会の吸引力から次第に離脱した点的な家族空間であり、点的な企業空間であった。地域社会がもつ閉鎖的な面的空間は、次第にその境界性を失ったのである。

他方、これに調和して発達した近代国民国家は、「領土」という面的空間を実質的な基盤とした唯一の代表的システムではあった。しかしながら、この面的国家は、他方で点的企業や点的家族に奉仕する制度装置としての側面も色濃くもつものでもあった。こうして、とりわけ近代中期の工業社会における空間状況は、国民国家の面的空間のみならず、企業組織を典型とする点的空間システムが力を発揮していった様相を呈したといえるであろう。前工業社会に比して、民主主義や資本主義の発達にともなって私的＝点的な空間が大いに活性化した時期といえるのである。いわば、空間の生態学的私有化が進展したといってよい。

この時代の線的道空間は、概して工業社会の大量生産物を大量輸送するために機能特化した移動空間に再編成された。効率のよい車道化がそのメインテーマであった。これに応じて、面的地域の境界を越えた空路・海路・鉄道はもとより、産業道路が支配的となる。日本では近代初期の明治期にはもっぱら鉄道網に力点が置かれたが、戦後の高度成長期になると全国的高速道路網が文字通り突貫工事で張り巡らされた。六〇年代における急速なモータリゼーション時代の到来である。確かに一方では、効率的で快適な移動空間が現出した。その反面、多くの生活系道路や街路は、次第にそれまで培ってきた道の豊かな多機能性の後退を余儀なくされたのである。「日本にはロード（road）がなくてドーロ（道路）がある」という皮肉を十分に返上できないままに、大衆モータリゼーションの車が住宅街にも侵入し始めた[29]。路地を中心とした豊かな人間的経験が建物のなかへと押し込められる。かくて、ミクロな街路もマクロな街道も、工業社会に奉仕するよう再編されていったのである。いたるところで道空間は「交通戦争」状態に突入し、「死の空間」ともなった。多くの道が、多数の命を奪い、空気を汚し、大地を揺るがす。道は、爆音を轟かせて平穏な生活を脅かす破壊空間と化したのである。マクロ的発想の道空間がヘゲモニーを握ったのである。

ところで、産業社会の段階に対して、次の第三段階である脱工業社会では、サービス業、とくに情報産業などが中核となる、というのがベルの見立てである。技術者・科学者・専門職の社会階層がその主要な担い手であり、工業社会誘導の経済主義はもはや一線から退いて、いわば情報主義がその基礎原理となる。点的な都市家族や企業組織は、すでに工業社会期の活力や求心力を失い始めているようだ。現代家族は融解しつつあり、鉄のごとき官僚制的組織は機能不全に陥って久しく、その構造改革を迫られている。

このような時代状況において、一九六〇年代末にはやくも、ホモ・モーベンス（移動民）を主役に据えた議論が登場する。固定した企業ビルディングや公共建築など箱物の建築（「建築空間」）から流動的な「道の建築」へ、との視座転換を提起したのが建築家の黒川紀章であった[30]。いってみるなら、「点」から「線」への転換である。この問題提起よりすでに半世紀近くが経過した。点的な箱物的組織集団や面的国民国家のボーダレス化は明白となり、ヒト・モノ・情報などがグローバルに流出入する時代となった。諸システムから境界を越えて外部に延びる線的な道空間に人びとの活動舞台の比重が移りつつある。

こうして、旅人、ライダー、巡礼者、移民、遊牧民、一時的滞在者、漂流民、流民、都市遊民、ボートハウスの生活者、フリーター等々の流動的な動民たちが、これまで以上に活性化する社会段階に到達しつつある。その基盤となる空間が、線的に伸びる道空間にほかならない。この時代の道空間は前代のように機械的な移動空間へのみ物象化したマイナー空間ではない。なるほど、一方においては新時代交通システムＩＴＳなどにみられるようにハイテク情報ネット制御による高速移動文化を発展的に継承しつつあるベクトルもある。しかし他方において、生活系道空間はかつてのような豊かな人間的経験をはぐくむ等身大的な場として再生しつつある。オランダの「ボンネルフ（生活の庭）」運動を始めとして、ドイツのボーンシュトラーゼ、一九八〇年代から始まった日本の多様な「コミュニティ道路」政策や「ストリート・ファニチャー」デザインによる「線的アメニティ」の試みなどは、そのような政策転換の現れの一例に他ならない。[31]

バリアフリー、ハンプ（コブ状路面）、シケイン（蛇行構造）、チョッカー（一部狭道）、ボラード（防護用杭）、植樹枡など、歩行者保護の各種の仕組みや沿道装置の工夫はいうまでもなく、速度規制の「コミュニティ・ゾーン」設定や生物通路までをも視野に入れた「ビオコリドー（生態学的回廊）」思想の展開など、[32]いずれも道空間の新展開を目指した好個な例だ。まさに、Ｂ・ルドルフスキーのいう「人間のための街路」の復権といえるだろう。[33]道空間自体がそれ自体独立した空間として機能し始めている。ポストモダンの脱工業社会における道空間は、前時代の車公害にまみれた「糞便学的な意味での都市の腸」[34]とまでいわれた機能主義的な機械空間から脱皮することが望まれている。豊かな人間的経験を生成する有機的なメディア空間へのステージに移行させることが模索されているのである。

遍路道は、この点で、きわめて示唆的である。道の文化の原型を比較的よく留めている有機的な空間である。道沿いに点在する多数の聖跡、道標、石碑、遍路墓は、さながら「遍路ストリート・ファニチャー」のごときものである。「遍路ころがし」は自然のハンプやシケインに満ちており、トンネル遍路道は歩き遍路にとっては生死を賭けた逆説的チョッカーである。自然に囲まれた「旧遍路道」は自然のビオコリドーを内包しており、里の遍路道には地元民との交流（ときには彼らとの葛藤）が待ちうけている。

二　線的エージェントと線的社会過程

（一）動民と定住民：遍路と住民

ところで、線的な道空間を主要な媒体として生成する社会過程を、ここでは「線的社会過程」（linear social process）とよぶことにする。線的社会過程は、点的社会過程、面的社会過程に対比しうる社会過程の一タイプである。たとえば、道行く旅人と観光都市住民との経済交換過程。あるいは、旅は道連れ、同行仲間など旅人同士のコミュニケーション過程。沿道汚染問題や道路建設をめぐる計画路線沿いの住民同士が結成する反対運動過程。ヨーロッパの国際的な「ドナウ委員会」にみられる河川流域に形成される「流域社会」等々。[35]これらの事例は、どれも線的な道空間が取り結ぶ線的社会過程の一例である。V・ターナーが提起した巡礼者同士の「コミュニタス」は、巡礼の道沿いに非日常的に生成する線的社会過程の好例である。[36]線的社会過程は、面的・点的な日常的構造に依拠する社会過程とは区別されるべきものである。ターナー風にいえば、〈反構造〉的社会過程である。構造的過程をときに変革、ときに強化し再活性化する過程といってもよい。

すでに、前節において簡単に言及したが、このような特異な空間をベースに生成する線的社会過程のエージェントには、基本的なタイプが認められる。第一に、道空間を移動利用する不定形な〈移動者〉〈動民〉〈ホモ・モーベンス〉、〈漂流民〉がいる。旅人やお遍路は、このような外来の移動者の代表的一例である。道空間の流動的な一時的滞在者が第一の類型である。なかには、道空間を移動することが日常化して擬似定住するような変種も出現することがある。いわゆる「職業遍路」は、好ましくないそうした類の一類型であろう。

線的社会過程参与者の第二類型は、外来の移動者を受け入れて、彼らと何らかの相互作用を営む〈沿道定住民〉である。どこまでを「沿道」範域ととらえるかは個別的で相対的な問題であるが、[37]面的な「地元社会」一般とはとりあえず区別したい。[38]この第二カテゴリーの代表的事例は、沿道に店を構える商業従事者であろう。一般商店、なかでも、コンビニ、飲食店、ドライブイン、土産店、旅館業者、地元交通関連業者たちは、移動者にとって必須の沿道定住者である。この第二類型には、もちろん沿道界隈の一般住民が含まれる。遍路道の場合は、「お接待」に積極的に関わる地元住民はもとより、遍路が道を尋ね、挨拶の言葉を交わす沿道の人びともまたそうである。しかし、遍路にとって最重要の沿道定住民は札所関係者をおいて他にない。道中修行が第一義とされる遍路も、札所や聖跡なくして遍路行は成り立たない。

(二) 第三類型など

他方、直接的な移動者でも沿道住民でもなく、しかし線的社会過程に直接・間接に参与する重要な主体ケースがある。このケースは微妙な事例であって看過できない。以下、遍路道を事例に検討してみよう。

たとえば、日本全国ほぼすべての道路では、道路管理者としての国土交通省をはじめとする道路関連行政部門が線的社会過程に関わってくる。道路計画・開発整備・維持管理などを専門とする公的組織である。遍路道では、国土交通省や環境庁による「四国の道」や「新四国の道」のことが想起される。行政デザインのこれらの道に多く重複する遍路道では、行政が遍路文化に果たす一定の潜在的機能が指摘されるだろう。たとえば「四国の道」の道標は、遍路道標と同様に遍路者を目的札所に導くこともあれば、思いもよらぬ場所へとミスリードすることも少なくない。このような関わりをもつ行政組織は、必ずしも直接的に遍路と接する〈沿道定住民〉とはいえない。しかし、潜在的にはつねに道路管理者として参与している側面をもつ。その意味で、〈沿道定住民〉的な性格をもっている。したがってその特殊例として扱ってよいかもしれない。

さらに、遍路におけるもうひとつの繊細なケースは、いわゆる「出張接待」（接待講）の場合である。[39] たとえば、一番札所内で伝統的に継承されている紀州接待講や野上接待講による春接待は、そのような一例である。四国外の遍路者がある時点では沿道定住民のごとくに他の遍路に接待をする事例だ。この場合、彼らは遍路（直接的移動者）でもなく沿道定住民でもない。いわば特定期間においてのみ沿道定住民の役割を演じる潜在的遍路者である。したがって、このケースでは第一類型の第二類型化、もしくはその発展的形態とみることができる。

同様に、近年ではインターネットのホームページによる遍路情報提供の新型の接待事例が出現している。遍路仲間では著名な「掬水へんろ館」のようなサイトはその一例である。このケースの社会過程は、遍路道からは遠く離れた時空で展開しているが、もとより遍路道での経験から発展的に進化した社会過程であり、遍路仲間同士の線的社会過程の一部とみなせるだろう。発刊されて間もない月刊の『四国へんろ』の雑誌編集組織の場合も同様である。彼らも本来は第一類型の人びとであるが、舞台を本来の遍路道空間からサイバースペースや雑誌メディアに移した事例であって、きわめて現代的な特殊ケースといえる。これらは、とりあえずは「情報コミュニタス」とでもよべそうな新タイプのコミュニタスのように思われる。[40]

さらには、こんなケースもある。近年、遍路道「世界遺産化」運動あるいは遍路道を戦略的地域資源とする町おこし運動が活性化している。[41] その影響か否か、四国内住民による遍路行が活性化している兆しがみうけられる。[42] このケースは、一方で灯台下暗し状態にあった地元住民層の自己再発見の動きを示しているかもしれないが、他方では、沿道定住民の遍路化（動民化）という側面をもっている。いわば、第二類型の第一類型化のケースである。

表 2-3　線的社会過程のタイプ

	移動者（動民）	沿道定住民（住民）
移動者（動民）	巡礼者コミュニタス	動民・定住民コミュニケーション
	巡拝団体・巡拝講・道連れ	接待関係・定宿
	（流動的関係・持続性小）	（半流動的・持続性中程度）
沿道定住民（住民）	動民・定住民コミュニケーション	沿道住民コミュニティ
	接待関係・定宿	接待講・旅館組合・遍路道守る会
	（半流動的・持続性中程度）	（安定的関係・持続性高い）

以上のように、やや複雑な主体ケースが認められるのである。しかし、これらのケースはいずれも第一・第二類型の特殊事例、ないしその発展的事例とみなすことができるだろう。

他方、このような事例ではなく、論理上は純粋に〈移動者〉でもなく〈沿道定住民〉でもない第三カテゴリーの主体が想定される。移動・旅・巡礼などを間接的に支援・媒介する各地点在の関係エージェントがそれである。その代表格はマスコミである。TVをはじめとする多様なマスメディアの介在なくして今日の旅や巡礼は考えられなくなってきた。数年前のNHK制作のハイビジョン遍路番組が昨今の遍路動向に与えた影響について指摘するまでもないだろう。あるいは、三橋架橋開設以降にわかに参入してきた四国外の旅行・交通関連業界もまたその一例である。四国アクセスの代表的手段を提供している主要航空会社は、隠れた現代遍路支援の第三者的関係者である。

こうして、いくつかの特殊事例はあるが、道空間を舞台にした線的社会過程に直接的に参与する基本的な社会的エージェントの二大類型は、〈移動者〉（一時的滞在者）と〈沿道定住民〉（定住民）である。これに第三類型の媒介者が続く。これらのエージェント同士が生成する相互行為の有り様は、表2-3にみられるような特徴をもつ。線的社会過程とは、道空間を媒介にしたこれらエージェント間の多様な相互行為からなる流動的で生成的な全体のことである。各エージェントは、それぞれのスタンス・視界・意味づけ・目的等々に規定されながら社会過程に参与しているのである。このような道を媒介とする線的社会過程が、どのような内部構造を生成・継承・変革するのかを問うこと、またこれを包摂する全体社会システムのなかでいかなる位置を占めているのかを問うことが、〈道の社会学〉の主要関心事項となる。

(三) 現代遍路の主要エージェントの具体例

以上の点を留意した上で、現代遍路の線的社会過程をみるなら、われわれのこれまでの一〇年間ほどの現地調査からは、以下のような主要な遍路道関連の線的エージェントが抽出される。

(1) 遍路：第一類型（移動民）
① 顕在的遍路（遍路行する遍路・へんろみち保存協力会・先達会）
② 潜在的遍路（出張接待・逆接待・情報接待等の一時的接待者）
(2) 霊場地域：第二類型（沿道定住民）
① 八十八ヵ所札所・四国霊場会（番外札所・別格二十霊場会・四国曼荼羅霊場・各霊場会）
② 沿道定住民（一般住民・域内接待講・善根宿・地域団体）
③ 沿道商店（コンビニ・食堂・コインランドリー・一般商店）
④ 関連業者（域内交通業者・宿泊業者・遍路用品業者）
⑤ 行政（四国地方整備局・環境庁・県・市・町村関連部局）
⑥ 経済団体（四経連・経済同友会）
(3) その他関係者：第三類型（媒介者）

① マスコミ・ミニコミ　（NHK他のマスメディア）
② 各関連業者　（四国外の旅行・交通関連業者・用品業者）
③ その他　（郷土史研究者・遍路研究者）

筆者はかつて、これらの多様な諸主体のうち、遍路道にとってとりわけ重要と思われるものとして、遍路、札所、沿道住民、行政の四主体からなる線的社会過程モデルを提示したことがある[43]。しかし、複雑な様相を呈する遍路文化においては、考察対象となる現象領域に応じて、鍵となる主体構成は変わるであろう。

ところで、遍路道を契機とした遍路文化生成に参与する主体相互が構成する社会的世界を、長田攻一は暫定的に「遍路社会」とよんでいる[44]。遍路社会全体は、日本社会の中に相対的に安定した構造をもって歴史的に継承されながらも絶えず変容しつつある「部分社会」である。八十八ヵ所札所や遍路道の空間構成、そしてその遍路習俗の骨格などは、比較的連続性が高い構造を継承している。他方で、現代社会の諸条件に呼応しながら、遍路も札所も遍路宿もいちじるしく様変わりしている側面をもっている。ところで、このような遍路社会は、いつの時代も線的に移動する遍路者からみれば、日々の日常生活よりも非日常的、一時的、流動的、反構造的なコミュニタス的性格の強い社会過程である。また沿道定住民からすれば、遍路者よりは日常的、永続的、流動的な柔構造をもった過程であろう。彼らにとって遍路に出会うことは、日常茶飯の出来事である。とはいえ、彼らのそれ以外の生活部分からみれば、遍路社会はそれなりに非日常的、一時的、流動的な性格をもった社会過程として映るであろう。遍路道を媒介にスタンスも視座も異なるこれら線的主体が立体的に交錯する場が遍路社会に他ならない。

現代遍路社会分析の第一歩は、契機となる遍路道の基本的な空間構成を把握した上で、これらの主要な遍路関係者の実態を明らかにすることである。次に、彼らの線的な相互作用そのものの社会過程を現代社会の文脈に照射しながら明らかにすることが必要であろう。これらの分析手順を踏んだ後、部分社会である遍路社会がこれを包摂する現代日本社会においてもつ意味を明らかにすることが最終的に求められる課題と思われる。

三　道空間への関わり

（一）道への関与の四段階

道空間が人間に提供する豊かな経験世界の一端は先にみたが、逆に、道空間それ自体に対する人間の関わりについてはどうであろうか。これには、次のような四つの主要局面（ないし段階）があるように思われる。

表 2-4　道空間への関与の 4 段階

① 開発	計画・設計などを含む
② 利用	移動・商い・演技など多様な活動
③ 維持管理	補修・規制・変更などを含む
④ 閉鎖	消滅・忘却などを含む

これらの関与局面は、概ねこの順序にしたがった時間的展開をみせると思われる。

ところで、かつてO・ボルノーは、「やがて道は……人為的な工事を要求する。道（weg）は道路（strasse）となる」と論じたが、[45]現代における①道開発（道路政策とその実施）は、かつてはあり得たローカルで私的な「道普請」等の余地がない。それはもっぱら官民による高度な専門機関に委ねられるようになった。[46]現代道路行政とその受注をめぐる一連の問題が度々指摘されるのも、そのような聖域化して専門分化したシステムであればこそであろう。道路の開発・制御に生活者が立ち入る機会やルートは、陳情行為や反対活動など事実上きわめて限られている。機能不全に陥りがちな都市計画法等で進められる手続きにかわって、「パブリック・インボルブメント（ＰＩ）」のような市民参加型の政策が提唱されるゆえんであろう。

同様に、③の維持管理、④閉鎖の各局面も、直接的には①の開発と同様に、公私の専門機関に担われており、一般民衆が積極的に参与することは少ない。むろん、たとえば、草刈り・掃除・雪かき・水撒き・垣根の手入れなど、一部市民の積極的関与の事例がなくはない。たしかに、遍路道では、民衆レベルの積極的な遍路道の再生・維持・管理活動が数多く認められるところである。[47] しかし、道路の補修やガードレールの整備など、基本構造の直接的管理責任者はあくまでも国や自治体であり、その実行は関連団体や建設業者である。

こうして、生活者が道空間に主体的・積極的に関与するのは、現代では②の利用局面をおいて他にない。動民も沿道定住民も、既存の道を舞台に、多様な活用を工夫することになる。前述のごとく西欧の「広場の文化」に対して日本が「道の文化」だといわれる一因は、もとより「公界」の道路の一部をときに民衆が私的に占有し、あるいはこれを実に多様に逞しく活用し尽くしてきた点にあったのである。「道路の上が生活の場であり、仮設の市場みたいなものであり、仕事場でもあった」「道路は歩行のためだけの空間ではない」[48]。たとえば、下町路地の「はみ出し三点セット」（ゴミ箱・鉢植え・物干し）から商店街路の「はみ出し自販機」に至る道空間における日本独特の〈はみ出し文化〉とでもいえる文化は、民衆レベルで培ってきた民俗的産物なのである。[49]

（二） 道の活用と遍路道への関与

このように道の②活用局面に一般民衆の実質的関与があるとすれば、その経験的内実こそが問題となろう。その際、神奈川県文化室が一九八〇年代に調査報告した「道の活用」＝「ｉ歩く、ⅱ走る、ⅲ飾る、ⅳ商う、ⅴ触合う、ⅵ演じる、vii愛着をもつ」という分類がさしあたり議論の叩き台となろう。(50) このうち、「愛着をもつ」には、「道の愛称化、再発見、文学碑設置」等の事例が含まれる。

これを参考に遍路道を取り上げてみよう。現代遍路道は一二〇〇年もの間にいわば自然発生的に開発されたものである。大多数の現代遍路にとっては、この歴史的遺産をひたすら移動（i歩く）のために利用させていただく既成の道空間として存在している。とはいえ、どの遍路道も、いつの時代か、誰かに切り開かれたものに違いない。猟師が開いた道があり、修行者が開いた道がある。里人や住民が開いた道もあれば、時の権力者が政治的・軍事的・経済的思惑などから開いた道もあるだろう。遍路道の開発段階は、すでに遠い過去のものとなっている。

他方、沿道定住民も聖跡管理・お接待・道案内・宿泊施設提供・各種の商いなどを通じて遍路道をいろいろに利用している。なかでも「v触合う、iv商う」がその主な利用内容であろう。また、前述のように、年に一～二度の遍路道清掃奉仕で③維持管理局面に関わる地元社会も少なくない。香川県国分寺町有志による「四国の道を守る会」の活動は、その傑出した一例である。

かたや、現代の歩き遍路に一大転機をもたらした宮崎建樹氏による「へんろみち保存協力会」の草刈奉仕団の活動は、単なる道の利用局面を超えているものだ。四国全体規模の旧遍路道（高知県中土佐地域の「そえみみず遍路道」など）の再生とその計画的な維持管理に関する同会と地元住民による連携活動は、組織的な③維持管理および①開発に近い局面にも関与している一例である。戦後の車遍路化にともなって、旧遍路道が見捨てられ、自然消滅する部分（④局面）もあったからこその活動であろう。

他方、遍路道の車道化や行政による一連の「四国の道」「新四国の道」に関する道路政策は、部分的な開発局面（①）に位置するもので、遍路道の新陳代謝を物語る事例である。また、前述の「へんろみち保存協力会」による道標建立活動・標シール貼り活動・平成遍路石建立活動はいずれも、先の分類に倣えば利用局面の「iii道を飾る」次元、ないし「vii愛着をもつ」次元のものといえるが、もとより「i歩く」を目指したものである。同時に①の開発と③の維持管理の性質も併せもつ活動でもあろう。香川県長尾町における遍路道沿いの山頭火句碑建立活動および遍路世界最初の記念すべきへんろ資料展示室による町づくりの活動も、「iii飾る」「v触合う」「vii愛着をもつ」などのレベルにわたる精力的な関わりの顕著な事例である。

ところで、遍路道を再発見し、貴重な地域資源ないし日本の歴史的文化遺産として活用しようとしているのが、近年の「世界遺産化」運動である。この運動には現代社会の一趨勢であるグローバル化とローカル化の弁証法的文脈が深く関わっているが、道空間への関与局面からみれば、単なる維持管理局面（③）に留まるものではない。この運動は明らかに、遍路道に「vii愛着をもつ」という意識高揚を目指すと同時に、遍路道を戦略的な地域資源と認識し、四国地域の活性化を促すという政策的課題（地域おこし）としての側面をもつ。その意味で、遍路道に「愛着を持ち、歩き遍路や観光客を呼び入れ、彼らと触合い、飾り、商う」という多目的な利用局面に位置づけられる運動であろう。たとえば、愛媛県内海村の「トレッキング・ザ・空海」のイベント等による接待による村づくりのエネルギッシュな運動は、こうした方向での代表的模範例である。このローカルな一地域の運動が、グローバルな遍路道世界遺産化運動にも関連している点が、興味深いところである。遍路道遺産化運動は、線的な沿道地域定住民の範囲を越えて、面的な四国地域社会全体の問題へと拡大している好例である。

三　遍路道空間の概況と諸特性

最後に、これまで提示した基本的枠組みに照らしながら、現代四国遍路道が呈している概況とその諸特性について整理しておこう。

はじめに、これまでのフィールドリサーチを通して得られた遍路道における社会過程の概況について概観し、次に、現代四国遍路道がもつ主要な諸特性について総括する。

一　遍路道空間の概況

表2-5は、現代四国遍路道を媒介として生成している線的社会過程(遍路社会)の概況である。これまで検討した基本的枠組みのうち、横軸には、遍路道空間が各主体に提供する四つの主な領域(機能的貢献)を、また縦軸には、遍路道自体に関係者が関与する主要な局面を取り、これをクロスさせたものが本表である。同時にそれぞれ主なエージェントを挙げてみた。

総じて、現代遍路道においては、もっぱら遍路道の〈利用局面〉における社会過程が進展していることは明白である。なかでも近年では、「歩き遍路」の復活(歩く)、「お接待」の習俗継承(触合う)がメディアを通じて喧伝されていること、また世界遺産化・地域おこし・新四国の道など遍路道を地域資源とする町づくり(愛着)の進展、さらには各種メディアによる遍路情報の提供(愛着)などが日増しに活性化しつつある点などが目に付く。一番札所での有田接待講や野上接待講などの接待習俗がなお脈々と継承されている一方、とりわけ、前述した香川県長尾町における

表 2-5　現代四国遍路道をめぐる線的社会過程の概況

→　遍路道の内部機能（A→G→I→L）

↓道への関与段階（1→2→3→4）

	エネルギー資源の処理（A）	移動目標の達成（G）	コミュニケーション（I）	象徴的意味生成（L）	主な主体（具体的事例）
(1)計画開発	旧遍路道（添え蚯蚓遍路道等）	遍路道の発見・再生	沿道住民の交流と統合	歩き遍路の復活	へんろみち保存協力会・沿道住民
	(新)四国の道	四国路の発展	四国社会の交流と統合	複合的な四国路	四国地方整備局（旧四国地建）
	ヘリコプター遍路道	超高速遍路		特別な遍路道	四国航空
	三橋架橋	アクセスの利便化	本州地域との結合	中心との有機的結合	本四架橋連絡公団
	四国横断高速道路	四国内移動の高速化	四国社会の統合	効率的な移動	四国地方整備局（旧四国地建）
(2)利用活動					
i 歩行	(霊力)	歩き遍路行	歩き遍路コミュニタス	霊験・癒し・発心・涅槃	歩き遍路・「遍路みち一緒に歩こう会」
ii 走行	(活力)	車遍路行	巡拝団体コミュニタス	先達動向の安全遍路	車遍路集団
iii触合い	接待品・会話・喜捨	交流・祈祷・修行	お接待・納経システム	弘法信仰・布施行	遍路（接待講）・沿道民・札所
	霊場空間・朱印・トイレ	遍路行（納経など）	札所と遍路の統合	弘法信仰・霊場縁起	各札所・番外札所・各霊場会
iv装飾・演出	道しるべ・平成遍路石・杖立て	遍路行の手助け	遍路社会の統合	歩きの修行・正統性	へんろみち保存協力会・愛知同行二人会など
v 商売	遍路宿・交通手段	休息・移動	宿泊・移動体制強化	快適性・休息・伝統	宿泊業者・交通業者
	自販機・コインランドリー	水分補給・汚れ洗浄	経済的交換・接待	現代の弘法清水	一般商店
	食堂・コンビニ・遍路用品	物資補給	経済的交換	乞食修行・三衣一鉢	一般商店・用品業者
vi愛着	遍路資料展示	遍路文化の共有	遍路社会の統合	遍路文化の意味	長尾町遍路資料室
	遍路情報・月刊遍路・四国へんろ	情報の提供	情報コミュニタス	現代遍路の意味生成	掬水へんろ館他HP・「ふぃっつ」・伊予鉄観光
	先達必携・霊場作法	遍路作法の継承	説法と帰依	四国曼荼羅道場説	四国八十八ヵ所霊場会
	種田山頭火句碑	遍路道の新しい意味づけ	地域社会の統合	人生即遍路・「結願の道」	長尾町（山頭火顕彰会・教育委員会）
	地域資源としての遍路道	世界遺産化・村おこし	四国社会・町村の統合	「世界遺産」の意味	「四国へんろ道文化」世界遺産化の会・内海村
	歴史文化道	四国路の見なおし	四国社会の統合	四国史における道の意味	歴史・文化道推進協議会
(3)維持管理	草刈奉仕・清掃活動	遍路道の確保・整備	お接待・地域の統合	歩き遍路の復活	へんろみち保存協力会
	草刈・トイレ掃除・植樹他	遍路道の整備	お接待・地域の統合	遍路転がしの快適化	遍路道を守る会（香川国分寺町）
	一般道路・四国の道等修復	道路の補修管理	四国社会の統合	道の近代化	国土交通省・環境庁・県市町村役場
	渡し船と水路	水路の確保・伝統継承	遍路社会の統合	遍路伝統の継承	中村市役所（委託事業；間崎氏）
	林道利用の管理	山道の確保・整備	遍路社会の統合	関所寺の意味再生	新居森林組合（横峰寺平野林道）
(4)消滅・閉鎖	旧遍路道の閉鎖と代替遍路道	動線の変更	関係者の利害調整	移動の変化・効率	行政（道路関連部局）
	旧遍路道不使用	移動の合理化	先導者の模倣	合理性・安全	車遍路者
	渡し船の水路	移動の合理化	旧統合消滅	合理性・安全	遍路
主な主体類型	① 沿道定住民	① 遍路者	遍路者・沿道定住民	① 遍路者	
	② 遍路	② 沿道定住民		② 沿道定住民	

初のへんろ資料室の開設は、今後の遍路文化の継承発展に大きな貢献が期待され、きわめて重要な位置を占めているものとして注目されよう。[51]

しかし、〈開発局面〉においても事例はわずかだが、現代遍路の動向を大きく条件づけるものとして、四国アクセスの三橋架橋と四国内高速道路の整備問題を挙げないわけにはゆかない。遍路道をめぐるこの新たな状況変化が、遍路のアクセスや札所の巡り方、域外業者参入等による巡拝バス商品群の再編、遍路出身地階層の変化、またこれに連動した遍路宿運営のあり方などに大きなインパクトをもたらしつつある点はすでに指摘した。

また、「そえみみず遍路道」の事例のように「へんろみち保存協力会」による旧遍路道再生活動のことは名高いが、そのほかにも旧遍路道復活可能性のあるポイントは少なくない。これらの旧遍路道とどう付き合うかが、現代歩き遍路に課せられている課題のひとつでもあるだろう。

他方で、〈維持管理局面〉においてもあまり目立たないが、沿道定住民を中心とする地味な努力が数多く試みられている。既成地域組織をベースにした各地域単位での草刈・清掃などの道普請をはじめとして、新たな活動組織を立ち上げての「遍路ころがし」道整備活動（香川県国分寺町）など、歩き遍路も見逃してしまいかねない努力が続けられている。

〈閉鎖・消滅局面〉については、現時点では、旧遍路道の自然消滅と「渡し舟水路遍路道」の消滅回避の二点が特筆されるだろう。とりわけ後者は、数多くの「遍路橋」の架橋にともない、かつてのありふれた遍路風物の地位を失った。現在残されている渡しの場所は、わずかに土佐の一ヵ所にすぎない。浦土湾種崎の渡しがそれである。四万十川の「下田の渡し」はエンジン付きの小型舟であったが残念ながら今春に廃止された。「渡しは本来のへんろ道である」「民俗資料である昔風の渡し」との指摘もあるように[52]、伝統的遍路道の残り香のような装置として細々と残存しているのは種崎のみなのである。その種崎の渡しも廃止が取り沙汰されていたが、存続することが決ったばかりである。

他方、遍路道空間が提供する四つの主な機能軸からみれば、現代遍路においては、とくに〈コミュニケーション機能〉と〈意味生成機能〉が緊急要件性を増しているように思われる。いわゆる「癒しの道」、あるいは「哲学的遍路」といった言葉がよく取り上げられるのも、遍路行が人や自然との触合いを媒介にして自らを問う過程のなかで精神的充実感をもたらすものと観念されているからであろう。とりわけ意味生成の機能においては、かつての伝統的遍路の多くが自らを超越した弘法大師信仰における究極的な意味に帰依していたのに対して、現代の「ニューエイジの遍路」たちは、必ずしもそうではない[53]。「自分探し」の遍路、「ウォーキング」遍路、「癒し系」の遍路たちは、それぞれ多様な世俗的オリエンテーションのなかで、いわば身の丈の自分サイズの意味生成に関わる傾向をもっているように思われる。「アイデンティティのサバイバル」という点で、現代では緊急性の高い機能領域となっている。

他方、〈エネルギー処理機能〉については、かつてほどには機能的緊急性が高くはない。豊かな現代社会では移動も容易でこれに必要な物資も難なく入手できる。現代遍路行は、日常生活より不便といえども江戸時代の比ではない。いつでもどこでも自販機が現代版「弘法清水」を提供し、誰もがめでたく結願できるのである。善根宿の新展開や札所における「新通夜堂」建設の動きも、どこかのんびりしたものだ[54]。道もよくなり、道しるべも多く、移動手段も豊富だ。〈エネルギー資源の提供〉と〈移動目標の達成〉の機能は、かつてほど緊急性の高い要件ではなくなったのである。この種の機能は、現代ではサバイバル・ポイントを越えて、むしろ質的向上や快適性というフルフィルメント・ポイントが要求されている領域といえよう。

さて、残された紙幅で、現代遍路道空間の諸特性について、重要と思われるいくつかの点を整理検討して本章を終えることにしたい。

二　現代遍路空間における主要な構成次元

現代遍路道空間を考える上で、重要と思われる主な次元には、さしあたり以下のものがあげられるだろう。

①　四国を取り巻く道路行政と遍路道
②　遍路道の重層性
③　移動手段の多様性
④　遍路道の水平次元（四国曼荼羅道場説）と垂直的次元（星供養から干満水まで）
⑤　遍路空間と遍路道空間・札所空間・休息空間
⑥　沿道地域住民の対応

第一に、遍路道を支点に現代遍路文化を読み解く場合、現代道路行政の状況分析を抜きには十分に語れない。この問題は、別章にて詳細に分析される。さしあたりの問題は、四国地域における歴史的街道や古道と遍路道の史的連関分析もさることながら、われわれのスタンスからいえば、現代遍路道が、現代道路行政との関連において占める位置確認とその維持再生のメタボリズムを分析することにある。国土交通（旧建設）省ルートや環境庁ルートによるいわゆる「四国の道」や「新四国の道」あるいは「歴史文化道」や「歴史国道」などの多様な道路施策との関連において、遍路道がどのように取り扱われ、いかなる持続と変容の過程にさらされているか、また、そのことが遍路文化にどのようなインパクトを与えているかを吟味することが重要である。

すでに何度か言及した本四連絡の三つの大橋と整備中の四国内高速道路網が遍路道といかに接合し、遍路文化にどのように関わっているのかを査定することも重要である。四国遍路が、観音巡礼など他の巡礼文化に比べて、道中修行により多くのウェイトを置くものであるとするなら、現代道路事情の分析は、必須の作業といえよう。

第二に、遍路道の重層性の次元問題があげられる。ここでいう重層性とは、次のことを意味する。すなわち、遍路道が、八十八ヵ所遍路道のみならず、細部においては、奥の院参りの遍路道、あるいは四国別格二十霊場遍路道や四国曼荼羅霊場遍路道、あるいはまた多様な四国内観音巡礼道などと、そこかしこにおいて交差重複し、全体として、重層的で立体的な巡礼道空間を構成していることを指している。この問題は、とくに、遍路行を深めたベテラン遍路ほど、身近に感じる重層性である。先の行政主導の「四国の道」との連関的な構成とあいまって、遍路道をさらに複雑な宗教的道空間へと再編する契機を秘めている。行政主導の「四国の道」においてはいわば遍路道の脱宗教化の可能性がクローズアップされるが、ここでは、むしろ、遍路道の再宗教化の可能性がクローズアップされよう。かつては、一時的に対立することもあったと思われる別格霊場遍路道は、いわゆる「八十八プラス二十の百八煩悩」消滅の道として、再解釈が施されてもいるのが現状である。こうした意味の再生産は、さらに、全国各地の写し霊場における弘法大師霊場の遍路道とも呼応する問題を提起するものでもある。他の巡礼道との関連性が言及されればされるほど遍路道の正統性が逆説的に強化されるということはありうる。また、観音巡礼における「百観音巡礼」の巡礼道の生成問題(百観音巡礼者の主体的な巡礼道構築)にも連なる次元の問題でもある。

第三に、道空間において移動手段の問題は本質的な次元の問題である。移動空間としての道空間は、現実にはある特定の移動手段の利用によって実質的に機能する。足や手などの生理的エネルギーによる移動手段からロケットや飛行機などの化石燃料による高度な機械的移動手段まで、その発達は人間文明の発達と深く関連している。遍路道においても移動手段の問題は、とりわけ現代遍路を考える上で決定的に重要である。別個所で論じたように、歩き遍路と車遍路の大局的な分化はもとより、細部ではさらに多様な移動手段の分化とこれに応じた遍路主体や遍路経験の分化現象が認められる。(55) たとえば、歩き遍路と一口にいっても、現在では必ずしもその遍路経験は同質ではない。「遍路の本質論」はさておいて、少なくとも、「裸足遍路」や乞食をする「修行遍路」と、健脚を武器にウォーキングにチャレンジする「ウォーキング遍路」とでは、その意識も行動パターンもかなり異なる。同様に、車遍路といっても、自家用車の私的な小集団遍路と先達同乗の大型バス団体遍路とでは、遍路動機や遍路作法ひとつを取っても、それが遍路文化に占める位置はかなり異なるだろう。

また、近年では、路線バスと電車を乗り継ぎ、歩けるところは歩いて、ときにはタクシーなどを臨機応変に利用するマルチ型の遍路（戦後まもない遍路の多くはこのスタイルだった）が復活する機運や、自転車遍路・ライダー遍路なども増加の兆しがみえる。それぞれの移動手段に応じた多様な遍路経験があり、それぞれに固有の一時的な擬似コミュニタスがある。これら移動手段の相違が単なる表面的な相違にのみ留まらないことは明らかである。前述した遍路道空間が果たす多機能的な側面を想起すれば、移動機能のみならず各レベルの機能においても、少なからぬ違いをもたらすことは疑いない。

また、移動手段の相違が、巡礼の「修行性」に大きく関わることもまた重要である。「歩く修行」は「移動による修行」の特殊な一ケースである。こうした移動手段の相違や変容が、遍路修行や遍路社会にどのような変化を惹き起こしているかを注意深く観察する必要がある。たとえば、飛行機や車といった移動手段の発達が、遍路行における四国遍路アクセスの意味を一変させたこと（通過儀礼における離脱や帰還の要素の衰退問題）はこれまであまり指摘されていない。また、これらの発達が、今日の「区切り打ち」の隆盛をもたらした主要な一因であることは良く知られた事実である。移動手段の発達が、遍路期間や接待などの遍路経験を規定する一因であることも論じるまでもない。移動メディアを巡る問題は、本書の随所において言及されることになろう。

第四の次元は、本来は立体的な構造をもつ遍路道の水平軸と垂直軸に関わるものである。現代四国遍路道は、「順打ち」（順番に打つ）と「右回り」という二つの方向性から成るベクトル的ポテンシャルを秘めた空間である。衛門三郎伝説を挙げるまでもなく、八十八ヵ所は右回りの順序尺度として機能しており、遍路は通常、一番から順繰りに打ち始めるのである。「右繞三匝」という古代インドの風習に由来するといわれるこの方向性がもっている含意を現代遍路道の状況に重ねて再考する必要があるだろう。たとえば、四国横断道路網の発達や三橋架橋がこの順打ち性に与える影響について吟味する必要がある。打ち始めが必ずしも一番札所に固定されない状況が進行しつつあるようである。「中抜き」区切り打ちも珍しくない。「通し打ち」性が問題となるのも、無意識のうちに遍路道の水平次元においてである。平面的な円弧を区切るか否かが問題とされる。

他方、右回り性はまた、いわゆる「四国曼荼羅道場」論とも密接な結びつきをもっている。阿波「発心」、土佐「修行」、伊予「菩提」、讃岐「涅槃」という地域割りによる象徴的意味の配分は、現代遍路ではすっかり人口に膾炙している。しかし、星野英紀によれば、意外にもこのコスモロジーは戦後以降の産物であるという(56)。四国を曼荼羅に喩える図式は江戸期にすでに散見されるが、四門になぞらえた解釈図式が近年のものだとすると、それはどのような文脈において生成したのか。胎蔵界曼荼羅における五仏（中央＝大日如来、東＝宝撞如来、南＝天鼓雷音如来、西＝無量寿如来、北＝開敷華王如来）と東西南北の四門（発心・修行・菩提・涅槃）そして四国四県の地勢的対応配置図式は、確かによくできているコスモロジーを構成している。このような図式解釈が可能とされるには、少なくとも、四国全体を鳥瞰し、四県の相違と相互連関を熟知して、これを難解な曼荼羅教義に重ね得る非凡な知恵者の存在を前提としなければならないはずだ。このような経緯の展開は、戦後の四国八十八ヶ所霊場会のような統合組織およびその教義担当部門機関の発達と関係しているもの、と考えることはまったく根拠のないものでもないだろう。

とはいえ、このような曼荼羅道場論・順打ち・逆打ち論・通し打ち・区切り打ち論は、いずれにしても遍路道をいわば水平次元において発想しえた産物である。だが、遍路道空間はもとより三次元的空間である。第三軸である垂直軸においてもつ意味が把握される必要がある。このような視点から、われわれはかつて『現代に生きる四国遍路』や「平面的遍路観から立体的遍路観へ」を提起したのである。(57) そのなかでも、とくに順打ちでは「右高左低」の非対称の空間構造をもっているのが遍路道である。大局的には、順打ちは常に右手は山側、左手は海側である。右繞三匝にも通底するが、天に通じる山岳修験と海底に通じる海洋修験の非対称性を暗示している。あるいは、弘法信仰における「星供養」や「雨乞い祈禱」などの天に通じる上方への空間的広がりと、干満水装置や黄泉の国伝説、あるいは補陀落渡海の水葬儀礼における下方への空間的広がりをもつ遍路道空間に内在する垂直的構造についてはどうか。他方、遍路道の進行方向でも高低の往復運動を反復するが、この上下運動と聖俗論理の往復運動との微妙な共振関係がそこに秘められていると考えられる。聖なる札所はミクロ的には常に周囲より高い地点に位置する。境内空間構成もそのようにできている。本堂は山門より少しでも高く造成するものだ。唯一の例外札所が四八番西林寺である。また、四五番を打って三坂峠を下れば、そこには俗なる道後温泉街が遍路を待ちうけていたのである。四国遍路道は聖なるお山に上っては俗なる里に下り、里に下りては海に出て、再び山里駈け巡る、八八サイクルの変形正弦曲線のようなものである。曲線上の各点において、聖俗のダイナミズムが働いている。

他方、「遍路ころがし」という言葉は、急勾配の遍路道を巧みに表現したものとしてすっかり定着した業界用語のひとつである。また「関所寺」なる言葉も、その由来は必ずしも詳らかではないが、四ヵ寺のうち三ヵ寺までが山岳高所にある寺で、遍路ころがし縁の札所である。いずれも垂直軸に関連する用語だが、各寺の山号、胸突き八丁、真縦、上り下り、石段などの言葉を除けば、垂直次元発想の遍路用語は思いのほか少ない。遍路道の垂直次元は、遍路道の盲点のひとつとなっている。下りと上りの非対称性についても更なる追究が必要であろう。

第五次元の〈遍路空間〉について簡単に言及しておきたい。

線的な現代遍路道空間を仔細にみると、細部では、それが三つの下位空間から構成されているものとみなせるだろう。狭義の〈遍路道（空間）〉、〈札所（空間）〉、〈休息所（空間）〉がそれである。〈遍路道空間（狭義）〉は、文字通りの遍路道である。遍路道での主要な「ピリオド・カンマ」は、①道しるべ（G）、②自販機・トイレ（A）、③接待所（I）、④小聖跡・自然（L）である。ここで「ピリオド・カンマ」とは、中山繁信による空間認識用具で[58]、単調な遍路道を分節化してメリハリをつけ、それぞれに固有の意味を投げかける装置や仕掛けのことである。これらは遍路道の四機能に対応した代表的仕掛けである。このうち、道しるべ（G）と接待所（I）は、遍路道での経験を大きく左右する二大装置である。なかには、「ランドマーク」や「アイストップ」となる景観や建造物が特別の役割を演じることもあるだろう。

〈札所空間〉は、象徴的意味生成（L）が展開するために特殊化した点的空間である。そのために、この空間内には、一般的に、①山門、②参道（中門など）、③手水舎、④鐘楼、⑤本堂、⑥大師堂、⑦諸堂宇、⑧納経所、⑨ミニ霊場、⑩トイレ・売店など）そしてもとの①山門へ、という一連の〈霊場作法〉にしたがった「ピリオド・カンマ」が仕掛けとして配置されている。もちろん、宗派や地形その他の事情により、境内伽藍配置の細部は異なる。重要であるのは、一般に札所空間が、勾配のある参道、石段、礎石、縁廻りその他の構造により、次第に高い所へと誘うような立体的構成を採っている点だ。天空へと延びる聖なる空間の基本構造がそこにはある。立体的遍路空間の典型的なスポットが札所空間である。

〈休息所（空間）〉は、エネルギー補給・エントロピー排出（A）に専門分化した特殊な点的空間である。新城常三の研究によれば、民衆巡礼が可能になった一因は、街道や貨幣経済の発達とともに、宿場・宿屋が発達したからである。[59]長旅においての宿泊施設は必須の条件であるが、同様に、道中の小規模休息施設も重要な仕掛けのひとつである。遍路宿・善根宿・宿坊・通夜堂・遍路屋はいうに及ばず、茶店・茶堂・食堂・レストラン・ドライブイン・道の駅・喫茶店・キャンプ場・公園・バス停・駅舎・接待小屋・弘法清水・トイレなど、いずれも現代遍路にとっては、なくてはならぬ休息空間である。かつては独立した空間を構成していたとはいいがたいこれら休息空間は、近世以降、次第に独立分化した特殊空間として整備され、サービス市場商品としても出回るようになったのである。なお、休息空間はその性質上、接待空間としても機能しやすい。遍路道沿いに八九ヵ所の「へんろ小屋」を建てるという一建築家による計画進行中の大事業も接待の延長としての特質をもっている事例である。[60]

以上のように、〈遍路空間〉は広義の意味での〈遍路道空間〉と同義だが、この空間は、経験的には〈遍路道（狭義）〉〈札所〉〈休息所〉の三下位空間に分割される。遍路道には主として、移動機能（G）とコミュニケーション機能（I）が第一次的に配分され、札所空間には象徴的意味生成機能（L）が、休息所空間にはエネルギー処理機能（A）がそれぞれ第一次的に配分されていると考えられる。問題は、それぞれの空間においていかなる線的社会過程が現代日本において生成しているか、ということである。

注

（1）共同研究は、長田攻一・関三雄との共同フィールドリサーチに始まり、その後、若手の研究者たちの参加を経て、現在では、早稲田大学道空間研究所において、現代四国遍路に関する実証的研究を積み重ねて今日に至っている。その主な共同研究成果は、序章において記載した通りである。

（2）早稲田大学道空間研究会編『現代社会と四国遍路道』一九九四年、坂田正顕「道と空間」秋元律郎・坂田正顕編『現代社

会と人間』学文社、一九九九年、を参照のこと。

（3）坂田正顕「道空間の序説」『関東学院文学部紀要』第七三号、一九九四年、「道と空間」秋元律郎・坂田正顕編『現代社会と人間』学文社、一九九九年

（4）溝口雄三「思想としての「道」」『東京大学公開講座48道』東京大学出版会、一九八八年、三―五ページ

（5）白川静『字統』平凡社、二〇〇一年、六五六ページ

（6）溝口雄三、前掲書、五ページ

（7）野島秀勝「道のうた・道の思想」『季刊IS』（Vol. 14）、ポーラ文化研究所、一九八一年、八―一一ページ
あるいは、山田宗睦・宮本常一・色川大吉・渡辺忠世『道の文化』講談社、一九七九年、九ページを参照。

（8）白井加寿志「接待からお接待へ」『四国民俗』（第二五号）、一九九二年では、「お遍路」をはじめとする四国遍路習俗における一連の「お……」言葉表現の重要性について指摘している。

（9）野島秀勝、前掲書、一〇ページ

（10）日本数学会編『数学辞典』（第2版）、岩波書店、三九六―三九七ページ

（11）たとえば、Auge, M., *Non-Places*, Verso, 1992　伊藤俊治・港千尋監修『移動する聖地』NTT出版、一九九九年等を参照。近代的な時間・空間枠組みからの離脱を主張するこれらの理論は、むしろ、後述するわれわれのパラダイムをさらに補完する意味合いをもっている。

（12）「線的・面的・点的」という概念からみた社会的空間分化の発想は、戸沼幸市監修『パブリックアメニティ』ぎょうせい、一九九二年、における「点的・面的・線的アメニティ」から着想している。

（13）Fox, K., *Social Indicators and Social Theory*, John Wiley and Sons, 1974. 行動装置は、コミュニティの環境を構成する部分・単位を意味する。

（14）Bates, F., Harvey, C., *The Structure of Social Systems*, Gardner Press, Inc. 1975, pp. 111-194.

（15）Bates, F., Harvey, C., ibid. 1975, pp. 196-210.

（16）歴史・文化道推進協議会『土佐維新歴史文化道』パンフレット参照。

（17）坂田正顕「四国遍路の空間特性に関する一考察　平面的遍路観から立体的遍路観へ」『早稲田大学文学研究科紀要』（第四三輯）、一九九八年では、遍路道の左右非対称（右高左低）について遍路道の立体構成の問題から論じている。

(18) H・シュライバー著　関楠生訳『道の文化史』岩波書店、一九七八年
(19) V・ターナー著　梶原影昭訳『象徴と社会』紀伊國屋書店、一九八一年の三章・四章を参照のこと。
(20) 稲田道彦他『景観としての遍路道の行程の変化』香川大学、二〇〇一年
(21) C・ブキャナン他著　八十島義之助・井上孝訳『都市の自動車交通』鹿島出版会、一九六五年
(22) 木村尚三郎編『まちづくりの心』ぎょうせい、一九八六年
(23) Lofgren, O., *Technologies of Togetherness : Flows, Mobility, and the Nation-State*, Don Kalb et al.(eds.), The Ends of Globalozation, Rowman & Littlefield, 2000.
(24) T・パーソンズ著　富永健一訳『経済と社会』岩波書店、一九七八年
(25) D・ベル著　内田忠夫他訳『脱工業社会の到来』ダイヤモンド社、一九七三年
(26) J・トムリンソン著　片岡信訳『グローバリゼーション』青土社、二〇〇〇年、七九ページ
(27) J・P・ルゲ著　井上泰男訳『中世の道』白水社、一九九一年
(28) 上田篤『生活空間の未来像』紀伊國屋書店、一九八一年、九五—九七ページ。同『ラビリンスの都市』中央公論社、一九八三年、一〇四—一〇八ページ
(29) 大阪自治センター編『恐怖の都市公害—道路・ゴミ・水』三一書房、一九七四年、二六ページ。ここで、「ロード」は舗装された近代的で快適な道を指し、「ドーロ」はデコボコ・未舗装・埃っぽい道を指している。
(30) 黒川紀章（『ホモ・モーベンス』中央公論社、一九六九年）の「ホモ・モーベンス（移動人間）」、あるいは梅棹忠夫・多田道太郎・上田篤・西川幸治（『日本人の生活空間』朝日新聞社、一九七四年）における「動民」などの主体概念は、いわば国内移動中心のものであったが、グローバル化いちじるしい一九九〇年代以降にあっては、「脱領土化」レベルの移動主体が射程にされねばならないだろう。（J・トムリンソン著、前掲書、Auge, M., op. cit., 1992. などを参照のこと）
(31) これらの新しい一連の道路政策とその背景事情については、住区内街路研究会『人と車「おりあい」の道づくり』鹿島出版、一九八九年に詳しい。
(32) 「ビオトープ（特定生物群の生息可能な場）」を繋ぐビオコリドーについては、鈴木敏『道の環境学』技法堂出版、二〇〇〇年、一四三—一六一ページに詳しい。
(33) B・ルドルフスキー著　平良敬一・岡野一宇訳『人間のための街路』鹿島出版、一九七三年。ここでは、「街路はそれを

(34) 縁取る建築があってこその街路である」として、建築物も含めた道空間の人間化の試みを多数提示している。
(35) B・ルドルフスキー著、前掲書、一〇ページ
(36) 河川の道空間をベースにしたグローバルな線的社会過程については、坂田正顕「ドナウ河とハンガリー」濱口晴彦編集『ドナウ河の社会学』早稲田大学出版会、一九九七年を参照されたい。
(37) V・ターナー、前掲書、一二五―二六三ページを参照。
(38) たとえば、クルマの排気ガス沿道汚染調査のような場合は、道から二〇m、五〇m、一五〇mなどのゾーンが設けられて比較調査が行われるが、交通量・地形・気候・道路構造等の条件により、沿道範囲は一定していない(前田和甫『沿道汚染』光文社、一九九三年、一一八―一三六ページ)。遍路道の場合も、地域や地形、遍路道の構造、季節などにより、遍路と関わる「沿道住民」は可変的であろう。メートル単位では確定できない。
(39) だからといって、四国遍路に面的な地域社会が無関係というわけではまったくない。むしろ、四国全体の位置・地勢・自然・風土・歴史・経済・交通網などはいうに及ばず、「写し霊場」や番外札所、あるいは乞食「修行」範囲、観光圏など、遍路道から遠く外れた地域や道筋が遍路習俗の一舞台となることもしばしばである。浅川泰宏『四国遍路空間とその社会的認識の変容』(慶應大学大学院修士論文)二〇〇〇年には、そのような遍路道とその近傍領域に関する興味深い実証的な検討がなされている。
(40) しかし近年では、クルマ遍路化にともない、沿道接待をしにくくなった沿道住民が近在の札所境内に出向いて接待をする事例が激増している(たとえば、三四番種間寺の境内接待など)。これも出張接待の一例と考えることもできるが、ここではむしろ、沿道住民側における「沿道接待から札所境内接待」への変化としてとらえるほうが妥当であろう。
(41) このケースでは、V・ターナーによる周知のコミュニタスの三類型である、① 実存的コミュニタス、② 規範的コミュニタス、③ イデオロギー的コミュニタス、のいずれにもぴったりとは合致しない。(V・ターナー、前掲書、一二五ページ)。現代遍路の考察には、コミュニタスの要件を充たす事例であるか否かも含めて、これら「情報コミュニタス」についての詳細な分析が必要であろう。
(42) 杉本昌昭・藤沢由和「愛媛県における遍路道沿道習俗―「お接待」を中心として」早稲田大学道空間研究所『現代社会における四国遍路道を巡る経験と社会・文化的装置に関する研究』二〇〇〇年参照。
(43) 愛媛県生涯学習センター編集『四国遍路のあゆみ』(二〇〇一年、一九九ページ)のデータによれば、われわれの調査デ

ータより、四国出身者は、この五年ほどの間に、二〇%から三四%へ激増していることがみて取れる。調査法の相違を差し引くとしても、この傾向は否定できないように思われる。

(43) 坂田正顕「道空間の序説」『関東学院文学部紀要』（第七三号）、一九九四年

(44) 長田攻一「空間の社会学と道の社会学」早稲田大学道空間研究会編『現代社会における四国遍路道を巡る経験と社会・文化的装置の関係に関する研究』二〇〇〇年、七ページ

(45) O・ボルノー著　大塚恵一・池川健司・中村浩平訳『人間と空間』せりか書房、一九七八年、九六ページ

(46) たとえば、日本道路公団編『日本道路公団三十年史』一九八六年では、公団発足三〇年を振りかえり、アメリカ・ドイツを参考にして手探り状態で始まった公団技術が、その後、高速道路の建設管理において「世界で最高の水準に位置する」にいたったことが高らかに主張されている（一三五ページ）。

(47) 早稲田大学道空間研究会『現代社会における四国遍路道を巡る経験と社会・文化的装置に関する研究』二〇〇〇年に、四国全土に関する詳しいフィールド調査結果がレポートされている。以下に述べる長尾町・国分寺町・内海村などの事例調査もこれに掲載されている。

(48) 石井進・伊藤ていじ「中世の都市空間」『自然と文化　地方の都市空間』（第一三号）、日本ナショナルトラスト、一九八六年、一七ページ

(49) 岡本信也「名古屋の路地空間」『自然と文化　都市の路地空間』（第一七号）、一九八七年、四九ページ。「はみ出し文化」は筆者の造語である。

(50) 神奈川県県民部文化室『道は楽しいおもしろい』一九八六年

(51) 坂田正顕「香川県における遍路道習俗―お接待を中心として」早稲田大学道空間研究会、前掲書、二〇〇〇年には、長尾町における遍路資料室開設経緯や結願の道の山頭火句碑建立活動についての子細が報告されている。

(52) 前の引用は、宮崎建樹『四国遍路ひとり歩き同行二人（別冊）』一九九〇年、一一八ページ、後ろの引用は、井伏鱒二「序」大崎紀夫他『渡し舟』角川書店、一九七六年、iiiページ

(53) 星野英紀「四国遍路にニューエイジ？」『社会学年誌』（第四〇号）、早稲田社会学会、一九九九年

(54) 「新通夜堂」という言葉は定着していないが、かつての通夜堂とは違って、近年、札所が歩き遍路用に建立したプレハブ小屋などによる簡易宿泊施設である。

(55) 坂田正顕「現代遍路主体の分化類型としての「徒歩遍路」と「車遍路」」『社会学年誌』(第四〇号)、早稲田社会学会、一九九九年

(56) 星野英紀「ご利益の道から悟りの道へ—四国遍路の意味づけの変化」(石上善応教授古稀記念論文集『仏教文化の基調と展開』、山喜房佛書林、二〇〇一年、六〇五—六二〇ページ)。

(57) 長田攻一・坂田正顕監修『現代に生きる四国遍路—四国遍路の社会学的研究』(CD-ROM)早稲田大学　および坂田、前掲論文、一九九八年を参照。

(58) 中山繁信『現代に生きる「境内空間」の再発見』彰国社、二〇〇〇年

(59) 新城常三『社寺参詣の社会経済史的研究』塙書房、一九六四年、第六章に詳しい。

(60) 「掬水へんろ館」の遍路トピックスによる。http://kushima.com/henro/news/01908.htm

第二部

第三章　四国霊場会

遍路社会の主要なエージェントのひとつに札所の上位組織である四国八十八ヶ所霊場会があげられる。この組織の存在とその活動については、すでに一九九四年に早稲田大学道空間研究会による調査報告が公にされている。(1)その後、『四国遍路をする人びと』（寒川友理、一九九九年）、『四国遍路のあゆみ』（愛媛県生涯学習センター、二〇〇〇年）などそれほど多くはないが、近年貴重な調査研究報告がなされ、霊場会が現代四国遍路文化に占める意義についてもそれぞれの視点から指摘されるようになった。(2)

本章では、これらの研究成果を踏まえて、改めて現時点での霊場会の活動状況とその動向について整理し、霊場会の意義を再考してみたい。なお、霊場会の全体像理解のためにやむを得ずこれら先行報告と重複する個所もあるが、重複は必要最小限に留めたい。

一　霊場会という巡礼エージェント

霊場会という札所の上位組織は、四国八十八ヶ所霊場会ばかりでなく西国巡礼や坂東巡礼を始めとして現代日本全国における多数の巡礼ケースにおいても認められる組織である。表3-1は、一九九九年度に早稲田大学文学部社会学研究室が実施した全国霊場調査による調査結果の一部である。(3)これによれば、霊場会ないし類似の上位組織が、現代霊場体系の典型的構成要素のひとつとなっていることがわかる。霊場会類似組織のない霊場が回収総数一一五霊場中わずか一六例しかみられないのである。また、その成立年代についてみるなら、このような上位組織が江戸期や明治期などに遡って古くから存在していたとみられる一部霊場もあるが、こうした事例は比較的少ない。

たしかに、明治期の廃仏毀釈への対応措置として創生したところもあれば、当時の本尊ご開帳時期あるいは再興時や開創記念行事を機に創生したところもいくつかある。しかし、これら上位組織の成立の大半が戦後昭和期、それも昭和四〇年代に約半数が集中していることからすると、霊場会組織のほとんどは戦後日本社会の発展、または高度経済成長期と深く関係した制度であることが推測される。だとするなら、対外的には、戦時期に停滞した巡礼文化の再興を期して、新規巡礼者に対する霊場存在の周知徹底や問い合せ窓口として発足したものか。また、対内的には、札所相互の連絡・調整・協同のための機能集団として、戦後体制における巡礼文化の合理的運営とその継承発展を目指して創生されたものであろうか。大量観察データのため、その詳細は不明であるが、一部のケースを除けば、少なくとも、戦後産業社会の発展に呼応した「組織の時代」における近代機能集団化の巡礼文化版のひとつといえそうである。

表 3-1　霊場会の成立年代

霊場会成立時期	霊場数
安土桃山時代	5
江戸時代	7
明治時代	5
大正時代	4
昭和元年～10 年代	8
昭和 20 年代	4
昭和 30 年代	8
昭和 40 年代以降	58
霊場会なし	16
合計	115

ところで、四国遍路のように成立年代の古い霊場巡礼では、一般に、この種の上位組織発足は霊場開創後かなり後年であろうと推測される。たとえば、現在の四国八十八ヶ所霊場会の発足は、後述するように戦後間もない頃のことのようである。一二〇〇年にもわたる永い巡礼習俗の発展的継承の末に、実質的に機能する上位組織たる霊場会組織がようやく形成された、という展開であろう。これに対して、戦後

開創の新しい霊場では、霊場創生と霊場会発足とのタイムラグがほとんどない。たとえば、平成七年開創の関東八十八ヵ所霊場の事例では、霊場開創と霊場会発足とはほぼ同時期である。この場合は、いわゆる「写し巡礼」の性質からして、「本巡礼」の四国霊場会がその直接的モデルになったものと推測される。[4]そして、戦後発足のその他のけっして少なくない霊場会も、実は四国八十八ヶ所霊場会を直接・間接のモデルとして形成されたものではないだろうか。実際のところ、そう思わせる点がないわけではない。[5]つまり、四国八十八ヶ所霊場会に端を発する戦後生まれの「霊場会」という上位レベルの近代組織形態はひとつの典型的な借用可能な組織モジュールといえるのではないだろうか。現代日本における新規霊場開発やあるいは伝統的霊場の継承発展には必須の組込み可能な装置となった一面があったものと推測されるのである。この点は、現時点では推測の域を出るものではない。が、一般的にいうなら、この種の上位組織の機能は、①対外的には、布教、宣伝、巡礼者の動員、巡礼者への広義の各種サービス提供、地域社会への対応等、②対内的には、札所間の調整・統合等を主たるものとしていると考えられる。同時に他方では、霊場会の存在が、今日もなお日本全国に点在している「写し巡礼」の継承的発展・生成メカニズムの一端を説明する可能性を秘めているように思われる。

一方、霊場会組織のない霊場も存在する。たとえば、ときには地域行政（観光振興課や生涯教育課など）や仏壇業者や旅行業者（巡拝センターなど）が巡礼コースの窓口として霊場会に近い一部機能を担っている霊場もある。[6]現代霊場の維持運営に不可欠の機関装置としての霊場会の「機能的等価」組織といえるだろう。各札所いずれもが住職無住などで十分に自立できずに霊場全体を構成している場合のひとつの解決策が、このような形態をとるにいたったものと考えられる。また、いくつかの札所が十分に自立している場合、このうちの特定の固定札所が霊場全体の窓口機能を担うケースが少なからず認められる。独立した霊場会を構成するまでには至っていないが、一部札所が先行して、いわば「準霊場会」を構成する場合である。この場合は、数寺院で構成するよりも、もっぱら特定の一寺院が窓口機関となることが多いようである。こうしたケースでは、霊場全体が活性化すれば、実質的に全札所で構成する本格的な霊場会が形成されることもあるであろうし、逆に、衰退すれば、霊場会的窓口がまったく存在しない霊場に陥る可能性もあるだろう。

ところで、霊場会が存在するからといって、その実際の働きがすべて同じであるわけではない。実質的に活発な機能を果たしている霊場会もあるであろうし、逆に有名無実のごとき場合もあるであろう。また、活性化している場合でも、その活動水準にはさまざまなレベルがあるであろう。たとえば、坂東三十三ヵ所の坂東札所霊場会の場合は、やや複雑な活動水準にある事例といってよい。

坂東の場合、霊場会の形成自体は、じつはごく最近のことである。霊場会類似の前身的組織があったかどうかは詳らかではない。一般に推論されている坂東巡礼の成立事情からすれば[7]、霊場会類似の組織が鎌倉時代以降のかなり古い時期に遡れる可能性がまったくないわけではない。しかしながら、構成寺院がいずれも関東各地の大寺院であったことから、一致団結して共通利害を追求する必要性は歴史的にはかなり乏しかったに違いない。一部の例外を除き、それぞれの寺院が、発足時よりすでに十分な物的・社会的基盤をもっていたからである。現在の札所霊場会が形成され、その活動水準が活性化してきたのは、ほんの一〇年くらい前、すなわち一九九〇年頃のようである。ときあたかも九〇年代の巡礼ブームに呼応するかのように、札所霊場会の活動が活性化してきた形跡が認められる。われわれが一九九八年に実施した『現代における「坂東観音巡礼と巡礼の道」に関する調査報告』によれば、成立間もない札所会の意義や活動については、なお、構成寺院からアンビバレントな評価を受けていることが判明している[8]。一方で、札所会の活動（総会、新聞発行、ガイドブック、案内パンフ作成、納経時間などの取り決め、納経帳作成、共同事業他）を積極的に評価する寺院があれば、他方では、札所会の有名無実批判、少なくない委任状参加による消極的実態、協同事業無理強いへの疑問など消極的評価を下す寺院もある。札所会の活動水準は、全員の足並みが必ずしもそろわぬままに、しかしながら、着実に成果を積み重ねつつあるのが現状である。伝統ある大規模巡礼における札所会組織のこのような現況が物語るものは、巡礼文化の継承発展に霊場会組織なるものが、歴史的に進化的組織形態として組み込まれつつある、という事実である。

以上のように、その成立年代や活動水準の多様性にもかかわらず、各構成札所の上位組織としての霊場会組織は、現代日本における巡礼文化の発展継承に必須のモジュール的なエージェントのひとつになっている、ということができるであろう。

二 四国八十八ヶ所霊場会

一 成立経緯

さて、四国八十八ヶ所霊場会の成立経緯は関連資料も少なく詳らかではないが、かつてわれわれが指摘したように、その発足は戦後しばらくした昭和三一年頃ではないかと推測される。(9) その根拠のひとつは、四国霊場会が現在採用している執行部体制の編成原理にある。霊場会執行部の編成原理は、一六年周期をもち、四年ごとに四県の各部会が持回りで、実務責任を負うというものである。この規則は、発足当初から採用された原理である可能性が高い。阿波からはじめると、六番安楽寺先々代住職会長就任が昭和三一年であり、昭和五九年讃岐八一番白峰寺会長就任（『月刊へんろ』八号）に符合するのである。

他方、伊予鉄のバス巡拝が開始されたのが、昭和二八年である。伊予鉄（のバス巡拝）と四国霊場会との協調的関係は、後述する『月刊へんろ』の発行・監修関係にみられるように現在もなお一定程度存続している。とするなら、三一年霊場会発足に、二八年以降数年の伊予鉄他の巡拝バス運航状況がある程度関連していたのではないか、との推論も可能であろう。後述のように、戦前期の四国霊場の宣伝普及に霊場会類似組織が深く関わった事例を考量すると、霊場会発足の少なくとも有力なインセンティブのひとつに、交通機関との結びつきが考えられて不思議はないように思われる。ルルド巡礼にみられるように、聖地の発達と交通機関の発達との密接な関係については指摘するまでもないが、四国霊場会についてもそのようなことがみられた可能性がある。

また、少なくとも昭和一三年以前には、霊場会類似の上位組織が皆無であったことは、以下に吟味する『四国八十八ヶ所霊場出開帳誌』によって明白である。[10] この点については、次項で詳述したいが、戦前期の霊場類似組織発足に向けた稀有な経験を経て、戦後ようやくにして今日の霊場会成立に至った、とするのが、目下のところ一番妥当な解釈に思われる。

二　昭和一二年の出開帳と「四国八十八ヶ所聯合会」

四国霊場会の発足事情についての傍証は、昭和一三年の「出開帳」の歴史的経験のなかにある。ここでは、平成一三年二月に復刻された『四国八十八ヶ所霊場出開帳誌』（四国八十八ヶ所霊場会発行、以下、『出開帳』と略記する）をもとに、当時の札所状況について、検討してみる。

本『出開帳』は、昭和一二年春に南海鉄道が開通五〇年記念事業として、大阪において四国八十八ヵ所霊場出開帳を企画実行した経緯について南海鉄道自身が記録し一三年に編集発行したものを、四国霊場会が最近になって復刻発行したものである。本資料は、当時の出開帳の顛末についてのみならず、同時期の四国八十八ヵ所札所の諸事情についてもきわめて興味深い情報を提供する資料として貴重な四国遍路史料となっている。

なお、本四国の出開帳は、当時の広告文にみられるように、まさに「今マデニナク　コレカラモナイ　空前絶後!」の出開帳というべき事業であった。かつて、明治二三年頃に大阪に阿波の寺院が、その後、昭和四年岐阜大垣に伊予を除く三国が、さらに大軌沿線に同じ三国が出開帳をしたようであるが、八十八ヵ所総出の出開帳は、これが初めてで、その後一度も催されていない。(11) 昭和一二年五月五日より六月一六日までの四三日間、二会場(大阪大津町遠州園に阿波・土佐の札所、大阪川西村金剛園に伊予・讃岐の札所)に分かれて、それぞれ約二〇万人の参拝者を動員した、という。また、関連行事も目白押しで、講演、入仏法要、伯爵参詣、金剛流詠歌大会、近畿風水害殉難者慰霊墓前祭、モダン巡礼競争、霊場大座談会、大覚寺派詠歌大会、献華式、大阪学童代表巡拝、麗人モダン巡礼、役員感謝巡礼、南海従業員代表参拝、百石の施米他のお接待など、いまでは、とても想像し難い行事が多数実施されている。

本項では、これらの出開帳分析そのものが目的ではないため、詳細は割愛するが、出開帳それ自体についての分析がまたれるところではある。ここでは、以下のような記述に着目することから、四国霊場会成立の曙期に焦点を当ててみよう。

「南海鉄道は、……(中略)……開通五十年記念事業を企画し、……(中略)……、併し乍ら、四国八十八ヶ所の霊場寺院は今日では各宗派に分かれて之を統制すべき何等の機関なく、且つ過去に於て度々出開帳に対する各寺院の意見に対立を見たこともあり、感情の上に於ても、主義の上に於ても決して融和がとれていないのみならず、寧ろ幾多の間隔を生じている有様であったから、之を取り纏めて一致結束、出開帳に同意せしむることは殆ど不可能とされてい

たものであった。」(同書一ページ)

これは、発願事情を述べている個所の一節である。八十八ヵ所を統制する上位組織のたぐいが存在しないことから出開帳交渉の行く末を憂いていることがよく伝わってくる文面である。これと同様に出開帳をめぐって、札所の側が、出開帳派と非出開帳派に分裂している様子が、他個所においても散見される。

「斯くて南海鉄道の努力は第六十番横峰寺並びに河内の河合寺住職たる加藤真隆師の橋渡しにより、非出開帳派の頭目と目される伊予香園寺住職山岡瑞師に向け、……親しく交渉の第一歩を踏み出さしめたのは実に昭和一一年二月中旬の事であった。」(同書四ページ)

「また別の意味にての非出開帳派の頭目に讃岐国分寺の住職童銅龍純師がある。……(中略)……讃岐に国分寺を訪問し、……(中略)……此処にほぼ出開帳可能の見透しだけはつけることが出来たのである。」(同書五ページ)

要するに、八十八ヵ所霊場は「一国一城の主の集合」であり、「八十八ヶ所に統制の機関なく」、「是取り纏めるに困難なること」いちじるしかったのである。出開帳を思い立って悪戦苦闘の約半年後に、ようやく計画案と申請書を八十八ヵ所札所に送付するに至った経緯がここには詳細に述べられている。また、これに先行した四国霊場の出開帳が三国や二国に限られてしまったことや、その背景として札所間の意見の相違がいかに激しかったかなど、その様子がリアリティをもって迫ってくること妙に生々しい。

こうした記述から、戦前昭和期の八十八ヵ所に、札所間の連絡や相互調整する上位組織がまったく存在していなかったことは、明々白々である。

しかしながら他方では、各県単位の調整組織が存在していたことを推測させる次のような記述もある点に着目したい。

「殊に最も不幸な状態になったのは、昭和四年岐阜県大垣市に於て行はれた四国霊場出開帳であった。当時伊予部会は霊場神聖保持の為め「出開帳すべからず」と強硬に主張し、知事の勧誘をも退け、他三国の強要にも屈せず……」（同書二ページ）

ここで「伊予部会」とはどのような組織をいうのであろうか。察するに、出開帳をめぐって、結局は各県単位で行動していることからすると、当時においても、各札所がまったくバラバラというのではなく、一国単位の共同歩調をある程度調整する機関があったとするのが妥当であろう。現行霊場会においても、各県単位の部会が存在しているが、むしろ、発生的には各県単位の上位組織（部会）の存在が先行し、後にさらに上位の霊場会組織が形成される経緯を辿ったものと推測するのが自然に思える。

ところで、南海鉄道側は、その後、各札所の了解を取り付けると、次のような手順を踏んで、計画を実行していったのである。第一に、事業遂行の中心組織として、各国別に委員の選定を当時の「四国側寺院の委員長格にて専ら奔走してゐた第十九番立江寺住職」に一任し、土佐だけは、諸事情から各霊場寺院に依頼した。

次に、実行機関として、各国理事二名（例外的に香川は連絡機能のため三理事）からなる組織を構成した。この組織形態は、現行の霊場会執行部（理事会）構成のほぼ半分規模だが、構成原理は近似した内容となっている。さらに、昭和一一年六月には、南海鉄道社長名にて、遂行案を各札所に送付し、各国「部会」を開催して、本案承認を懇願している。遂行案は、名称を「四国八十八ヶ所霊場御分霊出開扉」としているが、注目すべきは、主催を「四国八十八ヶ所聯合会」としている点である。これは、出開帳のために、各国部会を統括する上位組織、すなわち霊場会に匹敵する統制組織を設置提案したことにほかならない。なお、遂行案には、その他、本尊分像謹製と開眼供養行事のこと、巡拝路や設置場所のこと、予算見積もり、参拝者予想、納経料、納経帳付き乗車券等々について記されている。

さらに重要な事柄は、以上の依頼状送付の後、各部会での承認をまって、高松市旅館にて各委員を参集し、契約原案討議作成に着手するなか、四国側寺院間にも「今回の出開帳を機会として之等の疎隔は一掃され、表面にも内面にも何等の隔意を挟まぬに至ったことは、将来霊場全体の繁栄の上に偉大なる効果を顕はすこと疑ひを容れないところである」(同書一六ページ)と、記している点である。つまりは、今回の出開帳を期に、過去のわだかまりを捨てて、霊場全体の統制機関たる霊場会類似組織を発足させることにつながるような連帯感が醸成された、との認識を示しているのであろう。

その後成立した契約では、先の「聯合会」はより広範な関係者からなる「四国八十八ヶ所霊場出開帳奉賛会」となって、当時の戦争体制に向けた性格を色濃くもつ組織に変貌した。「四国八十八ヶ所聯合会」は幻の聯合会に終わったのである。さらに出開帳趣意書では、第一に国民精神の浄化・皇道精神振作を、第二に近畿地方風水害追悼回向、第三に四国巡拝の真意義宣明、という三つの念願・希望・目的が説かれるところとなった点は、また、別途の問題を提起しているものであろう。

以上のような展開をみながら、出開帳は実施され、成功裏に終わったのである。出開帳終了後の次の結語は、その後の霊場会発足を暗示しているものと受けとっても大きな誤りではないだろう。

「尚ほ望蜀の希望を一言付け加へれば、今回の出開帳を機縁として宗祖大師の霊跡中の霊跡として高野山と共に双璧とも言ふべき四国霊場は小異を捨て々大同につき有機的に組織化され宗祖の遺徳顕彰に努めらるるに至るならば今回の出開帳も又一つの別の大きな働きをなしたるものとして幸これに過ぎぬものである。」(同書七二ページ)

類似の感想を、巻末の感想集や編集後記のなかで、少なからぬ筆者たちが述べていることも付言しておこう。戦後の霊場会発足に直結したかどうかは定かではないが、この戦前期の出開帳がなければ、戦後まもない頃に今日の霊場会がスタートしたかどうか、疑問の余地はあろう。外部から仕掛けられたものではあったが、少なくとも、八十八ヵ所共通の利害体験を共有したことが、そして幻の「四国八十八ヶ所聯合会」が一時期とはいえ紙上に存在したことが、霊場会形成の引き金のひとつになったことは間違いなかろう。

三　霊場会の構造と機能

前節でみたような経緯のもと、戦後に発足した霊場会は、要約すれば、次のような組織構造と活動内容により特徴付けられる。

(一)　組織構造

【理事会執行部】

①総裁は讃岐七五番善通寺固定。
②本部会長は、四県で持回り。任期四年。選挙により一名選出。
③常務理事は、各県一人ずつ計四名。
④理事は各県四名ずつ。それぞれ一名を部会長、常務理事に選出。本部担当部会は、一名理事追加。
⑤代議員は、各部会に三名ずつ。
⑥幹事・書記を若干名置く。
⑦委員には、次の種類の委員を設置し、理事会に提案する。

● 先達審議委員（各県二名）

図 3-1 四国八十八ヶ所霊場会（2001年度）

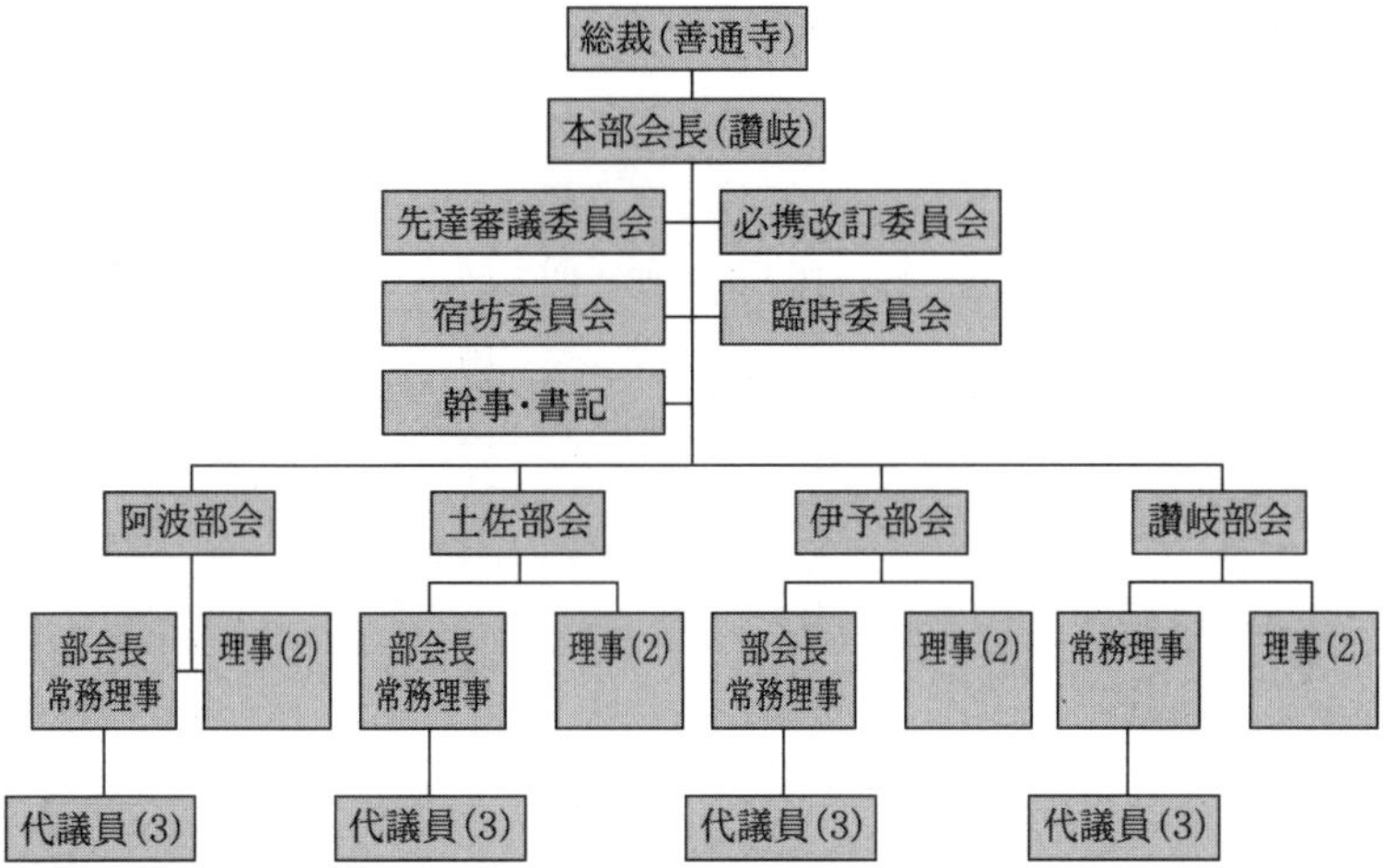

● 必携改訂委員（各県一名）

● 宿坊委員（各県二名）

● その他随意の委員（事務所設置委員会など）

⑧ 顧問（各県一名～二名）

【本部と事務局】

① 従来は、会長寺院に本部、常務寺院に事務局を別置していたが、一九九二年より、本部と事務局を常務寺院に設置。二〇〇〇年四月より、事務局を固定し、七五番善通寺境内に事務局建物を開設する。事務局固定の目的は、膨大資料の合理的管理のため。

② 霊場会本部事務局は、約二五〇㎡規模で、事務室・応接室・会議室・倉庫などから成る。専任職員が二名常駐している。給与は善通寺から直接給付されるが、霊場会からペイバックされるようである。事務局は、八時三〇分～一七時〇〇分までがオフィスアワーである。（組織図については、図3-1参照）

（二）　主な活動

①定例理事会（年一回）および臨時理事会（二〜三回）

②先達関連活動（恒例）

・公認先達選定

・先達大会（九月）

・先達研修会（一二月）

・高野山納牌法要（七月）

③法要関連活動（特別）

④布教関連活動

⑤広報関連活動

・『月刊へんろ』監修

・札所案内パンフ作成

・ビデオ作成

・HP運営管理

・その他（問合せなど）

⑥各種霊場運営関連活動

・納経・宿坊関連の一連の規則策定

・税務関連

・寺院施設関連
・その他
⑦その他の特別活動
・各種記念活動
・展覧会後援など

霊場会の活動は、このように多岐にわたるが、主要なものは、②の先達関連活動、⑤広報活動、⑥霊場運営規則策定活動、であろう。

【伝統的広報活動】

②先達関連活動については後述するとして、⑤の広報活動では、霊場会は発足以来、伝統的に、色刷りのポスターやハンディなパンフレットを作成してきた。これらのパンフレットは、これまで概ね、四国霊場の趣旨や霊場作法に関する事項の記載がその大半を占めてきていた。ところが、霊場側の話によれば、歩き遍路の増加あるいは巡礼ブームの進展によって、一九九〇年代後期には、電話あるいは手紙による遍路からの問い合わせがいちじるしく増加するようになったため、これまでの通りの一般的な概要パンフレットのみでは、対処しきれなくなったという。事務局では、宿坊情報やバス会社情報、あるいは所要時間などの事項を具体的に記したパンフレットを数種類あらかじめ用意して、問い合わせ者に郵送で答えるサービスを実施するようになったということである。入手した一九九九年度資料封筒には、①従来の当該年度版カラー印刷パンフレット、②宿坊案内パンフレット、③所要時間行程表、④へんろみち保存協力会のパンフレット、が織り込まれている。遍路するためのより具体的な情報が求められるようになってきたのである。

なお、霊場会は、二〇〇一年には、霊場会監修による四六分にわたるビデオ『四国遍路～今を生きる〝道しるべ〟』を作成販売するに至った。霊場会監修の札所案内ビデオはこれまでもあったが、四国遍路の全貌を解説する教宣ビデオの制作は注目されよう。アナログビデオも今ではすでに古典的メディアのひとつになったが、動画メディアによる教義広報活動にも着手するようになったことは付言しておくべきかもしれない。

【『月刊へんろ』監修とビデオ制作】

霊場会監修の『月刊へんろ』新聞は、発刊当初より先達を中心的な購読者層とする古典的メディアではあるが、近年では一般遍路の購読者も少なくなく、公式記録資料として地味ながらも手堅い情報を提供している。霊場会公式の窓口メディアとして、本新聞への関わりは、霊場会にとっても看過できない位置を占めるものである。留意すべきは、『月刊へんろ』が、霊場会「発行」ではなく、あくまでも「監修」である点であろう。本新聞は、巡拝バス運行の老舗である伊予鉄観光開発（株）の編集発行によるものである。伊予鉄観光開発が採算度外視で遍路文化に貢献する意図をもって愛媛新聞関係者の協力を得て昭和五九年に刊行したもの、といわれている。(12) しかし、購読者拡大の過程において、霊場会の協力を仰ぐこととなり、「霊場会監修」という相互協力関係に入ることになった。かくして昭和六〇年には、紙面に「霊場会告知板」を掲載するようになる。以来、本新聞は休刊することなく発行され続け、その発行部数は、二〇〇一年七月現在で、約一万五〇〇〇部ほどであるという。

その紙面づくりの特徴は、個別札所情報、霊場会動向などの霊場情報と、遍路者の投稿記事を中心とする遍路者情報との二大コンテンツからなる記事構成の仕方にある。これに遍路周辺関連情報や編集者の小文などが色を添えている。ちなみに、個別札所情報は「あの寺この寺　札所めぐり」などが中心で、霊場会の動向は、先達大会報告や講演録、各種法要などの諸行事関連情報が中心である。これに対して、遍路者情報は、各種「遍路記」や雑感エッセー、そして当紙面における確固とした位置を確立している「へんろ詩壇」「へんろ歌壇」「へんろ柳壇」「へんろ俳壇」という一連の投稿文学作品記事が中心をなす。これら札所と遍路の二情報に加えて、毎号の特集記事（「お接待」や「歩き遍路」など）や遍路動向記事、編集者の目から見た「新刊紹介」や「編集部から」などの記事が添付され、B5判一〇枚程度の紙面が埋め尽くされているのである。したがって、本新聞の霊場会広報機能は、本紙の一面にすぎない。しかしながら、後述するインターネット公式サイトに先立ち、一八年もの間、名実ともに、唯一の霊場会広報機能を担ったメディアとして今日に至っている点が重要である。

また、公認先達を主な購読者層にスタートした本新聞は、他方の「歩きへんろ」を主な購読者層として近年（二〇〇〇年）発刊された月刊雑誌『四国へんろ』（民間メディア会社「ふぃっつ」発行）とある種の分担役割を担っている側面をもつ。残念ながら、はやくも一時休刊という事態にある『四国へんろ』に対して、『月刊へんろ』は、二〇〇〇（平成一二）年一一月に第二〇〇号記念号が発行された。大規模な組織的基盤をもち、その強みを良く生かしている事例が『月刊へんろ』であろう。連綿と続く遍路文化の一端を淡々と映し出してゆく長期的な記録メディアとしても、本新聞がもつ意義は大きいように思われる。

【インターネット公式サイト】

伝統メディアによる広報に対して、近年のニューメディアであるインターネットホームページ（ＨＰ）による広報活動についても付言しておく必要があるだろう。一般に、四国遍路文化全体においてインターネット空間の役割は、前章でみたような「情報接待」としてのＨＰをはじめとしていちじるしく増大しているが、霊場会においてもそれなりの対応を迫られているのが現状である。事実、比較的早い時期から、霊場会は、現代情報化の動きに対して積極的に対応してきた。事務局事務に対するコンピュータ化も一九九二年頃には図られていたと思われる（二九番国分寺事務局のときにPC導入を確認している）。HP導入についても、九〇年代半ば過ぎには、態勢を整えていたと思われる。

霊場会青年部が積極的に関わって作成されたという霊場会公式ホームページは、しかし、現在では必ずしも、成功裏に活用されているとはいえない側面があるようである。なるほど現行HPのコンテンツでは、各札所案内や、装束、心得、お先達、霊験、交通機関等の基本的な情報が取り扱われてはいる。しかし、全体にやや形式的な構成になっている印象はぬぐえず、また初心者には必ずしも利用しやすいHPとはいえない。また開設後の運営管理も十分フォローされているようには思えない。交通機関の情報も古く、関連リンクも掲載されず、BBSなど双方向の装置も具備されていないなど、開設後のインターネット空間の急速な進化と普及の現況にうまく適応しきれていない様子がみて取れる。むろん、HPの維持管理に費やされるエネルギーは膨大のようではあるが、しっかりした組織ならではの木目細かい関わりが望まれるところである。公式サイトの改善問題が浮上しているようでもあるが、詳細は不明である。遍路道の世界文化遺産化運動などの文脈も考慮するなら、文化的グローバル化の動向もいちじるしい状況にあって、霊場会公式サイトが世界に向けて発信するコンテンツの中身やその管理運営のあり方が問われているといっても過言ではない。

【霊場運営・霊場規範の生成】

ここでは、③の霊場運営と遍路習俗一般における遍路規範生成関連活動について概観するに留める。あらためていうまでもないことだが、その活動は、四国霊場の趣旨から始まって、納経時間や巡礼スタイル、打ち方、お勤め・納経など一連の霊場作法の統一化まで、きわめて広範な領域にわたっている。いわば、抽象的かつ象徴的な教義解釈から、個別具体的な指示事項まで、霊場会による公式の判断が形成されているのである。一方では、四国霊場の象徴的意義や四道場論などの高次の解釈が、[13] 他方では、たとえば、近年の宿坊委員会による宿坊料金多元化政策（最低料金をベースに、各宿坊の固有性を尊重して、プラスアルファなどの料金多元化を容認する方策）などのきわめて具体的で実践的な指針までが、合意形成の対象にされるのである。

重要な点は、こうした霊場会による合意形成に基づく具体的な霊場運営策や教義その他の高次の意味の周知徹底が、遍路界に大きなインパクトを与える事実であろう。ちなみに、宿坊料金についていうなら、このような料金設定が、一般遍路はもとより、巡拝バス商品料金や旅館業界に多大な影響を及ぼすことはいうまでもない。われわれの遍路宿ヒアリング調査でも、宿坊料金が一般遍路宿の料金設定にとってはかなりの程度までに標準価格のような機能をもっていることが確認されている。また、四国遍路にまつわる各種の意味づけについての霊場会の遍路規範が、後述のように「公認先達」に受容され、[14] 一般遍路のかなりの部分に伝承される事実を想起するなら、霊場会の多様な水準の規範関連活動がもつ重要性があらためて認識されよう。

いずれにしても、現況では、霊場会はすでに正統性をもった権威ある四国遍路の中心センターとして機能しており、その言動が遍路文化全般に及ぼす影響はまったく看過できないのである。こうして、一般遍路の側からも、たとえば、次のような問いかけが生じることになるだろう。遍路道の世界文化遺産化運動に霊場会はどう関わっているのか。ヘリコプター遍路などの現代的商品の登場を霊場会は是認するのか否か。春遍路繁忙期における団体遍路優先による歩き遍路の宿確保問題に対して霊場会はどのような考えをもっているのか等々。現代遍路において生起しつつある諸問題について霊場会の言動が注目されるのも、遍路文化において霊場会がすでに確固とした正統性をもつ権威組織になったからこそである。

また、本章の冒頭で述べたように、「四国八十八ヶ所霊場会」は、他霊場会のモデルになった事例が少なくないと思われる。別格四国霊場会や関東八十八ヶ所霊場会などはその典型的事例であろう。八十八ヶ所霊場会の活動は、その意味でも、多方面から常に注目を浴びるものと考えられる。

四　先達制度

前述したように、霊場会の活動の主要なもののひとつが、公認先達の養成に関するものである。四国遍路文化の安定した継承のためには、一群の指導者層による一般遍路の誘導がある程度必要である。先達的役割を果たす「非公認」の一般遍路は決して少なくないであろう。しかし、自然発生的な先達に任せては、先達内容の意味統一や伝達チャンスの保証も覚束ないだろう。積極的に一定程度の先達を養成することが望ましいと考えられた。それが霊場会による「公認先達」制度である。先達一般の歴史は古いが、霊場会が、いつ頃から先達養成に乗り出したかは詳細が不明である。バス巡拝が始まったときに必然的に先達役が要請されたのでは、との指摘もある。われわれが確認し得た先達名簿の最古のものは、昭和三六年のものであった。前述のように、霊場会発足が昭和三一年だとすれば、三一年から三六年の五年の間に、霊場会制度としての先達制度が形成されたことになる。戦後の潜在的遍路者に四国遍路を宣伝することとその指導者層を養成することは、互いに深く関連していたであろう。いずれも、四国遍路行の担い手の動員・リクルートに関わっているのである。

(一)　構成員数

霊場会が編み出した先達制度は、階級制をとっているが、二〇〇一年現在では、全構成員が約七五〇〇名に達している。一九九一年の五二〇〇名、一九九四年の約六五〇〇名に比べて、かなりの増加傾向にあるといえる。巡礼ブームと高齢化現象が相乗効果をあげているのであろうか。

物故者も含めた通し番号では、九千番台に乗っているとのことである。[15] 一万人に突入するのも時間の問題であろう。

(二) 先達の地域分布の偏り

一九九一年の資料によれば、近畿地方が最大(一六九六人で三一・四%)、次に四国地域(一六五八人、三一・七%)、中部地域(一〇八八人、二〇・八%)の順で、以下、中国地域、九州地域、関東地域と続く。ちなみに、われわれが一九九六年に実施した一般遍路調査によれば、近畿地域が二四・〇%、四国地域が二〇・二%、関東地域が一四・六%、中国地域が一三・六%であった。調査時点も異なるし、調査内容も異なり厳密な比較はできないが、先達と一般遍路とでは、概ね、その傾向は一致しているが、一般遍路のほうがより地域分散の傾向が強いように思われる。公認先達は修行内容や人格も重視されるが遍路回数基準をクリアする必要がある。そのため、どうしても、四国に近い地域が有利となることは否めない。公認先達が四国近接の地域に集中する傾向があることは間違いないであろう。

(三) 先達制度の位階と業績原理

先達という概念自体が、修行実践の先・後という観念を内包していることからして、先達それ自体が階層化することはある意味で自然である。原理的に「先達の先達」というロジックが働くことになる。公認先達制度では、これを七位階に構成している(表3-2参照)。これらの位階は、修行の深さを、主として、① 巡拝回数と、② 位階経過年数、という二つの客観的な外的指標を基礎にして、これに各種の条件(霊場興隆功績・模範性・満場一致制・部会承認制など)を加味して決定される。特任大先達以上では、定員制(特任大先達一〇名、元老大先達五名)が設けられてい

表 3-2　先達制度の位階

位階	資格条件
先　達	4回以上巡拝 遍路先導経験 霊場興隆寄与
権中先達	先達2年以上 巡拝2回以上 霊場興隆寄与
中先達	権中先達2年以上 巡拝2回以上 霊場興隆寄与
権大先達	中先達3年以上 巡拝3回以上 霊場興隆寄与・先達模範
大先達	権大先達3年以上 巡拝3回以上 霊場興隆寄与・先達模範
特任大先達	定員10名 大先達より 全部会承認
元老大先達	定員5名 寺院住職より

る点が目を引く。

こうした先達の位階制度が、修行の段階的深化の論理（四道場論もそのひとつ）に調和的であったばかりでなく、戦後の日本社会の経済近代化にともなう業績原理志向の価値観とも調和的な装置であったことに留意したい。すべてがそうであるとはいえないが、どうしても業績・報酬のインセンティブが作動しやすい側面は否定できない。さらにまた、位階制は、円環的な空間構造をもつ四国遍路行の反復性ポテンシャル（周回性原理）にも調和的な制度である。その延長線上には、中務茂兵衛をモデルとする近年の遍路回数信仰にも通底する制度であって、この戦後生まれの公認先達位階制のもつ習俗的意義は大きい。

（四）先達の新任・昇補・先達研修会・先達大会

新任も昇補も各札所寺院が申請窓口となっている。その際、形式的には「各自の札所への申し出↓札所による各部会推薦↓部会による霊場階推薦↓先達審議委員会による決定」という手順を踏む。また、委員会による審査承認を受けた者は、「先達研修会」（一二月）の参加が義務づけられている。各札所の推薦枠は、一年で一〇名以内となっており、ある程度の人数制限制度が敷かれている。先達の量産には限度があるということであろう。研修会では、各種説明と講義の後、新任には公認証と朱塗りの杖、袈裟、「先達必携」などが手渡される。昇補の場合も、研修会第二日目に昇補向け研修会が催され、上級の先達位が認められる。

こうして毎年、概ね、新任三〇〇〜四〇〇名前後、昇補五〇〇〜六〇〇名前後が認定されるのである。愛媛県生涯学習センターの研究報告によれば、表3-3のごとくである（同センター報告書より転載）[16]。また、認定時には、義納金として、中先達までは三万円、大先達までは五万円がそれぞれ納付される。

こうして公認された先達たちは、毎年九月に七五番善通寺遍照閣にて開催される「四国霊場公認先達大会」に参加するスケジュールが組まれている。それも平成一三年からは、遍照閣では収まりきれずに、善通寺市市民体育館に会場が変更されることになった。公認先達数の増加を物語るエピソードである。

ちなみに、平成一三年の先達大会には、全国から一三〇〇人の先達が集結している。同時に、このとき、永年功労のあった大先達七名が表象されると同時に、札所遷化住職関係者三名と物故先達一三六名の供養が営まれている。本先達大会では各種講演・講義のほかに、とくに現在計画されている四国八十八ヵ所霊場出開帳ご本尊制作事業に関する概要説明などがなされている[17]。

表 3-3　公認先達の新任・昇補

（単位：人）

年代	新任	昇補
昭和 62	373	410
昭和 63	397	408
平成 1	430	458
2	439	509
3	502	547
4	430	530
5	455	650
6	423	575
7	379	535
8	411	652
9	372	586
10	348	581
11	364	576

（愛媛県生涯学習センター『四国遍路のあゆみ』198ページより転載）

総じて、先達位階制度と一連の新任・昇補儀礼、ならびにこれを実施する場としての集会形態がよく配置され、実質的な「公認」のベテラン遍路リクルートが良く機能していると判断できる。遍路全体の一部分集合である霊場会系譜の遍路群がこのように確実に再生産されている構図は、伝統的遍路習俗のコアをそれなりに継承しながら現代遍路文化の一翼（巡拝バス遍路など）を担う現実を示しているとみてよいであろう。

（五）　先達制度の評価

以上のようにみてきた公認先達制度が現代遍路文化においてもつ諸機能については、多面的性格をもつものであろう。本稿では、あくまでも霊場会のイニシアティブによる制度としての公認先達制度を概観したわけだが、一度出来あがった制度は、生みの親である霊場会に対しても、また公認された先達自身に対しても、あるいは一般遍路に対しても、多様な顕在的・潜在的な諸機能を果たしていることが予想される。五名の先達インタビューを踏まえて、寒川は公認先達制度の功罪両側面について興味深い考察をしている[18]。そこでは、先達の媒介性（一般遍路と霊場会）、一般遍路の誘導、団体巡拝バス文化への貢献、先達自身の成長機会といったプラスの機能、あるいは、権威に依存する「眠り先達」事例や霊場会の太鼓持ち的機能などにみられるようなマイナス機能などがあげられている。

公認先達制度がもつアンビバレントな性格のなかでも、次のような事態ほどパラドクシカルな性格を端的に物語るものはないであろう。つまり、一方では、団体バス遍路のリーダー格として、現代主流の車遍路文化生成の中核を担い、伝統的遍路習俗（とくに道中修行の局面）に決定的に破壊的な楔を打ち込んだ反面、他方では、弘法大師信仰を正統にも継承し、勤行作法を遵守して、伝統的遍路習俗の維持（とくに霊場修行の局面）に大いに貢献している、という二面性である。

さて、本章では、戦後まもなくして誕生し、約半世紀ばかりを順風満帆のごとくに現代遍路文化にその不動の位置を築き上げてきた四国八十八ヶ所霊場会について概観してきた。抜け落ちている諸側面も少なくないと思われる。とはいえ、それでも確認し得る活動は多岐に亘りながらも、昨今の巡礼ブームといわれる波に乗りながら四国入りしているニューエイジの遍路たちには、それほどその存在が自明なわけでもなかろう。縁の下の力持ちのような存在でもあるが、他方では、日増しにその存在が衆目の下にさらされつつあるような動向も見え隠れする。遍路道文化遺産化運動や四国八十八ヶ所霊場出開帳の動きはそうした一例である。また、札所相互による上位組織の存在は、現代日本における巡礼体系にとっては、普遍的な文化装置であるということも確認してきた。加えて、八十八ヶ所霊場会は、そのモデル的存在でもある。その挙動が注目される所以であるのだ。近年の遍路文化が抱え込み始めている諸課題については、さまざまな限界もあるであろうが、霊場会が果たし得る役割は決して少ないものではないだろう。他方では、札所や霊場会に対する苦言らしき言説が遍路から漏れ伝わってくる点がないでもない。こうした状況のなかで、既成制度となった霊場会の意義と活動が、あらためて問われているように思われるのである。

注

(1) 早稲田大学道空間研究会『現代社会と四国遍路道』一九九四年、第二章を参照のこと。
(2) 寒川友理『四国遍路をする人びと―霊場会と先達を中心に』ノートルダム清心女子大学人間生活学部人間生活学科卒業論文、一九九九年。愛媛県生涯学習センター『四国遍路のあゆみ』二〇〇〇年、第二章などを参照のこと。
(3) 早稲田大学文学部社会学研究室（坂田編）『現代日本における全国霊場に関する実態調査』一九九九年による。
(4) 二〇〇〇年に早稲田大学文学部社会学研究室が実施した関東八十八ヵ所霊場調査における聞き取り調査によれば、本霊場開創には、専門のK霊場企画民間企業の果たした役割が少なくない。霊場開創の具体的働きかけと霊場会の組織化とは、ほぼ並行して同時進行した模様である。本調査報告書は近刊の早稲田大学文学部社会学教室（坂田編）『関東八十八ヶ所霊場調査』を参照されたい。

（5）四国八十八ヶ所霊場会を全国的に周知徹底させたもののひとつに、霊場会編集による『四国八十八ヶ所霊験記』（一九八四年）、同監修『遍路　四国八十八ヶ所』（講談社、一九八七年）、ＮＨＫ編同会監修『感動体験　四国八十八ヶ所』（日本放送協会、一九九〇年）などがある。

（6）たとえば、前者の例は相良三十三観音霊場や萩八十八ヵ所めぐりなど少なからずあり、後者の例は出雲三十三観音霊場、など。

（7）清水谷孝尚『観音巡礼―坂東札所めぐり―』文一出版、一九七一年

（8）早稲田大学第一文学部社会学研究室（坂田編）『現代における「坂東観音巡礼と巡礼の道」に関する調査』二〇〇〇年

（9）早稲田大学道空間研究会編『現代社会と四国遍路道』一九九四年、二一ページ

（10）本稿校正時に以下のような事実が判明した。大正時代にすでに「四国霊場会」を名乗る組織があったという事実である（喜代吉榮徳「昭和初期の遍路事情」四国辺路研究第19号、二〇〇二年、一六ページ）。その実態は定かでないが、納経料を五銭に規定する旨の主張をしていたことがわかる。武藤休山『四国霊場礼讃』昭和四年に記述されているという。

（11）四国八十八ヶ所霊場会発行『四国八十八ヶ所霊場出開帳誌』二〇〇一年、八五ページ。なお、一部札所ヒアリングによれば、二〇〇三年に、本出開帳以来の東京出開帳計画が進行中のようである。

（12）霊場会ではすでに昭和四七年一月に「四国霊場会報」なる会報の発刊に乗り出している。本会報がいつまで存続し続けたのかは定かではない。六番安楽寺ご住職畠田秀峰氏のご好意により拝見させていただいた会報第一号によれば、霊場会本部が八〇番国分寺に置かれていた時に創刊されていることがわかる。巡拝者も増加して、現代の「高野聖」たる巡拝者と霊場を結ぶかけ橋として「同信同行の広場となる所に発刊の意義がある」としている。

（13）いわゆる今日ではお馴染の「発心・修行・菩提・涅槃」の曼荼羅四道場論は、思いのほか新しい図式であるらしいことが星野によって指摘されている。星野英紀『四国遍路の宗教学的研究』法藏館、二〇〇一年、三二一―三三四ページ参照。

（14）先達のガイドブックである霊場会監修の「先達必携」における解釈が、一般遍路に普及する可能性はかなり高いと思われる。ちなみに、「先達必携」には、霊場会の下部組織である「改訂委員会」により、状況に合わせて改訂個所が議論される。主な内容は、一、四国遍路の三信条、二、四国巡拝勤行次第、三、四国霊場の開創の功徳について、四、四国巡拝の心得、五、真言宗（弘法大師の教え、二一章と五信条）、六、弘法大師年表、七、四国八十八ヶ所霊場寺院解説、からなる。

(15) 寒川友里、前掲論文、一九九九年、を参照。
(16) 愛媛県生涯学習センター『四国遍路のあゆみ』二〇〇〇年、一八九ページ参照。
(17) 伊予鉄観光開発発行・霊場会監修『月刊へんろ』二〇〇一年一〇月号を参照。
(18) 寒川友里、前掲論文、一九九九年、五〇ページ以降を参照のこと。

第四章　四国の道路整備と遍路道

ケモノミチを辿る猟師たちの道や修験者や聖が修行のために切り開いた道であれ、時の領主の管理下に組み入れられれば、そこには切り開いた当事者のまなざしの他に統治者権力のまなざしが注がれることになる。いつの時代においても道は統治者の管理下に置かれてきたとはいえ、当然ながらその管理形態は社会の統治形態の変容とともに変化する。遍路が庶民化するようになった江戸期以降は、遍路道も知られざる一部の道を除いて藩の管理下に置かれ、遍路が厳しく取り締まられたこともあった[1]。第二次世界大戦後、日本の経済社会および社会生活は、モータリゼーションとともに大きく変容した。それを支えた道路行政は、かつての面影をほとんど失わせるほどに遍路道を変貌させた。

戦後日本の高度経済成長とモータリゼーションは工業化の帰結であるし、さらには第一章でみたような、高齢社会化、情報社会化、再帰的近代化（リスク社会化）等の推進力ともなっている。戦後日本のモータリゼーションは、いくつかの経済不況時代を含め今日にいたるまで一貫して経済成長を目指してきた日本の基本的政策と並行して進められてきた。第二次世界大戦後から今日にいたる日本の道路整備は、その過程でいくつかのコンテクストの変容を経験してきてはいるものの、モータリゼーションの進展と拡充に寄与する目標そのものに変更はなかったといえよう。この事情は四国の道路整備に関しても変わらない。ただし、経済の変動とそれに連動した地域社会政策の理念などの変容に応じて、道路整備の政策にも多少のバリエーションが生じている。この章では、モータリゼーションを軸とした四国の道路整備とその政策のバリエーションに注目しながら、とくに近年の四国遍路道の変容や再生に関する社会的仕組みの特徴をみていくことにしたい。

その際、もうひとつ注目しておきたいポイントがある。現代四国において遍路が通る道も、道路行政の立場からは、国道、県道、市町村道、農道、林道、里道などとして分類され、環境行政の立場からは、長距離自然歩道や遊歩道として、観光行政からは観光資源として、運輸行政からは産業道路、観光・レクリエーション道路、通学路、生活道路などとして、警察の立場からは交通安全対策区域として分類されうる。ところが逆の見方をすれば、そのような形で行政に管理され大きくその様相を変えてきた現代の道を、遍路をする人びと、札所霊場、遍路バス・タクシー運行会社、宿泊施設、沿道住民、商店などの遍路関連エージェントが、「遍路道」として日々意味づけ再生産する営みを、変化をともないながらも廃れることなく維持し続けてきたのである。そして、同じ道路に対するこのような相異なる立場からの意味付与の相違は、当然ながらさまざまなコンフリクトを引き起こす。その意味で、現代社会における遍路道をめぐる問題の一局面を、四国の道路への行政の意味付与と他のさまざまな遍路関連エージェントによる遍路道としての意味付与間のコンフリクトという観点からとらえることができよう。この観点に立つ場合、モータリゼーションの進行を軸に、さまざまな社会的エージェントによる道に対する行政ニーズと、遍路関連エージェントの道に対する意味付与の全体を視野に入れる必要があろう。しかし、それを十全に果たすことは本章の課題を超える。ここでは、とくに道路行政の施策の変化に視点を据え、遍路道および遍路の変容の特定側面を描き出すことによって、そのコンフリクトがもつ社会学的意味を考えてみたい。本章の構成は、まず、急激な変化を示した戦後日本の全体的な経済社会的コンテクストの推移と道路整備の発想の変化を概略的にまとめ、それを背景として、それらの行政施策によって「遍路」および「遍路道」がいかなる社会的意味変容を被り、またそこに生じたコンフリクトの社会的処理が、「現代社会の遍路」を特徴づける上でいかなる意味をもっているかについて考察してみよう。

二　第二次世界大戦後日本のモータリゼーションと四国遍路

一　戦後日本のモータリゼーションと遍路の分化

モータリゼーションの進展を全国の自動車保有台数からみると、一九六〇(昭和三五)年当時三四〇万台であったが、一九六五(昭和四〇)年には七六二万台、一九七〇(昭和四五)年には一八二一万台と昭和四〇年代に急激な伸びを示し、一九七五(昭和五〇)年二八二八万台、一九八〇(昭和五五)年に三七九八万台、一九八五(昭和六〇)年に四七〇九万台と、それ以降は五年ごとに約一〇〇〇万台ずつ増えていくという勢いである。

四国の道路整備は、全国レベルと比較するとつねに遅れており、他の地方と同様、道路整備率を上げることが地域の経済と生活水準向上のために不可欠の条件であった。その間の道路整備の経緯については別のところですでに論じているので、ここでは詳しい歴史的事情には立ち入らないことにする。(2) このようなモータリゼーションの急激な進展は、戦後日本の生活様式を大きく変え、遍路道の車道化は、回り方や移動手段を変化させそれらの手段を供給する社会的仕組みや沿道社会、さらには遍路と自然や地域の人びととの交流形態そのものを大きく変容させたばかりでなく、札所や遍路道の聖性の再生産にもかなりの影響を及ぼしてきたに違いない。

遍路に自動車を利用するという発想はすでに戦前からあり、(3) 新しい交通機関が登場すればそれを利用することは、徒歩中心の時代にはむしろ当たり前のことであった。昭和九年に出版された吉田初三郎の「四国遍路絵地図」には、遍路道の所どころに自家用車の絵が描かれており車を利用することを勧めているのである。明治時代の代表的な遍路として今日注目を集めつつある中司茂兵衛は生涯で二七九回の遍路行を達成したが、鉄道や馬車を利用していることは本人の日記から明らかである。(4)

しかしながら、第二次世界大戦後のモータリゼーションの四国遍路に対する影響は、昭和二八年から「バス巡拝」という形で始まっており、これが遍路にもたらした意味変容の大きさはやはり別物と考えるべきであろう。というのも、それからバス巡拝者の数は急激に伸びてゆき、昭和四〇年代にピークを迎えたあと現代遍路の主流の位置を確立しているからである。正確なデータはないが、一九九六年にわれわれの実施した調査でも、車やバスが中心の遍路は七九％に及び、大型バスの割合はそのうちの五一％(遍路全体の約四割)を占めているのである。このような状況をみれば、乗り合い馬車、鉄道、路線バスなどの乗物利用は戦前からあったとしても、その当時の基本は徒歩であり乗物利用はあくまで補助手段であったと考えるのが妥当であろう。これに対して、第二次世界大戦後の四国を含めた道路整備の過程で、遍路道とされてきた道が拡幅されたり舗装されることによって車で通行可能になれば、まずバス巡拝がそこを利用することは必然の成り行きであるし、また従来の遍路道が狭かったり急勾配で車の通行ができなければ、新たに整備された道を迂回してでも車で次の札所へ行く道が遍路道となっていく。そしてそのような車の通れる道を使う遍路の数が相対的に多数を占めるようになったとき、車利用はもはや補助手段ではなくなるのである。現代のように約八割が車を使うようになっている現状をみれば、遍路の意味の変容は明らかであろう。モータリゼーションの進展は、昭和三〇年代から四〇年代にかけて、歩き遍路から乗る遍路への転換をもたらしたということができよう。(5)

モータリゼーションは、バス遍路のほかに昭和五〇年代から六〇年代にかけて徐々にタクシー遍路やマイカー遍路をも生み出していくが、その過程で歩き遍路の性格も徐々に変わってくる。一時、巡拝バスに乗る遍路が増えていく時期に「大名遍路」という言葉が使われたと聞く。徒歩遍路は本来乞食（こつじき）をして回るのが一般的であったのに対して、バス巡拝の費用は当時の物価からすれば高額だったこともあり、大名が駕籠に載って旅をするイメージがあったといえよう。しかしながら、バス巡拝が一般化して相対的に費用も安く、区切り打ちが商品化されて二〜四泊（現在では一泊や日帰りまである）で回れるようになった現在の巡拝バス遍路は、むしろ歩くことへの憧れをもちながら、仕方なく巡拝バスに乗っている場合も多いようである。これらの遍路にとって、乞食に頼らず長期間自費で宿に泊まりながら遍路をしつづける歩き遍路の方こそうらやむべき存在となっており、徒歩遍路をみかけるとバスの窓越しに手を合わせる光景すらみられるのである。また、歩き遍路の方もバス、タクシー、マイカーなどを使う遍路が増えてくることに対する疑問や反発から、歩く修行を重視する「本来の遍路」の意味を新たに生成しつつ歩く遍路を志すようになる。この意味で、歩き遍路といっても現代の歩き遍路は、バス巡拝という手軽な手段がありながらそれを拒否して自ら進んで歩くことを選択しているのであり、歩くことを余儀なくさせられたかつての遍路（現在でもそのようなタイプの遍路はいるとしても）とは異なるタイプとして生成されてきているといえよう。

ここから、同じ道路を使う遍路同士でありながら、相互の間にコンフリクトが生じる契機が生まれてくるのである。一九九六年のわれわれの調査でもフリーアンサーの記述から、このようなコンフリクトの一端を垣間みることができる。

「四国遍路の魅力は豊かな自然の中でひたすら歩くことにあった。しかし最近の交通量の爆発的増加が徒歩遍路を困難にしてしまった。車遍路を全面的に否定するものではないが、長い道のりを歩き疲れた遍路の側を排気ガスを吹き出しながら平気で勢いよく通り過ぎていく車遍路、車の中では白い装束をまとって眠りこけている姿も散見するに、一体彼らは何を求めて何を感じながらお寺でお経を唱えているのだろうかと思ってしまう。一方で徒歩すら困難な老夫婦や、体の不自由な方々が一心に願っている姿をみると車での参拝が可能になったことは本当によいこ

とだと思う。」（男性：五四歳）[6]

「歩いて回ることは大変ですが、徒歩至上主義的傾向には疑問を感じます。お年寄りや身体の不自由な方、時間的余裕がない方とそれぞれの事情があります。手段より祈る気持ちが大切だと思います。歩いてやると時間もお金も掛かります（宿泊費が多い）。費用はおそらく車（タクシーやバス）利用も同じでしょう。それぞれの人が自分のできる範囲の中でやっていくことが大切なのであって、何かひとつのみを賛美するというのはお大師様の説くところではないと思います。」（女性：三〇歳）[7]

この二つの意見の間には必ずしも対立があるわけではない。むしろ両者とも車で回ることを基本的には容認していると思われる。しかし、車遍路、歩き遍路それぞれの側から相手をみた場合に、なかにはここで批判の対象になっているような人がいることだけは確かであろう。むしろこれらの意見によって鮮明になるのは、それぞれにバリエーションがあるとしても車遍路と歩き遍路という二つのタイプが存在することであり、その両者の間には相互の承認と対立の契機が含まれていることである。そしてそのどちらもが、現代のモータリゼーションの産物であるという事実に注目しておく必要があろう。

二　歩き遍路の新たな道中修行（トンネル）

この間の遍路道の車道化に関して次に指摘しておくべきことは、遍路道にトンネルが増えたことである。旧遍路道は峠を越えて続いていたのに、国道が新たに拡幅整備されるに際して長いトンネルが作られ距離と時間が大幅に短縮された箇所は各県ともに多く、そのことによって車遍路の距離と時間は大幅に短縮されたことは間違いない。遍路道沿いの主なトンネルだけを数えても、徳島県に一一ヵ所、高知県に二三ヵ所、愛媛県に一四ヵ所、香川県に二ヵ所ある。遍路道がほとんど海沿いにある高知県にトンネルが最も多いことは意外であるが、道の選び方、回り方によってその数も変わってくる。しかしながら、誰でも通ると思われる三七番岩本寺と三八番金剛福寺の間の「伊豆田トンネル」、三九番延光寺と四〇番観自在寺の間にある「松尾トンネル」、四三番明石寺と四四番大宝寺の間の「鳥坂トンネル」、六五番三角寺と六六番雲辺寺の間の「境目トンネル」などは、市や町の境にある峠を貫いており、この峠を越えていくには相当険しい山道を上って降りるか何時間も余計に費やして迂回せざるを得ない。それを直線で貫くようなトンネルはたしかに距離を短縮し山道で迷う危険性も回避してくれる。しかしながら、このような一キロメートルにも及ぶあるいはそれを超える長い自動車用道路のトンネルは、基本的に歩く人が通ることを想定していないのであり、轟音が鳴り響くなかで排ガスが充満しているばかりでなく、段差のある歩道が設けられている場合でも（段差のついた歩道がない場合もある）きわめて狭く危険であり、実際にトンネル内の交通事故で命を落とす遍路が年に数人はいるという。現代歩き遍路や自転車遍路にとって、自動車道路に設けられたトンネルは新たに生み出された難所のひとつとなっているのである。しかしそれは、道路行政担当者のデザインによって意図的に作り出されたものではない。自動車で通行する道を想定して作られたトンネルであるがゆえに、遍路がそこを歩くことは道路設計者にとっては意図せざる結果であり、それは遍路の遍路道に対するまなざしと道路設計者の自動車道路に対するまなざしのコンフリクトが生み出したリスクであり脅威なのである。現代遍路の難所は、このように現代社会の仕組みから生み出されていく。

とはいえ、トンネルをあえて積極的に難所として選択する人は、あまりいないかもしれない。歩いて遍路する限りは、たまたまそこを通らざるをえないというのが実際のところであろう。しかしそれでも、車で行けばそのような危険はないのにあえて歩くという選択をする限り、それなりの危険がともなうことを覚悟するという自覚があれば、それは個人による難所の選択とみなすべきであろう。ところで、近年、歩く人や自転車のための専用トンネルがいくつか作られるようになっており、歩き遍路にとっては朗報といえるかもしれない。たとえば、四〇番観自在寺と四一番龍光寺の間にある愛媛県内海村の「内海トンネル」、三六番青龍寺と三七番岩本寺の間にある「須崎トンネル」、二七番神峯寺と二八番大日寺の間にある「手結トンネル」にはそのようなトンネルがある。しかしながら、歩行者用トンネルも行政による道路整備の一環である以上、それらはもちろん歩き遍路用に作られたものではない。むしろ通学路として作られたものであったり、鉄道が廃止されたあとが自転車道として整備されたことにともなって、もともとあったトンネルが歩道や自転車道として利用されるようになったものである。遍路道は、このようにそれぞれの時代の道路整備政策によって整備されたり、作り出された道を利用することによって成り立っていると考えるべきなのであろう。

三　渡し船と橋梁

また、道路建設はトンネルばかりでなく河川の橋梁建設を促した。本州から四国への架橋についてはあとで述べるが、四国の主要河川である、吉野川、仁淀川、四万十川などに大きな橋が建設されたことは、車遍路はいうに及ばず歩き遍路にとっても時間と距離の短縮に大きく寄与した。しかしながらそれによって、遍路道の経験内容が大きく変わったことも否めない。たとえば、吉野川には一〇番切幡寺から一一番藤井寺に向かう途中で大きな橋が掛けられ、車遍路はその橋を渡るようになった。しかしながら、旧遍路道は少し前までは毎年洪水がある時期になると流される沈下橋が設置されていたが、小型車なら通行可能であり、歩き遍路にとっては車とすれ違う際にはかなりの恐怖を味わう橋であったという。しかしこれも一九九七年頃になってこの橋が狭いながらもコンクリートの橋になり、多少の危険は残るが車とのすれ違いで危険を感じることは少ないと思われるようになった。とはいえ車遍路の多くは、このような狭い橋よりは大型の車の通れる橋を渡るのである。現在の大きな道路橋は、トンネルと同様、程度の違いはあれ道路の一部と化していて河川を渡るための特別な手段であることを感じさせない。

また、高知県の浦戸湾口と四万十川の河口においては二〇〇一年現在でも渡し船が運行されているが、浦戸湾口にできた浦戸大橋の無料化や、四万十川河口近くに大きな橋がかかることにより、渡し船の運営に困難が生じるなどの変化がみられる。現代の歩き遍路は、必ずしも旧遍路道を忠実に辿って歩いているわけではなく、自らの時間的、金銭的余裕などの条件に応じてさまざまな選択をしており、浦戸の渡しのように県道の一部となっていて無料で運営されている場合は利用者も多いが、四万十川河口のように一日数本しか出ていない渡し船よりはいつでも渡れる橋を選ぶ人も多い。これらの河川を横切る方途の違いも、歩き遍路同士および歩き遍路と車遍路の経験の違いを生み出す大きな要因になっていることに注意しておきたい。

二　二つの「四国のみち」整備と遍路道

一九七〇年代に差し掛かる頃から、経済成長はその歪みとして過密過疎、公害、土地価格高騰、都市犯罪の増大などさまざまな問題を生み出し始めるに至り、一九七三年のオイルショックを契機に日本は低成長時代を迎える。この時代の価値観転換への訴えのひとつは「モノの豊かさから精神の豊かさへ」というものであり、他方では首都圏への一極集中から地方分散ないしは「地方の時代」、あるいは経済高度成長そのものを支える価値観の見直しなどであった。これは、経済成長を絶対的善としてきた成長神話にある程度の見直しの契機を与えるものであり、工業化を脱却する意味での情報生産を促すものであったといってもよいかもしれない。四大公害裁判を背景として一九六七年に公害対策基本法が成立し、環境庁が発足したのは一九七一年であった。一九七七年の第三次全国総合開発計画はこれらの価値観の転換を背景としており、その基本構想は産業、教育、コミュニティ、文化をトータルにそなえた生活圏の地域ごとの整備を目指した「生活圏構想」であった。

そのような時代の流れを背景に生じた、四国遍路道に関わりのある変化として重要なのは、一九六八年の東海道自然歩道を皮切りに全国に整備が開始された自然遊歩道整備である。

一 「四国のみち」と遍路道

四国では、旧建設省（以下、さしつかえないかぎり国土交通省と表記）四国地方建設局が環境庁とともに「四国のみち」整備に共同で参加しつつ、環境庁ルートと重なりながらも旧建設省独自の「四国のみち」ルート整備を一九八一年より開始している。四国自然歩道整備にあたって、当時の環境庁「四国のみち保全整備計画研究会」（一九七八年発足）は、一九八〇年の報告書のなかで海辺や山および田園の道など多様な自然に恵まれた遍路道を自然歩道として活用することをうたっている。また、当時の建設省も同じ時期に同様に「四国のみち保全整備計画委員会」を発足させて「四国のみち」整備に参加し、環境庁と旧建設省が相互に協力し合う形で「四国のみち」整備が開始されたのである(8)。

両者のルートは共通部分を含みながら、環境庁ルートが自然志向、国土交通省ルートが伝統・文化志向という形で役割分担がなされ、とくに国土交通省ルートは八十八ヵ所の札所をすべて取り込むようなルート設計がなされている。環境庁ルートは遍路道との重複は少なく、半日から一日程度のハイキング・コース（一二三路線）を四国全体にちりばめ、それを全体にループ状につなげたものである。各コースごとに携帯用の案内パンフレットが作られており、県や

表 4-1 「四国のみち」国土交通省ルート延長と環境庁ルート延長

（単位：km）

県別	国土交通省ルート		環境庁ルート	
	全　体	環境庁ルート重複部分	環境庁単独ルート部分	全　体
徳島	230	153	143	296
香川	188	58	223	281
愛媛	396	320	144	364
高知	507	389	272	661
計	1,321	920	782	1,702

出典）国土交通省四国地方建設局資料、1998 年

表 4-2 「四国のみち」国土交通省ルート道路種別延長

（左：距離 km 右：割合 %）

県別	一般国道		県　道	市町村道	農林道等	合　計
	直轄	補助				
徳島	23(10)	—(—)	89(39)	80(35)	38(16)	230(100)
香川	4(2)	1(1)	101(54)	74(39)	8(4)	188(100)
愛媛	76(21)	22(7)	81(21)	164(36)	53(15)	396(100)
高知	106(21)	39(8)	167(33)	113(22)	82(16)	507(100)
計	209(16)	62(5)	438(33)	431(32)	181(14)	1,321(100)

出典）国土交通省四国地方建設局資料、1998 年

市町村単位で毎年ウォーキング・イベントが開催されている。

国土交通省ルート「四国のみち」は、その六〇％が遍路道と重なるとされているが、その施策は主に国道、県道沿いにある歴史文化的価値の高い施設や遺跡などの紹介とPRであり、歩く人のためのガイドブックやパンフレットの制作、各県ごとに設置された工事事務所単位で催される「ウォーキング・イベント」の実施などである。国土交通省ルートはすべて舗装されて自動車通行可能な道路であり、環境庁ルートは自然志向であり歩くことしかできないような山道などを含むのであるが、両者の重複部分は当然のことながら自動車通行可能な舗装道路である。環境庁ルートは、自然遊歩道整備として正

規の予算が配分されるのに対して、国土交通省ルートの方は、原則として既存の道路整備予算の枠内で行われる事業として位置づけられている。前者の場合、一九九四年に全体の整備が完了しており、その後は限られた予算内で申請があった箇所に対して補修を行っている。これに対して、後者の場合にはすべての地域をカバーする立派なパンフレットは完成しているが、道の整備自体の完成の時期や進捗状況はあまり明確にされておらず、二〇〇一年現在でも一九九八年度に確認した数値以上のデータはえられていない。

これらの行政施策が、現代の遍路道を歩く道として再生する役割の一端を担っていることは、現代の遍路道の特質を考える上で重要であろう。しかしながら、それが安全で快適なレクリエーションとしての道の整備でもあったことを忘れてはならない。ここには、八十八ヵ所札所のすべてをつなぐことによって四国遍路道の聖性付与の基本構造の一部に荷担する面を覗かせながらも、今日のレクリエーション・ニーズに応える行政課題を背景(コンテクスト)とした行政の立場からの遍路道へのまなざしと意味解釈がみられる。それは、歩くことの魅力を訴え、人間性の回復を図り、自然や歴史との触れ合いを可能にし、歩くことの区切りを与え、接近しやすく、地域の人との交流がはかれる道、なのである。そして戦後に限っていえば道路行政にとってこのとき初めて、四国一周ルートとしての遍路道全体が、今日の行政課題に照らして意味のある関心の対象となったといえよう。しかしながら、ここに注がれる行政のまなざしは、遍路道を観光・レクリエーション政策のパースペクティヴから相対化する。その場合、遍路道の「聖性」そのものも伝統文化として相対化され観光やレクリエーションのまなざしから再構成されることになる。そのようにしてこそ初めて「四国遍路道」は、行政の施策の対象になりうるのである。

二　旧遍路道再生への動き

自動車道路の整備と生活への自家用車の浸透が進むことにより、遍路に対する認識にも改めて「歩く遍路」の意味を見直し再確認する動きが出てくることは当然の成り行きであった。しかし、それを具体的に行動に移し精力的に推し進めた「へんろみち保存協力会」(宮崎建樹代表)の活動は特筆に価する。他にも旧遍路道の部分的再生や歩くことへの再認識を促した人びとの活動はみられるにしても、歩き遍路のための詳細な地図の作成、四国全県にわたって旧遍路道の復活や道しるべの設置、草刈奉仕団の組織化、歩き遍路の団体組織とその先導など、幅広い活動のすべてにわたって力を尽くした例は、「へんろみち保存協力会」を置いてないとさえいえよう。この活動も、車遍路の隆盛に対して改めて歩くことへの意味づけを現代社会のコンテクストの中で再定義し、現代歩き遍路の意義と歩くための遍路道の再生を目標として掲げていることから、行政の「四国のみち」整備とは異なる民間主導の立場からの歩く遍路道の再生に寄与するものである。これは、おそらくかつての遍路の理想化であったり過去への回帰を目指すものではなく、新たな現代遍路創造の試みのひとつとして理解する必要があるように思われる。(9)

三　自動車道路の高速化とネットワーク化がもたらした遍路経験の変容

工業化の社会過程はあくまで生産力拡大を中心とする経済生産を軸としたものであることに変わりはなく、一九七七年の第三次全国総合開発計画は、次第にその軸足を経済不況脱出へと移していくことになる。日本企業は政府によるバックアップと、日本的経営の特質を生かした企業内の合理化を進めた結果、二つのオイルショックを乗り切り、その後に続くドルショック、円高不況を乗り越えるべく経済面での国際競争力を蓄えていく。低成長時代を生き延び、国際競争力を強めてきた日本は、サッチャー、レーガン政権を支えた新自由主義の台頭を背景に、一九八二年の中曽根首相の登場とともに専売公社（一九八四年）、電電公社（一九八五年）、国鉄（一九八七年）などの民営化を断行し、日本の経済社会構造は大きく変容する。また、主として都市地域において再開発を支えたのは、一九八六年の「民間事業者の能力活用による特定施設整備促進に関する臨時措置法（民活法）」であり、地方において開発を支えたのは、一九八七年の「総合保養地域整備法（リゾート法）」であった。これらに後押しされた公共事業推進政策は、海外から迫られていた内需拡大の受け皿を用意し、だぶついた企業の資金を吸収することによってバブル経済を促進することになる。(10)

一　自動車道の高速化・ネットワーク化

バブル経済が進展する間、一九八七年に第四次全国総合開発計画が閣議決定される。四全総では、国際都市として重要性を増した首都圏への人口集中を食い止める対策をもはや打ち出すことができない一方で、地方の声に応える形で「多極分散型国土の構築」を目標に掲げ、全国のネットワーク化に力を入れ、地域間の有機的、効率的な通信および交通の促進を目指すもの（交流ネットワーク構想）となっている。一九八八年には青函トンネル開通と瀬戸大橋開通が続き、着々と整備される交通網に対応して、自然公園、保養地、国民休暇村、リゾート施設の整備が進められた。地域社会の活性化をはかり地方部での定住化を促進しようという第四次全国総合開発計画のねらいは、道路に関していえば、高速自動車国道、本州四国連絡道路、一般国道を含む「高規格幹線自動車道」を中心とし、これにそれ以外の一般国道、県道、市町村道を重層的に組み合わせていくことによってその効果を期待するものとなる。道路整備予算からみれば、公共事業関係費総予算の伸び悩みから停滞していた第九次道路整備五ヵ年計画が終わり、高規格幹線道路網計画の決定された第四次全国総合開発計画策定の翌年の第一〇次道路整備五ヵ年計画が始まる一九八八年から道路予算は急激に伸びを示すようになる。

『平成五年版建設白書』では、道路整備の長期構想と第一一次道路整備五ヵ年計画についてかなりのページを割いている。そこで道路整備の基本的方向について、「社会・経済状況の変化や生活大国五ヵ年計画等を踏まえ、活力ある経済活動に支えられた「ゆとり社会」実現のために、道路整備の基本的方向を、① 豊かな生活の実現、② 活力ある地域づくり、③ 人・自然に優しい環境の形成、の主要課題に重点を置き、道路推進を図ることとする」と述べている。一九九四(平成六)年には、「高規格幹線道路」と一対になって地域構造を強化するための道路として、「地域高規格道路」の路線指定が行われる。これは、核となる都市を中心に広域的な経済・文化ブロックとしての「地域集積圏」を形成することを目指すものであり、路線によって、連携、交流、連結の機能的特性が区別されている。自動車のスムースな走行のため、四車線を原則とし沿道や交通状況に応じて時速六〇~八〇キロの速度を可能にする質の高い道路とされ、一般国道および主要都道府県道が含まれる。

このような国レベルの政策を背景として、四国内の高速道路網と本州の高速道路をつなぐ三つの橋の建設は進められてきた。その過程では、四国遍路道もこのような道路政策の一部に組み込まれ、さまざまな変容をこうむることになった。

二　四国の自動車専用道路と遍路道

本州—四国の間の交通は、海上と航空路のみに依存していたが、悪天候の時には欠航がでるなど、四国は全体として孤立感が強く、地域格差に悩んできた。本州と四国との間を安定した交通路で結びたいという地域の願望はかなり古くからあったが、戦後の復興期に高速道路整備計画が進められる中、一九五〇年代半ば以来、地元を中心に具体的な計画案が作られはじめ、調査が開始された。その後、国土開発幹線自動車道建設法（一九六六年）が成立する時点で、四国内の高速自動車道の計画との関連において、本州四国連絡道路の建設計画が確定され、一九七〇年に本州四国連絡橋公団が発足した。地元の利害を背景に、児島—坂出、神戸—鳴門、尾道—今治の三ルートが決められ、同時に着工するという政治的決着がなされたが、一九七三年のオイルショック以降の経済情勢の悪化にともない見直しを迫られ、児島—坂出ルートが一九七五年より着工、それ以外の二ルートについては可能なところから順次着手することになった。児島—坂出ルートは一九八八年四月に開通、神戸—鳴門ルートは一九九七年、尾道—今治ルートは一九九九年に開通している。

この三ルートは、鉄道、道路の全国的幹線網の一環を形成し、本州から四国への所要時間の短縮のみならず、四国地方への工業立地、商業サービス機能の充実など、四国の経済・社会的発展に大きく貢献するとともに、京阪神地域の過密解消効果も期待されている。しかしながら他方では、それは期せずしてバスやマイカーによる「自動車遍路」のニーズにも応える重要な契機ともなりうるのであり、四国へのアクセスの多様化によって、遍路の巡り方にも大きな影響を与えることが予想される。

もちろんこのような効果は、四国の内部の道路網が整備されることによって初めて可能となる。一九六六年の国土開発幹線自動車道建設法において、四国縦貫自動車道（徳島—松山—大須）と四国横断自動車道（高松—高知）の予定路線が決められ、その後一九六九年（新全国総合開発計画閣議決定の年）から一九七三年（オイルショックの年）までの間に、高松—須崎（横断道）、徳島—大須（縦貫道）の基本計画が決定されている。さらにその後一九七七年の

図 4-1　四国の高速自動車道および高規格幹線自動車網

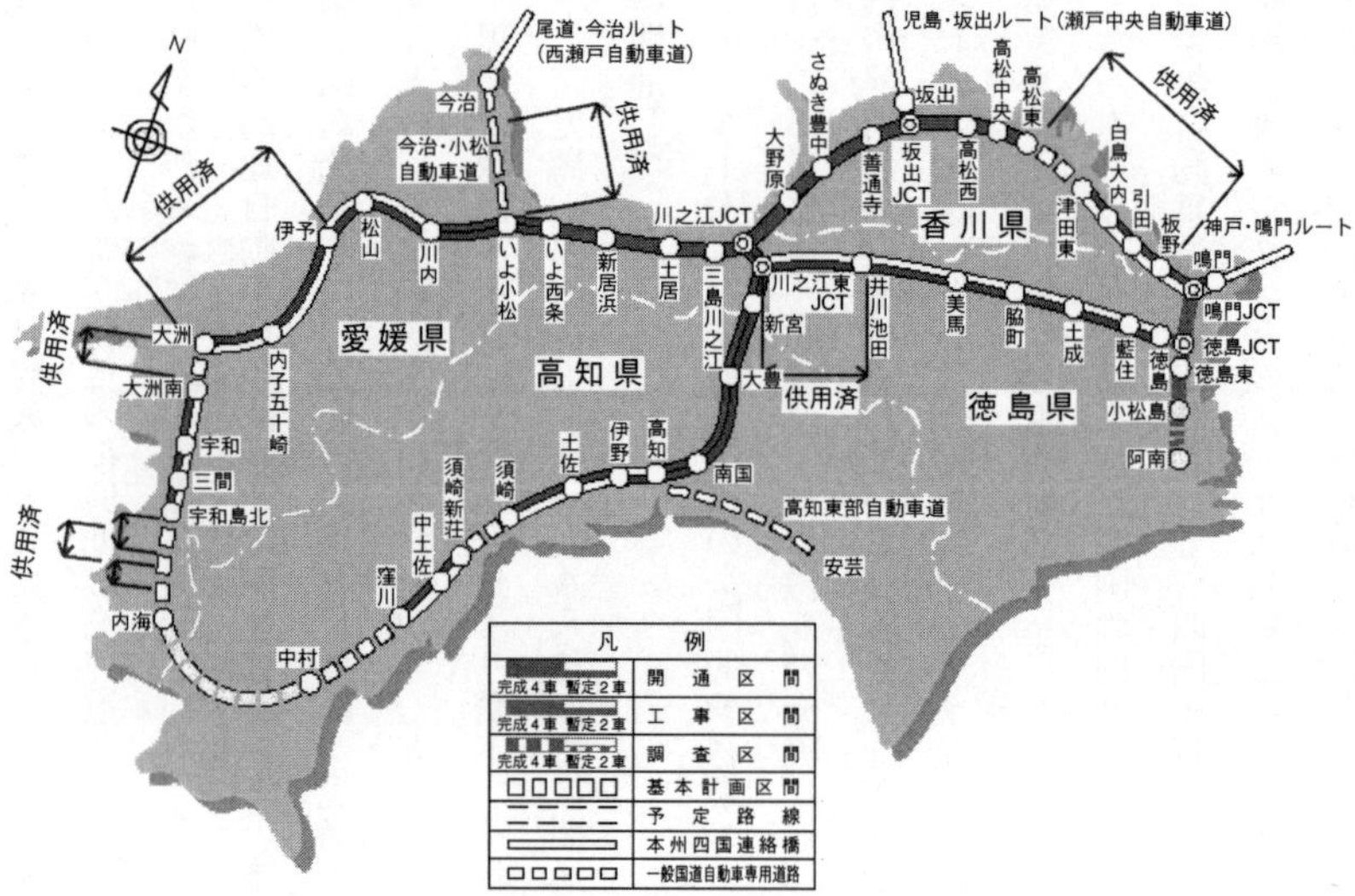

出典）国土交通省四国地方整備局ホームページ。2001.10.20
http://www.skr.mlit.go.jp/road/main.html

表 4-3　四国の国土開発幹線自動車網（1999 年 4 月 1 日現在）

路線名		総延長 km	基本計画 km	整備計画 km	共用区間 km
全国		11,520	10,607 (92)	9,342 (80)	6,851 (57)
四国	四国縦貫	222	222(100)	222(100)	222(100)
	四国横断	441	375 (85)	284 (64)	171 (39)
	計	663(5.8)	597 (90)	506 (76)	393 (59)

注）（　）内は、総延長に対する比率（%）
出典）国土交通省四国地方整備局ホームページ。2001.9.10
http://www.skr.mlit.go.jp/road/main.html

図 4-2　四国の地域高規格道路、高規格幹線道路、広域道路

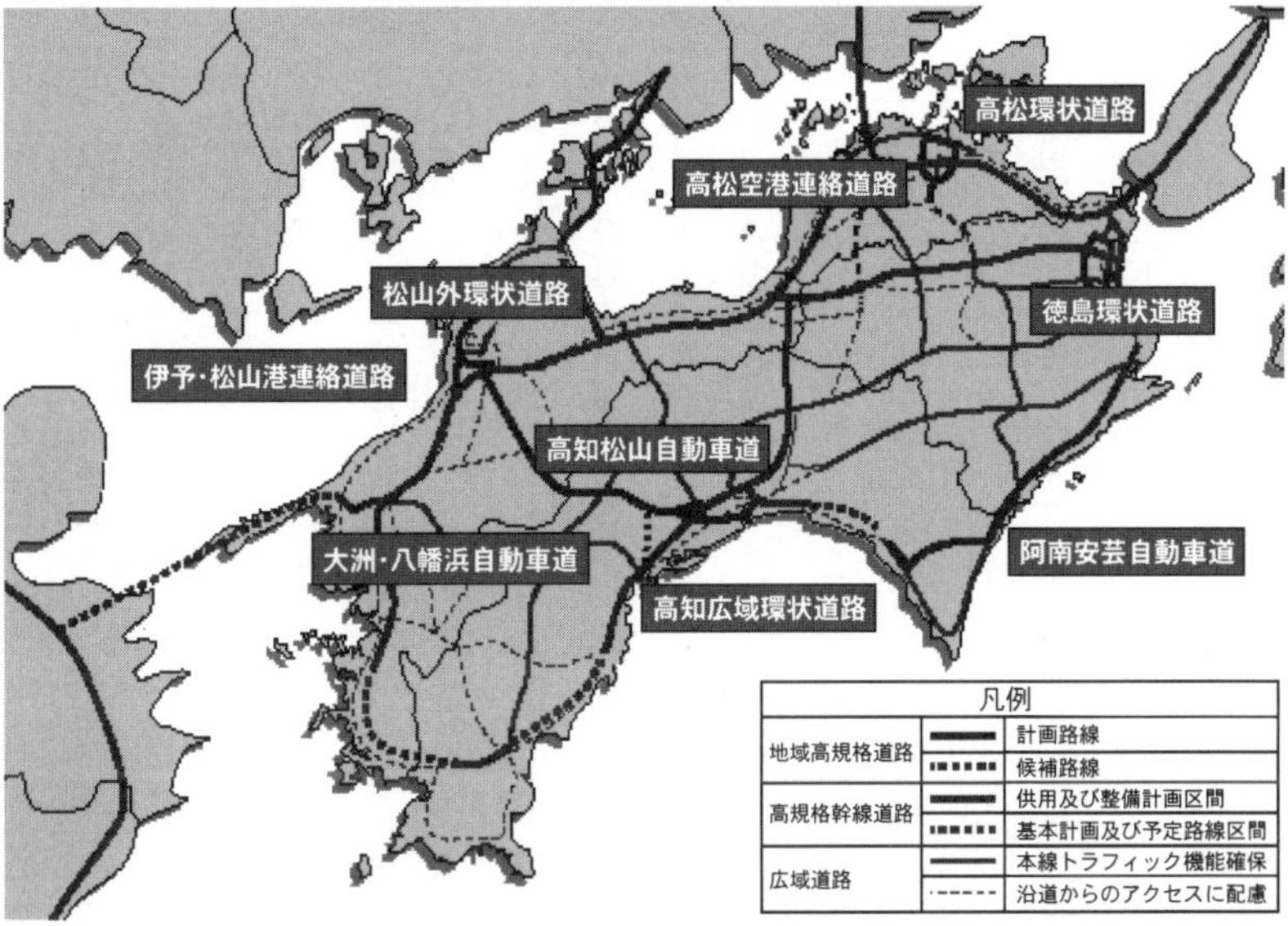

出典）国土交通省四国地方整備局ホームページ。2001.10.20
http://www.skr.mlit.go.jp/road/main.html

第三次全国総合開発計画があり、その時点でさらに高速道路の延長の必要性が提唱されていたが、一九八七年の第四次全国総合開発計画において、全国で一万四〇〇〇キロメートルにおよぶ「高規格幹線道路網計画」が決定される。これは、「自動車の高速交通の確保を図るため必要な道路で、全国的な自動車交通網を構成する自動車専用道路」として、高速自動車国道だけではなく一般国道でも高速道路規格のものをつくって、全国的な高規格の幹線道路網を整備しようという計画である。それに従い一九九一年までには、横断道の基本計画の延長は、高松—阿南、須崎—大須までが決定され、これによって横断道と縦貫道は八の字を描くようなループをなし、これに高知—安芸間および今治市矢田—小松ICをつなぐ一般国道、および三ルートからなる本州四国連絡道路が高規格の自動車専用道路として付け加えられることとなった。二〇〇一年八月時点で共用されているのは図4-1に示した実線部分である。

加えて、高規格幹線自動車道と対をなして地域集積圏を形成するための「地域高規格道路」として、一九九八年の追加指定により九路線が計画路線として指定され、さらに四路線が候補になっている。

もちろんこれらは、遍路道への関心から整備されたものではない。しかしこの中にはかつて遍路道とされていた道路が含まれている。旧遍路道のどの程度の割合が舗装されたのかを示すデータは整理されていない。しかし車遍路が主流の現在では、これら新たに整備された道路が新しい遍路道として、さらには札所に至る道へのアクセス道路として利用されている。車で行く人からすれば、次の札所へ導いてくれる道であれば、旧遍路道にこだわる必要はないと思うようになるのも当然であろう。その結果として、これらの道路整備が、間接的にバス遍路およびタクシー、マイカーによる「自動車遍路」のルートの多様化・多角化を促すことは間違いない。とはいえ、われわれの一九九六年の調査でみると、今日の車遍路が難儀に感じる第一の点は「道が狭い」(一八・五%)ことである。つまり、幹線道路沿いにある札所はもともと数が少なく、ほとんどの場合はそこからさらに細い道路へ分け入ったり、山上へ向かう曲がりくねった急勾配の細道を運転しなければならないのである。今では、ロープウェイを使う二つの札所を除いたすべての札所については、近くの駐車場まで車で行けるようになっており、そこまでのアプローチはすべて舗装されている。しかし、その道は対向車がきたらとてもすれ違いができないほど狭い道であり、すれ違い用に確保された場所までバックを余儀なくさせられるなど、けっして運転に楽な道ではない。

また幹線道路ができていたとしても、次の札所へ間違いなく辿りつくためには、道しるべや地図が必要である。ほとんどの道が舗装され、しかも多元的にヒエラルキー化されている今日の道路の場合、かえって道路標識が重要な意味をもってくる。その道路標識とてけっして十分とはいえないのであり、車遍路の場合「道路標識が少ない」という回答は道に関する難儀の第二位(一六・一%)にあがっている。車遍路であれ道に迷うことは多いのである。しかしながら、道に関する難儀の回答をみるかぎり、車遍路と歩き遍路の間にはやはり大きな隔たりがある。一番大きな違いは、「とくに困ったことはない」という回答であり、歩き遍路の場合三二・一％で第二位の「道しるべがない」(三二・八％)とほぼ同じなのに対して、車中心の遍路にとっては五五・八％が「とくに困ったことはない」と答えているのである。これをみると、やはり道に関しては歩く場合の方が圧倒的に難儀する度合いが高いことがわかる。

このように高規格幹線道路から地域高規格道路へ、さらには広域道路、より小規模な市町村道へと自動車による高速走行を中心にヒエラルキー化された現代四国の道路体系は、遍路の移動時間を大幅に短縮し、現代社会生活の時間的秩序により適合的な遍路形態を生み出す反面、失われ行く旧遍路道への郷愁を誘い、遍路の歩くことへの関心と動機を刺激する。現代の歩き遍路は、多くは自動車用の幹線道路やアスファルト舗装された市町村道を歩くことを余儀なくされるが、部分的にはそれらの自動車道路によって分断された旧遍路道をたどりながら遍路をし続けるのである。しかし、これら旧遍路道も現在ではまったく廃れて通行不能の箇所も多く、通行可能な道は自然歩道(環境庁ルート「四国のみち」)として整備されたものであったり、民間団体や地元の人びとによって整備されるものであったりする。

三　空中遍路道としてのロープウェイ

そのような道路整備を踏まえて四国への観光客誘致の試みも活発化し、その結果のひとつとして、従来難所とされてきた二一番太龍寺と六六番雲辺寺には、山麓から札所へ通じるロープウェイが設置された。どちらの場合も車で山頂の札所まで直接行くことはできないため、かなり回り道をしてロープウェイ乗り口まで行き、そこからロープウェイで札所までを往復することになる。その結果、すべての札所へ車で行けることになり、四国遍路に難所はなくなったという言葉も聞かれるようになる。この時期の四国遍路道について特筆すべきは、空中にまで遍路道が立体的にその選択肢を広げたことであろう。それは、自動車道路化と車による高速化に加えて、空中を移動する手段による利便性と高速化による時間短縮を追加する点で、遍路道車道化の延長線上の出来事として解釈しうるばかりでなく、遍路経験に新たな刺激と興奮を与える一方、そのような手段の手軽さを選択できることへの感謝の気持ちをもつ人もいれば逆に後ろめたさを感じる人もいるなど、複雑な意味をも付け加えることとなった。そして、利便性と高速化による恩恵をこうむる新たな遍路参加者の増加を促す一方、その対極にある歩くことの意味を見直す動きを活発化させたことも忘れてはならない。

「巡拝がしやすくなったのは良いのですが、便利になりすぎて印象の薄れてしまう処が多くなりました。徒歩でお参りすればよいのですが、時間的なことで車を多く利用します。その場合、とくに感じてしまう事です。ロープウェイも悪くないのでしょうが、難所が難所でなくなったのは残念にも思います。」(男性：五四歳)(11)

われわれの遍路意識調査のフリーアンサーからの意見のひとつである。難所が難所でなくなることの意味をもう少し掘り下げてみる必要があろう。

四　道路の多元化と遍路の個人化、小グループ化

瀬戸内海の一部の島や岡山県沿岸の村などには、若衆遍路や娘遍路などといわれるように、遍路修行が一定の年齢になると課せられる習俗が昭和三〇年代まで残っていたという。このように遍路修行が成人儀礼的な意味をもっている場合があったり、毎年、恒例のごとく講を組んで団体で遍路をする人びとは現在でも多い。とはいえ、これらは現在のみならず江戸時代以降の遍路においても主流のタイプではない。一九九六年のわれわれの調査では、全体的にみると一人で行く人は一二・六%、二～三名が二〇・一%、四～一〇名までが一六・一%、一一名以上の団体が四九・六

%となっている。一一名以上の団体が約半数を占めるとしても、それらがすべて講であったり毎年恒例の遍路行であるわけではないことに注意しなければならない。むしろ、二〜三名までの少人数の遍路が三二・七%におよぶことの方が、本来の遍路の特徴を表しているのかもしれない。バス会社の話によると、昭和三〇年代から四〇年代にかけて大型バスによって急激に増えた団体遍路が、近年、マイカーやタクシー遍路にとってかわられてきているという。ただ、三橋時代になって北海道から九州に至る各県のバス会社が四国へ直接乗り入れるツアーを企画するようになり、大型巡拝バスが最近増えているという。しかし、これは巡礼者一般が大型バスへ回帰する志向を示すものではなく、現地に乗り入れる大型バスの絶対数の増加にともなう現象である。それは必然的に巡礼者の絶対数を増加させるとしても、それ以外の条件が大きく変わらなければ、遍路が少人数化する傾向は、今後も続くことが予想される。

ところで、リスク社会化の重要な過程として指摘された個人化に注目するならば、教育制度、家族、職場の構造変動のなかで旧来の価値観や行動規範から解放され、自由に学校や配偶者や仕事の選択が行われるように、遍路社会のさまざまなルールも移動手段の多様な選択肢から個人の自由な選択を許容する新たな構造化への適応を促されている側面が浮かび上がってくる。四国の道路構成の多元化により、人びとは、自らの置かれたさまざまな条件において選択可能な遍路道と移動手段をそれぞれ選択している、あるいはそれが可能になるような遍路社会が再編成されつつあるといえるのかもしれない。歩き遍路は、難所はなくなったといわれる遍路道においてさまざまなレベルで用意された難度の異なる遍路道と移動手段から自らの条件に合わせて意図的に難所を選択しているのであって、「四国遍路に難所はなくなった」といういい方は現代四国遍路の一面を指摘したに過ぎない。むしろ問うべきなのは、そのようにしてまで、人はなぜ四国に難所を求めて出かけていくのかということである。しかしこの点は遍路の動機に関わることなので、他の章に譲ることにして、ここでは遍路道と道路整備の関係に話を戻そう。

四　道路整備における歴史・文化志向（一九九三年〜）と四国遍路道

一九九二年のバブル経済崩壊を迎えたばかりの日本では、その後の不況や企業倒産を予測することとはほど遠い意識が支配し、一九九三（平成五）年度から始まった第一一次道路整備五ヵ年計画は、さらに飛躍する七六兆円規模の投資予算を組んでいる。その間の週休二日制の普及、労働時間短縮の数字上の進展などもあり、高速自動車道体系の整備にともなって、国内旅行者の利用する主要交通機関では自家用車の割合がもっとも多く、四四・八％を占めている（『平成五年版観光白書』三四ページ）。また、貨物輸送に占める自動車の割合も年々増加し、輸送重量（トンキロ）でみた場合の分担率は、鉄道が四・八％（一九九三年）から四・三％（一九九七年）へと五年間四％台で減少しつつあるのに対し、自動車は五一・五％（一九九三年）から五三・九％（一九九七年）へと増加している（『平成一〇年版運輸白書』一六三ページ）。

日本の道路整備の目標はあくまで自動車道整備が中心であることにかわりがないとしても、二一世紀の新しい時代への転換期において、国民の余暇や自由時間への対応を新たに視野に入れる必要に迫られることになったといえよう。

一　「ゆとり社会」を目指す道路行政——歴史・文化への関心および参加と連携への模索——

一九九五年の阪神・淡路大震災、一九九六年の一般国道二二九号豊浜トンネルでの大規模岩盤崩落等の災害は、道路行政にとっても道路の安全性を防災の観点から提起する重要な契機となった。また、道路整備も地域の生活や人びとの暮らしとの関わりが重視され、各地域の特徴を生かした「道の駅」が整備されるようになる。[12]歩くことへの関心は、自然環境を重視した自然遊歩道整備ばかりでなく、高齢者や障害者に配慮した社会生活環境の一部としての道路への関心を高め、さらには沿道の歴史・文化などの環境特性に配慮した道路整備や維持が強調されるようになる。情報化の進展は、物流の手段としてばかりの道路ではなく通信手段埋設のための共同溝整備や渋滞緩和のための情報管理システム（ＩＴＳ）の重要性が指摘され、人口の高齢化は、バリアフリーの道路づくりを要請するようになる。これらはすべて、「ゆとり社会実現に向けての道路づくり」という理念に集約される。

一九九八（平成一〇）年三月には、「新しい（第五次）全国総合開発計画」が閣議決定される。これは「参加と連携」を開発方式とし、「多極型国土構造形成への基礎づくり」を目標として掲げ、西日本（太平洋ベルト）国土軸に加えて、北東国土軸、日本海国土軸、太平洋新国土軸の計四つの「新しい国土軸」を設定し、これに主要地域間の交流促進のために「地域連携軸」を交差させていくという発想である。これは道路整備計画に直接反映され、同年五月には新（第一二次）道路整備五ヵ年計画が正式に閣議決定される。それは、五年間で総投資規模七八兆円という規模のもので、第一一次道路整備五ヵ年計画（七六兆円）を踏襲し、高規格幹線自動車網をさらに整備強化していく計画になっており、新しい全国総合開発計画を実現推進するための基盤となるものといえる。そして、新道路整備五ヵ年計画において地域高規格道路の推進が位置づけられ、一九九八年一〇月には、地域高規格道路に関しての追加路線指定も行われる。(13)モータリゼーションと道路行政の目標はあくまでも経済のさらなる発展であり、その市場を今後は余暇や自由時間に求めることによって「ゆとり社会の実現」を目指そうというのが国レベルのねらいのようにみえる。

これを背景とする四国遍路道での変化としては、高速道路整備によって、それに連結するように新たに作られる自動車道路に合わせて車遍路道のルートが変わってしまうばかりか、回り方にも少しずつ変化が生じてくることが予想される。一九九〇年代の四国の地域社会では、自家用車が生活必需品となり、各県庁所在地都市部その他主要都市における朝夕の交通渋滞が日常化するとともに、高速道路の利用によって県外を含めた他都市への移動時間が大幅に短縮された。そればかりでなく、本州から四国へつながる橋梁と道路のお陰で、広島、岡山、大阪からは、愛媛、香川の主要諸都市はいうまでもなく、高知市周辺部までは日帰り圏内となり、多くの観光客が四国へ流入するようになったが、その反面、高知市周辺の宿泊客が減少する事態すら生じている(14)。

「ゆとり社会の実現を目指す道路づくり」は、一方で以上のような立体的構成をもつ多元的ネットワーク型道路整備を現実に推し進めながら、他方では、道路建設行政における自然、歴史・文化への関心の高まりとして新たな事業が構想されるようになる。その際に掲げられるもうひとつのキャッチフレーズが「参加と連携」であり、四国遍路道や札所霊場を含め道沿いに豊かな文化施設を備えた道を「歴史・文化の道」としてPRし、観光文化資源として活用していくために、それを実現する過程に地域住民の参加を促そうとする施策が、国土交通省四国地方整備局を中心に進められている。

二 「四国のみち」から「新四国のみち」へ

「四国のみち」の整備を進めてきた旧建設省（現国土交通省）では、その後さらに、一九九五（平成七）年より全国的に「歴史国道」の整備を呼びかけ、各地域の国道沿いにあるとくに重要な歴史的・文化的な価値のある資産についての認識を深め、道の文化的価値について国民にアピールするための施策を行っている。全国二四ヵ所におよぶ指定街道の中で、四国でこの対象になっているのは高知県と愛媛県の境に位置する檮原街道と吉野川沿いの撫養街道の二ヵ所である。撫養街道は鳴門から一番霊山寺を経て順番に一〇番切幡寺に至るまでの遍路道を含んでいるが、檮原街道には現代の四国遍路道と重なるところはない。しかし檮原街道には、遍路の接待や大師堂の原型であったという推測もなされている茶堂[15]が現在に至るまで維持され、実際に茶堂接待が地域の年中行事の中に組み入れられている点で、遍路文化との関わりがないわけではない。

また一九九七（平成九）年には、四国地方整備局、四国郵政局、四国運輸局、各県県庁、日本道路公団四国支社、四国経済連合会、各県商工会議所連合会、四国電力、四国旅客鉄道などが参加して組織される「歴史・文化道推進協議会」が発足し、四国全体をめぐる国道沿いにそれぞれ特徴のある歴史・文化的テーマによって性格づけられた一〇ヵ所の歴史文化道を設定して、企業と行政を中心とする整備事業を行っている。各テーマ別地域では、住民の中から同地域の歴史や史跡に詳しい人を募り、「四国の語り部」として採用する方針が決定している。これらの歴史・文化的テーマには、必ずしも四国遍路は表立って強調されてはいないが、札所霊場はかなりその中に取り入れられているとともに、毎年発行されている色刷りのパンフレットには四国八十八ヵ所霊場の配置を示す地図が載せられている。「歴史国道」のひとつである檮原街道、国土交通省ルート四国のみちの一部をなす阿波の吉野川沿いの撫養街道は、「歴史文化道」と重なっている。

また二〇〇〇（平成一二）年になると、徳島県が提言し、遍路道を保存し活用するために行政と地域住民が協同で歩行者専用道路を整備する「四国いやしの道」計画がスタートしている。これにも一番霊山寺から一〇番切幡寺までを含む撫養街道が入っており、「四国のみち」および「歴史文化道」の対象とも重なっている。

以上のように、道路建設行政が中心となって四国における道の歴史・文化資源をさまざまな観点から活用しようとする動きが活発化しており、それらには何らかの形で四国遍路道がかかわりをもっている。しかしながら、これら複数の事業が複雑に絡まりあっているために相互の関係はむしろ不明瞭になっているとすら感じざるをえない。さらに、二〇〇〇（平成一二）年一〇月には、これらすべての事業を包括するという位置づけでもうひとつの新たな事業が計画

図 4-3 「新四国のみち」が包括する歴史・文化志向の道路整備事業

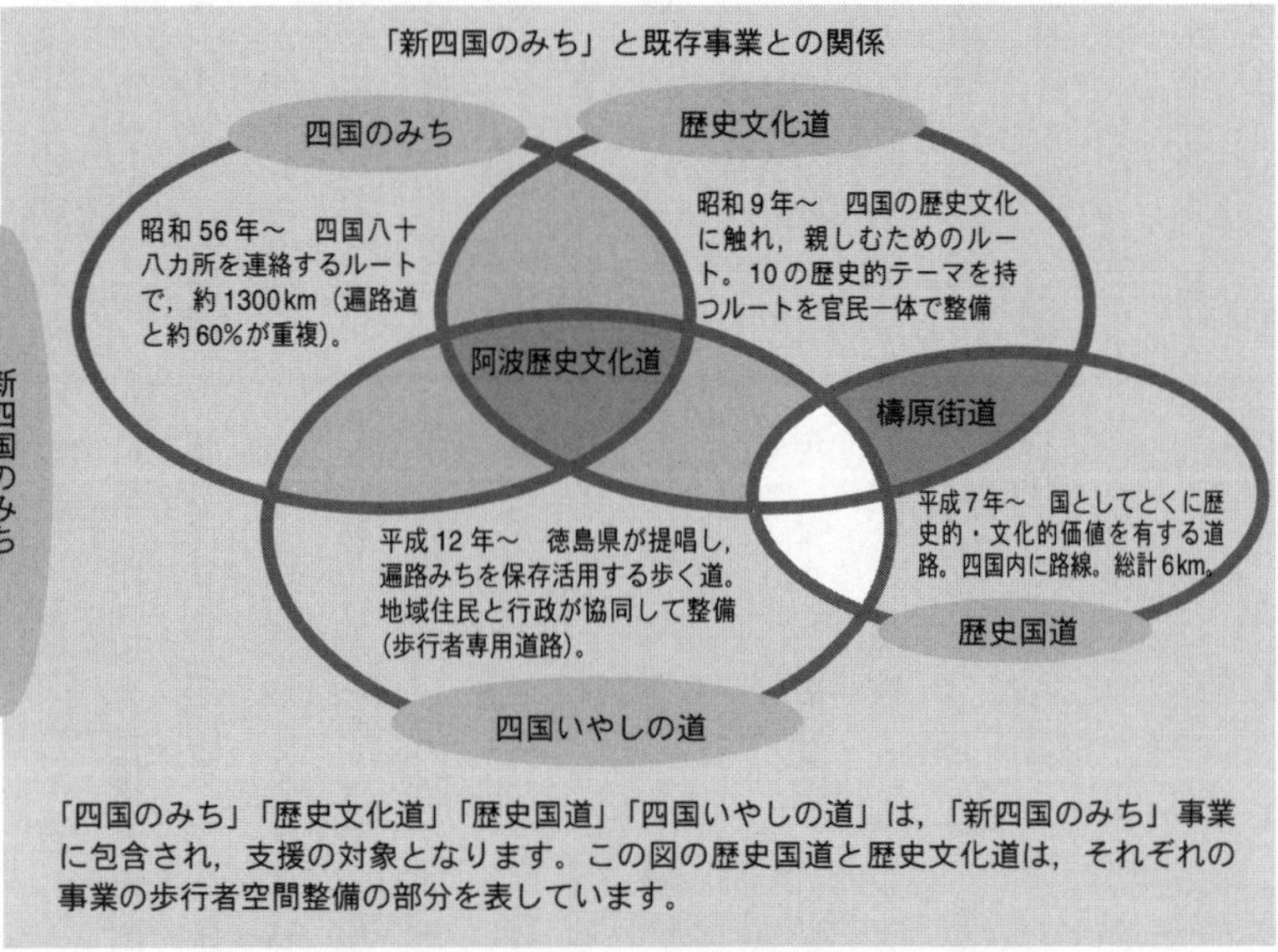
「新四国のみち」と既存事業との関係
四国のみち
歴史文化道
昭和56年～　四国八十八カ所を連絡するルートで，約1300km（遍路道と約60%が重複）。
昭和9年～　四国の歴史文化に触れ，親しむためのルート。10の歴史的テーマを持つルートを官民一体で整備
新四国のみち
阿波歴史文化道
檮原街道
平成7年～　国としてとくに歴史的・文化的価値を有する道路。四国内に路線。総計6km。
平成12年～　徳島県が提唱し，遍路みちを保存活用する歩く道。地域住民と行政が協同して整備（歩行者専用道路）。
歴史国道
四国いやしの道
「四国のみち」「歴史文化道」「歴史国道」「四国いやしの道」は，「新四国のみち」事業に包含され，支援の対象となります。この図の歴史国道と歴史文化道は，それぞれの事業の歩行者空間整備の部分を表しています。

出典）国土交通省四国地方整備局パンフレット「新四国のみち」2000年より。

されすでに実行に移されているのである。その名も「新四国のみち」事業と呼ばれ、各県から推薦された候補の中から四国全体で九地域が指定されている。ただ、この事業がこれまでのものと違う点は、その推進にあたっては地域自治体行政と住民の主体的参加がねらいとされていることである。そのために、それぞれの指定地域に「新四国のみち推進協議会」が組織され、各地域で基本計画書の立案が求められている。すでに二〇〇一（平成一三）年八月には、各地域の基本計画案が提出され、承認がなされている。四国全体で指定されたのは、香川県二地区、徳島県一地区、愛媛県二地区、高知県四地区の九地区（表4-4参照）であるが、その中で遍路道に関わりの深い道が四地区におよぶ。

三　「新四国のみち」と遍路道

一九八〇年代から開始された「四国のみち」にみるように、行政を中心とする道路整備が自然環境や歴史・文化への関心の高まりを背景としたことにより、

表 4-4 「新四国のみち」に指定された四国四県内の 9 地区

県名	ルート名（仮称を含む）	市町名	地区名	セールスポイント
徳島	空海をたどるいやしの道ルート	鴨島町	鴨島	空海ゆかりの場所。札所
香川	へんろ道・南海道	長尾町	長尾	歴史建造物、南海参道
	善通寺「くらしのみち」	善通寺市	善通寺	旧遍路道、札所
愛媛	砥部焼の里ルート	砥部町	砥部	札所、砥部焼窯元、天然記念物(断層)
	歴史と文化に触れ合う宇和文化の里	宇和町	卯之町	国の重要文化財、札所、博物館等
高知	やすらぎといやしのルート	安芸市	安芸	国立公園、史跡
	自然と歴史にふれあいながらいきいきウォーク	野市町	西野(大谷)	歴史探訪周遊ルート
	くつろぎ、ゆったり雲上のみち	檮原町	東区(太郎川)	民俗資料館、史跡等
	自然と触れ合う黒潮のみち	大月町	柏島	札所、神社等

遍路文化がその視野に入ってくることは四国の場合には自然なことであろう。そして、それを中心的に担う行政は現在では自然志向の環境庁ではなく国土交通省である。しかしながら、行政の施策は宗教に関わりをもつことに慎重でなければならない。そこで、遍路を宗教や信仰ではなく、歴史・文化という観点から意味づけることが必要になる。さらに、第五次全国総合開発計画の開発方式の理念に照らして、「参加と連携」がそれに付加されることになる。そのような背景をもって新たに提示されたのが「新四国のみち」であるといえよう。

「新四国のみち」の政策が実現に移されることによって、遍路道はどのような意味上の変容を遂げることになるのであろうか。まだ開始されて間もないとはいえ、その中のひとつ、香川県長尾町「へんろ道・南海道」の場合を例として、この問題を考えてみよう。

香川県大野郡長尾町には、海岸にある八六番志度寺から南北に長尾町を貫く遍路道沿いに最後の二つの札所、八七番長尾寺と結願寺である八八番大窪寺がある。一九九九年には大窪寺近くの前山ダムの辺りに当時の農林水産省の補助を得て建設された産業振興施設の中に「へんろ資料展示室」を町で併設している。その設立には、遍路研究に関心が深くこれまでにも多くの遍路資料を収集してきた前造田公民館館長の木村照一氏、この地域を通りかかる遍路を長年観察し続けている郷土史研究家でこの地域についての民俗学的業績も多く香川大学講師を務めていた藤井洋一氏、自由律俳人種田山頭火研究家で長尾町内ばかりでなく四国各地に八〇基を越える山頭火句碑建立に力を尽くした俳人の砂井斗志男氏らが中心的役割を果たした。それらの人びとの発案で、そのへんろ資料展示室を「おへんろサロン」とし、そこを通りかかる遍路や近在の人びとの交流をねらいとして開放したことなどがこの地域の特徴である。「おへんろサロン」には、毎日かなりの数の遍路が立ち寄るばかりでなく、周辺住民からその家に伝えられる遍路にまつわる記録や納札、納経帳、地図、書物などの他に、現在生活している人びとの手になる書画、お接待用品などがぞくぞくと持ち寄られたり、遠方から送られたりしているのである。今回の「新四国のみち」の対象地区の選定にあたっては、長尾地区のこのような条件が積極的に評価されたと考えられる。

同地区の登録申請は受け入れられ、二〇〇一年二月に四国地方整備局と四国四県で構成された「新四国のみち推進協議会」によって指定を受けたが、それに先んじて地元では「長尾地区新四国のみち整備促進協議会」を発足させ、学識経験者、遍路宿経営者、地域活動・スポーツ活動のリーダー、自治会関係者、行政職員など、計一五名が委員に嘱任された。地域住民が主体となって基本計画を策定し、計画を実行に移していくことが基本的ねらいである。四国地方整備局は、地域住民の自主的な活動をバックアップするということであるが、遍路墓調査、公園整備、道路舗装、下水道、緑化施設などにかかる資金面は町行政が大半を負担することになっており、国土交通省レベルで特別の予算が組まれているわけではない。

この地域では、古くからの集落の境には大師堂や六地蔵、三界万霊の慰霊碑などが残っているばかりでなく、それらにまつわる行事が現在でも地域の生活の一部として年中行事の中に組み入れられている。長尾寺を経て大窪寺へ至る道沿いには、行基の足跡を記す「カラ風呂」、山頭火の句碑、大師堂、接待碑、「おへんろサロン」、累々たる遍路墓など、遍路文化を中心としながらも必ずしもそれに限定されないさまざまな領域の新旧にわたる文化の堆積がみられる。これらは現代にいたるまでこの地域で人びとの生活文化のなかで生きた形で存続してきたものであり、それをそのまま地域づくりの資源として活用しようというのが地元関係者のねらいである。つまり単なる観光資源としての史跡整備や公園などの施設づくりに終らせるのでなく、地域住民の生きた生活文化の育成と成熟化こそが重要であるという認識が根底にある。

たしかにそれが可能にならなければ、地域の文化資源としての価値は生み出されえないであろう。「新四国のみち」のねらいはそれらが地域の資産となるばかりでなく、「地域外の人たちにとって魅力となる、安全で快適な歩行者空間を……整備する」[16]ところにある。これが首尾よく実現していくとすれば、多くの地域外の人びとがここを訪れることになろう。しかしながら、地域外からくる人びとにとっては、地域住民の古くからの信仰や生活習慣に根ざして維持されている寺、お堂、道しるべ、地蔵、石碑などと、現代の関心から生まれた山頭火の句碑、公園などが渾然一体となってこの地域の道沿いの文化的魅力として対象化されることになる。それが、地元住民の生活そのものとの交流の契機となることが望ましいが、むしろ観賞の対象として創造された伝統や文化となる可能性は避けられないであろう。それは、遍路文化そのものについてもすでに起こっていることであるが、地元住民の信仰や生活習慣を歴史・文化として対象化するまなざし（パースペクティヴ）を先鋭化することにほかならない。

遍路についていえば、巡礼は日常性から隔絶した境界性（リミナリティ）の経験であるといわれるが、現在の遍路の場合、境界性を対象化して観賞の対象とする人も多いという意味では、「リミナリティ」それ自体ではなくV・ターナーのいう「リミノイド（境界性のようなもの）[17]」に近いといえよう。このようなフレーム転換[18]が、環境庁の「四国のみち」において「レクリエーションとしての遍路道」を生み出したのと同様、国土交通省の「新四国のみち」を契機として「伝統と文化としての遍路道」が生じていることに注意を向けておくべきであろう。しかし、リミノイドは何らかの形でリミナリティそのものが根底に存続しつづけることによってのみ成立しうるのであり、そのことを踏まえつつ、このようなリミノイド化傾向に対して、この道をめぐる活動を地域住民の生活に根ざした現代に生きる文化としてどのように育成していくかが今後の課題ではあるまいか。

五 まとめ

遍路道は、いつの時代においてもさまざまなパースペクティヴの複合体である。人が道を移動する過程でも、人はさまざまなまなざし（パースペクティヴ）を道に投げかける。また、徒歩で移動しているか、マイカーに乗るか、自転車に乗るか、あるいはタクシーやバスを利用するかによっても道の意味はさまざまに変化するであろう。そのような短期的な行為ではなく、時間軸に沿って、あるいは広域的空間軸に視点を据えてみると、それぞれの時代状況に応じて道の意味を浮かび上がらせるコンテクストは変化する。さらに、どの時代をとってみてもそのコンテクストはひとつではない。

第二次世界大戦後の道路整備は、たしかに高度経済成長を進める上で重要であった。国道、県道、市町村道が拡幅され、舗装され、さらには峠を迂回する道がトンネルで時間的、空間的に短縮されたことにより、遍路道は大きく変容した。しかしながら、それらの新しい道は国や県の発展への貢献はいうまでもないとしても、地域の住民の生活にとって必要なものであるかぎり、重要な生活道として維持されていくであろう。そして遍路にとっても利用しやすい道であれば新しい道であってもそれは遍路道となるのである。さまざまに変容を遂げた道に、人びとは遍路道を認めあるいは新たにそれを再生してきた。それは四国の住民があるいは遍路に出かける人びとが、変容を遂げた道に「遍路道」というまなざし（パースペクティヴ）を注ぎつづけたからである。それが可能になっているのは、その道が地域生活者にとっても遍路にとってもそれぞれの日常的、非日常的生活の重要な装置として機能してきたからであろう。

そうはいっても、現代の遍路道は大半が舗装された自動車道となっており、車遍路と地域住民との、あるいは沿道の細部の自然や文化（道標、石碑、弘法清水、お堂、伝説など）との交流の機会を狭め、車遍路と歩き遍路の間のコンフリクトを生じせしめていることも事実である。その結果、歩き道を車道と分けて整備する動きが活発化しているが、それが行政のまなざしによってとらえられるとき、レクリエーションとしての遍路道と信仰の道の分化が生じることになり、道路整備に伝統・文化志向が強調されるようになって、伝統文化としての遍路道を享受するまなざしと地域の生活文化を生きようとするまなざしが分化することになる。現代社会に特有なこのような相異なるまなざし（パースペクティヴ）の交錯から、遍路にも、遍路行をひたすら信仰によって実践しようとする遍路と遍路文化を観賞の対象とする遍路、札所中心の車遍路と沿道の遍路道文化の豊かさを享受しその育成に貢献しようとする歩き遍路、さらには遍路文化を自らの生活の一部として生きる住民とこれを観光資源として観光客を呼ぶための手段と考える住民との分化など、さまざまな分化が生じている。

そして、微妙な志向のズレを内に秘めるそれぞれのまなざしが、コンフリクトを生み相互の対立を深める可能性がないとはいえない。ただしその分化が遍路道文化を貴重な文化資源とみなす共通の認識に支えられている以上、「遍路道」を求めるまなざしは、今後も同じ道をめぐる多様なまなざしの中で、立場を異にする人びとに共通のものとして生きつづけるにちがいない。それらのまなざしが、地域住民の生活にとっても地域を訪れる人の生活にとっても、豊かな経験となるように歩み寄りを見せるかぎり遍路道文化は生きつづけるといえるのではなかろうか。

注

(1) 江戸時代の遍路の携行していた往来手形については多くの記録や論考があり、各藩の領域内往来者への監視と管理の仕方がうかがえる。喜代吉榮徳『四国辺路研究第一七号』海王舎、二〇〇一年、山本和加子『四国遍路の民衆史』新人物往来社、一九九五年、一二四―一三〇ページおよび二〇〇―二一一ページ、前田卓『巡礼の社会学』ミネルヴァ書房、一九七一年、二五四―二七六ページなどを参照のこと。
(2) 長田攻一「行政と四国遍路道」早稲田大学道空間研究会編『現代社会と四国遍路道』一九九四年、四一―七二ページを参照のこと。
(3) 星野英紀「近代四国遍路と交通手段―徒歩から乗物利用へのなだらかな動き―」『大正大学大学院研究論集』第二四号所収、三〇七―三二六ページ
(4) 喜代吉榮徳『遍路の大先達 中司茂兵衛義教』正林書院、二〇〇〇年の中にある「諸日記」の項参照。
(5) 関 三雄「四国遍路における移動メディアの変容―歩く遍路と乗る遍路―」早稲田大学道空間研究会編、前掲書、一九九四年、七三―九五ページを参照のこと。
(6) 早稲田大学道空間研究会編『四国遍路と遍路道に関する意識調査』一九九七年、一四五ページ
(7) 同右、一六七ページ
(8) 二つの「四国のみち」整備の経緯については、長田攻一「行政と四国遍路道」早稲田大学道空間研究会編、前掲書、一九九四年、四一―七二ページを参照のこと。また、森正人「遍路道にみる宗教的意味の現代性―道をめぐるふたつの主体の活動を中心に―」『人文地理』第五三巻第二号、二〇〇一年、七五―九一ページも参考のこと。
(9) 「へんろみち保存協力会」代表宮崎建樹氏の活動の意味については、上述の森 正人論文も参照のこと。
(10) 本間義人『国土計画を考える』中公新書、一九九八年、一〇五―一三六ページ
(11) 早稲田大学道空間研究会編、前掲書、一九九七年、一五六ページ

(12) 「道の駅」は、「休憩機能」「情報交流機能」「地域の連係機能」の三つの機能を合わせもつものとして、道路管理者と地域行政(ないしそれに代わる公的団体)によって設置される施設であり、一九九八年四月現在、オープンおよび準備中を含めて全国で四七〇ヵ所が登録されている。ちなみに四国のものはそのうち四四ヵ所である。四国地方整備局ホームページ(http://www.skr.mlit.go.jp/road/main.html) 2001. 12. 12

(13) 四国地方整備局ホームページ(http://www.skr.mlit.go.jp/road/main.html) 2001. 12. 12

(14) 高知市観光協会でのインタビュー(二〇〇〇年八月)。

(15) 武田明『民俗民芸双書四三 巡礼の民俗』岩崎美術社、一九六九年、八六―八七ページ

(16) 国土交通省四国地方整備局パンフレット「新四国のみち」(二〇〇一年)より。

(17) Turner, V., *From Ritual To Theatre : The Human Seriousness of Play*, PAJ Publications, 1982, pp. 20-60 V・ターナーは、『象徴と社会』(梶原景昭訳、紀伊國屋書店、一九八一年)においてもリミノイドについて言及しており(三三九―三四三ページ)、そこではE・ゴフマンの *Frame Analysis* を引用して「リミノイド」を「フレーム」の転換という観点から説明しようと試みている。つまり、神聖な儀礼の経験がフレームによって観賞の対象に転換するという意味で解釈できよう。

(18) E. Goffman, *Frame Analysis*, Harper & Row, 1974 の第一章を参照のこと。

第五章　移動メディア
——遍路道体験の変遷——

一　遍路道体験の意味：遍路主体と移動メディアの連関

遍路＝巡礼という行為そのものに眼を向けるならば、ともかく身体移動の連続ということになろう。もちろん、道空間を媒介とした線的社会の多層機能にパースペクティヴを拡げるのであるならば、遍路行為の社会的作用の範囲は拡大し、さまざまな社会単位を巻き込んでいく。霊場会や行政組織あるいは地域住民などであるわけなのだが、遍路行為の主体という次元において遍路道空間は、体験として深い直接的なものになるはずである。この章では、ともすれば軽視されがちな移動メディアに焦点を絞り、その変遷の意味するところを考察する。筆者が敢えて「軽視されがち」と表記したのには理由がある。なぜなら、遍路も含んだ巡礼行為が「余りにも宗教的な現象」としてとらえられたために、身体移動という物理的側面が研究の射程に入ってこなかったのである。言い方を換えるならば、巡礼者と道空間の関わり方が看過されてきたことになる。そのことは、逆説的に聞こえるかも知れないが、巡礼研究の「周辺＝周縁性」に呼応する。真野俊和によれば、「従来の宗教研究の大きな部分が、教団の人びとを中心に、どちらかといえば教学的な関心に重きをおきながらすすめられ、いっぽう最近では個々の寺院そのものの構造や機能の解明が主流」となってきた事情があることになる。[1]社会現象としての巡礼は盛んであったにもかかわらず、研究対象としては貧困をかこっていた。要するに、巡礼行為は余り宗教的現象とは、研究者には意識されなかった。少なくとも、宗教研究の学問的対象としては適切ではなかったといえるだろう。一般の人びとの寺院巡りは皮肉なことに宗教現象とみるには、異種の要素が多すぎる、つまり「世俗的」すぎたのであろうか。そして、すでに触れたように、学問的に移動メディア＝手段に注視するには、巡礼は余りに宗教＝精神的（？）すぎる現象であって、移動手段など即物的として捨象されたのだ。

ところで、「移動メディア」の変遷に注意が喚起されなかった理由は、一体なんであったのか。少し踏み込んで考えてみよう。すでに示唆しておいたのだが、「身体移動という物理的側面」は二重に周縁的だからである。生理的・物理的要素は非宗教的であって、巡礼行動に表象される思想、信仰あるいはコスモロジーの探求こそ本来の宗教研究へと連なっていくものである。私はこのような視点を否定するつもりはないが、(2)現代の巡礼状況――ここでは四国遍路に限定されるが――を全体的なパースペクティヴのうちに取り込もうとするならば、移動メディアの多様化に触れないわけにはゆかないのだ。さらに、暗黙の前提がここには隠れている。それは、巡礼＝遍路は本来「歩く」ものであるという認識である。移動メディアへの関心が高くなかったのは、何も「道中」が軽視されたからではない。巡礼研究であるならば、〈巡る〉ことそのものに敏感であったはずなのである。もともと巡礼は修行者が行ったが、そのために「道中修行」感覚が尾を曳いた。いうまでもなく、修行者および聖職者などの宗教の専門家だけが巡礼主体であれば、巡礼現象は研究対象として措定しやすかったであろう。現実はそうではなかった。少なくとも、今日の、たとえば四国遍路にあっても、遍路主体は非専門家が中心である。余りにも当然のことであるが、巡礼が盛んになったというのは、特別の宗教心をもたない人びとが、巡礼に出ることを意味するのである。

そこで、いわゆる「善男善女」がどのような巡礼体験を「道中」でしてきたのかに、まなざしを投げかけることが求められる。もとより巡礼は世界的拡がりをもつ、比較文化的考察の対象となりうる行動のシステムである。そして身体に苦行を強いる点も共通する。日本にあっても事態はそう変わらないが、道中の難行苦行の「比重」を巡礼者の宗教意識と結び付けるべきか、大きな問題である。というのも、歴史的に最も早い起源をもつといわれる「西国三十三ヵ所」巡礼から、長い期間継続されてきた日本の巡礼慣行はさまざまな変遷を経たなかで、近年急激にその変質をみたのが道中の移動手段であるからである。「歩き」から「乗り物」へと変わった。おそらく物理的な次元で巡礼路の変化を、巡礼体験の深さと関係づけても、それは「歩き巡礼」にしか意味がない。乗り物が巡礼の世界に導入されたことは、きわめて両義的な巡礼の特質を浮かび上がらせたといえるのではあるまいか。先に触れた宗教学者真野がいみじくもこう吐露しているのだ。「教団の周辺にある人びとや名もない一般の信者たちによって主としてになわれ、また特定の寺院と強く結びつくことのない巡礼という宗教行動は、なかなか宗教史もしくは宗教研究の視野にはいってこなかった。[3]」つまり、宗教研究としてはマージナルな、周縁性を帯びているのは、巡礼が一方ではすぐれて「世俗的慣行」であったためである。いいかえるならば、巡礼行動ほど世俗的な宗教行為はない。山折哲雄も指摘しているとおり、巡礼には、「遊行」と「観光」の両面が重層化している。pilgrimage と tourism をそれぞれに対応させているが、一方では、「巡礼」/「物見遊山」といった対立図式を用いる。山折は要するに、巡礼の聖俗構造を述べているのであって、一方的に修行と呼ばれる聖職者に適合しやすい要素を強調しては、巡礼現象の理解は誤ってしまうことになる。「巡礼の歴史はすなわち巡礼の世俗化である[4]」と山折は明解にいいきる。しかし、この宗教学者の根本思想にもV・ターナー（Turner, V.）の象徴人類学の影響が濃厚である。日本でもつとに知られたこの人類学者の著作は、日本の巡礼研究にも少なからず刺激を与えた。「観光は半ば巡礼である。もし巡礼が半ば観光であるならば。」という名言をターナーはイーディス（Edith）との共著[5]の中で吐露している。pilgrimage と tourism とのこの連合関係は、観光人類学のN・グレイバーン（Graburn, N.）[6]が言及したとき、観光＝ツーリズムの側から巡礼現象を的確に俎上に載せた点で注目に値する。いうまでもなく、英語世界での holy days から holidays への展開を考慮するならば、巡礼が半ば観光的パースペクティヴを内包していたのは確実である。すなわち、日常性から一時的に脱すること、非日常的時空に身を委ねること、このような「儀礼的中休み」（グレイバーン）は、なにも特別なことではない。今日、多くの人びとが観光旅行に出かける。動機づけの方はいかにも気楽になってはいるが、生活にリズムを刻み、生活を再び活力あるものにしようとする認識は変わるまい。

キリスト教史の今野国雄による pilgrimage の語源学[7]は参考資料となる。というのも、pilgrimage の語源たるラテン語の pelgrinatio がもともと「故郷を捨て血族を捨て神を求める者」（今野）という意味で使われたというからである。となれば、pelgrinatio＝pilgrimage とは、「異郷遍歴」と訳すのが元の意味を知るには適切であると今野は考える。まさしく、「遊行」に対応する表現ではないか。つまり、必ずしも目的地は要らなかった。根本の精神は、さまざまなしがらみを断ち切って、神を求めて漂泊の旅に出る点にあろう。したがって、人生や旅のメタフォアとしても、巡礼＝遊行は語られるのである。山折もいみじくもこう述べている。「〈旅〉はよく人生を説明したり記述したりするための普遍的なモチーフであるとされるが、巡礼こそは人生の旅の諸相をもっとも集中的かつ典型的にうつしだす鏡でなければならない[8]」と。巡礼には通常目的地、ゴールがある。しかし、じつはこのことは自明とはいえないのだ。「聖地巡礼」が巡礼のかたちであるとしても、少なくとも日本において、「円環的」な順路構造[9]が明確に現れる。つまり、起点も終点もあるようでない、あるいはないようである。とくに四国遍路のような巡礼は、夥しい回数を体験している人がいる。さらにはかつて職業化した遍路がいたのも、この「構造」と無関係とはいえまい。病気などの理由から共同体の離脱を余儀なくされた遍路にとって、まさしく霊場を巡ることが人生そのものであったろう。

ただし、巡礼者は帰還するのが普通である。すなわち、帰還しなければならない。なぜならば、巡礼が一時的な居所＝共同体離脱であって、半永久的ではないからこそ江戸期から時の為政者によっても潰されなかったのである。それは一方で、束の間の解放感の体験でもあったであろう。とすれば、修行というような禁欲的体験であれ、物見遊山的旅行であれ、心理的効果は大きく違わないのではないか。確かに動機づけはさまざまに可能であろう。そうでなくては、かくも長きに亘った習俗が成立するはずはない。一般の巡礼者にとって、肝要なポイントは、したがって巡礼遍路に出ることそのものにある。社会が便利になれば、その利便性が取り込まれよう。移動手段が「歩き」でなくとも、「乗り物」を利用してもいいではないか。逆にいえば、「歩き遍路」だからといって、必ず「修行」になるとも限らない。難行苦行を簡単に「歩き」に求めるのは一種のアナクロニズムかもしれないのだ。ともあれ、巡礼研究は「移動メディアの要素」を積極的に組み込んでいかなければ、今日の巡礼・遍路現象を正確に把握できないであろう。次節からは四国遍路に対象を絞って言説を遂行していく。

二　移動メディアの革命：徒歩から乗り物遍路へ

「遍路」は日本の巡礼現象の中では特異な位置を占めるとはいえ、長い歴史を抱えた他の巡礼と共通していたのは、移動手段である。つまり、「足」が個人の移動手段であるときは、遍路も他の巡礼も歩くほかなかった。ところが、このような自明の事柄にそれを否定するような革命が起きる。「乗り物」の出現であり、その普及である。とくに「自動車」というメディアは遍路・巡礼体験の根幹に関わる発明であった。日本社会に限らず、全世界的規模でモータリゼーションの社会的影響は計り知れないものがあろう。いわばモダニズムの化身として「車」は生活の変革だった。身体移動の基本が自らの身体そのものを活用するという、ごく自然な行動がクルマという移動機械（クルマは道具というより明らかに機械である）によって、生活のさまざまな場面での変化が生じたが、遍路の世界では「決定的」だった。いうまでもなく、生活が利便になるといった次元で語られるわけにはいかないからである。意識化されぬほど当然であった「歩き遍路」が、モータリゼーションの侵入で遍路自体の意味を変えてしまったからに他ならない。言い換えれば、身体を使って移動するという要素が消滅することが、そのまま遍路の宗教的価値を剝奪してしまいかねない、そういう事態が生じたのである。

　なるほど、遍路や巡礼研究に阻害要因として付きまとってきたある種の世俗性は、すでに述べたように本質的な遍路の構成部分であった。しかし、遍路は聖地巡礼であり、かつ「修行」であったはずである。それが「遊行」とよばれるような要素あるいは観光＝物見遊山的要素があったとしても、付随的なものである。いや逆に、非日常性そのものの中にすでに「聖性」が宿ることを人びとは感得していたであろう。したがって、遍路という社会現象は、pilgrimage[10]と同様「共同体離脱」が原初的目標として潜在する行為と考えるべきであろう。通過儀礼的な意味を与えている場合があるのも、死と再生のシンボリズムが社会的地位を上昇させる機能をもっているからである。このような視点に立つならば、遍路が「大師信仰」に裏打ちされた、聖蹟巡礼として具体的な霊場名を登録してあるのは、第一目標が大師の功徳に与ることではないかもしれない。それはあくまでも、リアルな明示的目標として掲げる必要があったからではないか。こう疑ってみてもよかろう。というのも、八十八の寺院はいわば「変換群」なのであって、「巡る」個々の寺が遍路に意味があるのではなく、巡る行為そのものに意味があるのではないか。修行者の目的は、「行」にある。さらにそれは身体移動＝歩行自体にある、といってよかろう。

　自分の居所を離れ、旅や観光に出る。そして戻ってくる。明らかにこれは往復運動である。日常性が還帰するのであるから、彼らの体験は日常性のサイクルの一環として認識されるであろう。遍路が旅や観光とホモロガスな要素を含んでいるとしたら、自覚的修行者＝宗教家の「遍路」にではなく、善男善女が主体となった「遍路」にこそである。しかし、この点を強調しすぎても誤った認識になる。俳人山頭火を想起すればすぐ了解できることだが、普通「旅」といっても目的地がゴールとは限らないし、あるいは目的地のない旅（これを遊行とよべば、遊行も一種の巡礼になる）もまたある。今野が指摘したように、「異郷遍歴」に旅立つアイルランドの修道士たちの動機もまた人生の「修行」と、ある意味では観光＝ツーリズム（非日常体験としての）とに根差したものといえなくもないのである。巡礼だからといって、目前のゴールがそのまま巡礼の目的地とは限らない。

ともあれ、主題の四国・遍路に則していうと、移動メディアが変数として機能するようになったのは、古いことではなく、当然一般社会の動向と軌を一にする。つまり、交通手段として乗り物が発展するにつれて、遍路の世界に乗り物が導入される。交通ではなく純粋に「移動」のためにである。しかし、遍路にとって、移動は単なる移動ではなかった。山歩きがそうであるように、遍路は「歩く」から遍路であったはずが、この自明性にヒビが入ったのだ。遊行であってもあるいは物見遊山であってすら、始まりのときから「修行感覚」を潜在させたのであって、それは、「歩くという苦行」を前提にしていたからである。たしかに、「歩く」という行為はなんら特別な意味をもたない、日常的な身体運動であり、空間を移動するにはこれしか手だてがなかったのである。遍路の歴史は従って、「歩き遍路」の歴史でもあった。弘法大師の事蹟にゆかりのある寺院八十八を巡ることが、遍路行為の常識となったとしても、歩く苦行もまた変わらず存続した。遍路研究は他の巡礼と同様に、「移動メディア」には無頓着で済んだのである。善男善女が「車」を使ったにしても、それは事情があってのことで、「歩き遍路」があくまでも本筋なのだから。すなわち、遍路にあっても移動は手段ではなく、遍路行為の重要な構成要素であり、目的でもある。当然のことながら、歩くことは、ただの移動ではなかったのである。

ところが、事態は変わった。そして柳田国男の慧眼はこの現象を鋭く摑えた。自転車や汽車といった乗り物が庶民の生活に大きく作用した点、その結果、遍路などの巡礼にも少なからず影響したことを述べている。[11] いいかえれば、遍路も「交通問題」の次元で考えられ、一方で、交通手段の発達がそれまで出歩かなかった人びとを狩りだしたのだという。しかし、それも目新しい風俗ではなかったようである。「近代は少なくとも何十個所という霊場の数を繫ぎ合わせて、わざと目的を散漫にしようとした形が見えるのである。参拝の大きな意義はむしろ道途にあった。ついでに京見物大和廻り、思い切って琴平宮島も掛けて来たという類の旅行も、信心として許されたのであった。もっとも、この間に交じって孤独の行者の巡礼で衣食する者もいた」。こう柳田は巡礼一般の特長を抑え、「団体で共にあるく点に目的の中心を置いていた」と、人びとの意識の眼目がどこにあったかを示した。とすれば、「歩くことはただの移動ではなかった」と私が述べたことは間違いない。しかしまた「歩くことそのもの」が目的であったわけでもない。事の本質はそこにはない。「この行楽の興味は忘れがたかったものと見えて、明治に入っても巡礼は決して衰微していない。四国には哀れな遍路は大いに減じたけれども、その代わりには春のよい時候などに、盛りの男女の群が楽しげに歩を運んでいる。……」と柳田は昭和五年に刊行した『明治大正史 世相篇』と題されたきわめてユニークな考現学(?)で、論を展開した。この遍路描写のうちに、現代の抱える問題の一端がくっきり現れている。

たとえば、「スタンプ遍路」と悪口をたたかれるような霊場巡りの実態[12]が一方にある。巡拝バスという大量輸送手段が遍路の世界に参入して簡便に回れるようになった結果、修行意識がなくなり納経帳に朱印を押してもらえば目的が達成された、と思う遍路も出てきた。これでは信仰心どころではない、と慨嘆する声も聞こえてくる。しかし、実はこのような現象が露になる原因は、移動メディアの急激な変化にあるのではない。柳田の述懐をもう一度想起しよう。「男女の群が楽しげに……」の表現に注目する必要がある。遍路においても「歩く」のはここでは主たる眼目ではないのだ。明治大正史を新聞記事を博捜することによって、柳田が構築しようとした世相には、新たな交通手段と遍路の関係も描出されている。つまり、多くの人が汽車の普及によって出やすくなったのである。今日、遍路行為が余りに利便性を中心に考えられている点がしきりに論じられる。ところが、一方ではそれが時代の要請に沿ったものだという判断もある。柳田に従って整理をしてみなければなるまい。

繰り返しになるが、遍路は八十八ヵ寺を巡る巡礼である。であるから、修行でもある。果たしてそうなのだろうか。実は、遍路が命脈を保ってきたのは、「修行ではなくなった」からではないのか。こう疑問を提出しておきたい。なるほど「修行」として遍路が専ら意識された時代はあったはずであるが、それはいわば修行を「職業」とした宗教家であって、遍路が宗教的伝統として生き延びてくるためには、多くの一般の俗人を必要としたのである。とすれば、遍路が多元的・重層的機能をコノテーションしてくるのは必然であり、それが歴史であろう。こう考えてみれば、移動メディアの急速な発展によって遍路が気軽に参加できる「旅行」になっているのは驚くに当たらないのだ。今日、四国に三つの橋がかかり、本州と四国が陸続きの錯覚すら生まれ始めている。景気低迷のおりから、四国の人びと、とくに経済界は期待感が高いのは無理からぬと思う。経済効果への即効的領域として、どうしても観光分野へ熱い視線が注がれる。尾道―今治のルートは平成一一年四月に完成し、「しまなみ海道」として新たな観光の目玉エリアの基点としたいところであろう。このルートからも遍路が多く訪れてくれることも、当然のことながら、愛媛のみならず四国全体で期待しよう。

すなわち、一方では遍路はあくまで「修行」と認識し、それは「歩くこと」でしか成就され得ない、と古来の伝統を引き継ぐ立場があり、他方では、弘法大師縁りの霊場を巡り、その功徳に接することが大事で、方法はどのような形でもいいのではないか、とする立場がある。後者の考え方は、行楽、観光、旅行という一時的な精神の解放を愉しむ要素と連合して、居住地から離れて非日常を体験することが主眼となってくる。その意味で交通手段の発達は、遍路現象には追風の要因として歓迎されるはずである。実際、観光および鉄道・バスなどの業界は「移動メディア」の多様化を睨んだ戦略をたて、観光の活性化を目論んでいる。遍路が弘法大師と結び付いた巡礼には違いないが、たとえば、「琴平参り」を取り込んだりあるいは、「別格二十寺」をコースの一環として拡大したり、更に、いわゆる「観光地」とセットにして新しい「遍路像＝イメージ」を創出しようとする。このような流れに対して、次の立論に見られる如き批判的「感慨」も少なくない。あの五来重が、ヨーロッパの巡礼のように人びとが聖地に押し寄せるのではなく、「日本人の巡礼は、三々五々の淋しい巡礼遍路がふさわしい」と率直に自らの考えを述べ、観光業者が巡礼、遍路に介入してくるとヨーロッパみたいになると危惧（？）している。[13]平成元年に上梓された『遊行と巡礼』（角川書店）に出てくるこの記述は、彼がたまたま遍路札所六〇番横峰寺、六六番雲辺寺など数ヵ寺回る機会をもち、観光バスやタクシーを連ねた二三〇人の団体にも会ったが、大半は小人数だったという経験に裏打ちされている。元々は月刊誌『同朋』に昭和五六年六月から五九年三月まで連載されたものであるから、「観光化」の事態はずっと進展している。

　私にはこの五来の感慨は解らないわけではないが、遍路の現状を余りに歪曲する結果になってしまうと思う。なるほど出発点は修行であったろう。「巡礼は農民や商人が暇を見つけて、風雅の旅をするようにかんがえられがちである。しかしこれは中世以後のことで、本来巡礼もプロのものであった。というのはこれが苦行の一形態だったからである」。五来は行とは行進、つまり歩くことであると明解に語る。いうまでもなく、歴史は時間の推移の中で相貌を具現するのであるから、「本来の習俗」に拘泥しては歴史を活かすことにはならないのではなかろうか。四国遍路は今日廃れているどころか、いよいよ盛んになってきつつある。そして、さまざまな遍路形態が生まれつつあるが、それは紛れもなく遍路が「移動メディア」の多様化に対応して、招来した結果である。言い換えれば、遍路が歴史として息づいていることにもなる。実際、観光旅行のような心持ちで遍路に出る人も多い現実はあるが、一方「歩き遍路」の数も増えているという。あるいは、行楽気分で遍路に参加したからといって、その体験が取るに足らないともいえなかろう。「旅」そのものが非日常性を刻印された行為であり、見慣れない世界へ足を踏み出すのであるから、行の要素は始めからないわけではなかった。聖＝宗教的体験は隣りに位置し、要は本人の心構えによって得るものが異なるのだ。

それでは、具体的に移動メディアの変容および多様化について語ってみよう。ただし、ここでは多様な移動メディアの代表的なものだけを取り上げる。つまり、そのメディアの意味することが何らかの基準でメルクマールと判断されたためである。(14)

三　乗り物遍路の諸相：「歩き」and/or「乗り物」遍路

一　「歩き遍路」の現状と可能性

すでに今まで何回か発表する機会を得て、「移動メディア」の変容なり多様化なりに言及してきた。(15) そこでつねに念頭にあったのは、歩くことそれ自体も一番根源的な移動メディア＝手段であり、まったく歩かない遍路巡礼など実は存在しないという「事実」である。それは何らかの障害によって歩くことが困難な場合を除くと、日常生活が歩きの連続であることと同じである。いや、実際「車椅子」でも遍路が可能であるように寺院の「段差」を見直したい、と開かれた札所を意識する住職(16)も居る。言い直せば、遍路には歩く要素は必ずあるのであり、「車椅子」を使ったからといって誰も「乗り物遍路」とは思わない。要するに、移動メディアにもさまざまな種類があり、通し打ちにしろ区切り打ちにしろ、純粋に「徒歩遍路」を実践することから、ヘリコプターによる「空中参拝」までまさしく多様である。この空中参拝にあっても、現実には「歩かなければならない」。したがって、歩くことにこだわる遍路は、修行の意識がもてるかどうかがポイントになるであろう。

夙に知られた「へんろみち保存協力会」（世話役代表：宮崎建樹氏）は、このような意識の代表格である。毎年主催する〈へんろみち一緒に歩こう会〉は六回に分けた区切り打ちで、三月から一一月の歩きやすい気候（八月は除く）に絞って設定したと案内チラシにある。またこのチラシにはこう書かれている。「遍路の本質は〈道中修行〉です。本会の旅は〈修行〉と〈信仰〉に力を入れています」。この会はさまざまな活動をしており、「歩こう会」もその中のひとつであって、旧遍路道の復元や道しるべの設置など多彩である。ただ「協力会」は遍路の原点が歩きにあり修行にあると考えている点、乗り物遍路とは一線を画する態度が明白なのである。札所で納経帳にスタンプを押して貰い、ご本尊の名前を朱筆して済むのではなく、道中修行があくまでも肝心なのだ。とすれば、すでに述べたように、単なる移動するという感覚よりは歩くことその身体運動そのものが目的化する。もっとも、「本会の旅……」とあるから、旅一般に共通の人生のメタフォアとして認識している部分も持ち合わせている。一方では修行といいながら、必ずしも頑なというわけでもない。

遍路道は、千余年にわたり祖先が踏み固めてきた信仰と伝統の自然道、世界でたったひとつの循環式「巡礼道」です。日本でただひとつの「人生回顧」「充電」「リフレッシュ」に最適の「線のリゾート」なのです[17]。

「協力会」が「歩き遍路」に特別の価値を付与していても、もっと多面的な遍路体験を認めていることも否定できない。呼びかけ用のチラシであるためにかなり柔らかい表現になっているのであろうが、「線のリゾート」とは時宜を得た言葉であったろう。つまり、いわゆる「リゾート法」（昭和六二（一九八七）年制定）の施行に応じたものなのだが、しかし、この「線のリゾート」の内容は「観光」（tourism）とは根本的に異なる思想が盛り込まれている。要するに、「協力会」によれば、観光は「点のリゾート」にすぎないのであって、それではありきたりの「リゾート施設」しかできず、四国独特のものは造りえない。「今尾ルートの開通も近い四国新時代を迎え、全国各地の人びとを四国に呼び込むにはゴルフ場などどこにでもあるリゾート施設が決め手とはならない。四国にしかない、自然と歴史の魅力を秘めたへんろ道こそが決め手ではないか。この道を観光幹線にして、ルートに多くの人を呼び込む手だてを考え、村おこし・町おこしと結び付けるとおもしろい。」（「徒歩へんろのススメ」『愛媛新聞』一九九〇年三月二七日）

世話役代表・宮崎氏は、じつは「マチおこし」の一環としても遍路道の効用を訴え、「リゾート施設」としても遍路道は一級のものであり、長い歴史がそれを可能にしたと考えている。確かに遍路道は四国の海岸べりをぐるっと一周する形で出来上がっているので、これを活性化させるとその効果は四国全県に及ぶはずである。尾道―今治ルートは平成一一（一九九九）年に開通した。宮崎氏の「線のリゾート」の発想は決して彼だけのものではなく、当然、経済界も注目していた。観光とリゾートの関係は多少曖昧には違いないが、「協力会」は少なくとも真のリゾートとして遍路道を体験するには、歩かなければならないと結論づける。先の『愛媛新聞』の記事に要約された文言がある。多くの歩き遍路の矜持であるかもしれない。「車で霊場を回るのは、本の目次ばかり読んでいるようなもの。とにかく、歩いて四国霊場という偉大な本文を読んでほしい。」

ところで、経済界の提言にもこれに呼応したものがある。香川経済同友会が平成五（一九九三）年に纏めた「ウォーキングアイランド四国：（辿る四国）計画の提言」という名称がそれであって、副題として「四県共同による観光資源整備・再開発の方向性」となっている。旧運輸省と四国四県の共催で「四国観光立県推進地方会議＝TAP四国会議」が開催され（平成四年一一月）、四国観光の将来が論議されたようである。そして「こころのふるさと四国」がキーワードとして提唱された。そこで香川経済同友会においても、「四県の一致協力による観光資源開発の重要性を認識し」、かくのごとき提言になったという。「ウォーキング」＝歩くための道の考え方は、基本的に「協力会」と相同といっていいであろう。つまり、点の観光ではなく、線の観光というとらえ方である。ハイウェイとバイウェイの二種に道を分けたのが、それに対応している。瀬戸大橋と明石海峡大橋の開通および高速道路の延伸は四国にとってモータリゼーションの帰結であり、「広域観光」には必要な条件であった。しかし、このハイウェイの思想には落し穴がある。地域を点化してしまうからであり、あるいはそうでなくてはハイウェイの意味がない。そこで「協力会」「同友会」両者の意見が合致する。四国の良さ＝個性がそれでは活かせないというのだ。とすれば、他所の地域にはみられない、かけがえのない「遍路道」に注目するのも必然である。これがすなわちバイウェイになる。すでに前章で詳しく触れられていることであるが、行政も「四国のみち」として、四国の道路の組織化と整備に取り組んでいた事実がある。もちろん、旧建設省ルートと環境庁ルートでは目的も手法も多少異なっている。が、どちらも遍路道を前提としたネットワークづくりであって、長田攻一によれば「建設省ルートは遍路道と重なる巨大なループをなすルートづくりがイメージされ、他方の環境庁ルートは遍路道を部分的に活かしながら小規模なループを四国全土にちりばめて連結させるイメージ[18]」となる。基本理念に違いがあるものの、四国遍路道という特異な道空間を現代社会に再確認・再発見させる意義を行政も感じており、またそれが行政サービスの一助にもなると考えたのであろう。

ところで、「協力会」と「同友会」が軌を一にした「歩くことの復権」へのまなざしは、社会的立場の明白に異なる両者にしながら、なおかつ共鳴する部分があることを示している。それが四国全体の発展方向へのある種のモデルを提供しており、また現代日本の一般的社会的要求である「自然の復権」思想に合致したものとなっていよう。ハイウェイとバイウェイは組み合わせてネットワーク化しなければならないが、「このバイウェイこそ、四国の魅力に深みを創り出している歴史的、文化的香りに満ちた道である」と「同友会」はいう。そして、八十八ヵ所の札所やコンピラさんを巡ることにより「こころのふるさと」を体験してもらおうというのである。なるほど、歩くことは身体＝内部の自然を実感することでもある。移動メディア＝交通手段の多様化によって、時間や目的に応じた「道体験」が可能となっている。要するに、四国の場合には「点」の観光も「線」の観光もともに味わうことができるのであって、それは、現代まで息づいた遍路行為があるからなのである。「同友会」が「ウォーキングアイランド四国」といかにも「らしい」名称を掲げたが、観光客や旅行者にどこかで歩いて欲しいし、それが四国の伝統・歴史に沿った「観光」(tourism)の現代バージョンなのだと提案しているわけだ。「協力会」は観光団体でもなければ旅行業者でもない。ましてや経済同友会のような経済団体でもない。遍路や遍路道の「あり方」をつねに考えている「団体」である。

しかし、遍路は巡礼であるから、ある意味では個人的な行為である。遍路は「道中修行」と言い切っているのであれば、「車遍路」のような観光化現象に一線を画しているはずである。とすれば、少なくとも遍路と観光行政を結び付けるごとき活動を「協力会」が率先してやるとは思えないのである。ところが、現実はそうではない。「ふるさと創生、リゾートに関する提言」として自治体へ働きかけ、「協力会」の広報活動の一環ともしている。趣旨はこういうことである。

1　四国の地に全国からリゾート客を呼び込むためには、四国にしかないもので訴え、勝負しなければならない。最後に決め手になるのは「四国へんろみち」しかない。なぜならば、全国唯一の「線のリゾート、リゾート循環線、ヘルシーウォークリゾート環線」であるからである。

2　リゾート開発というと、膨大な資本の投入、自然環境の大規模変更、道路等公共投資と考えがちである。しかし、はるかに少ない資本投下で「線のリゾート」はできあがる。既存のものに少し手を加えるだけで十分用をたす。（旧）建設省や環境庁による「四国のみち」も整いつつあるのだから。

このように「協力会」は、自治体にパンフを配り、喚起を促しているのだが、そこで「歩き遍路」にとって最大の問題は、「宿泊施設」と「駐車サービス施設」であると断言している。もちろん、後者の駐車施設は「車遍路」用に考えているのではなく、「区切り打ち」の場合にどうしても車を使い、電車やバスを使わざるをえないからである。さらに近刊予定のガイドブック『四国遍路　ひとり歩き同行二人』（平成二［一九九〇］年に刊行される）に関係施設やサービスを盛り込み、遍路情報を提供していくと宣言している。

確かに「協力会」がふるさと創生に「提言」したとしても、観光行政に関わろうとしているのではないであろう。但し、四国の観光行政の充実なくして、遍路現象の継続発展もありえないとの認識がある。「同友会」のいうハイウェイとバイウェイという道の二層化は、「歩き遍路」にとっても必要なのであり、時間や費用の点からみれば、「区切り打ち」する遍路にはハイウェイもありがたい道に違いない。つまり、「点の観光」用に威力を発揮する四国の三大橋とハイウェイ（高速自動車道および高規格幹線道路）は、マイカーやバスの「乗り物遍路」すなわち「観光巡拝」（「協力会」）に大きく利するだけではなく、「歩き遍路」が修行感覚に近いとしても、現代の日常の忙しさの中での遍路であれば、当然彼らにも効用があろう。道はまさしく空間であるとともに、時間でもあるのだ。同一の道空間であっても、歩き、自転車、自動車とメディアを替えればその位相は多元化する。いうまでもないことであるが、四国のハイウェイ網とて観光用に造られたわけではなく、ただ一機能として重要なだけである。ともあれ、「協力会」が「提言」をアピールする意図は解りにくいものではない。各方面に働きかけることによって、この会が遍路慣行を個人的趣味あるいは生き方とだけに結び付けているのではなく、「歩き遍路」をひとつのいわば「社会運動」として組織化したいということなのだ、といったら過ぎる言葉になるだろうか。具体的には歩き遍路にルート情報や宿泊情報を提供して遍路の「苦労」を軽減する。そして、市町村の自治体など関係団体には、由緒ある遍路の現代における意義を訴えて営利団体などではできないサーヴィスの提供を促す。その際にはリゾート開発などによる地域の活性化を目論むとするならば、四国においては「遍路道」以外考えられないと、こう広い支持を受けそうな観光戦略の視点も忘れていないのである。「協力会」の認識から必然的に出てくる結論は、「歩き遍路」を実践する者には可能な限り「便宜」を図り、その「修行」を速やかに成させたいという思いがある。それだけ、現代においては「歩くこと」は貴重なことであり、空海＝弘法大師の功徳に与るには安易な「乗り物遍路」ではいけないということなのであろう。しかし、これも「一つの立場」であろうと思う。実際のところ、『JR・私鉄・路線バスのりつぎ巡拝ガイド：四国霊場　先達』を平成五（一九九三）年に刊行したのも、もっぱら歩くのではないにせよ、乗り物遍路の中にもただの霊場巡りではない部分を認めたからではなかろうか。もちろん、数多い「区切り打ち」遍路にとっては、目的区間以外のアクセスに乗り物は必要なのであった。繰り返しになるが、そのためには自動車もハイウェイも威力を発揮するはずなのである。

これまでみてきたように、「同友会」と「協力会」とは主張が相似形を造りながら、微妙に交錯し更には反発し合う。それも当然といえば当然で、前者は四国の経済発展を優先的に考え提案していく組織なのであって、後者は四国における一宗教慣行である遍路を守っていこうとする組織である。しかしながら、「歩くこと」に着目し、「遍路道」に逢着した点を共有する。これはきわめて重要な呼応といわなければなるまい。なぜなら、四国という地域を活性化しよ

図 5-1　歩き遍路のための道路情報

歩くへんろの『へんろ道情報』
（車利用の方のお持ち帰りはご遠慮下さい）

第３７番岩本寺　第３８番金剛福寺

先人の苦労偲べる四国唯一、渚のへんろ道

第３７番岩本寺から第３８番金剛福寺に至る９０Ｋｍのへんろ道は、四国八十八札所間の距離がもっとも長く、「修行の道場」を代表する難路である。

漁港の里「以布利」を分岐点として左にすすむ半島東岸のへんろ道入口に、四国へんろ道で、当世唯一の”渚のへんろ道”を発掘することができた。

以布利バス停を左へ、漁港に出る道がそれ。魚市場の脇を通り岸壁の道を進むと道は右方に折れ山手に向かう。その曲り角に続く砂浜のなかに”渚のへんろ道”があるからおどろく。約１００メートルの渚を進むと山道に入り約３００メートル登って従来のへんろ道に出る全長約７００メートルの行程で、従来の道より約３００メートル短縮になる。漁民も素朴で人なつっこく、仕事の手を止めて案内に立ってくれた。太平洋の荒波にもまれた漁民達の暮らしを垣間見ながら、渚のへんろ道を歩けば、満ち潮や波しぶきに進路を阻まれた先人達の苦労を、僅かながらでも偲ぶことができる。山道は、農作業の生活道路で手入れが行き届いており、何百年昔と少しも変わらない姿が保たれている。俗化甚だしいへんろ道のなかでは貴重な存在である。規模こそ小さいが、旧来の面影を残す点「第一級のへんろ道」と断定して過言ではない。地元の人々に誇りを持って保存されるように期待したい。

この道に続くへんろ道「四国のみち」は、表示難解で見過ごされやすく標示を加えたが、この二つの道を通ると約１キロメートルの短縮になる”心安らぐへんろ道”である。

へんろみち保存協力会
〠791　松山市ひばりヶ丘5－15
☎(0899)５２－３８２０
郵便振込口座番号　徳島４－３４７８０

うと思えば、社会的スタンスがまるで異なった団体であっても「観光」の視点と、それを実現するには「遍路（道）」に収斂する、いや基点となるといった視点があるからである。言い方を換えれば、四国・遍路を「観光リゾート」としてネガティヴに活かすか、ポジティヴに歌い上げるかの違いともなるであろうか。ともあれ、遍路道がかつての道（旧道）とは同じではないにせよ、それによって四国全体が巨大な有機的道空間になっている、という認識は多くの人びとが感じているのであり、四国に生活する者には新たに反芻すべき魅力的な素材なのである。「旧遍路道」の復元も「協力会」の行う事業のひとつであるが、道＝ルートというものはつねに再編されてきたはずである。専用の予算が計上されてなかった「国土交通省ルート」でも、新しい遍路道として評価すべき点はあろうし、「自然遊歩道」として全国的展開の一例としての「環境庁ルート」も、遍路道に沿った新たな「歩くリゾート」の開発であろう。じつはモータリゼーションと自然志向とは矛盾しない。却って「歩くこと」への欲望は昂まってくるのだ。ただ多くの人が運用のノウハウに通じていないだけである。

このチラシ（図5-1）をみて頂きたい。「へんろみち保存協力会」が遍路情報の一環として出しているものだが、（車利用の方のお持ち帰りご遠慮下さい）と明確に断っている。「歩き遍路」にとって、「道しるべ」と同様この地図とコメントは確かに「車遍路」にはゆっくり目を通す余裕はないかも知れない。道中それ自体が目的、バイウェイの真骨頂である。

二　「乗り物遍路」の象徴としての巡拝バス

ところで、メディアとしての「歩き」に対する想いを、一見深い関係にありそうもない二つの団体の言動に注目して語ってきたわけだが、すでに述べておいたごとく現実の動向はそれとは符合しない。すなわち、「乗り物遍路」が現実には遍路実践者の多数派であることは間違いないのであり、ある意味では戦後において遍路を再び隆盛に導いた立役者が「巡拝バス」を中核にした自動車の参入であることは、すでに何度か触れた。巡拝バス（老舗のひとつ、伊予鉄ではとくに順拝バスとよぶ）は、バス会社の営業戦略の一環であっても、遍路の世界で果たした役割は大きいといわねばならない。私たちは遍路の世界で、モータリゼーションとりわけ巡拝バスの普及に関して、すぐその「功罪」と勝手に判断を下したりする傾向があるが、コトはそう簡単ではない。ここでも「乗り物遍路」の両義性をはっきり認めることができるのであって、ある視点のみからの評価では遍路現象の社会性を考えた場合にプラスの効果は生まれないであろう。なるほど、遍路の関わり方は多様である。宗教行動の一類型として把握するとしても、旅や行楽や観光などと遍路巡礼は概念的に競合するとはいえない。それらは密接に関係するのであって、たとえば観光(tourism)が半ば巡礼であるといった人類学者・ターナーの表現にも注目しておいたわけである。要するに、ここに「宗教性」とよぶべきものの本質があるのであって、聖／俗の対立構造は論理的に必要である一方、つねに「世俗化」の波に洗われる性質を内在させているのである。

昭和二八（一九五三）年に始まったといわれる伊予鉄バスの「巡拝バス」は、四国におけるモータリゼーションの先駆的表現として位置づけられるといっても大袈裟ではあるまい。なにも「乗り物遍路」は巡拝バスだけを意味するわけではないのである。電車や路線バスを活用した遍路は以前からあったがしかし、それを「乗り物遍路」とはいわなかった。当時としては大型のボンネットバスを採用して、可能な限り札所と札所を乗ったままで繋ごうという発想は魅力的であったことであろう。「移動」という感覚が芽生える契機でもある。実際この時期の移動はきわめて苦労が多かった。つまりは遍路道が大型バス用には整備されていなかったからである。これも当然すぎるくらいの現象であろう。遍路道が時間とともに変容していったとしても、バスの通行を予定に入れたルートはない。より古い佇まいを残している道であれば尚更バスの進入を拒否するはずだ。今日であれば、大体は普通乗用車なら山門の近くまで入れる。それでも「道中」車どうしのすれ違いが困難なルートもまた多いのである。観光化が進展するに応じて車用に道は整備されるであろう。それは大局的には悪いことではない。遍路過程での「交通事故」とは頂けないではないか。

筆者はすでに言及した伊予鉄第一回の巡拝バスの記録[19]に接して、この企画がかなり冒険に近いものであるとの印象をもったし、そのことも書いた。橋本衛氏が纏められた「旅日記」などで窺い得ることは、毎日が苦労の連続でありまた参加者からも危惧の声が上がって、バス遍路が安穏な方法ではなかった点である。大型の「貸切バス」の安全な運行を確保すべき情報を得られるような時代ではなかったのである。橋本氏の述懐によれば、夜遅くなっても予定の宿に着かないので、乗客から不平不安の声が上がったとある。「もっともっと、便利に快適に」という表現に現代日本はある意味で食傷気味であるくらいに、人びとの生活信条として定着している。それは景気停滞が何年も続いたとしても、基本的に変化はない。この欲望はもはや欲望と意識されない程「自然な」感情として疑われることがない、と言い換えてもよい。しかし、伊予鉄バスの第一回の記念すべき巡拝バスは、このツアーに参加した人たちには今日の「乗り物遍路」の姿とは大きくかけ離れていたであろう。不安の大きさとうらはらの充足感が「旅日記」からも読み取れるのだ。ただ、その「遍路体験」の異様さを過大に評価するのも控えなければならないであろう。日常生活の質を正確に把握しておくのが肝要で、巡拝バスの体験とてもそのベースを抜きにしては考えられないからである。したがって、最初の巡拝バスの「冒険性」を過度にあげつらうのは慎むべきと思う。そうあったとしても、ともかく、ただバスに揺られた遍路ではなかったことは確かである。というのも、行程の記録として読むならば、乗客はかなりの距離を歩いていることになる。実際のところ、運転士（当時運転士とよんでいた）として二人参加したとのことであるが、どの地点まで車で入れるか確信があったはずはないのである。Uターンできる位置すら不分明の「ぶっつけ本番」

だったらしい。つまり、乗客遍路以上に運転士も不安だった。地元の路線バスすら入らないルートに進んでいくのはある意味では、歩く以上に心細い状況であったであろう。

当初の計画は一四泊一五日。この日数は当時の電車や路線バスを繋いで回ったよりも一〇日ほど早いという。それが、一泊延びて一五泊一六日で記念すべき最初の「バス遍路」が終わった。これより時代は貸切の観光バスによる旅行が中心となっていく。その点で四国では遍路の巡拝バスが指導的役割を演じたのは、この地域の特性を表しているといえるだろう。伊予鉄の巡拝バスの第一回運行は昭和二八年四月二六日から五月一一日に行われたが、費用は一万三六〇〇円、コメ持ち込みの道中だった。他のバス会社と同様、伊予鉄では現在（平成一一年）に到るまで、日数と費用は徐々に段階を踏んできた。平成一一年度の募集では一一泊一二日で一九万八〇〇〇円である。八十八ヵ寺を一周するコースではこれが一般的である。一〇泊一一日（徳島バスなど）のパターンもあるが、巡拝バスは一一泊で結願（けちがん）する行程に落ち着いたようである。確かに巡拝バスは貸切観光バスの発展とともに歩を進めてきたのであるから、初めがいかに大変な難事業に想われようと、「楽の思想」に裏打ちされた遍路であろう。今日「歩き遍路」が見直されてその数を増やしているとすれば、遍路は「道中修行」が本筋であるという点が再確認されつつあるのかもしれない。ただし、この現象は遍路行為に内在する固有の問題とは考えにくい。というのも、日常の生活において利便性や快適性があらゆる領域で追求されているのであり、尚かつ、それが生活の前提となりつつある現実に対して、別のこれに抗する傾向も常に存在するからである。古くは counter culture とよばれたものであるが、欲望の分節化現象としては必ず顕われる運動なのである。たとえば、健康食ブームやジョギングブームなどはその一端であり、この現象はブームを越えて生活に溶け込んでいるといえよう。

ところで、巡拝バスは着実に運行台数を増やしていくが、ちょうど遍路関係では空海弘法大師の生誕一二〇〇年が

表 5-1　巡拝バスによる全周行程表

日程	コース	宿泊地
第 1 日	松山（伊予鉄本社）8：30 発—(伊予鉄バス)—52 太山寺・53 円明寺・54 延命寺・55 南光坊・56 泰山寺・57 栄福寺・58 仙遊寺・59 国分寺・61 香園寺・62 宝寿寺・63 吉祥寺・64 前神寺	香園寺又は 前神寺
第 2 日	60 横峰寺・65 三角寺・66 雲辺寺・67 小松尾寺・68 神恵院・69 観音寺・75 善通寺	善通寺
第 3 日	70 本山寺・71 弥谷寺・72 曼荼羅寺・73 出釈迦寺・74 甲山寺・金刀比羅宮参拝・76 金倉寺・77 道隆寺・78 郷照寺・79 高照院・80 国分寺	坂出 坂出グランドホテル
第 4 日	81 白峰寺・82 根香寺・83 一宮寺・栗林公園・84 屋島寺・85 八栗寺・86 志度寺・87 長尾寺	塩江温泉 新樺川観光ホテル
第 5 日	88 大窪寺・10 切幡寺・9 法輪寺・11 藤井寺・8 熊谷寺・7 十楽寺・6 安楽寺・5 地蔵寺・4 大日寺・3 金泉寺・2 極楽寺・1 霊山寺	安楽寺
第 6 日	17 井戸寺・16 観音寺・15 国分寺・14 常楽寺・12 焼山寺・13 大日寺・18 恩山寺・19 立江寺・20 鶴林寺	立江寺又は 鶴林寺
第 7 日	21 太龍寺・22 平等寺・23 薬王寺・24 最御崎寺・御蔵洞・25 津照寺	金剛頂寺又は 最御崎寺
第 8 日	26 金剛頂寺・27 神峰寺・28 大日寺・29 国分寺・30 善楽寺・31 竹林寺・32 禅師峰寺・桂浜・33 雪蹊寺	高知 プリンスホテル
第 9 日	34 種間寺・35 清滝寺・横浪くろしおライン・36 青龍寺・37 岩本寺・38 金剛福寺	金剛福寺又は 民宿
第 10 日	竜串・見残し・39 延光寺・40 観自在寺・41 龍光寺・42 仏木寺・43 明石寺	宇和島クアホテル又は 保養センターうわじま
第 11 日	44 大宝寺・45 岩屋寺・46 浄瑠璃寺・47 八坂寺・48 西林寺	道後温泉ホテル
第 12 日	49 浄土寺・50 繁多寺・51 岩手寺（結願）—松山伊予鉄本社—14：00 頃	

※コース及び宿泊所は都合により変更する場合がございます。
確定宿泊地は、旅行前にお渡しする最終日程表でお知らせします。

出所）2002 年度版、伊予鉄バス

昭和四八（一九七三）年に当り、コトデンバスの添乗員M氏なども明解に語るように、巡拝バスによる「遍路客」は鰻登りの状態であった。逆に「遍路の観光化現象」が霊場などから批判的に述べられるようになる。これもM氏の述懐にある。ただ遍路巡礼が持続発展するのは、空海自身が四国の地で修行したように、少数の宗教家によって支えられたのではなく、あくまでも一般庶民の「世俗的宗教心」に訴えたからに他ならない。とすれば、これもすでに指摘したごとく、高度経済成長が進展するさなか、遍路にあっても、精神的余裕としての観光ブームの余波が押し寄せたとしても不思議はない。いや巡礼は初めから行楽・観光の要素があったではないか。住み慣れた居住地を一時的に離れる、といった意味では旅も観光も巡礼も相似している。したがって大量輸送手段としてバスが電車以上に細かいフットワークを所有しているのであれば、便利な乗り物として遍路にも威力を発揮するのである。しかし、そうであってもこのバス遍路が与えた影響は小さくはなかろう。「道中」の意味が大幅に変化したからである。不安から楽しみへ転換した。果たしてそう言い切れるだろうか。五来重が述べていた[20]ように、日本の巡礼は三々五々連れ立って歩くのが相応しいとしても、そのような「淋しい巡礼」（五来）が本来の姿であるかどうか自明ではない。遍路が日本の他の観音霊場を巡る巡礼とは異なる点はあったろう。しかしそれは一面的でもあり歴史的でもある。つまり、道中が「不安から愉しみへ」と変化したとするのは余りに簡単すぎる評価ではないかと筆者自身疑っているのである。

五来が外国の巡礼、とくにキリスト教の巡礼を見聞して抱いた日本の巡礼観との比較はそれ自体、大きなテーマである。それを論ずる場ではないが、聖地にどっと押し寄せる型の巡礼が日本的ではない、と結論していいものだろうか。先に述べたように、五来はバスやマイカーで集団を作って巡る形を好ましいと感じてはいない。その感情は解らないわけではないのである。が、それは個人的な印象あるいは趣味といった領域に属する事柄ではないのだろうか。百歩譲っても、集団的通別な言い方をすれば、集団＝群れを作って遍路・巡礼に出たのが日本の形ではなかったか。

過儀礼の側面が強かったのではないかと自問する権利はあろう。というのも、柳田もこう指摘していたではないか。「地方によっては名山の登拝を、成年式のように考えている例もあった。だれでも一生に一度はなどといって、年ごろが来ると無理をしてもこの群に参加した」[21]。こう考えるならば、集団を形成して巡礼に出かけて行くのは、「乗り物遍路」になったばかりがその理由ではなく、もともとそのような要素が隠れていたとみた方が自然である。集団の規模は量的問題に帰着するのではあるまいか。もちろん、通過儀礼としての成年式などであれば、今日の市町村が行う目的不明瞭な「成人式」とは異なろうが、参加する道中が愉しくなかったとはいえまい。なにしろ、世間のしがらみから一時的に解放されたことは確かなのだからである。

巡拝バスが路線バスや鉄道を利用した遍路と決定的に異なった点は、時間短縮だけではなかった。それに付随して起きた現象は、歩きの意味の変化である。つまり、基本的に巡拝バスは札所から札所までバスで行くのであって、歩くのは望まないが結果として歩くことになる。ところが、鉄道＋路線バスであれば、「必然的に」歩くことになるのである。それであれば、「歩き遍路」とはいわずとも遍路に臨む姿勢はそれに近いものがあろう。この点は押さえておく必要がある。巡拝バスでは納経帳も添乗員が運んで納経所で「手続き」を済ませてくれるのが現状である。なるほど観光バスの雰囲気が漂う遍路かも知れない。霊場巡りは名所観光と大差なく、まさに「スタンプ遍路」といわれるゆえんである。ポイントを整理しよう。

まず第一に、巡拝バスは創設時の運行の厳しさはともかく、現状では霊場巡りの要素が前面に押し出されてきた。八十八ヵ所札所巡礼はスタンプ・ラリーの様相を呈し始めた。換言すれば、遍路は「道中修行」の色彩がかなり弱くなった。第二に、道中修行の意識が低下したことに反比例して、道中は行楽の雰囲気が増大し歩き遍路で感じるような道体験はなく、道中は単なる「途中」感覚になった。これは少々極端な整理だろうか。私はこのような傾向が、巡拝バスによる遍路にはあると思う。しかし、あくまでも傾向にすぎないことは認めておこうか。ともあれ、巡拝バスのおかげで現代の遍路事情は、否応なく観光（tourism）の側面が強調され、それはマイカーやタクシーなどでも相似形である。ただし、この〈世俗化現象〉は必ずしも悪いことではないのではないか。少なくとも、遍路巡礼が四国の地で将来に生き続けることが可能であるためには、これはある種の必然と考えるべきではないか。移動手段が増えて便利になることは、時間や体力に制限のある人には朗報なのである。利便性や快適性の原理が遍路世界に導入されるのは「世俗化」を引き起こすばかりではない。今まで遍路に出ることが困難だった人びとに「道」を新たに提供することであって、その中に信心深い者もいるに違いないのだ。そのことには後でまた触れたい。繰り返すが、道中を愉しむ傾向が大きくなったとはいえ、遍路巡礼の道中が愉しみだったのは巡拝バスを始めとする「乗り物遍路」が生み出したものではない。一般の人びと＝俗人が遍路慣行を支えてきた事実を念頭に置けば、当然のことではないか。逆説的になるが、「道中修行」意識が下火になるにつれて、新たに道中への関心が高まってきたのだ。歩くことから「解放」?された遍路の道中は「語らいの場」としての機能がいよいよ増大してきた、すなわちレクリエーション機能の充実ともいえるのではあるまいか。

じつは近年巡拝バスの運行台数は伸び悩んでいると、伊予鉄バスのT氏[22]はいう。巡拝バスは昭和六〇（一九八五）年前後がピークでその後下がり気味である。運行台数は年間でピーク時よりも一〇〇から一五〇台位少ないらしい。その大きな原因はマイカー遍路の増大にあるという。七〜八人乗れる自家用車に押された結果という認識である。遍路に訪れる人は決して減少しているわけではなく、却って増えているくらいだとすると、新たな「商品開発」が望まれるわけである。その一環として部分的に歩き部分を入れた企画を平成一〇年に導入した。大型巡拝バスが進入困難なタクシー部分を歩きに変える、札所が隣接しているところを歩くなどの計画だったようであるが、この年の運行はなかった。注目したいのは、部分的にせよ「歩き」をバス遍路の中に組み込もうと思ったことであり、結果は需要と供給のバランスが合わなかったものの、将来に向けてのヒントにはなったであろう。半ば観光としても遍路に来る人は歩いてみたいという潜在的願望は思いのほか強いのではなかろうか。巡拝バスも曲り角に来ているのである。時代の趣味・動向を正確に読んでいかなくては、同業者間の競争やマイカー族に破れることになるのである[23]。

三 マイカー遍路の隆盛：より気軽な「乗り物遍路」を目指して

遍路世界にモータリゼーションの波が押し寄せたのはまず、貸切の観光バスから始まった。この現実は現在でも変わらないものである。しかし、本当にモータリゼーションの発現形態として認識しなければならないのはマイカーである。もちろん、自家用車が各世帯単位に普及し、一世帯に二台も珍しくない今日のような状況が前提としてある。巡拝バスとは異なった次元の「少人数化」した遍路である。皮肉なことに、五来がいった日本の巡礼（遍路）に相応しい人数になりつつある。しかし、この遍路集団は「淋しい巡礼」には程遠い。車の機動性をフルに活用した遍路なのだ。とくに各メーカーが発売しているワンボックス・タイプの車であれば七〜八人乗れるからとても重宝である。乗員が少なければ仮の宿にもなる。タクシー会社が行っているものでは客を九人乗せるタイプが使われている。つまり、人数に応じてそのパーティ用にタクシーが活用できることと同じく、バスよりは気の合った者同士の「旅行」気分で参加できるのが最大の利点である。マイカー遍路の強みを要約してみると、① 少人数であるから日程の都合がつけやすい。巡拝バスではどのバス会社でも運行日は予め決まっているので、予定の融通が利きにくい点がある。② 巡拝バスの場合は最少催行人員が二〇名（伊予鉄）などであるから、参加人数が少ない場合は運行されないが、マイカーなら二人でもすぐ出られる。③ マイカーであれば、必然的に気の合った者で愉しく気兼ねない旅行が可能であるが、巡拝バスには知らない人たちが乗り合わせることがある。④ ③と関係するが、宿泊でもバスであれば男女別の相部屋であるが、マイカーであれば親しい人ばかりで宿が取れる、など。

いま挙げた要因は遍路に限るものではないのは明らかである。繰り返しここで述べてきたのは、日常生活の水準で「生活の質」がすでに相当なものになっており、かつその質をどこでもいつでも実現したいという欲望がごく一般的になっている点であった。贅沢には違いないのではあるが、「贅沢」という表現も相対的なものであって、誰も日常そのものの中で埋没していればそう感じないのである。「今では汽車の中などはことに群の力を藉りて気が強くなり、普通故郷にある日にはあえてしがたいようなわがままを続けている。何のことはない、移動する宴会のようなものが多くなった。この流儀は少しずつ独り旅をする者にも移っていって、できるだけ自宅と同じような生活をすることを、交通の便だと解している者も稀ではない[24]」。柳田がつとに指摘している点は現在でもよくみられる光景ではあるが、この旅一般にみられる現象は、非日常的（といわれてきた）なあらゆる領域に当てはまるのではなかろうか。日常／非日常、ケ／ハレ、俗／聖などの対立図式は広く受け容れられてきたコスモロジカルな知識であろう。まさしく学問的次元ではなく、日常的次元で使用されてきた。ところが、この区別は明らかに朦朧とした不分明な代物に転化したというべきであろう。たとえば、祭の非日常性はマス・メディアに載ることによって、日常的情報へと変換変形されてしまったのである。要するに、日常の単なるヒダの一部になった（本来そうであるかもしれないのではあるが）非日常的体験の軽さを感じないわけにはゆかないのだ。存在の原理としての非日常性は、飽食化した日常的現実に簡単に負けたのである。引用した柳田の発言はその兆しを的確に寸言していたのである。ポイントは二つ。群＝集団の力をかりてふだんしないことを平気でする。自宅にいることと同一のことをするのが交通の便と思うこと。この二つである。『明治大正史』であるからここでの移動メディアは汽車になっているが、バスであっても事情は同じであり、この「原理」の究極はマイカーになるのである。

ふだん居住している日常から離れて遍路＝旅に出る。一〇人でも二〇人でもいい。講組単位であればかなりの人数になることも珍しくない。汽車や路線バスでもいえることだが、巡拝バスでも事態はそうかわらない。遍路の集団が複数乗り合わせると、仲間意識の昂揚が発揮され、それは一方で他の個人や集団への脅威となる。傍若無人の印象となるわけだ。ただ巡拝バスでは添乗員が遍路にまつわる話題を提供するので、車内がひとつに纏まりやすいことはあろう。それも添乗員の能力に関わる。そう考えると、巡拝バスでは必ずしも、遍路に来た「乗客」すべてに快適な空間とはいえないのである。バスのような乗り物でもそうであるし、宿泊施設でも同様の「集団的ワガママ」[25]は他者に対する無遠慮として現われる。「旅の恥はかきすて」という格言があるが、じつは二重に現象はエスカレートしている。まず、このワガママを恥とは感じていない。旅という非日常性の緊張感が集団によって薄れ、「赤の他人」の視線や迷惑などまるで感じないのである。更に日常性の原理に脳みそが浸されているため、非日常の変異には寛容ではない。つまりは柳田のいうように、自宅にいる気分でいたいのである。これは年齢には関係がない。それほどふだんの生活が贅沢になっているのである。

たとえば、食に関しても同様の傾向が見て取れる。「衣食住」を生活文化のベースとする考え方は現在でも決して間違いではないが、その周囲の状況は大きく様変わりしている。ただ、非日常的旅という時間の中でも「不自由な」食体験をしたくないし、「飽食の時代」（地球的規模で考えるならば、とても真面目な表現とはいえないのだが）を通過した日本人には、生存の基盤という視点からとらえることは全くできない情況にある。いいかえれば、旅に出るとはつねに「食べられない」＝飢えの危機に曝されたはずなのであるからである。その基本が意味するところを少しでも引きずっているならば、「お接待」や「善根宿」のような習俗が活きてみえてくるであろう。しかし、今日、旅の目的がいかようとても、食べるのは重要な愉しみになっていて、たとえ宿坊であっても粗末な物を出すわけにはいかない時代なのである。バブルがはじけたとしても、「グルメ志向」は日常化して定着し、機会があれば旨いものを食したいという欲望は衰えてはいない。つまり、巡礼遍路の旅であれ参加者は日常以下では満足しないばかりか、不満を漏らす。宿坊の宿泊料は現在の水準からすると、どの宿泊施設よりもかなり低く設定されているのであるが、それでもマズイものは嫌なのである。このような日常的次元における「生活の質」を旅先にも持ち込むならば、遍路の意義が翳みがちになるのはやむを得ない。ただ、だからといって信仰心が希薄かどうかは速断できないのではないか。遍路が巡礼であり、修行であるとしても、時代感覚を超越してその実践が行われるはずはないのである。つまり、一種の観念連合があり、カテゴリーを単純に整理できないような重層化された慣行として遍路は生き続けているのである。山折などが指摘したように、遍路巡礼はその始まりから錯綜とした相貌をもっており、たとえ修験者、修行僧であってもことはさほど単純ではない。ましてや、世俗化が進行していく中で、「原点」を求めようとする行為がすでにその原点の喪失の実感から噴出したものだともいえるだろう。早い話が、「歩き遍路」が本来の遍路形態として「本物指向」よろしく実行しようとしても、四国の外からやって来る人たちは、出発点に立つまでに飛行機や電車や車をすでに活用しているのが普通であろう。とくに触れたように、「区切り打ち」などであれば、必ず四国内でもバスやタクシーを使うことになる。それが「現在」の状況なのだ。「食」に限らずふだんの日常、「自宅にいる」感覚がベースとなって、物事は判断される。便利さ、快適さ、豊かさを非日常の旅空間でも味わいたいのであり、非日常であればもっと別種の愉しみ——温泉であったり、風景であったり——を追加したいのである。

こう考えてくれば、人気の高かった「巡拝バス」からマイカー遍路へと流れがシフトするのは無理からぬことである。この節のはじめに挙げておいた要素を反芻してみよう。「交通の便は、それまで出ないわけにはいかない人に益があったというより、それまで出なかった人たちが出るようになった」（柳田）のであるから、巡拝バスが面倒だった者にはマイカーはまさしく「福音」であったろう。ますます気軽に遍路に出られるのだ。観光旅行とさしたる違いはない。しかし、気軽であっても遍路の「効果」は欲しいのであって、それはいわゆる観光旅行とは異なるのである。きわめてワガママな欲望ではあろう。が、山小屋ですら個室が用意される時代である、さまざまな制約あるいは制限はできれば避けたいと思う方が自然ではないか。行動が大人数であれば大きな愉しみとともにそれが煩わしさの原因ともなる。お互いのワガママは小さい行動単位の方が衝突しにくいし、それを避けようとする配慮も生じるのである。もともと気の合った人たちがマイカーで動くのであるから、それ自体居住地の関係をそのまま旅にも延長しているのである。見聞を広めようとか、共同体＝集団の結束を図るとかの意義すら薄れているのであって、その意味でも道中は楽しい歓談の場なのである。ただ運転者のみが別な体験を強いられることになる。

「乗り物遍路」の中ではマイカー族は少人数でありながら、運転者は遍路自身が務めるといった点で異質である。巡拝バスにせよタクシーにせよ、運転者は専門の業者でありいわゆるプロである。当然のことながらルートにも明るい。しかし、マイカー運転者はプロではないし、なによりも彼（あるいは彼女）自身遍路なのである。確かに道路は舗装・拡張され車での移動は楽になった。バスでは下車すべき道でもワンボックス・タイプのマイカーでは通行可能の場合もある。ともかく歩かなくて済むという観点からは便利なのである。そのためには運転者はある種の「犠牲」を強いられる。運転を交代できればまだしも、遍路に出る人は比較的年齢層が高く、誰もが運転可能であるわけではない。更に、遍路道はいわゆる旧遍路道とは異なって車が通行しやすくなったとはいえ、道が狭くルートが探しにくい場合も少なくない。ある点からすると、道標は必ずしもクルマ用にはできてなく、入り組んだルートではうっかりして見落とすこともままあるのである。「へんろみち保存協力会」の道しるべももちろん「歩き遍路」向けに設置されており、

図 5-2　車遍路にも便利な道路地図

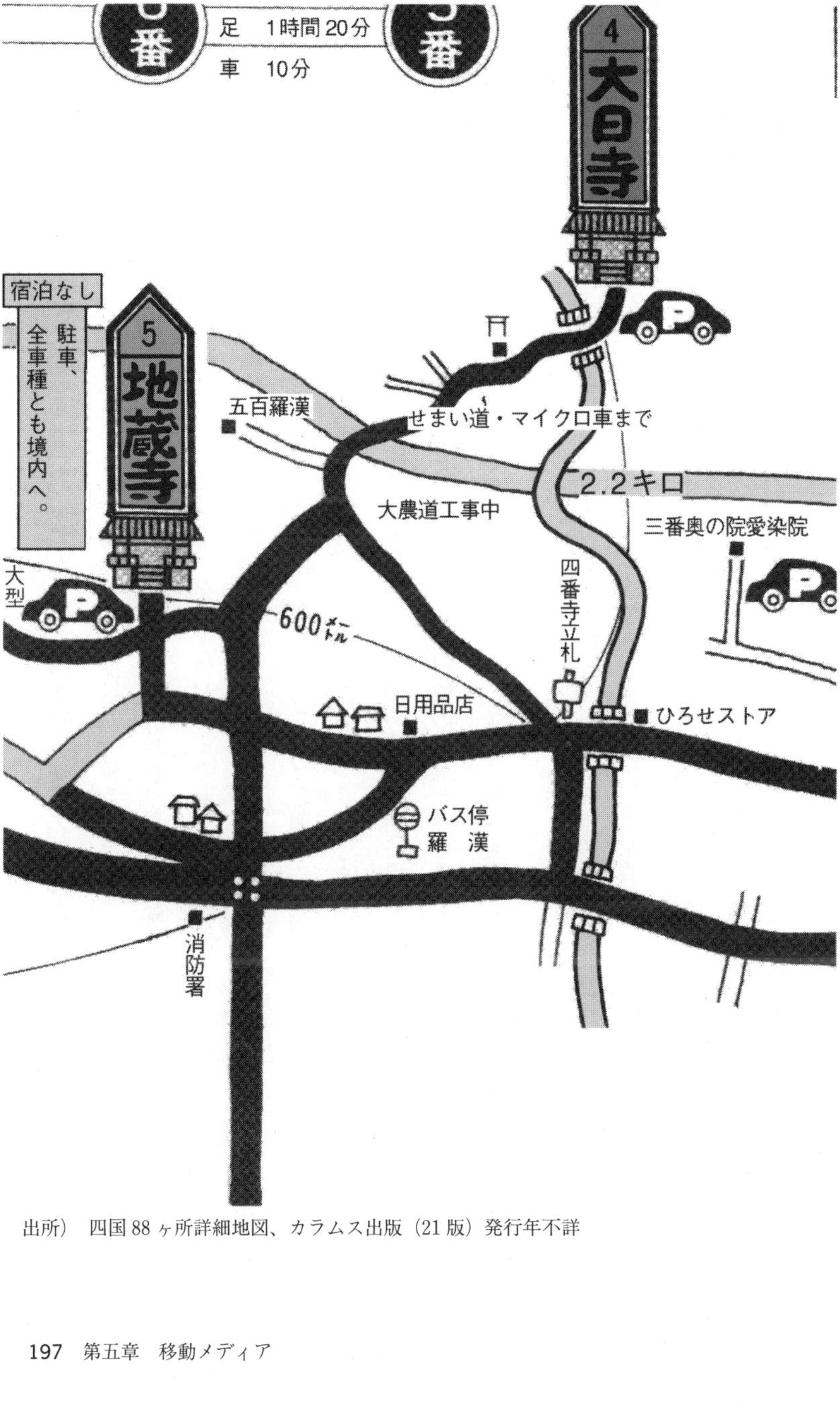

出所）　四国88ヶ所詳細地図、カラムス出版（21版）発行年不詳

マイカー族には適切とはいえない。

ガイドブックも不親切だった。というより、マイカー遍路向けのガイドブックがなかったといった方がいい。ただの道路地図では細かいところで役に立たないからである。一度迷うと歩き以上にルートに戻るのは困難なのが、車遍路である。しかし、それも解消されつつある。図5-2をみていただくと、便利な地図ができていることが了解できよう。が、遍路の目的を考慮したならば、一方的に喜べない事情があるのも確かなのだ。いったいそんなに簡単に、便利になって大師の功徳に与れるのだろうか。私自身、利便性や快適性を求める傾向を否定するものではない。却って積極的に評価しなければならないと考える。もちろん、「社会進化」などと簡便に定義するつもりはない。ただこのような傾向は「欲望論」として認識しなければならないし、誤解を怖れずいうならば、それは人間の「本性」(human nature)に関わると私には思われる。したがって、現代日本社会の現実のある相を遍路現象の中にも見出すことができるということなのであり、この大きな流れは、小さな抵抗——私は別種の欲望と考えるが——を引きずりながらも着実に進行しているということなのである。小さな抵抗とは、遍路にあっては「歩き遍路」のことであり、一般社会現象にあっては「自然回帰」といえよう。

というわけで、マイカーによる遍路はハードとソフトの両面から現代日本の「旅行形態」、あるいは「観光」に見合っていることを確認しておこう。モータリゼーションの真価は、とりもなおさずマイカーの普及にある。それが、遍路道体験の間接性を生み出し、身体と道との格闘を曖昧にしたことは否めない。遍路が修行とするならば、その原点に戻ろうとする意識も確かに軽いものではなかろう。しかし、車というメディアを発明し、移動手段として大きな機能をもつこの時代性を否定するのは無理である。遍路がもともと多元的要素を孕んだ宗教慣行であるからには、つねにその「時代」に合った形態を採るのは当然ではないか。遍路道は車用に整備され、車はワンボックスカーをはじめ気軽に小集団の遍路を可能にしている。この小集団は彼らのワガママさを十分に吸収するくらいの大きさなのである。運転者のツラサはあるとしても、それは普通の観光旅行のそれと大差はなかろう。あとのメンバーはまさしく旅行気分であり、修行感覚を求めてもはじまらない。ただ、八十八の霊場を巡ったことから発生する効果＝弘法大師の功徳は期待するはずである。この「楽の思想」をあげつらうのは容易いが、遍路そのものがそのような世俗感覚に支えられてきたのである。

四　「乗り物遍路」としての空中参拝：ヘリコプター遍路の意味するもの

遍路・巡礼において乗り物が使用されてきた歴史は、当然一般社会に乗り物が浸透して行くスピードに対応していると考えるのが無理のない理解であろう。いわゆるモータリゼーションの波が遍路世界に届いたのも、タイムラグが若干あってのち自然の成り行きであった。ところが、地上の道を走る乗り物ではなく、空から八十八ヵ所の霊場を巡ろうとする企画が誕生し、遍路のあり方を再考させる一石を投じたのである。今までの遍路体験は歩くにしても乗るにしても「地上」のルートを移動していたのであり、電車やバスを活用するにしても間接的には道路を体験していたのである。ところが、「空中参拝」というある意味ではきわめて現代的なメディア＝手段による遍路の企画が現れたのである。(26)

四国航空の主催した「空中参拝」という遍路形態は、ある意味では画期的な方法である。「画期的」というのにはいろいろな意味が含まれる。もちろん、それは空中からの参拝であるから、「上から」寺院を見下ろすことになることが要点である。山懐に抱かれた霊場であれば、伽藍配置が同一平面にならない場合はあった。しかし、大師像や御本尊を下から「見上げる」ことは可能であったし、それが本来のかたちであったろう。その恭順さが信心の証しでもあったはずである。ところが、ヘリコプターによる参拝はその「原理」に違反するのだ。この点も含めてこの企画には風当たりが強かった。もちろん、「利便性」を追求した乗り物遍路の行き着く先がヘリコプターかという慨嘆も聞かれたのである。マス・メディアもこれを取り上げた。たとえば『朝日新聞』は平成一〇（一九九八）年五月七日付けの夕刊で「機内にさい銭箱　空からお経」と紹介した。「近代化の波が押し寄せる四国霊場八十八カ所巡りの様変わりも極まり、ついに空からの霊場巡りが登場する」というのが記事の眼目だが、記者の姿勢は中立といえたかどうか。四国航空、霊場会などの関係者の数人の意見を紹介し、中には賛否両論ある。そして、記事の締めくくりとして早坂暁氏のコメントを載せた。早坂氏は四国・愛媛県出身で遍路に関心の高い作家として知られており、遍路は修行であるべしというのが基本思想である。当然、彼の意見はヘリコプター遍路には批判的であった。つまり、「慨嘆」の例といえるわけだが、この記事にも登場した八三番札所一宮寺住職K氏は、記事のレイアウトに問題があったのではないかとやんわりと指摘した(27)。早坂氏の感想を最後にもってきたので、どうも全体の印象が利便性、快適性を追求した結果が「ヘリコプター遍路」なのだ、という印象なのである。もちろん、記者の意図はそこにあったかも知れない。ただ、時代の流れでやむを得ないといった読み取りも可能であったと思う。上記のK氏のように、信仰心さえあればかたちはどのようであってもいい、多くの人が巡拝できる機会が増えるべきとする立場もありうる。まさしく移動メディアのマルチ化に他ならない。われわれは早坂氏の認識のごとく、空中参拝の利便性に目を奪われがちではあるが、ヘリコプターのおかげで遍路が可能になった人も出てきたことに留意しなければならない。巡拝バスやマイカーによって、遍路に出る巡礼者が多くなったのは、その「手軽さ」が大きな要因であろう。しかし、足の障害など身体的に困難な条件があったならば、路線バスや電車を繋いで遍路に出るのを諦めた人もまたいるはずである。かつてあったといわれる病者の「死出の旅路」ならともかく、今日の遍路にあってはそのような「行き倒れ」の覚悟で出発する者はまずはなかろう。したがって、再三述べてきたように、半ば観光気分で気楽に出て来るのは、現代ではことのほか強くなっているのである。またそうでなければ、遍路者の数は年間一〇万ともいわれる「参拝客」を引き寄せることも不可能に違いない。ただし、「乗り物遍路」の形態としてのヘリコプターによる空中参拝を、時間短縮、苦労なしの快適遍路と位置づけるのはまだ早い。何が画期的であるのか、あるいは何が「究極」なのかをじっくり考える必要がある。

この企画立案をした四国航空のY氏の意図をまず明確にしておかなければなるまい。もちろん、商品として売り出すのであるから採算を度外視することはできない。しかし、「ヘリコプター遍路」で一儲けしようと考えたわけでもなかったとY氏はいう。四国航空はもともと堅実ないわゆる「カタイ」業務内容をもった会社なのである。すなわち、物資輸送・災害復旧・遭難救助・薬剤散布・ロープ延線などが主体であり、更にさまざまな社会的ニーズに対応したサービスを提供している航空会社なのである（『会社案内』による）。業務内容には確かに旅行業も入っているが、バス会社が巡拝バスを企画するようには、航空会社という性質上、遍路そのものに参入するアイディアはなかった。それがどのような経過で「空中参拝という商品」を生み出したのだろうか。Y氏の話を総合すると以下のようになるであろう。(28)

きっかけは四国航空創立四〇周年（昭和三一（一九五六）年一一月創立）を迎えて、企業としてケジメをつけるために一種の社会的還元をすべく社内からアイディアを募った。その結果、伝統のある四国八十八ヵ所の遍路に結びつくのが自然だったという。歩くのが基本ではあるが、さまざまな手段で遍路するのも悪くあるまい。身体的に歩くなどの手段が取れない遍路希望者がいるのではないか。と、こういうような議論で、幸い四国の空事情には通暁しているし、薬剤散布などの若干マイナス的企業イメージを改善するいい機会ではないかとの結論となった。

Y氏の説明はこのようなものであった。当然のことながら、企画を商品化するには種々の手続きがある。霊場会への説明や試験飛行もそのうちのひとつである。各霊場会支部を回り、試験飛行も四回行った。四回のうちには、報道関係者、霊場会関係者あるいは身体障害者の二夫婦の招待客も含まれていたという。朝日新聞の記事にも紹介されていた八三番札所一宮寺住職K氏もこの試験飛行でヘリコプターに乗った一人であった。もちろん、Y氏とK氏とでは立場がまったく異なるわけであるが、しかし参拝する手段はいろいろあっていいというのが基本的姿勢である点共通する。確かに霊場会のなかでも「空中参拝」に対しては種々の意見があるという。概して若い世代の住職は肯定的とのことであるが、一般社会の時代性に関してはより年齢の若い世代の方が敏感であるのは不思議ではない。とくに遍路巡礼は「普通の人びと」に支持されてここまで続いてきたわけであるから、観光化のそしりと隣り合わせであっても、八十八の霊場が「潤おう」ためには変化が要請されるのである。とくに霊場の設備を維持管理していくには、祈願寺の多い札所にとって遍路に訪れる参拝客は経営的には頼みの綱であろう。その意味でも移動メディアの多様化は、遍路の数の増加に資するはずなのである。「開かれた霊場」と今さらいう必要もないが、実際のところ、あらゆる人が参拝に訪れるように各霊場が配慮されているかといえば、そうではない。つまり、健常者には可能であっても、障害者にとってはかなり困難であるのが実情であろう。K氏が指摘したように寺はバリアフリーにはなっていない。そこまではともかくも、足に障害をもつ人が遍路に出てこられるような配慮は必要ではないか。肝心な点は信仰心であって、かたちではないとK氏はいいきる。すでに指摘したように、霊場会もこの件に関しては一枚岩ではないという。K氏の立場は必ずしも多数派ではないかもしれない。しかし、時代に合った遍路のかたちが必要であり、それが移動メディアの拡大発展に呼応して「ヘリコプター遍路」になってもおかしくない。繰り返しになるが、「歩き遍路」の価値を否定する人はいないのである、ただ「道中修行」の認識よりも、「道中移動」感覚が優先する現代の趣向を簡単には切り捨てるわけにはいかないのである。

四国航空の企画したヘリコプターによる「空中参拝」は三泊四日というきわめて短い期間の設定となった。最初のフライトは平成一〇（一九九八）年九月二九日から一〇月二日までで運行されることになり、募集人員五名、最少催行人数は三名であった。費用は一人八八万円と一〇八万円の二種類に分かれている。この費用の設定にも、遍路に因んだ意識が明瞭に見て取れる。都合五回のフライト計画であった。[29] 秋はヘリが飛ぶには気流が安定して都合がいいらしい。運行スケジュールをみると、実は空中参拝は完全な「空中参拝」ではないことが判る。つまり、「地上参拝」の部分があって、そこは「ハイヤー」で回る。Y氏によれば、上空二〇〇メートルまで下りるので市街地は避けた方がよく、また空中からの参拝に好感をもっていない寺院は避けたいとのことであった。二四ヵ寺はハイヤーによる地上参拝（六六番雲辺寺は空中参拝もする）になる。豪華なリムジンハイヤーに乗っての遍路になるが、当然、車を降りて歩く場面も出てくるはずである。となれば、遍路巡礼はやはり自らの身体を使って歩む行為を完全には除去できないとみなすべきではあるまいか。ただ、ヘリコプターに乗ること自体、身体的には楽に違いないのであって、金持ちの「大名遍路」にもみえる部分は否定できないが、一方、障害をもっているがために遍路を諦めていた人びとには朗報であろう。空中での参拝であるから、機内で手を合わせるし賽銭箱も用意される。もちろん、三泊四日はバスやタクシーを使っての「乗り物遍路」のなかでも最も短い時間での巡拝になる。

確かに四国航空の試みは、乗り物遍路を新たな次元に連れ出す可能性を秘めている。募集パンフレット（九八年版）にあるごとく、「空中参拝の醍醐味は、山紫水明の大パノラマです」と、今までの遍路メディアでは考えられない特長が唱われる。まさしく観光（tourism）の視点といっていいのであり、それは巡拝バスが隆盛を誇ったときから陰に陽にいわれてきた遍路の「現代」のいわば到着点でもある。そして、この現象はおそらくは遍路が、非聖職者の宗教的慣行として存続するためには避けて通れないもの、である。あるいは程度問題のことであるが、今まで根絶やしになるくらい廃れたことがなかったのは、観光的要素があったためであろう。いうまでもなく、遍路の歴史にも栄枯盛衰はあった。現代のような世俗化の進展した状況においては、生活の基盤にコスモロジーとしての宗教的想像力を感知するのはむずかしい。とすれば、遍路などの宗教的慣行も衰微しているのかといえば、決してそうではない。世俗化の一方でこれに抗する動きも顕在化する。たとえば、車社会の運動不足がジョギングする社会現象を生み出したようなものだ。更に社会が高度に複雑になっている現代に比例して、不安の種が増大しているのをみれば、宗教のもつ秩序付与機能に依存したい空気は日本社会にも充満している。なにかの犯罪を起こすばかりが「新興宗教」ではなかろう。目まぐるしく変転する社会のうねりに翻弄されていれば、それを超えた秩序原理を求める心もまた強くなるはずである。すなわち、宗教に関心を抱く人びとは表面化するかどうかはともかく、潜在的には大きな数字になっているのではあるまいか。マス・メディアに流れる場合は「……商法」などで話題になるが、逆にそれだけ多くの人が不安の中で日々暮らしている証拠でもある。既製の宗教団体が応じられない部分は、いわゆる新興宗教が担っているだけにすぎない。

このような状況を考えれば、遍路に関心をもつ層が厚くなってきても不思議はないのであって、実際、遍路は栄えているといっても大袈裟でもない。ただしかし、時代の変化は必然的に遍路形態の転換を促すのも事実である。とくに技術に関する領域は遍路移動メディアに決定的に影響を与えた。足が唯一のメディアであった時代は長く、その後急激に多様な移動手段が一般社会と同様、遍路世界に参入してきた。そして、現代は移動メディアの「重層化」の時代である。巡拝バスやマイカーに集約されているようにみえる一方、「歩き遍路」の数も着実に増えているという。したがって、歩き遍路以外は遍路ではありえないとする見方は、現実の遍路現象をとらえるときに余りに頑な態度といわなければならないであろう。とすれば、「ヘリコプター遍路」もあながち否定の対象と速断することなく、遍路者の負っているさまざまな制約を考慮した移動メディアと考えた方が「生産的」ではなかろうか。少なくとも企画者の意図はその点にあることは理解すべきである。試験飛行で空中参拝を体験した六六番雲辺寺住職F氏が「何て壮大な景色なんでしょう」（前出、『朝日新聞』）と述懐しておられるのは、ひとつの新たな可能性を素直に表現したものといえなくもないのである。

四　移動メディアの将来を展望する

遍路研究においてなおざりにしてこられた領域のひとつに移動メディアがある。既に述べたことだが、ある意味ではやむをえない。その主たる原因は容易に推し量ることができる。なによりも人びとも研究者も、「道中修行」にシンボライズされた遍路巡礼精神によって暗黙裡に認知してきたからである。たとえば地方史＝民衆史の立場から次のような発言がある。「在来の成果に欠落しているものは、民衆史の視点ではないかと思う。つまり、歴史的に四国遍路というものは、一種の宗教的社会運動の一環として捉えなくてはならない[30]」と、三好昭一郎は述べて幕藩体制下の「民衆」の非日常性を求める行動が、権力によって組織化された寺壇制度を越える側面をもっていた点に注目する。ただ、それはつねに歴史的に持続したわけではなく、物見遊山的遍路と交互に顕われたと考えている。社会の転換期には社会運動的遍路が、安定期には行楽的遍路が主流となるという見解を示しており、それ自体は興味深いが、他方、遍路が元来仏教的修行の実践であり、「近世」になって民衆が主役として舞台に登ってきたとしても、修行感覚を遍路の根幹に置く認識論を超えることはできないであろう。すなわち、遍路が職業的宗教家から一般の民衆に重心がシフトするとは、遍路がある意味では「脱修行」化の途を歩むことだからである。言い換えれば、切実さの度合いこそ異なろうとも、「非日常性を求める行動」はそれが社会運動的であれ物見遊山的であれ同根といわねばならない。一時的に惰性化した窮屈な現実を逃れたいと思うのは、観光遍路であっても否定されるべき動機ではない。したがって、「歩く」とは、「苦行によって極限状態に身を置き、そこから霊験を得る行為」(三好)と元来の仏教ではとらえられるとしても、それではいかにも民衆には厳しい体験を強いることになってしまう。歩く時代にあっても、歩く意味はコンテクストによって異なるはずだ。少なくとも、歩く＝修行と決め付けてはならないことを、時代の日常性が語っている。(31)

四国遍路がたとえば西国三十三ヵ所観音霊場巡礼などとは、確かに趣きを異とする巡礼であって、ある種の暗さを醸し出してはいる。しかし、それは「共同体から離脱せざるを得なかった病気遍路や罪業遍路」(三好)の影が近世以来増加していった経緯があるからであって、歴史的進展とともにそのような経済外的要因による遍路よりは、経済的発展が遍路の主役を一般民衆に譲り渡し、その結果、遍路行為が「世俗化」、観光化の色彩を濃くして行ったとみるべきであろう。つまり、四国遍路はさまざまな要因・動機から巡礼に出ていった人びとを呑み込む形態を生み出し発展させた一大霊場なのである。ともあれ、江戸の幕藩体制と経済変革との緊張関係の中から、非聖職者である遍路という今日に繋がるモデルが産まれたことになり、以後の遍路の歴史に大きく作用することになる。

移動メディアという視点からすれば、「楽の思想」は民衆のものであり、便利になることによって多くの善男善女が気安く出ていける状況が誕生するのであるから、「歩く」以外のメディアが導入・発展してくれれば、それを採択するのは自然のことのように思われる。三好なども遍路研究に「民衆史」的側面が重要であるとするのであれば、「社会運動」的要素ばかりでなく、移動メディアという次元を射程に入れなければならないのである。少なくとも、現代の遍路の実態に目を向けるならば、重層化した移動手段がいかに遍路現象に関わっているのかを考えないわけにはゆかない。「歩き遍路の伝統」ばかりに気を取られると、ホンモノ／ニセモノ遍路といった不毛な「真贋論争」に取り込まれてしまうであろう。そこで、「接待の習俗もバスや自家用車を利用する遍路が激増し、遍路本来の全コースを歩き通すという修行形態が失われる過程で、自然消滅していった[32]」と現代の遍路形態の変容を嘆く（？）のも一考を要するのである。善根宿やお接待という四国遍路にまつわる習俗は、遍路と地域社会とのコミュニケーションの証左として注目すべき点ではあった。なるほど、この古い伝統の「精神」を活性化して地域振興に役立てたいと思うのは、経済界だけではあるまい。高速道路網で四国が一体化しつつある現在、道と地域との関係を点的なものではなく、線的に機能させないと四国全体の振興は覚束ないのも予想できる。ただしかし、それが移動メディアの多元化（歩き遍路も廃れているわけではないのであるから）を否定する方向に動いて行っては遍路の行く末は危ういものとなろう。

インターネット上に開かれている遍路関係のホームページにくしまひろし氏の「掬水へんろ館」がある。サブタイトルに「歩き遍路を中心とした四国遍路の実践」とある。基本的には歩き遍路のための情報をさまざまな角度から提供しようとしたサイトであるが、その中に「体験記」のコーナーがあって興味を惹く。私が注目したのは「歩き遍路」以外のリンク集である。当然といえばあまりに当然なのであるが、一九九九年一二月二四日現在で、歩き遍路に分類された（多少乗り物を使っていてもよい）ホームページの数は三二で圧倒的。他は、自転車五、バイク四、電車・バス七そして車五という数字である。もちろん、このリンク集が網羅的でないとしても、あるいは「編集方針」の故にしても、現実の遍路の大半を占める巡拝バスやマイカー族がほとんど体験記を公開していない点を銘記していいだろう。この原因を探ることはさほど困難ではない。いうまでもなく、「体験の重さ」が人をして語らしめるというところであろう。あるいは少数者である「歩き遍路」の矜持であるかもしれない。それは尊重すべきではあろうが、一方でモノいわぬ（？）多数の遍路のさまざまな想いを切り捨てるわけにはいかない。ところで、「電車・バス」に分類されているリンク集七のなかでも、乗り物遍路といってもその利用法は単純でないことがよく解る。そして、可能な限り

図 5-3　初めて売り出されたヘリコプター遍路

「空中参拝」発売記念キャンペーン
◆旅行期間：①1998年 9月29日(火)▶10月 2日(金)
②1998年10月 6日(火)▶10月 9日(金)
③1998年10月13日(火)▶10月16日(金)
④1998年10月20日(火)▶10月23日(金)
⑤1998年11月 3日(火)▶11月 6日(金)
◆旅行代金：880,000円～1,080,000円　◆募集人員：各出発日5名（最少催行人員3名）
◆食事条件：朝3回・昼4回・夕3回
徳々コース　880,000円
巡拝用品セット＋納経帳
●金剛杖カバー付／1本
●白衣
●輪袈裟（高級般若心経を織り込んだ）／1本
●輪袈裟止め／1本
●山谷袋／1枚
●参拝セット
（線香、ローソク、白札、ボールペン、マッチ入り）
●納経帳（上）／1冊　朱印料1ヶ寺300円含む
2番～87番御宝号、朱印入り
※八十八ヶ所巡礼に必要な巡拝用品を7点取りそろえます。
満願コース　1,080,000円
左の巡拝用品セットに
ご朱印3点セット付
●納経軸（西陣）／1本
宗旨による南無大師、南無阿弥陀仏、南無釈迦 ご宝号・朱印入り・朱印料1ヶ寺500円含む、
完全表装本桐箱入り
（箱書き代 3、000円含む）
●納経帳（上）／1冊　朱印料1ヶ寺300円含む
2番～87番御宝号、朱印入り
●朱印用白衣／1枚　朱印料1ヶ寺200円含む

（四国航空）

は歩きたいという欲求も見え隠れする。実際かなり歩いている人もいるのである。

そのようななかで、東京から巡拝バスに参加した三〇代後半と思われる女性の体験記は、率直な感想ではなかったかと思う(33)。一九九七年五月一九日から二三日、正味二泊三日（一九日と二二日は松山に泊まる）で「阿波一国巡り」の巡拝。実母と義母との三人旅行であったらしい。この短いバス巡拝ではあったが、彼女の感想は衒いがない。「行動するうちに親しくなり、……普通の物見遊山のツアーとは、かなり雰囲気が違う」と一般化した安直な巡拝バスによる遍路と思われがちな印象とは異なる心情を吐露している。さらに、無理をせずに四年がかりで一周すればいいとささやかな希望を述べて、「私は、いつかは歩いて回りたい」と結んでいる。「歩き遍路」への願望は多分多くの「乗り物遍路」実践者に共通しているものであろう。言い換えれば、乗り物遍路であっても、ただの観光ツアーとは違った意味を感じ取っている、あるいは意味を見い出そうとする心持ちが働いている。その点を過小評価すべきではなかろう。八三番札所住職K氏がいうように、「本堂に向かって手を合わせ、祈る心があれば（手段の違いは）問題ありません」とするのが、基本ではあるまいか。移動メディアは多様化し、便利・快適になるのは確かなことであるが、他方で修行感覚で歩き遍路にこだわる人びとも確実にいる。遍路慣行がこれから先も続いて行くためには、移動メディアの使い分けは必要なことであって、決して否定すべき要素ではない。それが、四国遍路の伝統を活かす一方法と積極的に位置付け、また四国全体を活性化する一助ともなるはずである。

注

（1）真野俊和「序」『講座日本の巡礼　第一巻本尊巡礼』雄山閣、一九九六年。本講座は全三巻、真野が編者。

（2）筆者の基本的考えでは、宗教は信仰という個人的次元で語られる以上に、デュルケム的な意味で集合表象として機能しているものである。

（3）真野俊和「序」、前掲書

（4）山折哲雄「巡礼の構造」『講座日本の巡礼　第三巻巡礼の構造と地方巡礼』雄山閣、一九九六年、六ページ

（5）Turner, V. & Turner, E., *Image and Pilgrimage in Christian Culture : anthropological Perspectives.* Oxford : Blackwell, 1978. 参照。

（6）Graburn, N. "Tourism" in *Encyclopedia of Cultural Anthropology.* (eds) D. Livingstone and M. Ember. New York : Henry Holt and Company, 1996. pp. 1316-1320. 参照。

（7）今野国雄『巡礼と聖地：キリスト教巡礼における心の探究』ペヨトル工房、一九九一年、一四六—一六〇ページ参照。

（8）山折哲雄「巡礼の構造」、前掲書、七ページ

（9）巡礼ルートのトポジカルな構造に関しては議論がある。山折もV. Turnerの前掲書（注（5）参照）に依拠しながら「楕円構造」としての巡礼順路空間論を紹介している。山折哲雄「巡礼の構造」、前掲書、七—八ページ参照。また、今野もこのことに言及している。今野国雄、前掲書、一五九—一六一ページ参照。

（10）たとえば、柳田国男『明治大正史　世相篇』上、講談社学術文庫、一九七六年、二〇六—二〇七ページ参照。

（11）柳田国男、前掲書の「第六章　新交通と文化輸送者　三　汽車の巡礼本位」二〇五—二〇九ページの記述参照。なお、引用も同所から行う。

（12）関三雄「四国遍路における移動メディアの変容：歩く遍路と乗る遍路」早稲田大学道空間研究会編『現代社会と四国遍路道』、一九九四年、七三—九五ページ参照。ここでは、コトデンバスの添乗員M氏の新聞記事および直接の発言からその実態を紹介している。

（13）五来重『遊行と巡礼』角川書店、一九八九年、七九ページ参照。以下五来の引用も記述も本書による。

（14）関三雄「四国遍路と移動メディアの多様化」『社会学年誌』（早稲田社会学会）四〇号、一九九九年、六五—八〇ページ、でその他のメディア＝手段に触れている。

（15）関三雄「四国遍路における移動メディアの変容」、前掲書。および、関三雄「四国遍路と移動メディアの多様化」、前掲雑誌などである。

（16）八三番札所一宮寺の住職K氏である。

(17) 毎年行われる「へんろみち保存協力会」主催の「へんろみち一緒に歩こう会　ご案内」という歩き遍路の会の案内チラシの冒頭部分にある。なお、宮崎氏から道空間研究会に送られた「協力会」のさまざまな資料をここでは活用している。この場をかりて宮崎氏には感謝しておきたい。
(18) 長田攻一「行政と四国遍路道」早稲田大学道空間研究会編『現代社会と四国遍路道』一九九四年、五六ページ
(19) これに関しては、関三雄、前掲二論文、すなわち一九九四年と一九九九年に詳しい記述がある。なお、橋本氏の「旅日記」は未発表のものだが、当時のメモや記憶から再構成されたものと思われる。
(20) 五来重、前掲書、七九ページ
(21) 柳田国男、前掲書、二〇七ページ
(22) すでに言及しておいたが、伊予鉄バスは巡拝バス第一号を走らせた会社であり、老舗のひとつである。T氏はその「順拝センター」に勤務しているが、巡拝バスの現状と将来についてさまざまな情報を提供していただいた。この場をかりて感謝したい。なお、この部分の情報は一九九八年一〇月でのインタビューによる。
(23) 運行台数の正確な数字は摑みにくいが、公表されているレベルでは、伊予鉄社内誌『いよてつ』(平成三(一九九一)年一一月)の記事である。そのグラフから読み取ると、昭和六〇年頃にほぼ一〇〇〇台に達している。また、一部歩きを入れたコースは一日余分にかかり、費用も当然高い。全周コースに取り入れたこの企画は実行されなかったが、T氏によると、翌年は「一国まいり」に入れてみたいという話であった。ただし、翌年の募集パンフレットにはその企画はないようである。
(24) 柳田国男、前掲書、二〇七ページ
(25) 私はある宿坊で数十人の遍路集団と隣合わせの部屋に泊まったことがある。札所で彼らは熱心な参拝者にみえたが、宿では他人のことは構わない傍若無人な団体客になっていた。これも珍しい光景ではなかろう。
(26) 関三雄、前掲論文、一九九九年参照。
(27) 私との会話(一九九八年一〇月)のなかでの指摘である。
(28) 関三雄の前掲論文(一九九九年)にも詳しい記述があるが、四国航空Y氏とのインタビュー(一九九八年一〇月)のなかで、空中参拝を生み出した経緯が語られた。ここで改めてY氏に感謝したい。
(29) 関三雄「四国遍路と移動メディアの多様化」、前掲雑誌、七八ページ。なお、九八・九九年の現実の運行はなかったとの

ことである。

(30) 三好昭一郎「四国遍路史研究序説」『講座日本の巡礼　第二巻聖蹟巡礼』雄山閣、一九九六年、三ページ。以下三好の言説についてはこの論文に依拠する。

(31) いうまでもなく、乗り物が発達あるいは伝播していない時代は、歩くことがごく日常的な移動手段であった。

(32) 三好昭一郎「四国遍路史研究序説」前掲書、一九ページ

(33) 「HANAのお遍路日記」から引用。「阿波一国参りを終えて」とする部分である。なお、遍路関係のホームページを開いており、精力的に情報を収集しているくしま氏に感謝します。

第三部

第六章　遍路調査の概要と対象者の基本属性

第三部（第六章から第一二章）では、一九九六年に「道空間研究会」で行った「四国遍路と遍路道に関する意識調査」のデータについてのさまざまな観点からの分析と論考を収録した。この調査については、すでに一九九七年に『四国遍路と遍路道に関する意識調査』（早稲田大学道空間研究会編）というタイトルで調査報告書がまとめられている。したがって、調査票の質問に忠実に沿ったデータの紹介と基本的分析については、そちらを参照していただくことにして、本書においては同調査の結果のなかからとくに重要と思われるポイントについて基本的な特徴を踏まえた上で、各章の視点からさらに分析を深めた結果を示すこととした。

しかし、それらの個別的分析に入る前に、この調査の狙いと方法、ならびに、調査の対象となった人びとの簡単な属性についての概略的説明が必要であろう。そこで、まず本章で「遍路調査の概要と対象者の基本属性」について説明し、その後に続く各章の前提となる知識の共有をはかりたい。

一　遍路調査の概要

一　遍路調査のねらいと目的

この調査は、実際に遍路に出かける人びとの意識と行動を把握することを目指してはいるが、現代遍路行為や遍路意識一般をそれ自体として把握することを目的としたものではなく、遍路体験において遍路道空間や道中体験が重要な役割を演じているという仮説に基づいて、遍路道・道中などの道空間と遍路修行者の意識や行動との関連を明らかにしようとするものである。いい換えれば、遍路道や移動・道中に関する問題、あるいはこれらの関連要因など、遍路道と直接または間接的に関連する現代遍路修行者の遍路意識と遍路関連基本行動の実態を把握することが中心となる。

しかしながら、本調査によって得られた遍路修行者に関するデータは、第一部でみたような、遍路修行者以外の社会的主体（霊場関係者や交通関係者など）に関するヒアリング調査や遍路道特性に関する諸データとリンクさせることによって、現代四国遍路の経験についてのより総合的な理解を助けるものになることを意図している。

二　遍路調査の枠組み

（一）　本調査の位置づけ

本調査は、四国遍路道に関する全体調査の枠組みの一部を占めるものである。その全体の枠組みとは、現代四国遍路を支えている仕組みを便宜的にいくつかの社会的エージェントに分けて調査を行い、相互の関係を分析していこうとするものであり、本調査はそのなかに次のように位置づけられる。

【調査の全体的枠組みと本調査の位置づけ】

A　遍路（巡礼者）
　i 一般遍路（今回調査）
　ii 先達調査
　iii 遍路団体調査
　iv その他（徒歩遍路調査など）

B　札所霊場
　i 八十八ヵ所霊場（霊場会含む）
　ii 別格二十霊場（霊場会含む）
　iii その他（他の番外札所、大師ゆかりの霊場など）

C　行政

i県レベル
ii市町村レベル
D　沿道住民
i接待講
ii沿道集落
iii宿泊業者その他
E　交通関連組織
F　遍路用品関連組織
G　その他（飲食業者・郷土史家・マスコミ他）
このうち、A-iii、B、C、D-i、iii、E、Fについては、一定程度実施済みである。

（二）本調査の枠組み

これまでの基本的着眼点からわれわれは本調査の構成枠組み（フレーム）を以下のように三つの柱より構成した。

（I）遍路道・移動に関する事柄
（II）基本的遍路行為に関する事柄
（III）個人属性に関する事柄

（I）の問題はすべて（II）の問題であるとの考えも当然成り立つ。しかし、本調査では、クルマか徒歩かといった

図 6-1　調査の柱

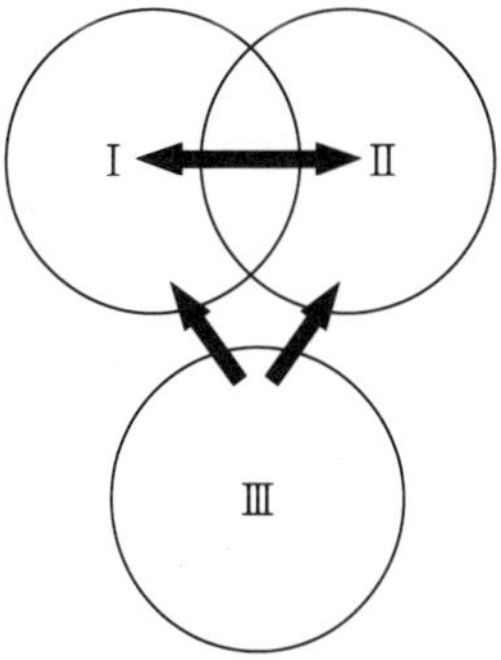

移動メディアの違いなど遍路道とその移動に関して焦点を合わせており、その点で、遍路道の次元に近いものと遠いものとを操作上区別して調査枠組みを構成した。

なお、白衣や金剛杖などの遍路用具に関する調査項目は重要な行動側面であるが、今回調査では質問量の制約上残念ながら割愛せざるを得なかった。

【質問項目の構成と配置】

（Ⅰ）遍路道・移動項目

Ⅰ−一　行動レベル

①移動メディア（移動手段　問一六、徒歩遍路経験　問一五、車遍路内容　問一七）

②移動集団形態（人数と同行者　問四）

③移動形態（通し／区切り打ち　問一・問一四、順／逆打ち　問二）

④先達の有無（問五）

⑤移動日数（問三）

Ⅰ−二　意識レベル

①道中修行について（問一八A）

②車遍路について（問一八B）

③札所修行について（問一八C）

④遍路道の利便化（問一八D）

⑤遍路道で困った経験（問一九）

（II）基本的遍路行為

II-一　行動レベル

①納経形態（問六）

②遍路費用（問七）

③宿泊施設（問八）

④お接待経験（問九）

II-二　意識レベル

①遍路動機（問一〇）

②遍路のきっかけ（問一一）

③遍路の充実感（問一二）

④遍路して困った経験（問一三）

（III）遍路の属性

①性別（F一a）・年齢（F一b）

②現住地（F二）

③家族構成（F三）

④職業（F四）

⑤最終学歴（F五）

⑥ 宗教（F六）
⑦ 四国との関連（F七）
⑧ 遍路以外の巡礼経験（F八）
⑨ 記入日時・場所（F九）

三　標本設計

（一）　遍路母集団について

いわゆる遍路の母集団を確定するのは難しい。なぜなら、遍路は絶えず頻繁に入れ替わるからである。一回限りの遍路も少なくあるまい。したがって、このような流動的な四国遍路の厳密な意味での遍路母集団を規定することは現実的にほとんど不可能であるし、これを理論的にも操作的にも定義することはなかなか厄介な問題である。

しかし、現代遍路の状況をできうる限り精確に近似的にとらえるためにそれなりの母集団確定の工夫は必要である。本調査の場合、標本抽出の母体となる母集団は、ある時点（期間）での顕在的な春遍路の宿坊利用者とした。ここでは、まず何らかの理由で現在遍路をしていない潜在的遍路を除外して、実際に遍路に出かける顕在的遍路に限定するとともに、さらに年間で最も数が多いとされる春遍路（四～五月遍路）に限定し、最後にほとんどの遍路が一回は利用すると思われる宿坊利用者に限定した。したがって、本調査では、この母集団から標本を抽出することになる。

この顕在的春遍路宿坊利用者は、ある意味で、典型的な現代遍路の一部とみることができる。宿坊利用、春遍路、顕在遍路は、それぞれ一般遍路の典型的部分といえるからである。その意味で、数学的な比喩を用いれば、顕在的春遍路宿坊利用者は第一次近似の操作的母集団である。顕在的春遍路は第二次近似の母集団、顕在遍路は第三次近似の母集団となり、潜在的遍路もあわせた遍路全体が本来の母集団であろう（第n次近似では、nが大きくなるほど誤差は少ない。図6-2参照）。

A 標本
B 宿坊利用者
C 春遍路
D 顕在的遍路
E 遍路の全体

（二） 標本抽出法

操作的な母集団である春遍路宿坊利用者からの標本抽出は、以下の手順に従った「層化二段有意抽出」による。

① 札所の地点層化

八十八の札所を、徳島（阿波）・高知（土佐）・愛媛（伊予）・香川（讃岐）の四県に地点層化する。この四県は、単なる地理的区分のみならず、四国遍路においてはそれぞれ発心・修行・菩提・涅槃の各道場として意味づけされている。したがって、各層は遍路行の性質上、質的に異なる層とみることができる。地点層化をすると、各地点に位置する札所は、徳島二三ヵ寺、高知一六ヵ寺、愛媛二六ヵ寺、香川二三ヵ寺となる。

② 札所（調査地点）の抽出（第一段）

上記地点各層から、宿坊を経営する札所を四札所ずつ計一六札所を有意抽出する。無作為抽出も可能であるが、本調査の場合は、以下の点を考慮して有意抽出とした。つまり、一・その立地上、できうるかぎり海辺・山辺・田園・市街の遍路道四類型をカバーする札所であること、二・宿坊規模ができるだけ大きく、多数の回収票が見込まれること、三・札所の調査協力が得られること、などが有意抽出上配慮された。

他方、一九九六年調査時点で、春期宿坊利用可能な札所は、徳島一〇ヵ寺、高知七ヵ寺、愛媛七ヵ寺、香川四ヵ寺の計二八ヵ寺であった。香川県では、諸般の事情から三ヵ寺のみが調査可能で一ヵ寺調査地点が不足するため、本県に限りもう一地点を八八番結願寺である大窪寺門前の民宿利用の遍路修行者を対象とすることにした（大窪寺には遍路用の宿坊がない）。

図 6-2　遍路の母集団と標本

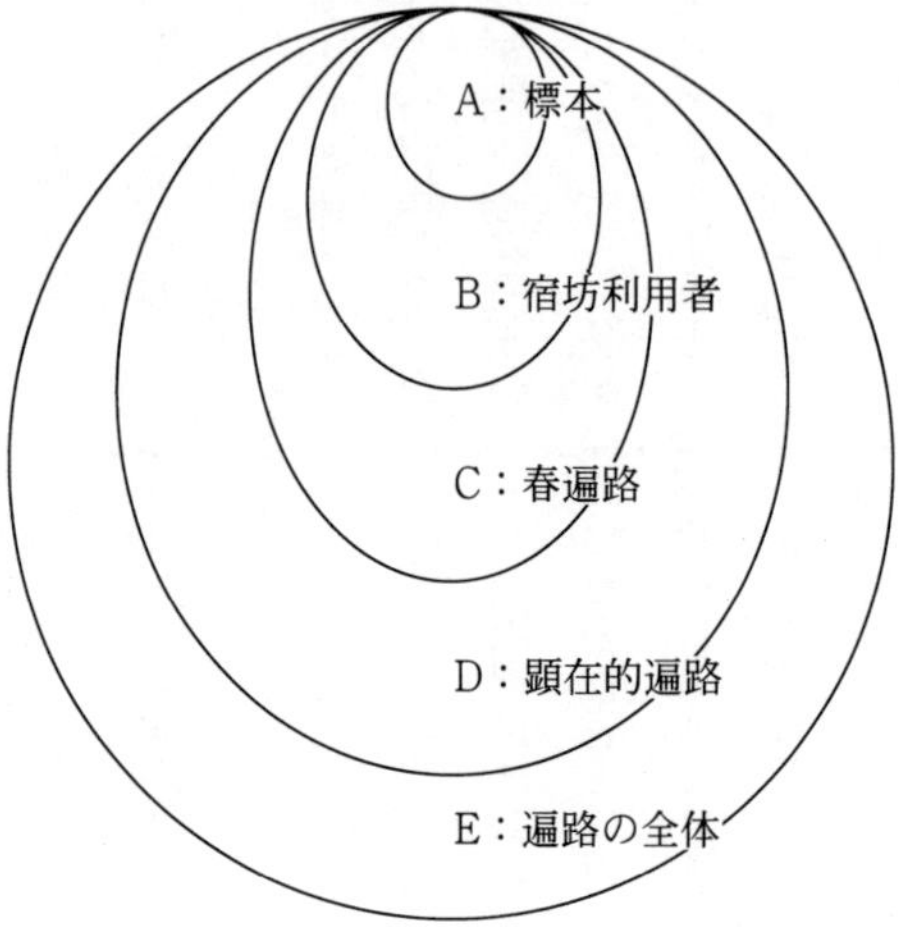

以上のようにして、最終的に抽出された調査地点の札所は以下の通りである。

徳島県　六番安楽寺、一二番焼山寺、二〇番鶴林寺、二三番薬王寺
高知県　二四番最御崎寺、二九番国分寺、三七番岩本寺、三八番金剛福寺
愛媛県　四〇番観自在寺、四四番大宝寺、五六番泰山寺、六一番香園寺
香川県　七五番善通寺、八一番白峰寺、八三番一宮寺、民宿八十窪（八八番大窪寺）

③ 調査対象遍路の抽出（第二段）

本調査方法においては、対象遍路の抽出は無作為抽出法の採用が不可能なため、宿坊利用者自身の応募に依拠せざ

るを得ない。すなわち、「応募法」による有意抽出法を採用した。調査票を宿坊のしかるべき箇所（受付けなど）に留置き、ポスター・張り紙等で調査依頼を促し、協力を求める方法である。したがって、「応募法」固有の回答層のバイアスは回避し得ない。比較的、遍路行に関心の高い遍路修行者が多くなることが予想され、いわゆる「観光遍路」などの非修行遍路層は抽出されにくくなる。

④ 標本の重複

本調査のケースでは、一度応募した者が二度以上にわたり応募する場合も考えられる。遍路は移動するため、ある札所で回答し、さらに別札所で回答することも有り得る。したがって、回答サンプルの重複を避けるよう配慮する必要がある。これは、募集時と回答票整理時の各時点において配慮すべき問題である。

四　調査方法

本調査では、絶えず移動する遍路へのアプローチの困難さその他の事情を勘案して「地点留置き・応募回収法」とでもいうべき調査方法が採用された。これは、以下の手順より実施された方法である。

一．調査地点（宿坊）に調査票を留置く（調査票箱の設置）
二．調査協力者をポスター・チラシなどの手段によって呼びかけ、募集する
三．原則的にその地点で自記式（回答者本人が記入）にて記入してもらう
四．回答者本人に、その場で回収箱に投入してもらう（回収箱の設置）

調査地が遠隔地・比較的長期にわたるため、諸般の事情から調査員が現地に常駐することができないこと、また遍路修行者のなかには自発的に協力してもらえる人びとがそれなりに期待できるとの判断により採用された調査方法で

ある。

こうした調査方法にはさまざまな難点がある。主な点を挙げれば以下のようになろう。

一．留置き応募法による調査依頼の困難さ・回答層の偏り・回収率の低さなど

二．自記式による難点一般（誤読・誤回答・記入漏れ・不完全な記入・判読不能など）

三．調査主体による直接的説明可能性やフィードバック性の欠如など

これらの難点を最小限にとどめるために、地点札所にご協力いただいて調査依頼の周知徹底を図り（夜の勤行時に遍路に調査協力依頼をしていただいたり、複数の調査協力ポスターを遍路の目に付く箇所に張っていただいたりした）、わかりやすい「記入上の注意点」ポスターを作成したり、自記式にあわせた調査票の構成やレイアウトの調整などできうる範囲で配慮した。

ちなみに、本調査の実査において用意した主な用具は次のごとくである。

一．「調査の手引き」（寺院用）

二．調査票

三．筆記用具

四．調査票箱

五．回収箱

六．ポスター一（「遍路および遍路道調査へのご協力のお願い」）

七．ポスター二（「記入に当たってのお願い」）

五　調査期間

調査期間は、一九九六年四月五日～五月末日である。

調査期間はほぼ二ヵ月間となり、春遍路の約三分の二の期間をカバーしたことになる。

六　回収状況

以上のような調査モデルにより実施され回収された調査票総数は、一四九九票であった。その地域別内訳は以下のようである。

簡単なアンケートとはいえ、遍路の合間に短時間に書くには少々分量も多く活字が小さいなどの理由から部分的な記入のみの回収票も多く、性別や年齢などの基本的データが得られないものもあった。ただし、他の内容部分について回答していただいている場合には有効票として扱うこととした。エディティングを行った結果、有効回収票は一二三七票となった。その内訳は表6-1・6-2の通りである。

本調査は、一九九五・一九九六年度早稲田大学特定課題共同研究（95 B-15）の支援を得て行われたものであることを付記しておく。

表 6-1　回収票の地域別（県別）内訳

徳島県	267 票（17.8%）
高知県	408 票（27.2%）
愛媛県	585 票（39.0%）
香川県	239 票（16.0%）
計	1499 票（100.0%）

表 6-2　有効回収票の地域別（県別）内訳

徳島県	212 票（17.1%）
高知県	345 票（27.9%）
愛媛県	499 票（40.3%）
香川県	181 票（14.7%）
計	1237 票（100.0%）

二　調査対象者の基本属性

以下の各章で扱われる調査結果のデータを参照していただく前提として、今回の調査回答者の簡単なプロフィールをみておこう。

一　性別・年齢

回答者の性別は、男性四九・一％、女性五〇・九％とほぼ同割合（不明を除く）であり、年齢は一三歳から八九歳までと幅広い。今回の対象者の平均年齢は五九・八歳である。最も多い年齢層は六〇歳代の三六・三％、二番目が七〇歳代の二〇・二％、三番目が五〇歳代の一六・二％、四番目が四〇歳代の九・六％と続いている。男女別にみてもこの順位は変わらない。男性にとっても女性にとっても、仕事が一段落し子育てが終わった年齢になって遍路に出かける場合が多いことを予想させる（図6-3）。

しかし、各年齢階層ごとに男女比をみると、二〇歳代から四〇歳代までは男性の割合の方がやや多いのに対して、五〇歳代および六〇歳代になると逆に女性の方がやや多くなっている。男性は比較的若いうちからお遍路に出かける人が多いのに対して、女性の場合は五〇歳代ないし六〇歳代になって出かける人が多いということになろう。

二　現住地

回答者の現住地は、いくつかの目立つ地域を別とすれば、今回の調査に限ってみても鹿児島県を除いて全都道府県

図 6-3　年齢と性別

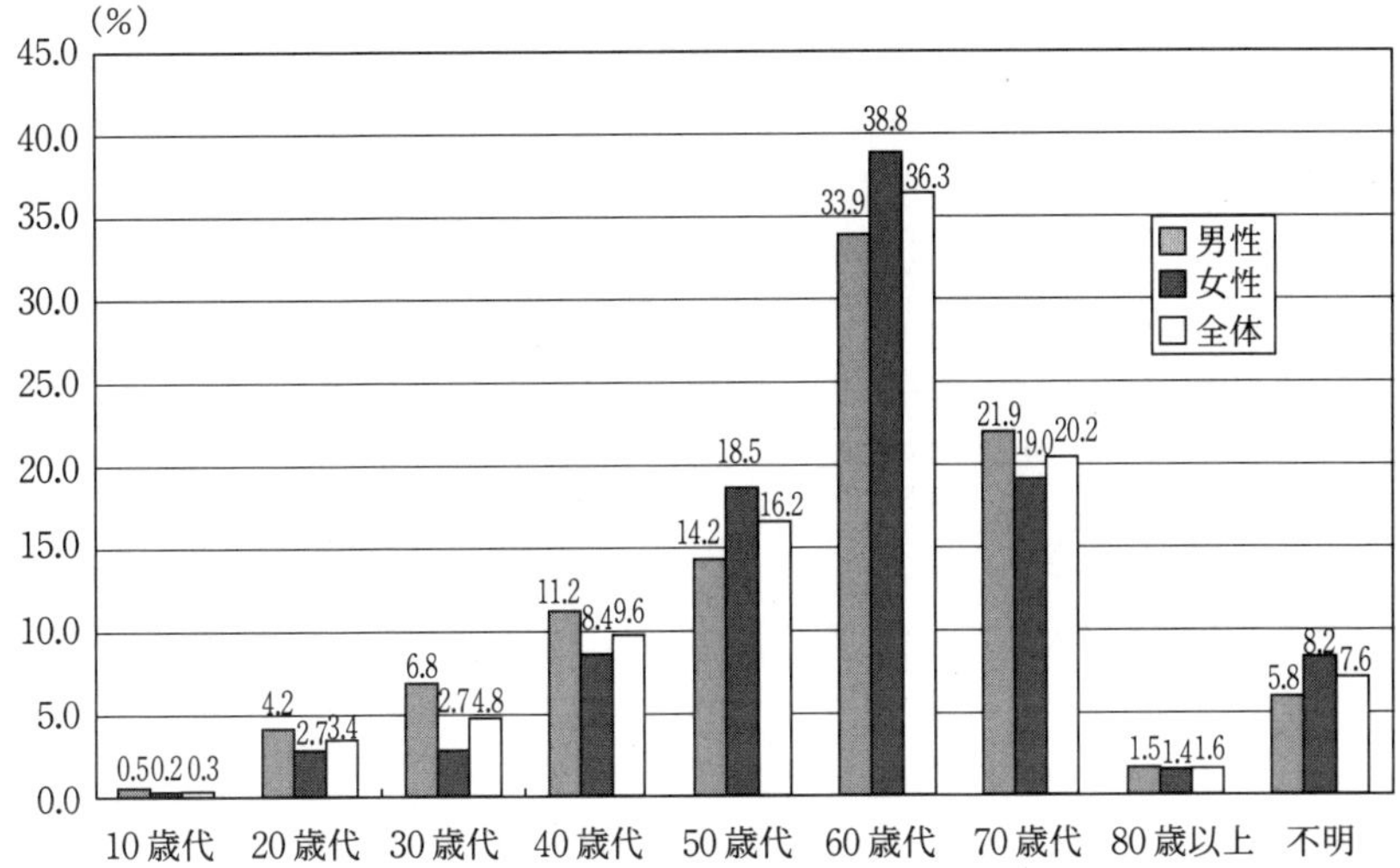

図 6-4　現住地（地域別）

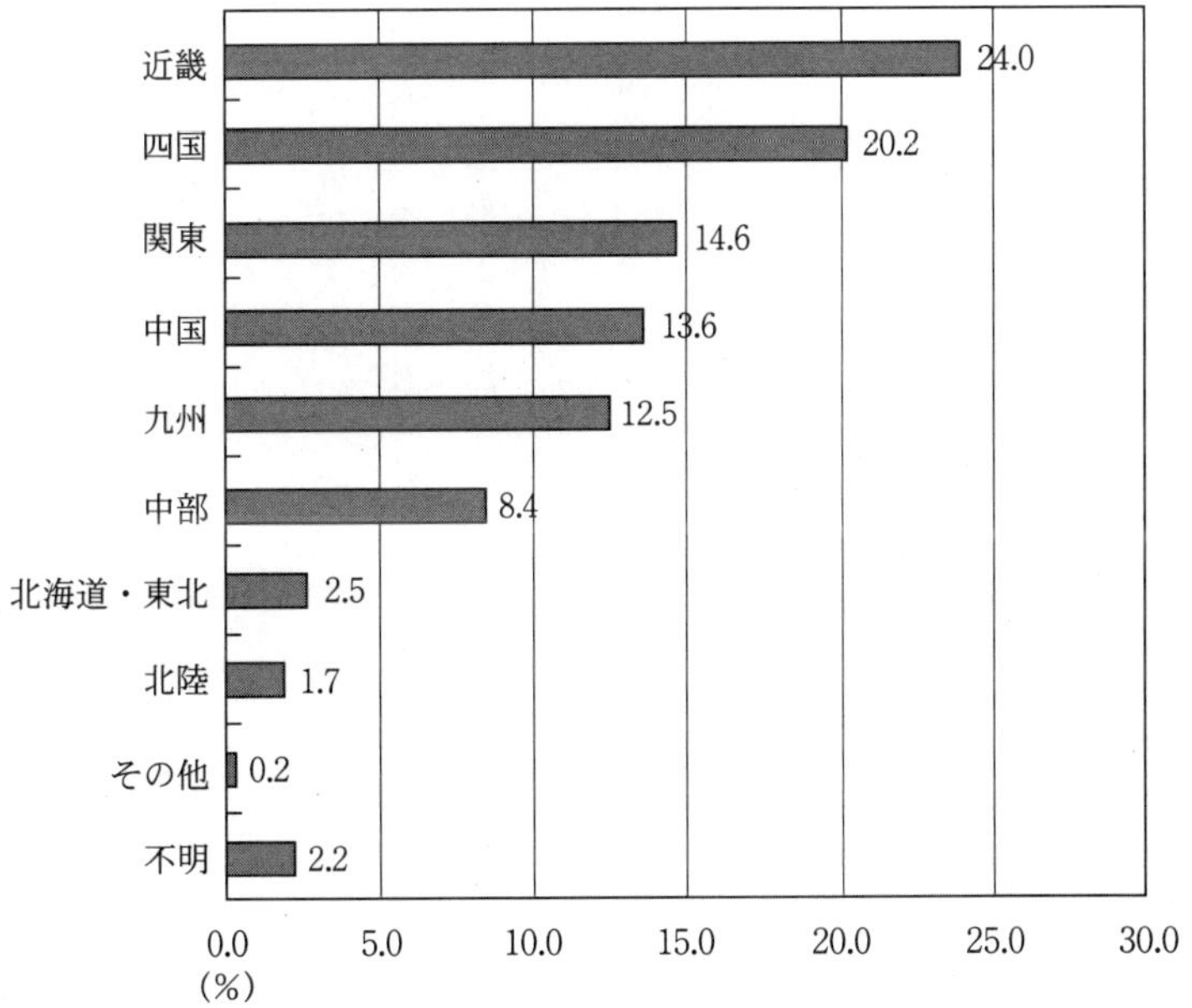

図 6-5 現住地（県別）

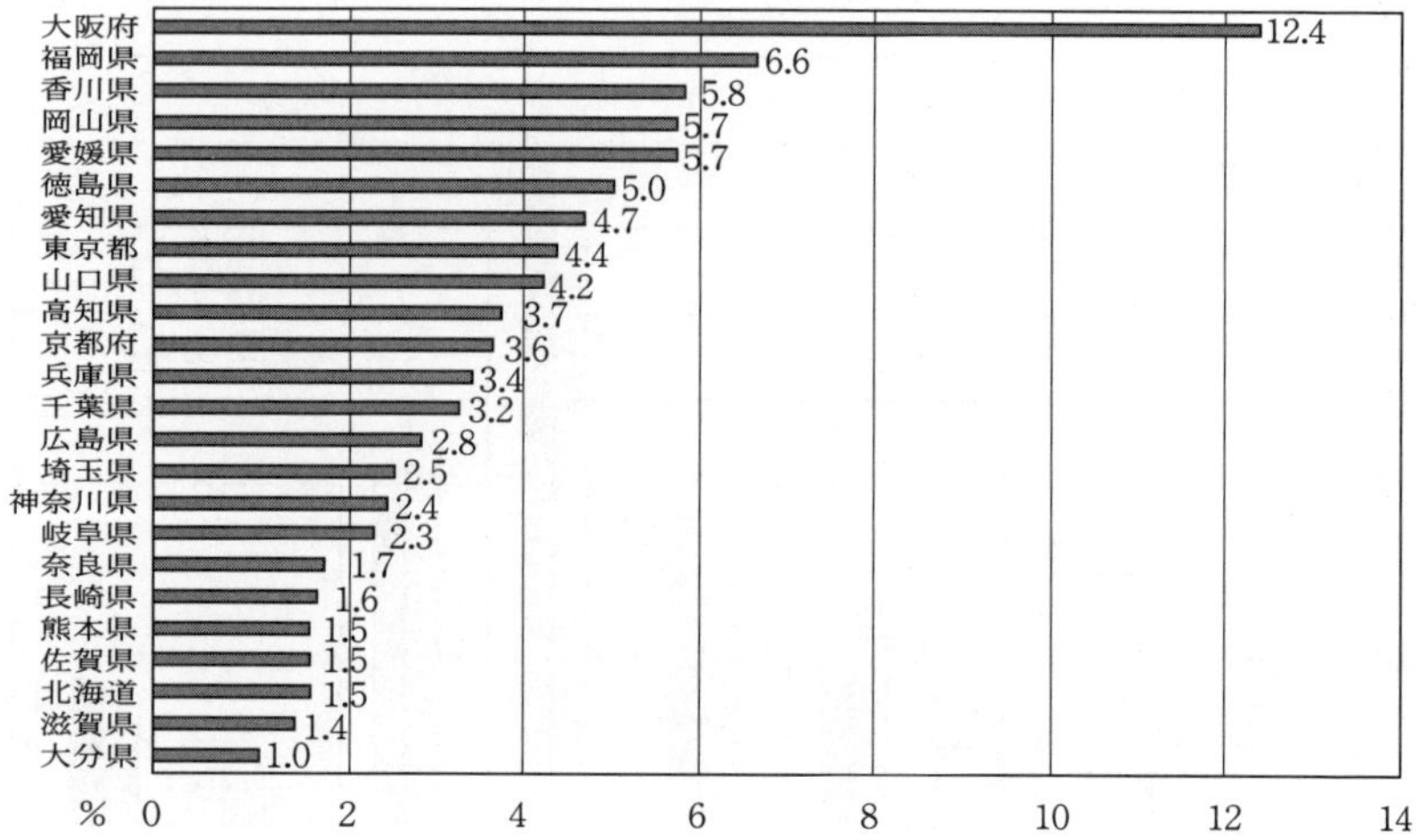

に及んでおり、いかに全国的に広い範囲の人びとが遍路を目的として四国を訪れているかがわかる。地域別にみたのが図6-4である。近畿二四・〇%、四国二〇・二%、関東一四・六%、中国一三・六%、九州一二・五%、中部八・四%、北海道・東北二・五%の順である。

さらに詳しく県別に多い順にみると、大阪府（一二・四%）を筆頭に、福岡県（六・六%）、香川県（五・八%）、岡山県（五・七%）、愛媛県（五・七%）、徳島県（五・〇%）、愛知県（四・七%）、東京都（四・四%）、山口県（四・二%）、高知県（三・七%）、京都府（三・六%）、兵庫県（三・四%）、千葉県（三・二%）、広島県（二・八%）、埼玉県（二・五%）、神奈川県（二・四%）、岐阜県（二・三%）、奈良県（一・七%）、長崎県（一・六%）、熊本県（一・五%）、佐賀県（一・五%）、北海道（一・五%）、滋賀県（一・四%）、大分県（一・〇%）と続いている。まず四国近辺の大阪府、福岡県、次に香川、愛媛、岡山、徳島など瀬戸内海近辺が続き、第三に愛知県が特別の位置を占め、第四に東京都が入っている。そのあとのグループとして山口県、高知県、京都府、兵庫県、広島県など比較的四国に近い諸府県、千葉県、埼玉県、神奈川県などの関東グループ、さらに岐阜県、奈良県

図 6-6　配偶者関係と性別

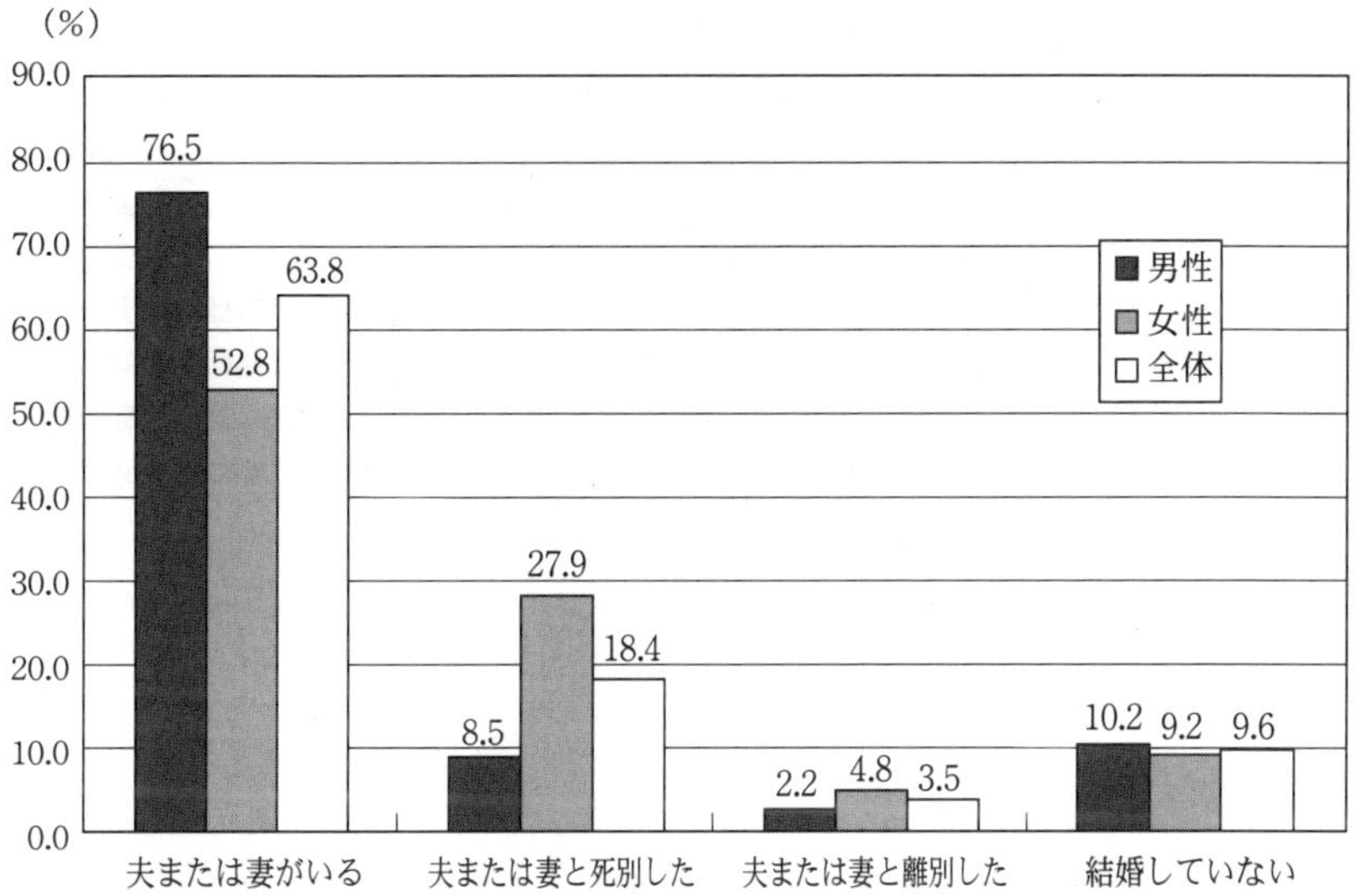

などの近畿・中部グループ、長崎県、熊本県、佐賀県などの九州グループなどが目立つところである（図6-5）。

三　家族構成（配偶者関係）

家族関係については、あまり詳しい質問は差し控えざるを得なかったため、配偶者関係に限定した。全体の六三・八％が「夫または妻がいる」と答えており、夫婦共に健在である人の割合が最も多く、次に「夫または妻と死別した」（一八・四％）、「結婚していない」（九・六％）、「夫または妻と離別した」（三・五％）と続いている。男女別にみると、男性では「妻がいる」が一位で七六・五％で、女性の一位の「夫がいる」の五二・八％をかなり上回っているのに対し、次の「夫または妻と死別した」については、女性の場合「夫と死別」が二位で二七・九％で、男性の「妻と死別」は三位で八・五％である。男性では二位に「結婚していない」一〇・二％があがっており、これは女性の場合（九・二％）とあまり割合は変わらないが、女性の場合は二位の「死別」にはるか及ばない（図6-6）。

図 6-7　配偶者関係と年齢

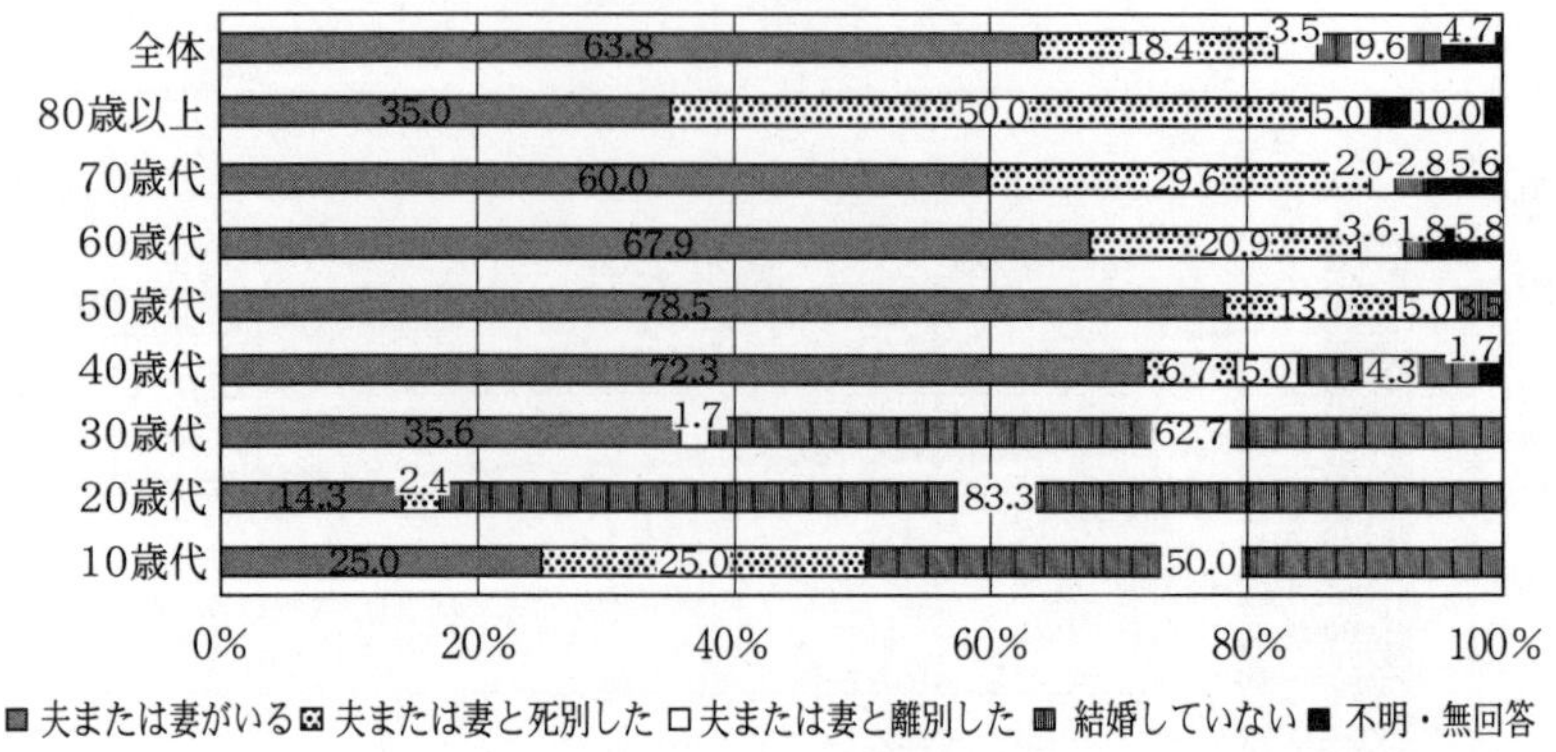

図 6-8　職業と性別

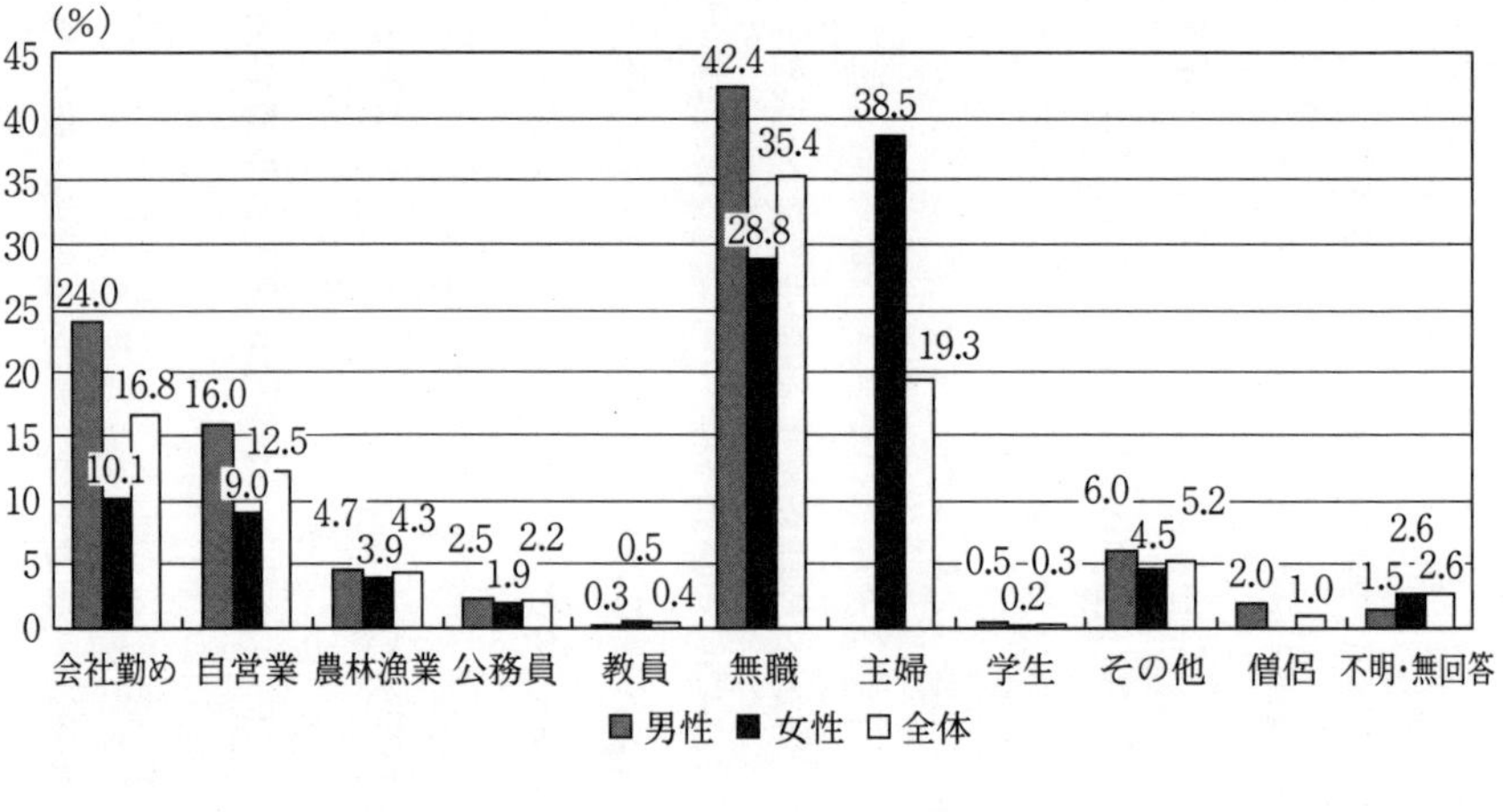

年齢別にみると、二〇歳代、三〇歳代では「未婚」の割合が最も多いのに対して、四〇歳代から七〇歳代までは「有配偶」が一位となる。また、有配偶者は五〇歳代までは増えていくが六〇歳代以降は減少していくのに対し、「死別」が六〇歳代以降急に増えてくる（図6-7）。

四　職　業

次に回答者の職業をみると、「無職」が三五・四％で最も多く、「主婦」一九・三％、「会社勤め」一六・八％、「自営業」一二・五％などが主なものである。また「その他」の中に「僧侶」と書いた人が回答者全体の一％いたことを付記しておく。

男女別にみると、男性では「無職」四二・四％でトップであり、「会社勤め」二四・〇％、「自営業」一六・〇％の順であるのに対して、女性の場合、「主婦」三八・五％を筆頭に、「無職」二八・八％、「会社勤め」一〇・一％、「自営業」九・〇％となっている（図6-8）。

年齢別にみると、五〇歳代までは「会社勤め」がすべて一位であるのに対し、六〇歳代以上になると「無職」が一位となる。

五　最終学歴

最終学歴については、全体では「高校卒」四四・五％、「大学卒」（大学院含む）一五・七％、「中学卒」一三・三％、「小学校卒」一〇・三％、「短大卒」九・四％の順である。

男女別にみると、男性では「高校卒」三六・二％、「大学卒」二七・〇％、「中学卒」一四・〇％、「小学校卒」一〇・

図 6-9　学歴と性別

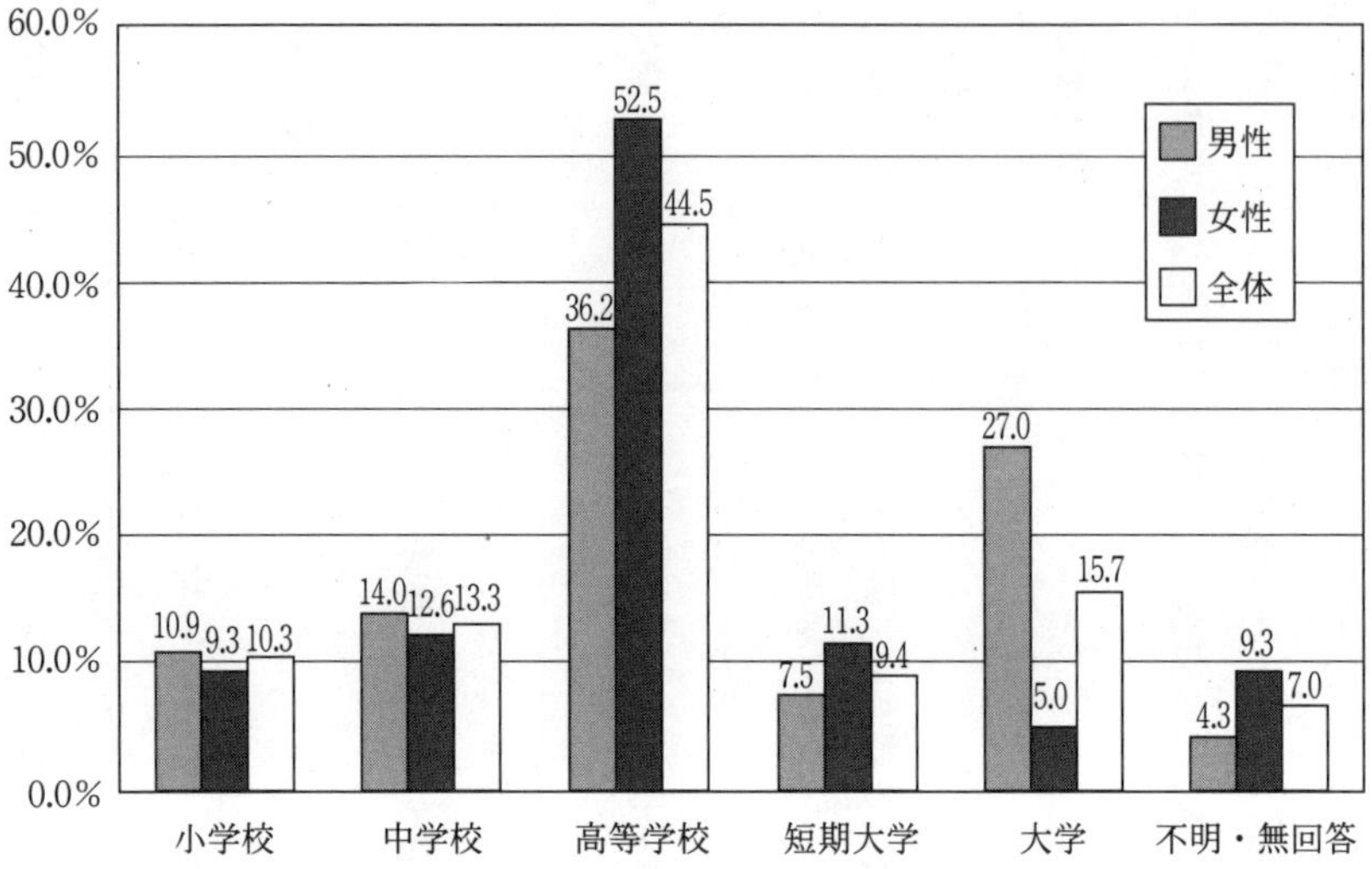

60.0%
50.0%
40.0%
30.0%
20.0%
10.0%
0.0%
男性
女性
全体
10.9 9.3 10.3
14.0 12.6 13.3
36.2 52.5 44.5
7.5 11.3 9.4
27.0 5.0 15.7
4.3 9.3 7.0
小学校
中学校
高等学校
短期大学
大学
不明・無回答

図 6-10　学歴と年齢

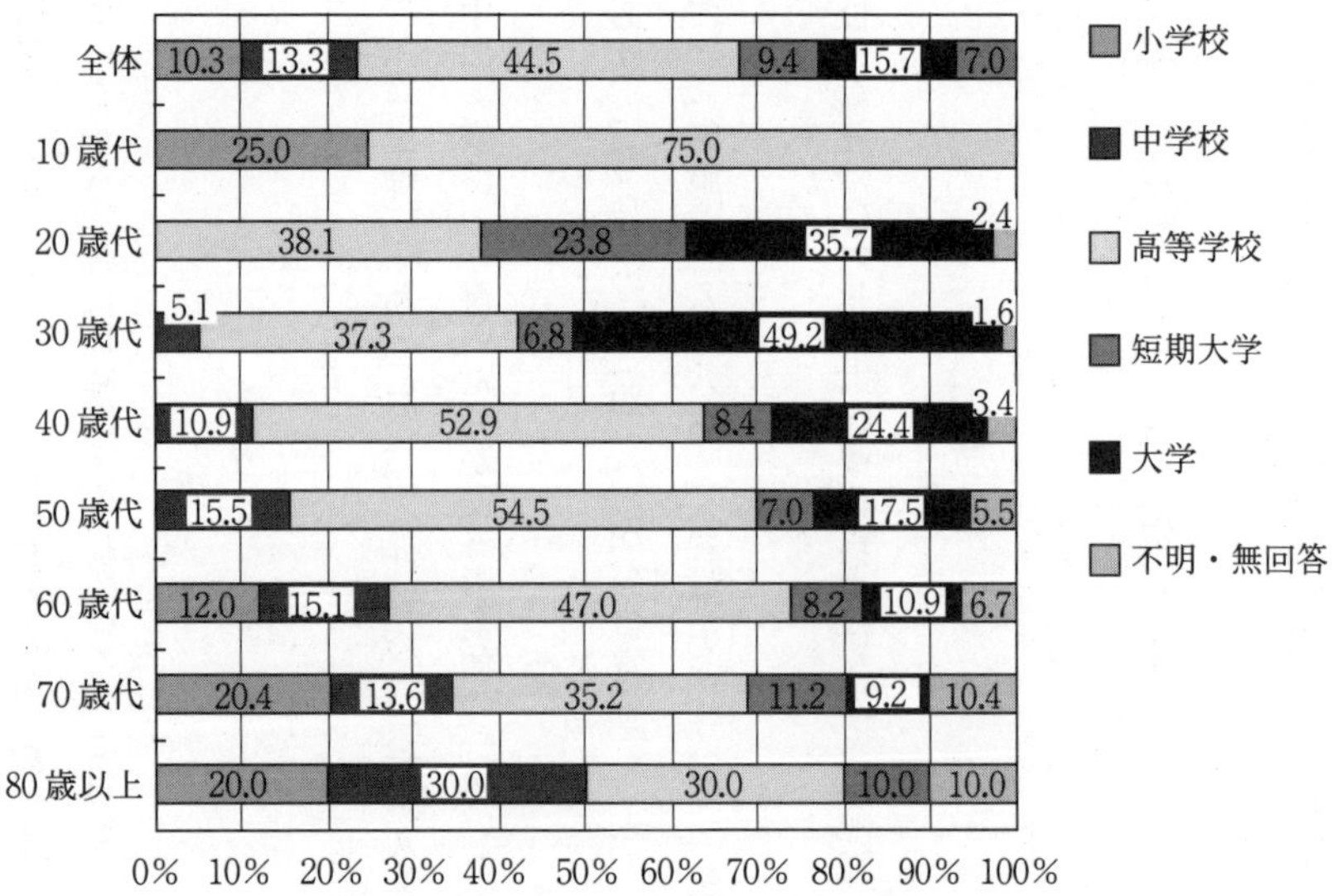

小学校
中学校
高等学校
短期大学
大学
不明・無回答
全体 10.3 13.3 44.5 9.4 15.7 7.0
10 歳代 25.0 75.0
20 歳代 38.1 23.8 35.7 2.4
30 歳代 5.1 37.3 6.8 49.2 1.6
40 歳代 10.9 52.9 8.4 24.4 3.4
50 歳代 15.5 54.5 7.0 17.5 5.5
60 歳代 12.0 15.1 47.0 8.2 10.9 6.7
70 歳代 20.4 13.6 35.2 11.2 9.2 10.4
80 歳以上 20.0 30.0 30.0 10.0 10.0
0% 10% 20% 30% 40% 50% 60% 70% 80% 90% 100%

図 6-11　四国との関連（性別）

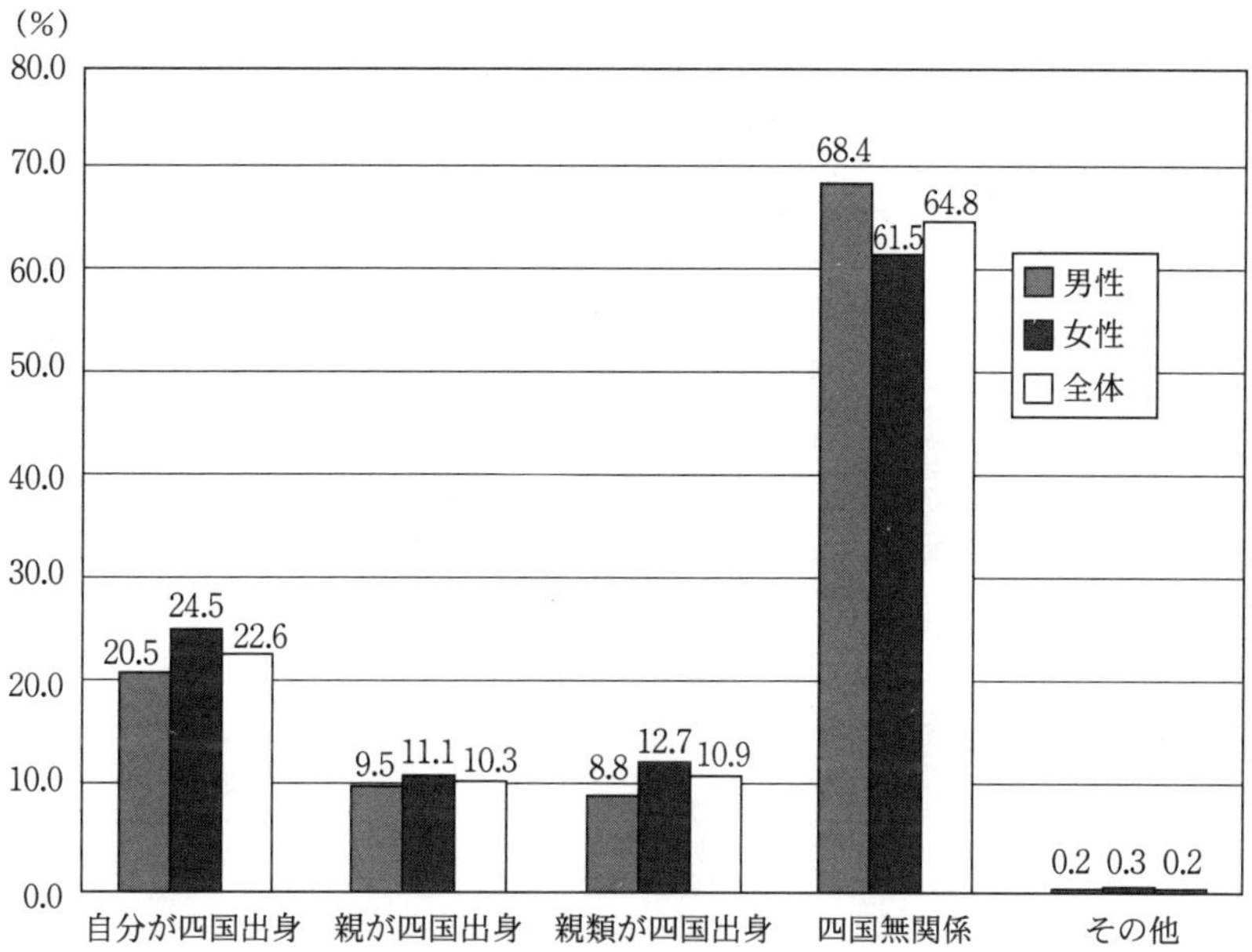

九％の順であり、女性では、「高校卒」五二・五％、「中学卒」一二・六％、「短大卒」一一・三％、「小学校卒」九・三％の順である（図6-9）。

年齢別では、三〇歳代では「大学卒」が四九・二％、「高校卒」が三七・三％であるのに対し、四〇歳代になると「高校卒」が五二・九％、「大学卒」二四・四％と逆転し、五〇歳代から七〇歳代までその順位は変わらない。ただし、「高校卒」「大学卒」のどちらの割合も六〇歳代、七〇歳代になるにつれて徐々に減少していき、「小学校卒」が六〇歳代で一二・〇％、七〇歳代で二〇・四％と増えてくる。

六　四国との関係

回答者またはその親族が四国の出身であるか否かをたずねた質問では、「自分が四国出身」の人が二二・六％、「親類が四国出身」が一〇・九％、「親が四国出身」が一〇・三％であり、六四・八％の人が「四国とは無関係」であると答えている（図6-11）。つまり、本調査

図 6-12 信仰する宗教と性別

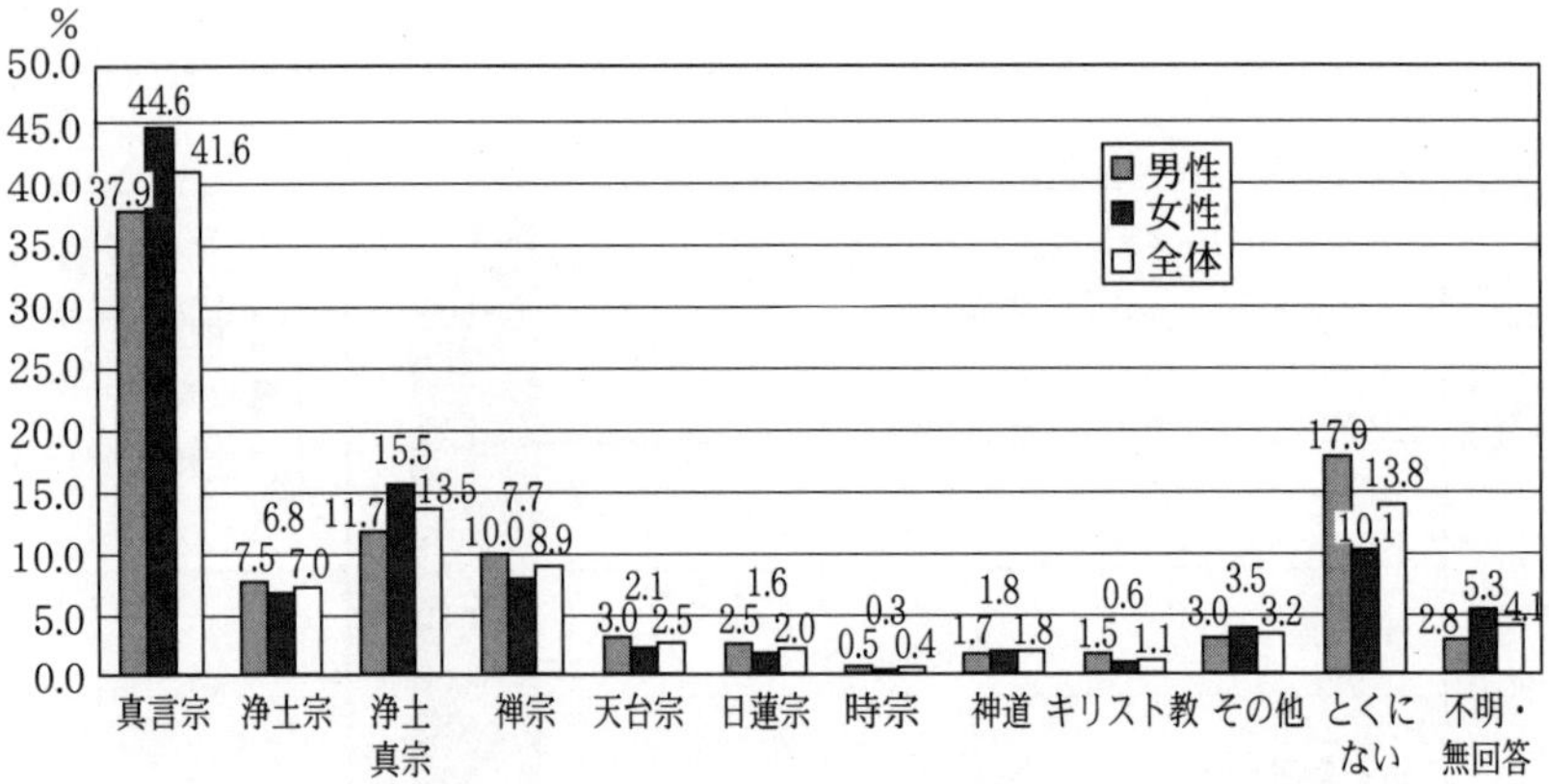

の対象者に限定すれば、遍路に行く人の約六五%が必ずしも四国と地縁的関わりをもっているわけではないことがわかる。

男女別にみると、「四国と無関係」と答えた人が、やや男性の方に多く(男性六八・四%、女性六一・五%)、「自分が四国出身」と答えた人がやや女性に多い(男性二〇・五%、女性二四・五%)点を除けば、この傾向はあまり変わりないといえよう。年齢別にみると、四〇歳代、六〇歳代、七〇歳代は、二〇歳代や三〇歳代などに比べて、「自分が四国出身」という人の割合がやや多く、「四国とは無関係」の人の割合がやや少ないという結果が出ている。

七 宗教意識

対象者の宗教意識についてみることにしよう。調査では「あなた御自身が最も信仰している宗教、または関心の深い宗教」を一つ選んでもらった。それによると、「真言宗」(四一・六%)と答えた人がやはり圧倒的に多く、「浄土真宗」(一三・五%)、「禅宗」(八・九%)、「浄土宗」(七・〇%)、「天台宗」(二・五%)、「日蓮宗」(二・〇%)、「神道」(一・八%)、「キリスト教」(一・一%)と続いているが、「とくにない」(一三・八%)の割合が高いことにも注目する必要がある。

図 6-13 「真言宗信仰」と「とくにない」(年齢別)

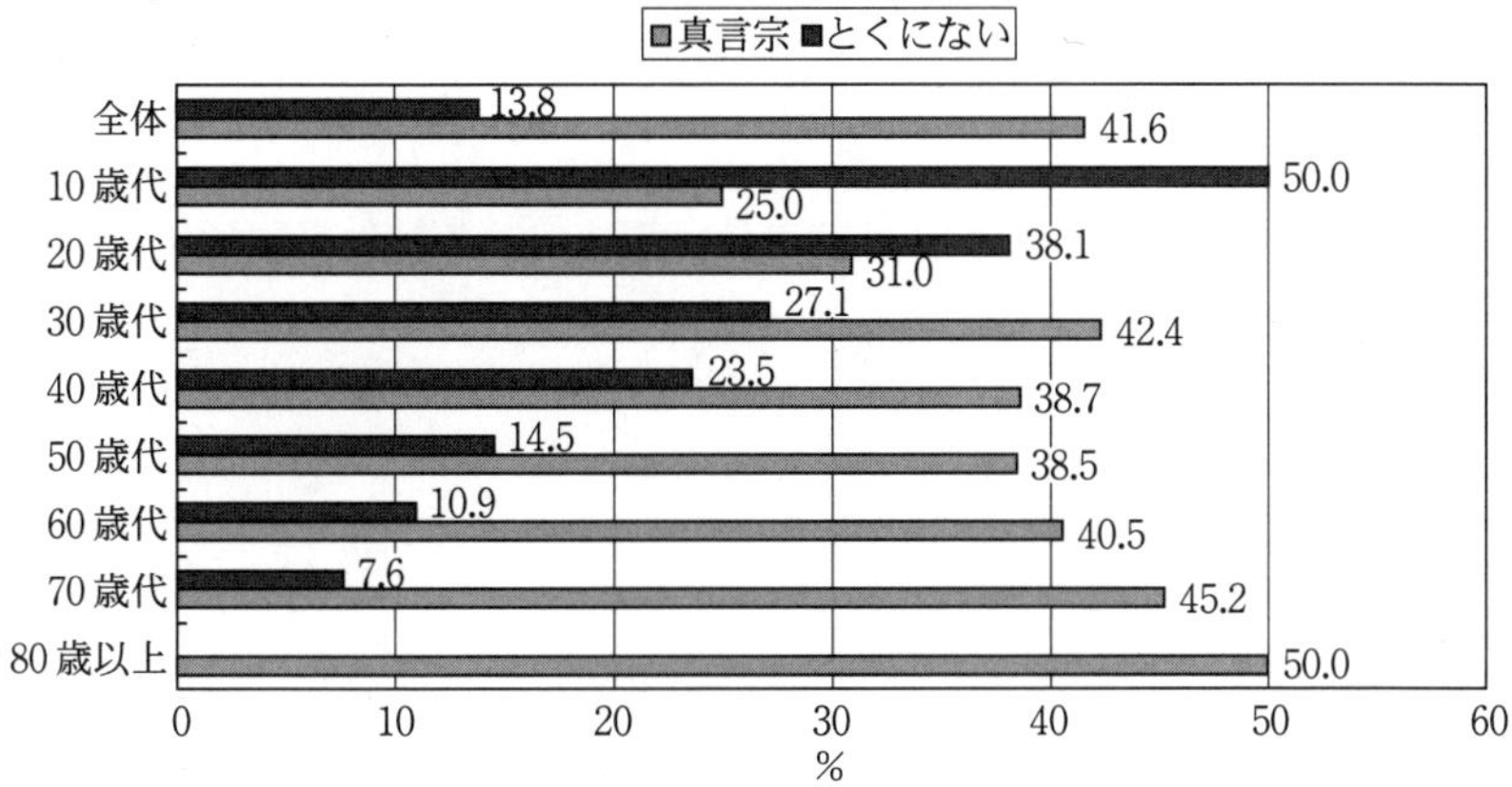

図 6-14 「真言宗信仰」と「とくにない」(学歴別)

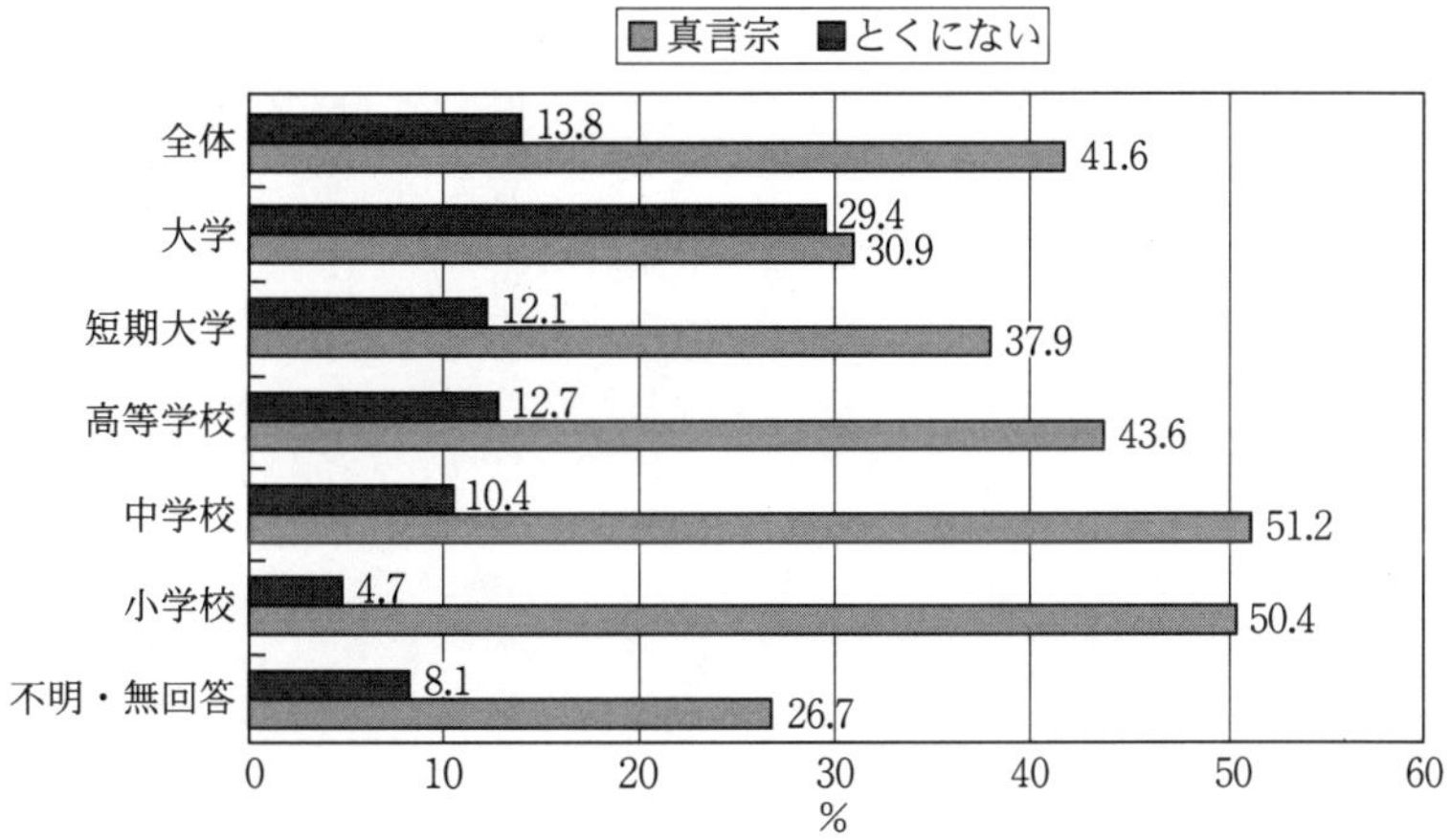

男女別にみると、男女ともこの順位に変わりはないが、「真言宗」は男性（三七・九％）よりも女性（四四・六％）にやや多く、「とくにない」が女性（二〇・一％）に比べて男性（一七・九％）にやや多いことが目につく（図6-12）。

年齢でみると、年齢が若くなるにしたがって「とくにない」が増えていき、五〇歳代以降は年齢が増えるにしたがって「真言宗」の割合が増えていくのがみてとれる（図6-13）。

学歴別にみると、学歴が上がるにしたがって、「真言宗」の割合が減っていく一方、「とくにない」が増えていく傾向がある（図6-14）。

なお、本調査においては、あくまで母集団を春遍路とし、宿坊宿泊者を対象としたことを念頭において、データの解釈をしなければならないことを再度確認しておきたい。

参考文献

早稲田大学道空間研究会編『現代社会と四国遍路道』一九九四年

前田卓『巡礼の社会学』ミネルヴァ書房、一九七一年

山本和加子『四国遍路の民衆史』新人物往来社、一九九五年

村上護『遍路まんだら』佼正出版、一九八六年

近藤喜博『四国遍路研究』宮弥井書店、一九八三年

宮崎忍勝『四国遍路』朱鷺書房、一九八五年

岩田紀『四国八十八ヶ所巡拝者の意識と行動―公認先達に関する調査報告』一九九一年

真野俊和編『聖跡巡礼』（講座「日本の巡礼」第2巻）雄山閣、一九九六年

第七章　現代「四国遍路」の巡り方

遍路の儀礼のひとつに、一番札所から右回りに八八番札所までをその順序に従って参拝するというものがある。それはいつからかは正確にはわからないが、徳島県から右回りに高知県、愛媛県、香川県という順序で、悟りを開くための道筋に沿って、発心、修行、菩提、涅槃という四つの道場として意味づけられ、その意味づけが密教の曼荼羅思想によって裏づけを与えられるようになっている。番号順に回る儀礼的回り方は、観音霊場にもあるが、西国巡礼や坂東巡礼にしても、その順番は回るのに都合よく付けられているとはいえず、多様な道を利用しうる場合が多いことから必ずしも守られているとはいえない。しかしながら、四国遍路道は、原則として四国の海岸線をぐるりと回ることからその儀礼は維持されやすいばかりでなく、その道は、徳島、高知、愛媛、香川のそれぞれが曼荼羅の意味づけを納得させるような立体空間的構成をしており[1]、現代のほとんどの案内書には、各霊場はその四つの道場に分けられて解説されている。

巡礼が日常性からの一時的離脱とそこへの回帰を可能にする儀礼（日常的世界と非日常的世界にはそれぞれにふさわしい参与的地位ないし資格があり、それぞれの世界を行き来するためには転換儀礼が必要である）をともなっていること、そして四国遍路の「巡り方」はそのような儀礼の重要部分を構成していることに着目するならば、その儀礼が急激に変動する社会のなかでどのように再生産されているかという社会学的関心が惹起される。四国霊場を多くの人が長年にわたって訪れつづけている事実と、その際に一定の儀礼的慣行が観察される事実を確認するならば、変化する社会構造的特質と日常と非日常を媒介する儀礼的慣行の関係を明らかにすることが、四国遍路に社会学的なアプローチを試みる意義のひとつであろうし、また現代四国遍路の巡り方の特質をその観点から考察することが可能となろう。

本章では調査結果のうち、このような儀礼的意味での遍路の巡り方に絞って、現代四国遍路の特徴を探ってみたい。

一 遍路行為パースペクティヴと「巡り方」

四国遍路が「道」を媒介とした人間経験であるとすれば、物理的空間としての道を視野に入れることは不可欠であろう。しかし、自分の身体の置かれた物理的・社会的空間の広がりとともに過去と未来への時間的広がりを含む行為パースペクティヴからみれば、遍路道はさまざまな視点の交錯ないし複合体としてとらえられるのであり、遍路の巡り方とは、これらいくつかのパースペクティヴの諸断面を意味するものであるといえよう。遍路者は、出発前後、道中、到着前後など、そのときの状況や心境に応じて、さまざまなパースペクティヴに身を置くことになる。

移動する手段の違いは遍路者の行為パースペクティヴおよび経験の内容を大きく左右するに違いないことは容易に推測できよう。歩く人は、歩くスピードで身の回りの自然や沿道の人との交流を経験することができるし、道中一緒になった人たちとの交流や抜きつ抜かれつの関係を励みにすることもできる。それだけ札所についたときの感激はひとしおである。しかし、大型バスやマイクロバス、タクシーなど車で移動する人にとっては、道の移動自体は遍路行為パースペクティヴにおいてそれほど重要な意味をもたず、札所での霊気や歴史的雰囲気に浸るパースペクティヴやそこでのお参りの作法や儀礼が相対的により重要となる。道中修行よりも霊場修行が焦点化されるのである。(2)

もっとも車を運転する人のパースペクティヴからみれば、狭い道や交通量の多い初めての道を運転することは決して楽な道中ではなく、歩く人の場合とは別の道中修行としての意味合いが生ずるであろう。また、歩く人の場合にも、舗装された車の多い道や排ガスがこもり大型トラックなどの通行に肝を冷やす長いトンネル内を歩く道中などにおける修行的意味合いは、昔の遍路の場合とは大きく趣を異にするに違いない。

ただし本論では、これらの視覚や聴覚によってとらえられる直接経験的パースペクティヴにまで詳細に立ち入ることはできない(3)。ここで遍路の巡り方という場合、たとえば一回の遍路旅において、①スタート地点と目的地、②四国全体をカバーする遍路道のなかでのその位置づけ、③道の方向性(ないしは右回りか左回りか)、④目的地に至るまでにかかる時間などが、遍路する人にとってのパースペクティヴにおいて、さしあたり重要な要素となろう。本調査では、遍路の巡り方をとらえるためのデータとして、起点札所と終点予定札所、予定日数、打ち方(回り方)に関する質問を用意した。起点札所とは、最初に出発する札所のことであり、通常は第一番からであるが必ずしも一番から始めなくともよくどこから始めてもよいとされている。終点札所は、そのときの遍路旅を終える最後となる札所のことである。これによって自分の位置を知ることができるし、これまでの道のりや目的地までの道のりと時間を思い描くパースペクティヴに立つことができる。予定日数は、そのようなパースペクティヴに立つときにえられる時間的距離を表している。

遍路の「打ち方」といういい方は、札所巡礼においてかつては木札であった納札を寺の建物に打ち付けて回ったことから来ているといわれる。また「打ち方」については、「順打ち/逆打ち」と「通し打ち/区切り打ち」の二種類をさしあたり区別する必要がある。この二組の巡り方儀礼は、日常/非日常の転換にどのように関わるのであろうか。まず、出発する札所はどこからでもよいが、たとえば一番札所から二番、三番と順番に右回りに回る巡り方を「順打ち」、八八番から八七番、八六番というように逆に左回りに巡ることを「逆打ち」という。一番から順打ちで回ることにより、右回りに回る修行形態に忠実な儀礼を実践することができ、これが悟りへの道を示唆する曼荼羅の意味づけによってさらに強化され、日常から分離された境界領域に一時身を置き、悟りを開いて元の日常に再生するという擬死再生の境界儀礼の意味が了解されるのである。逆打ちは順打ちがあって初めて成り立つ裏返しの意味がこめられており、順打ちよりは逆打ちの方が苦労が多いとされているばかりか、順打ちで回っているとされる弘法大師に会えるチャンスが高いともいわれている。

　また、始まりはどこからでもよいが、たとえば一番から八八番までのように八十八ヵ所を一回で通して回ることを「通し打ち」、全体を何回かに分けて（区切って）回ることを「区切り打ち」という。「打つ」は、もともと札所における点的パースペクティヴにおいて用いられた用語法であるが、「打ち方」というのは回る行為に媒介され四国遍路道全体を視野に入れた巡り方パースペクティヴに変換された用語法である。これは現代に特有のものではなく、おそらくは四国遍路が庶民化する当時にまで遡るに違いない。また通し打ちのように、四国全体を視野に入れる用語法は、遍路道を密教の胎蔵曼荼羅思想によって、悟りを開くための四つの道場（発心、修行、菩提、涅槃）として意味づける見方と相互補完的関係を構成しやすいといえよう。

　そこで次に、本章でのアンケート結果データの分析にとって重要な意味をもつと思われるので、現代における遍路が一般的に思い描きうると思われる四国遍路道の曼荼羅的解釈の一例として、坂田論文とわれわれの作成したCD-ROMにおける道の立体空間的データを踏まえ、[4] 遍路の行程を胎蔵曼荼羅界と仏教経典によって解説しているある霊場のパンフレット、[5] 現代歩き遍路の代表的遍路記[6]などを参考にしながら簡単にまとめてみよう。これにより、四国の各県の曼荼羅道場的意味がどのように遍路の回り方儀礼のパースペクティヴを構成するかについて仮説的なスケッチを試みておくことにする。

阿波第一番霊山寺から遍路装束に身を包んで出発し、日常生活から非日常である遍路の世界へと入っていくのであるが、徳島発心の道場では、一番から一〇番までのなだらかな田園の道を経て吉野川を渡り、対岸の一一番を過ぎると最初の「へんろころがし」として名高い一二番焼山寺を経験する。さらにそこを無事に越えると今度は一二番から一九番までの比較的開けた街中の道を経験し、再び急な山道を登り二つの険しい霊場二〇番、二一番を経て徐々に山を降り、比較的平地の二二番から最後には海岸の道沿いへと出たところで二三番に到着する。このように、田園の道、山の道、街中の道、海辺の道を一通り経験して足慣らしができるという意味で、最初の阿波の道は発心の道場にふさわしい。

ところが、二三番を過ぎて土佐に入ると次の札所への道は海岸線に沿ってひたすら長く続いており、その基調は海辺の道である。土佐の荒海をみながらの海岸線の長い道のりは修行の道場にふさわしく、しかも今でも最も交通の便の悪い室戸、足摺の二つの岬をまわっていく苦労は、人をして自らの限界に挑戦させる。「土佐の修行を体験すると、自分が仏に出会うなどということは不可能だと、自分はもう決してそんなことがいえる人間じゃないと、いうことを思い知らされるんです」[7]。土佐の道はまだ引き返せる位置にあり、一日一日が自分に課された課題に打ちひしがれくじけそうになる修行である。最後の三九番を過ぎてから伊予に入って最初の札所四〇番は、第一番霊山寺の真裏にあたり裏関所ともいわれるように遍路道全体のほぼ中間に当たる[8]。

そこから始まる伊予の道は、土佐と同じく道のりは長いが、基本的に海辺から少し内陸に入った山の道となる。すなわち四三番を越えて四四番大宝寺、四五番岩屋寺は深い山のなかにあるし、六〇番横峰寺も四国随一の石鎚山の中腹にある。このような山の奥へと入っていく道の経験は、内省を意味するメタファーとして語られる。しかし伊予の道がすべて山の道ではなくあるときは道後の歓楽街を通り、あるときは土佐の荒海とは異なる静かな瀬戸内の海に心を落ち着かせるように、多様な経験が織り込まれており、悟りは自分以外のものになるのではなく自分自身の内部に見出すものだという菩提の意味が説明される。しかしその過程ではさまざまな誘惑がある。ありのままの自分のなかにあるそれらの煩悩をみつめなおすことが菩提の道場といわれる所以だとされるのである。「外に求めるのではなく、自分のうちに光をあててうそのないありのままの自分をみること、これが、伊予の国の菩提の道場の主要な意味なのです(9)」。

最後の涅槃の道場は、讃岐の六六番雲辺寺から始まり、そこを過ぎると金毘羅や七五番善通寺周辺などを中心とする街中の道を基調とするものであり、讃岐の多くの小高い山は正規分布を思わせるなだらかな山である。結願の寺である八八番大窪寺も山にあるが峻険な山ではなく、どちらかといえばなだらかな山である。讃岐が涅槃の道場と呼ばれるのは、ありのままの自分のうちに煩悩を見出し内省を繰り返した後にたどり着くのが、自分を含めて生きとし生けるすべてのものに本来の仏性が備わっていることに気づかされるという境地であり、自分自身の内部でこそ真の仏に遭遇しうるという意味での悟りが開かれることを意味する。「ここまでくると涅槃経の『一切衆生、皆悉（ことごとく）、仏性あり』という御文が大いなる意味をもって、輝きだします。人間も、動物も植物も海も山も川もみんな同じ生命であり、これら全部に目鼻を付けたものが仏であり、われわれはこの仏の世界から生まれてきて、仏の世界に帰って行く(10)」。しかも、讃岐に入ると残りの寺の数が少なくなり、かえって今までの苦しみや楽しかった思い出がよみがえってくるのであり、ここからそれまでの各道場が人生の歩みを象徴しているようにも感じるようになる(11)。すなわち、発心は幼少期、修行は青年期、菩提は壮年期、涅槃は老年期にあたるともいえる。ここでは四国のあちこちにみかける山頭火の句碑に刻まれている「人生即遍路」という句の意味が、実感をもって納得されるのであり、遍路旅のパースペクティヴは人生それ自体のパースペクティヴへと変換されるのである。

かくして遍路者は、今自分はまだ阿波の発心の道場を打ち終えたばかりだとか、土佐の修行の道場は厳しかったなどという四つの国単位のパースペクティヴによって、自らの遍路旅を分節化し、自らの位置を確認したりこれからの予測を立てることができるのである。現在では、区切り打ちの遍路であっても、このような四つの国を回ることの曼荼羅的意味を基本的な遍路旅のパースペクティヴとして、それぞれの区切り打ちの旅を計画し実践していると考えられる。区切り打ちのなかでも、それぞれの都合にあわせて、阿波、土佐、伊予、讃岐の道場を、春、秋や四季にあわせて、一国ごとに三~四日かけて回りながら、一年ないし二年かけて一周する人は多いのである。

もちろんこのようなイメージを明確にもっている人は、それほど多くはないかもしれない。しかし、すでにさまざまな案内書やＮＨＫの番組を通じて、二〇〇〇年前後からは、発心、修行、菩提、涅槃という四つの言葉で四国各県を分類する用語法は、四国遍路に旅立つ人の間に大なり小なり定着していると考えてよいであろう。

さて、現代の遍路事情と遍路行為パースペクティヴについての以上のような仮説的考察を踏まえて、遍路アンケート調査の結果をみることにしよう。ただしここでは紙幅の都合上、巡り方の特定側面（通し打ち・区切り打ち／順打ち・逆打ち、起点札所と終点予定札所、遍路予定日数）に絞ってみていく。

二　遍路調査結果からみた遍路の巡り方

一　遍路の打ち方

(一)　通し打ち／区切り打ち

全体でみると、「通し打ち」は二七・七％、「区切り打ち」は七一・三％であり、圧倒的に後者の方が多い。もちろん、「区切り打ち」という概念が最近のものではないとしても、交通手段がそれほど発達していない時代には、一度、遍路に旅立ったらそう簡単に帰ることができなかったはずであるばかりでなく、中断している前回の場所に到達することは今日に比べて相対的に困難であったに違いない。これは、現代人の生活様式、費用、日数、交通手段の発達等を考慮して開発された巡拝バスの企画によって促進されたと考えられる。

「通し打ち／区切り打ち」を移動手段別とクロス集計し、前者の順位をみると、いずれの場合も「区切り打ち」の方が多く、①車や鉄道が中心だが場所によって歩く(八一・四％)、②車・バスが中心(七三・八％)、③徒歩が主だが車・鉄道も利用(六六・一％)、④徒歩のみ(五六・七％)という順序になり、「通し打ち」の①徒歩のみ(四三・三％)、②徒歩が主だが車や鉄道も利用(三三・九％)、③車・バスが中心(二五・二％)、④車や鉄道が中心だが場所によって歩く(一六・三％)の場合の順位と対照的であり、通し打ちに比べて区切り打ちの方が相対的に車志向が強いことがわかる(図7-1)。職業でみると、区切り打ちは、「農林漁業」(八四・九％)、「教員」(八〇・〇％)、「会社勤め」(七九・八％)、「主婦」(七九・一％)、「公務員」(七七・八％)、「自営業」(七三・五％)、「無職」(六〇・三％)の順である(図7-

図 7-1　打ち方（移動手段別）

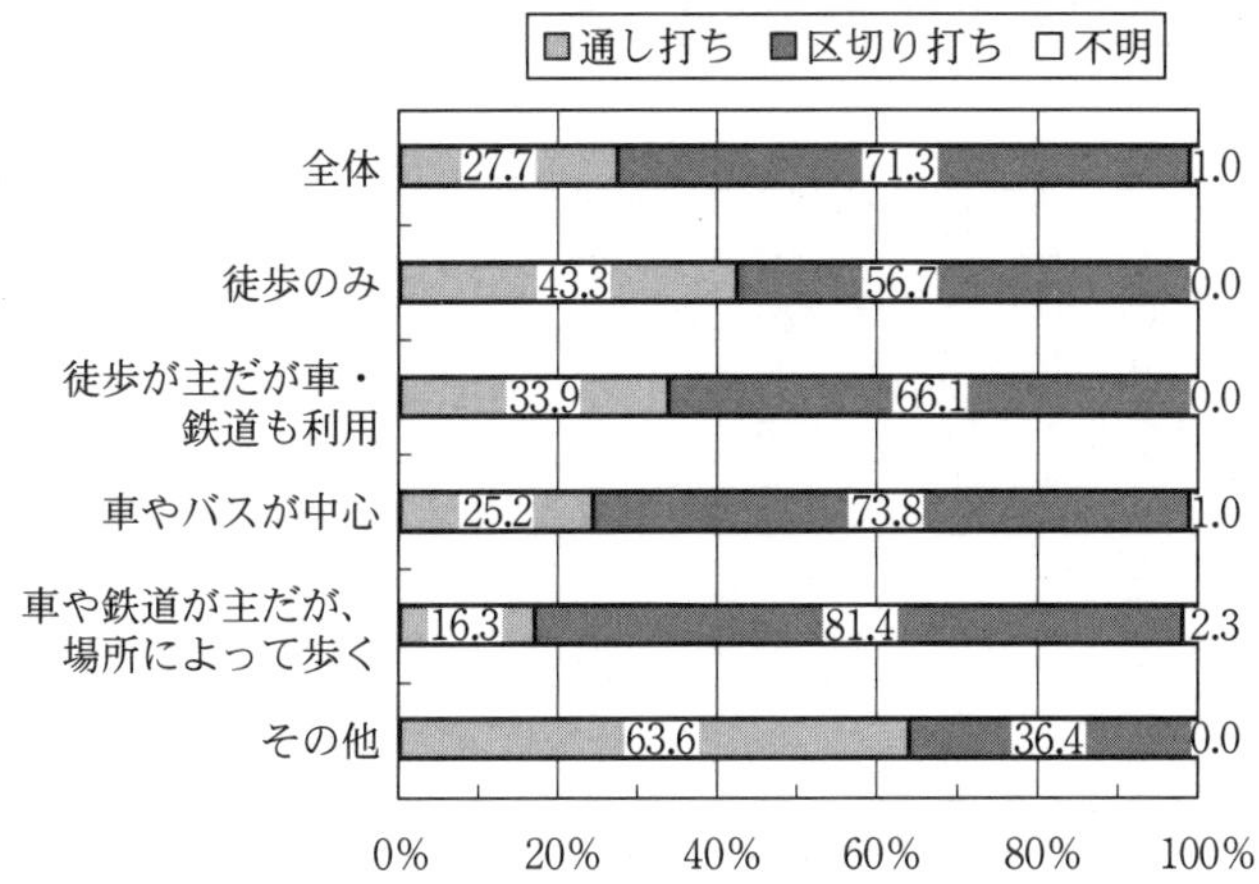
□通し打ち ■区切り打ち □不明
全体 27.7 71.3 1.0
徒歩のみ 43.3 56.7 0.0
徒歩が主だが車・
鉄道も利用 33.9 66.1 0.0
車やバスが中心 25.2 73.8 1.0
車や鉄道が主だが、
場所によって歩く 16.3 81.4 2.3
その他 63.6 36.4 0.0
0% 20% 40% 60% 80% 100%

図 7-2　職業別にみた打ち方

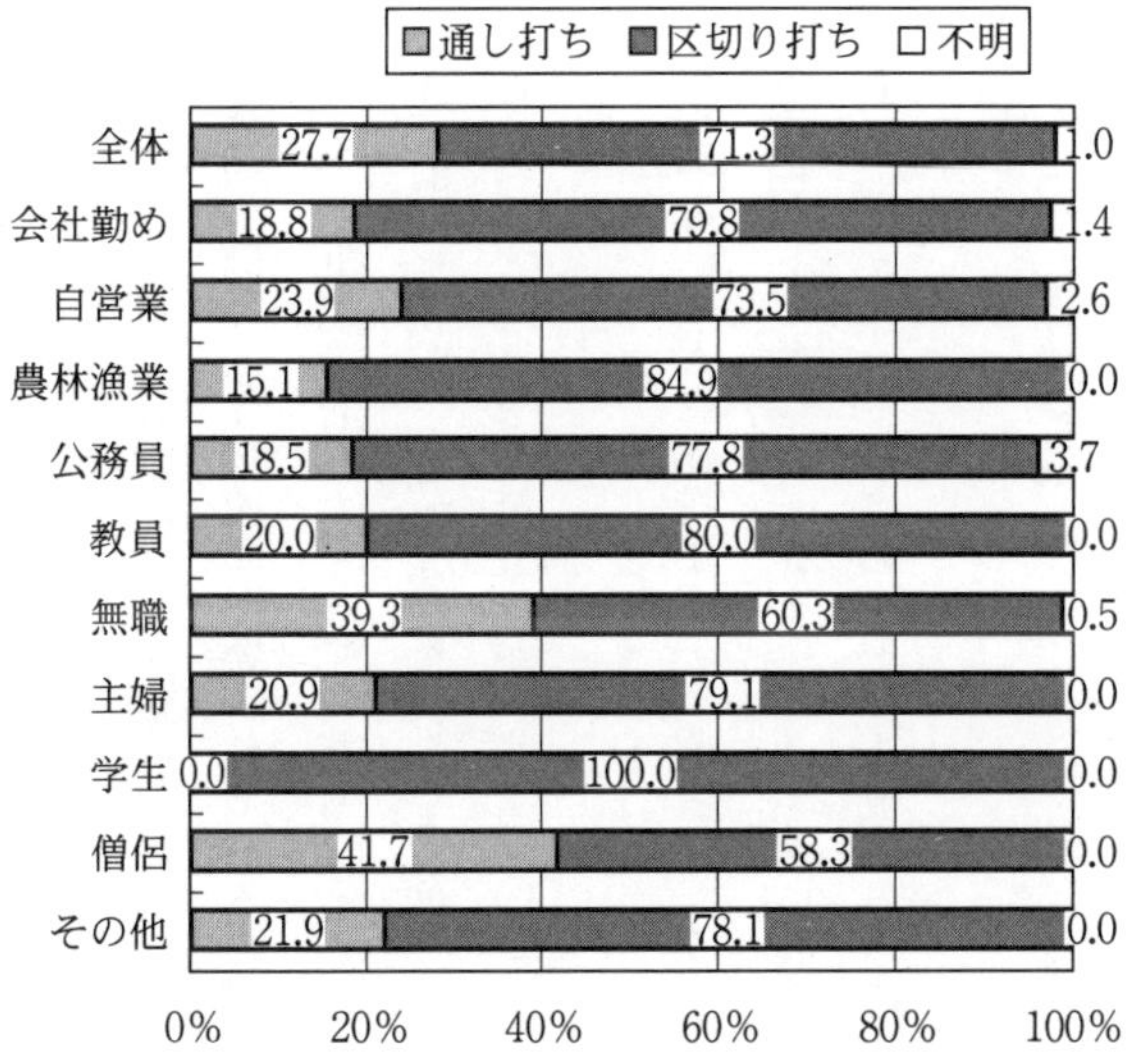
□通し打ち ■区切り打ち □不明
全体 27.7 71.3 1.0
会社勤め 18.8 79.8 1.4
自営業 23.9 73.5 2.6
農林漁業 15.1 84.9 0.0
公務員 18.5 77.8 3.7
教員 20.0 80.0 0.0
無職 39.3 60.3 0.5
主婦 20.9 79.1 0.0
学生 0.0 100.0 0.0
僧侶 41.7 58.3 0.0
その他 21.9 78.1 0.0
0% 20% 40% 60% 80% 100%

2)。逆に「通し打ち」が、時間的余裕のある無職（三九・三％）に最も多い（とくに男性無職では四七・二％、女性無職は二九・七％）ことをみても、区切り打ちが、現代社会の時間に縛られた職業生活秩序に密接に結びついており、車・バス・鉄道などの高速な移動手段の利用可能性に大きく依存していることが推測できよう。「区切り打ち」はその意味で現代遍路の特徴である。

回答者が一回の遍路にどのくらいの日数を予定しているかをみると、最低日数は一日、最高日数は二四〇日、全体の平均は、一二・三日である。[12] しかしこの平均日数は、かなり長期の例外的な数値に影響されているので一五〇日以上と答えた一九名を除く一〇三八名に絞ると八・三日となる。この一九名を含めた全体でみても、七六・五％の回答者の遍路日数は一〇日以内に収まっている。最も多いのは「二～三日」（二六・一％）、次に多いのが「四～五日」（一五・四％）、第三位が「五～六日」（一四・八％）、第四位が「六～七日」（一一・五％）、第五位が「八～一〇日」（五・八％）である。

「移動手段」との関係では、「車やバスが中心」の場合と「徒歩のみ」の人を比較すると、前者は「二～三日」をピークとし、あとは「六～七日」までにほとんどが収まっているのに対し、後者は一位が「五～六日」であるが第二に「三一～五〇日」の山が来るというように、その違いが明瞭である（図7-3）。後者の「三一～五〇日」の山の方は、徒歩による通し打ちである。

「通し打ち／区切り打ち」との関係でみても、「区切り打ち」が「二～三日」をピークとしているのに対して、「通し打ち」の方は「六～七日」をピークとしており、両者の違いが一目瞭然である。また、「区切り打ち」の方は、「一日」から「二～三日」をピークとし、「八～一〇日」まででほとんどがカバーされているのに対し、「通し打ち」の方は、「四～五日」から「六～七日」をピークとして「一一～一五日」までの山のあとに、さらに「三一～五〇日」、「五一～一

図 7-3 遍路日数（車と徒歩別）

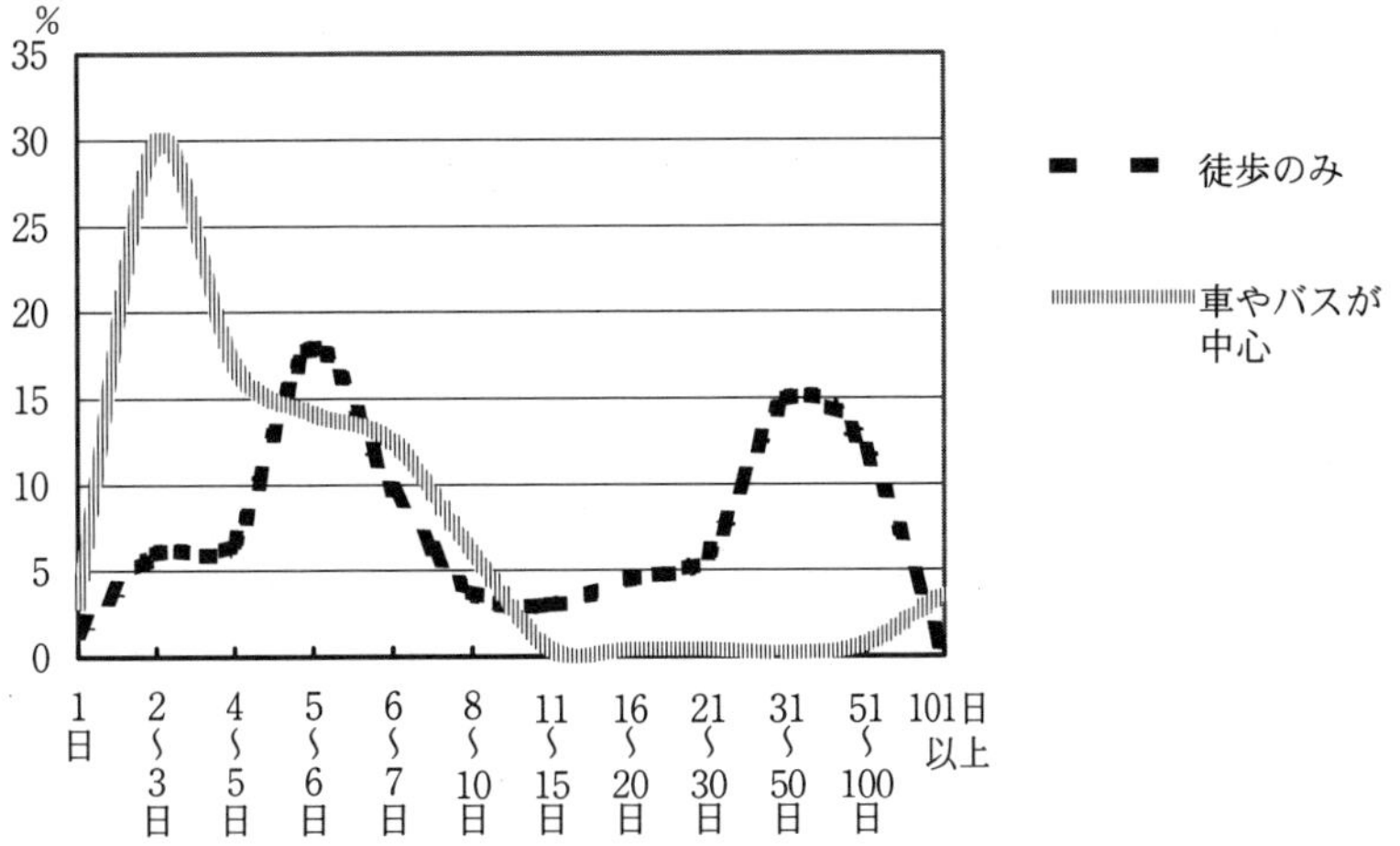

図 7-4 遍路日数（打ち方別）

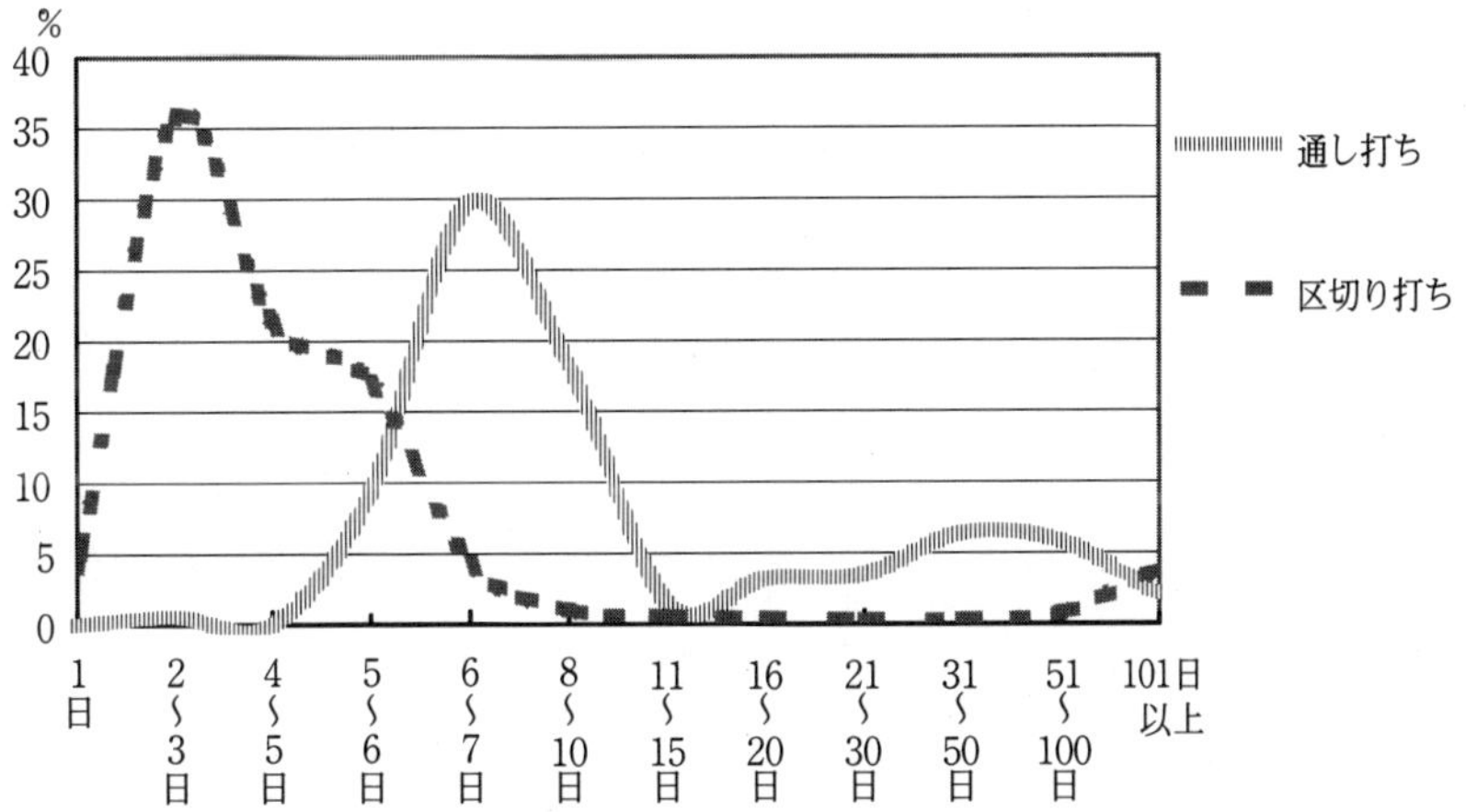

〇〇日」を頂点とするもうひとつのなだらかな山がみられる。後者の山は、「徒歩」中心の人である（図7-4）。

ひとつ付け加えると、一五〇日以上という一九名の回答者（そのすべてが数ヵ寺の「区切り打ち」である）は、今回の日数のみではなく回り切るのに必要な日数を答えていると推定される。つまり、今回の遍路行に限るという調査票の質問の意味を誤解していると思われるのだが、これらの回答者は今回の遍路行が区切り打ちであると答えながら、時間的には全体を通して回るパースペクティヴに身を置いていると考えられるのである。ここには、四国を巡るという行為の全体性がつねに念頭に置かれているのがみて取れよう。

（二）　順打ち／逆打ち

次に、「順打ち」と「逆打ち」の割合をみると、全体では八八・八％が「順打ち」であり、「逆打ち」は七・八％に過ぎない。また、「順打ちでも逆打ちでもない」あるいは「両者の混合」を含む「その他」の巡り方が一・二％くらいいる。全体的に「区切り打ち」が主流になったとしても、遍路道の巡り方の方向性に関して制度化されている「順打ち」と「逆打ち」が併せて九六・六％に上ることは、四国遍路のオーソドックスな回り方が基本的に維持されていることを示している。これについては男女別、職業別、学歴別でみても有意な差はみられないし、「通し打ち」と「区切り打ち」別にみても変わらない（「通し打ち」と答えた人の九二・一％が「順打ち」、六・七％が「逆打ち」であり、「区切り打ち」と答えた人の場合は、前者が八七・八％、後者が八・三％である）。

二　起点札所と終点札所にみる特徴

この調査では、回った札所をすべて詳細に訊ねている訳ではないが、起点札所と終点札所を聞いているので、起点札所と終点札所のさまざまな分布を明らかにすることができる（表7-1）。

回答者全員の起点札所、終点札所それぞれをみると、一番札所を出発点とする人は三七・四％（四六三人）におよび、二四番最御崎寺を出発点とする人九・三％（一一五人）、四四番大宝寺を出発点とする人六・五％（八〇人）、四六番浄瑠璃寺を出発点とする人四・八％（五九人）、三七番岩本寺を出発点とする人三・四％（四二人）などを圧倒的に引き離している。一番を出発点とする人の数の多さは、四国遍路の巡り方の基本がかなり忠実に守られていることの証左のように思われる。移動手段別にみると、一番を起点とする人の割合は、車・バス中心の人の三五・六％、徒歩のみの人では全体の五八・三％に上る。しかも、一番を起点とする四六三人中、通し打ちが六二・二％に達する。

終点札所に注目してみよう。終点札所が八八番大窪寺である人が四三六人おり、全体の三五・二％である。四三番明石寺八二人（六・六％）、三六番青龍寺七二人（五・八％）、六五番三角寺六三人（五・一％）、三九番延光寺四〇人（三・二％）と続くが、八八番大窪寺が圧倒的に多いのが注目される。これも、大窪寺を終点とする四三六人のうち二七九人（六四・〇％、全体の二二・五％）が通し打ちであることから、その理由を理解することができるが、それ以外の札所を起点とする区切り打ちの人であっても八八番を終点札所とするケースがかなり多い（一五七人で三六・〇％、全体の一二・七％）ことは注目に値する。

一番霊山寺以外の起点札所のうち、二四番最御崎寺一一五人（九・三％）、四〇番観自在寺一〇人（〇・八％）、六六番雲辺寺六人（〇・五％）などが多少の数を占めているのは、一国詣りを思わせるが、二四番以外はそれほど顕著であるとはいえない。二四番が出発点になるのは、土佐（修行の道場）の起点札所であり、一国詣りの起点札所として納得がいく。[13]同じく、二三番を起点とする人が二・八％（三五人）いるのも、阿波の道場の最後である二三番から次の区切り打ちを開始するパターンとして解釈できる。しかしこのような一国詣りを想定しても、四〇番、三九番など伊予

表 7-1　起点札所と終点札所

起点札所	人	%	終点札所	人	%
1 番霊山寺	463	37.4	88 番大窪寺	436	35.2
24 番最御崎寺	115	9.3	43 番明石寺	82	6.6
44 番大宝寺	80	6.5	36 番青龍寺	72	5.8
46 番浄瑠璃寺	59	4.8	65 番三角寺	63	5.1
37 番岩本寺	42	3.4	39 番延光寺	40	3.2
23 番薬王寺	35	2.8	64 番前神寺	39	3.2
54 番延命寺	33	2.7	23 番薬王寺	34	2.7
36 番青龍寺	25	2.0	53 番円明寺	32	2.6
49 番浄土寺	23	1.9	71 番弥谷寺	31	2.5
60 番横峰寺	22	1.8	1 番霊山寺	25	2.0
41 番龍光寺	17	1.4	66 番雲辺寺	25	2.0
45 番岩屋寺	15	1.2	75 番善通寺	20	1.6
55 番南光坊	14	1.1	40 番観自在寺	19	1.5
35 番清龍寺	12	1.0	45 番岩屋寺	16	1.3
38 番金剛福寺	12	1.0	67 番大興寺	13	1.1
65 番三角寺	12	1.0	44 番太宝寺	12	1.0
31 番竹林寺	11	0.9	60 番横峰寺	12	1.0
40 番観自在寺	10	0.8	21 番大龍寺	9	0.7
88 番大窪寺	10	0.8	33 番雪渓寺	9	0.7
11 番藤井寺	9	0.7	58 番仙遊寺	9	0.7
18 番恩山寺	9	0.7	27 番神峯寺	8	0.6
43 番明石寺	9	0.7	51 番石手寺	8	0.6
52 番太山寺	9	0.7	30 番善楽寺	7	0.6
19 番立江寺	7	0.6	62 番宝寿寺	7	0.6
28 番大日寺	7	0.6	38 番金剛福寺	6	0.5
30 番善楽寺	7	0.6	56 番泰山寺	6	0.5
その他	562	45.4	その他	533	43.1
不明	71	5.7	不明	100	8.1
合計	1237	100.0	合計	1237	100.0

の道場への転換点や、六五番、六六番など讃岐の道場への転換点に当たる札所を起点とする人がそれほど多くないのである。

たまたま本調査の対象者に偏りがあったとも考えられるが、逆に終点札所に注目するならば、伊予の最後の六五番三角寺六三人（五・一％）、土佐の最後の三九番延光寺四〇人（三・二％）、阿波の最後の二三番薬王寺三四人（二・七％）が、それぞれ上位に上がっているのがみて取れる。それらを終点札所とする人の割合が比較的高いことをみると、起点札所はさまざまであっても、各道場の最後の札所を終点とすることを区切り打ちの締めくくりとする考え方が一定程度の割合を占めていることがみて取れる。起点札所よりは終点札所の方に、各道場の区切りとしてのより強い意味づけがなされているようで興味深い。

さらに、四国四県ごとに起点札所の分布割合（各県ごとに同県の札所を起点札所とした人の数を合計し、それを起点札所を明記した対象者数全体で除したもの）をみるならば、阿波四三・九％（五四三）、伊予二七・六％（三四二）、土佐二〇・〇％（二四八）、讃岐二・七％（三四）の順になり、終点札所の分布割合の順番をみると、讃岐四四・一％（五四五）、伊予二七・二％（三三六）、土佐一三・二％（一六三）、阿波七・五％（九三）の順となる。ただし四国八十八札所霊場は、阿波二三ヵ寺、土佐一六ヵ寺、伊予二六ヵ寺、讃岐二三ヵ寺であり、札所数の違いを考慮しなければならない。そこで、各県ごとに同県内の札所を起点札所とした人、終点札所とした人の総計を同県内の霊場数で割った値、すなわち各県内の一札所が起点ないし終点となる確率を示す指数で比較すると、起点札所になる確率指数は、阿波二三・六、土佐一五・五、伊予一三・一、讃岐一・五となり、終点札所になる確率指数は、阿波四・〇、土佐一〇・二、伊予一二・九、讃岐二三・七となる。

これらからわかるのは、第一に、県内の札所が起点札所となる確率は阿波が最も高く、終点札所になる確率は讃岐が最も高いことである。これはもちろん、阿波の場合は起点が一番に集中し、讃岐の場合は終点が八八番に集中していることが反映しているからである。第二に、それぞれの県の札所が起点札所になる確率の順位が、第一番札所のある阿波の発心の道場から始まって、土佐（修行の道場）、伊予（菩提の道場）、讃岐（涅槃の道場）の順に並んでおり、逆に各国の札所が終点札所になる確率は、讃岐から始まって逆順になるということである。これは各札所が起点札所になるチャンスは、国ごとにみると図らずも順周りで阿波に近い方に偏っており、逆に各札所が終点札所になるチャンスは讃岐に近づくに従って高くなることを示していて、このような隠れた数値にも札所の起点と終点になる位置の序列が反映されているようで興味深い。第三に、起点・終点が一番や八八番などひとつの札所に集中する阿波や讃岐の場合と比べると、土佐と伊予の場合は起点も終点も複数の札所に分散していることである。とくに伊予札所の場合は、起点となる確率と終点となる確率が近接している。さらにこれに関連して、逆打ちでみると起点札所数においても終点札所数においても、伊予が最も多い（起点札所六一・五%、終点札所五一・〇%）点が注目される。その理由としては、札所の数が多いことを別として、広島からの船や東京・大阪からの飛行機による松山へのルート、松山―高松間の鉄道や高速道路網といった交通の便を挙げることができよう。歴史的にも九州から八幡浜を経由して四国入りするケースは多かったとされているし、今後は尾道―今治ルート（しまなみ街道）の橋で高速道路が完全につながったことになり、ますます伊予が起点になるケースは増えることが予想される。

以上の点を除けば、起点札所と終点札所のどちらについても、概してその他の特定のパターンに忠実な巡り方を抽出することは難しい。基本パターンに忠実な巡り方がかなりみられるのは事実としても、現代の遍路は区切り打ちを主流とし、その起点、終点も多様性に富んでいる面を見落とすべきではなかろう。基本的なパターンおよび多様化している巡り方の特徴をさらに詳細にみるために、起終点の組み合わせデータに注目してみよう。

三　起終点の組み合わせからみた巡り方

「通し打ち／区切り打ち」と答えた人が、どこを起点札所としどこを終点札所としているか、またそれが順打ち／逆打ちであるか、移動手段は何かをみることにより、さらに詳しい巡り方の特徴をつかむことができる。起点札所と終点札所の組み合わせの度数を集計し、さらに順打ち／逆打ちとクロス集計して全体合計の多い順に並べてみると、それぞれの人が一回の区切り打ちで、どの地域を何ヵ寺くらい回っているかをみることができる。また、移動手段とクロスさせてみるならば、どの組み合わせには、どのような手段が多いのかをみることができる。

起終点と順打ち／逆打ちのデータから、回る予定の札所数を算出すると、平均札所数は四五・七である。通し打ちを除いて区切り打ちおよびその他の回り方の平均札所数を算出すると、二九・〇となり、一五ヵ寺、三〇ヵ寺、四五ヵ寺くらいの三つのピー

図 7-5　一人が訪問した札所数

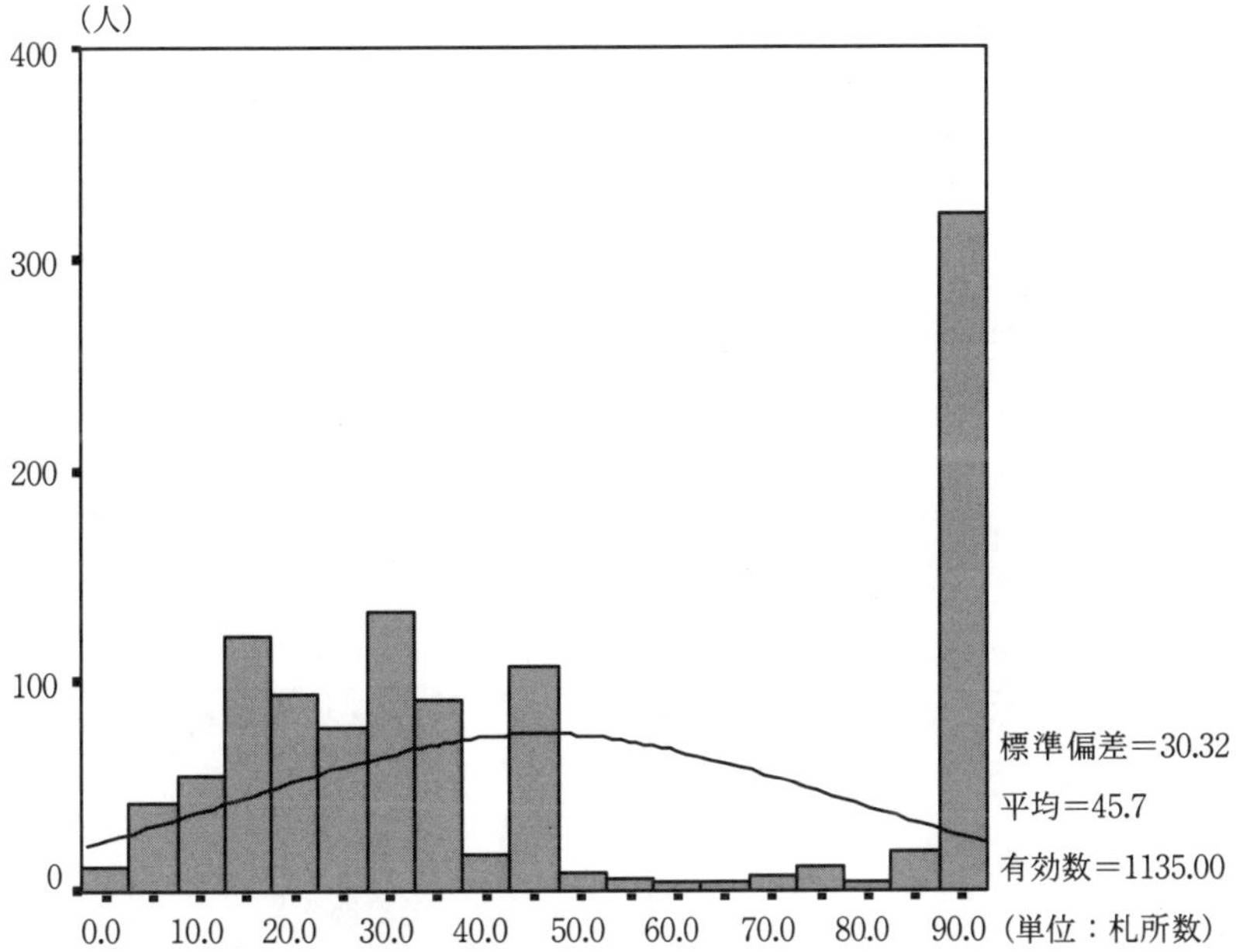

クが認められる（図7-5）。

（二）起終点の組み合わせからみた通し打ち

まず、起点札所と終点札所の組み合わせ（不明を除く三一三七人）の中で八十八ヵ所通し打ちは、全部で三〇九人、圧倒的に多いのが「一番から八八番」までの順打ちの通し打ちであり、全体の二五・三％（二八八人）、八十八ヵ所通し打ち全体（三〇九人）の九三・二％に当たる。さらに「一番から一番」までというように最後にもう一度出発点の一番に戻る人が一・一％（一二人）、これを合わせた通し打ち全体三二一人中二九七人（九二・八％）の人が、一番から通して回っていることになる（表7-2）。これを移動手段別にみると、両者（一番—八八番、一番—一番）を合わせて通し打ち全体（三二一人）の六四・二％（二〇六人）が車・バス中心であり、一七・八％（五七人）が徒歩のみである。その他に、徒歩が主だが車・鉄道も利用する人が六・二％（二〇人）、車や鉄道が主だが場所によって歩く人が二・五％（八人）いる（表7-3）。

一番以外の札所を起点とする通し打ち（全部で二一人）は、順打ち一七人（五五番—五四番が四人、二八番—二七番、四四番—四三番が各三人、四〇番—三九番が二人、六五番—六四番、三七番—三六番、一九番—一八番、六〇番—五九番、五三番—五二番が各一人）で、通し打ち全体（三二一人）の五・三％である。逆打ちは四人（八八番—一番が二人、七七番—七八番が二人）で、通し打ち全体（三二一人）の一・二％である（表7-2）。これらについて気づくのは、順打ちの一七人中

表 7-2　通し打ちのパターン（起終点組み合わせ）

起終点	88 札所	打ち方
1-88	288	順打ち
55-54	4	順打ち
28-27	3	順打ち
44-43	3	順打ち
88-1	2	逆打ち
40-39	2	順打ち
77-78	2	逆打ち
65-64	1	順打ち
19-18	1	順打ち
37-36	1	順打ち
53-52	1	順打ち
60-59	1	順打ち
度数	309	①

起終点	89 札所	打ち方
1-1	12	順打ち
度数	12	②
合計度数	321	①+②

表 7-3　起終点の組み合わせと移動手段

	徒歩のみ	徒歩が主だが車・鉄道も利用	車やバスが中心	車や鉄道が主だが、場所によって歩く	その他	不明・無回答	合計
1-88	53	20	198	8	5	4	288
46-88		1	44	1			46
1-36		1	36	8		1	46
24-43			37				37
24-39		1	33	1			35
37-65			32	1			33
1-23	9	5	12	1		1	28
23-36			25				25
44-71			24	1			25
44-88		1	24				25
24-53			23	2			25
1-43			24				24
49-64		2	19				21
36-66			19				19
54-88			19				19
41-65		1	12			1	14
1-1	4		8				12
46-67			11				11
60-88			10				10
その他	62	28	281	14	6	3	394
不明	6	2	85	6		1	100
合計	134	62	976	43	11	11	1237

一二人までが伊予の札所を起点としており、逆打ちは讃岐、伊予からであること、そして八八番―一番というオーソドックスな逆打ちは二人のみであることなどである。またそれらいずれもが車中心であり、徒歩で一番札所以外から通し打ちする人は皆無であった。

(二) 起終点の組み合わせからみた区切り打ち

次に区切り打ちについてみてみよう。区切り打ちで多い組み合わせを順番に並べると、一番―三六番と四六番―八八番(それぞれ四六人で全体の各四・〇%)、二四番―四三番(三七人、三・三%)、二四番―三九番の土佐一国詣り(三五人、三・一%)、三七番―六五番(三三人、二・九%)、一番―二三番の阿波一国詣り(二八人、二・五%)、二三番―三六番、四四番―七一番、四四番―八八番、二四番―五三番(二五人、二・二%)、一番―四三番(二四人、二・一%)などとなる。それらはすべて順打ちであり、移動手段も、一番―二三番が二八名中九名(三二・一%)が徒歩のみであるのを除けば、全体的に車やバスが中心である(表7-3)。

そこで、四県別に起終点の組み合わせがどのように分布しているかを、起点別に順番に並べたものを、さらに移動手段別に集計した結果から、区切り打ち遍路の巡り方の特徴をみていこう(表は省略)。

なかでも一番を起点とする区切り打ちが多いことはすでにみたが、一番札所を起点とする区切り打ち遍路の終点札所をみると、二三番までの阿波の道場内にとどまるケースが全体の四・三%(五五人)、土佐まで行くケースが五・一%(六五人)、伊予までのケースが三・二%(四一人)、讃岐まで行くケースは、最後の八八番(通し打ち)を別とすれば〇・三%(四人)に過ぎない。阿波にとどまる場合で最も多いのが二三番薬王寺(二八人)であり、土佐の場合最も多いのが三六番青龍寺(四六人)、伊予の場合は四三番明石寺(二四人)が最も多い。

一番から出発する場合、二三番までの一国詣りはかなり明確に認められるが、土佐までの場合は厳密な意味での二国詣りとはならずに、高知市周辺で宿泊や交通の便利な三六番当たりで区切りをつけるケースが多いようである。さらに伊予まで足を伸ばす人の場合、四三番明石寺から松山市内の五一番石手寺くらいまでであるのをみても、帰りの交通至便な場所に近い札所が終点に選ばれているのがわかる。

次に、区切り打ちの代表格である一国詣りについてみてみよう。阿波の一国詣りは一番から二三番、土佐の一国詣りは二四番から三九番、伊予の場合は四〇番から六五番、讃岐が六六番から八八番である。江戸時代の四国各藩では外部から来る者に対して通行手形を課し、厳しい規制をしていたが、藩ごとに遍路への対応に違いがあったことから、とくに遍路への規制の厳しかった土佐藩を避けて三国のみを回る巡り方[14]や、一国のみを巡ることも多かったようであるし、特定の一〇ヵ寺とか七ヵ寺を巡ることをもって四国遍路に代えることも多く行われていたようである。第二次世界大戦後の高度成長期以降、車遍路の時代になって、区切り打ちが遍路の巡り方の主流パターンを構成するようになると、二泊三日ないし三泊四日という現代人の滞在型余暇の平均日数の上限に合わせた大型バス団体遍路の商品化と曼荼羅思想の背景もあって、一国詣りは「区切り打ち」の主要パターンとなる。

一番多いのは土佐一国詣り（二四番―三九番）三五人で、全体の三・一％を占め、次に阿波一国詣り（一番―二三番）は二八人で二・五％である。しかしながら、伊予一国詣り（四〇番―六五番）は四人で〇・四％、讃岐一国詣り（六六番―八八番）にいたっては二人（〇・二％）に過ぎない。伊予や讃岐についてはあまりにも数が少なく、明確に一国詣りを意図した巡り方をした人であるかどうかも不明である。区切り打ちと答えた人のうち、「一国詣り」と明確に答えた人が二二・六％いるが、その人びとの起点札所と終点札所をみると、厳密な意味での一国詣りでない場合が多く含まれており、観念としての一国詣りと現実の巡り方の間には、ギャップがあるといわざるをえない。その理由は以上のデータからでは明らかにならないとはいえ、一国詣りが四国遍路のひとつの巡り方のパースペクティヴとして人びとの間に定着していることは否定できないのであり、先にみたように、各道場の起点よりは終点にその痕跡を認めることができる。

このほかに、伝統的に指摘されている、七ヵ寺詣り、一〇ヵ寺詣りなどについてはどうであろうか。たとえば、阿波の一番から一〇番までの一〇ヵ寺は、最初の足慣らしとしてきわめて歩きやすい道とされており、「十里十ヵ所詣り」といわれて古くから親しまれているというし、讃岐でも七一番―七七番について、江戸時代の絵図によれば「足よハき人ハ、…七り七ヶ所をめぐれば四国順拝にじゅんず」という記述があるという[15]。これらは、さまざまな理由で四国全体を回ることが困難な人が、特定の七ヵ寺や一〇ヵ寺を詣ることによって、四国遍路の代わりをするための便法であり、全国各地のいわゆる写し巡礼やミニ八十八ヵ所[16]と同じように四国各地域で今日でも行われているという。また、阿波一三番から一七番までは、比較的平坦で歩きやすいハイキングコースになっていて、そこだけを歩く人も多いという。しかし今回のデータからみるかぎりでは、五ヵ寺、七ヵ寺、一〇ヵ寺などを回るケースはさまざまな組み合わせで各数例はあるにしても、伝統的にパターン化された例に当たるのは、一番―一〇番の三ケースだけであり、とくに目立った特徴を見出すことはできなかった。

それ以外の区切り打ちの巡り方に関していいうることは、起点―終点ともにきわめて多様な組み合わせがみられることであり、それに応じて回る札所の数も多様であることである。起点―終点の組み合わせの分布を、回る札所数の多い順に並べてみても、とくにパターンらしきものは見出すことができず、性別、年齢、職業、現住所のある地域などの属性の違いが反映されているという根拠も見出せなかった。

ただし、区切り打ちが通し打ちよりも多くなり、多様な起終点がみられるにしても、すでにみたようにその大半が

「順打ち」（八七・八％）ないし「逆打ち」（八・三％）である。つまり区切り打ちも現代におけるきわめて正当な巡り方のパターンを構成しているのであり、それ以外の順番を無視した巡り方がきわめて少ないことは注目に値する。このことは西国三十三所や坂東三十三所の場合と異なり、霊場を含む道の巡り方のパターンのなかに巡礼の基本を維持している四国遍路の特徴として特記すべきであろう。

三　まとめ

以上みてきたところから、現代四国遍路の巡り方は、第一に、一番を起点札所とし八八番を終点札所とする全周パースペクティヴを色濃くもっていること、第二に、区切り打ちが主流になっているとはいえ、区切り打ちという観念そのものが、四国全体を視野に入れた巡り方をつねに意識していること、第三に、サブ・パースペクティヴとして四国の四つの空間分割（四つの道場ないし一国詣り）に準拠していること、そのような基本パターンをかなり忠実に維持している側面がある一方、第四に、通し打ちであれ区切り打ちであれ、遍路日数をみると現代人の社会生活の時間的秩序に依存した巡り方をしていること、第五に、マイカーやタクシーの利用によって、必ずしも基本パターンに従わない巡り方がある程度まで促進されているらしいこと、第六に、歩き遍路は車中心遍路よりも、通し打ち志向が相対的に強く、遍路日数も比較的長い点で、理念的パターンにより忠実であること、第七に、数は少ないが徒歩と車、鉄道などの手段を組み合わせた遍路が、徒歩遍路と車遍路の分断による隙間を埋めるかのように、新たな動向を示唆する可能性をもって浮かび上がってきている、といった諸点をまとめることができよう。

現代四国遍路の経験は、一定の儀礼的行動パターンに従うことにより、日常生活時空からの一時的離脱を可能にしてくれる。それは、基本的に霊場修行における作法を含むとともに、四国の辺路を回る道中修行の作法によって成り立っているのであり、本稿で扱ったような区切り打ちの巡り方の側面はそのごく一部分に過ぎない。しかし、そこでみたかぎりでの基本パターンは、移動手段の違いを超えて、日常生活と遍路行為を媒介する遍路者の行為パースペクティヴの複合的な交錯のなかで意味をもってくるに違いない。

そのような点に注目するならば、四国遍路が時代とともに形を変えながらも巡礼経験の儀礼性に依拠していることの意味が問われねばならないであろう。四国遍路は、旅、修行、物見遊山、観光、死者・先祖供養、霊験祈願、健康増進、自己確認・自己再生、死の受容など、さまざまな動機を内包している。巡礼は世界各地にみられるが、その経験にいかなる普遍的意味が隠され、また現代における社会変動や移動手段の多様化によってそれはいかに変質したのか、にもかかわらず現代において多くの人びとが巡礼に出かけるのはなぜか。その経験のなかに人間を、文化を、現代を読み解く豊かな意味が隠されているという予感があるとすれば、その経験は、現代社会における時空的生活秩序を歪みとして映し出すにちがいない。巡礼を社会学的に考察する意義のひとつは、道の経験をわれわれ自身が追体験しつつ、現代社会秩序を批判的視点からとらえなおすことにあろう。

＊本論考は、早稲田社会学会『社会学年誌 第四〇号』（一九九九年三月）に「現代四国遍路の巡り方とその社会学的考察」として掲載されたものの一部に手を加えて書き直したものであり、そこに掲載した表のいくつかはスペースに収まりきらないのと、煩雑でもあるので割愛した。

注

（1） 坂田正顕「現代社会における遍路道空間社会文化的意味」『早稲田大学大学院文学研究科紀要』（第三八号）一九九二年

(2) 坂田正顕、前掲論文、一九九二年

(3) さらに、一日の行動サイクルでみれば、朝出発してから午後到着できる札所を視野に入れるパースペクティヴが重要となり、その間の道の経路や形状が関心の焦点となる。また、より小規模なものとしては、道しるべや人の道案内に頼りながらひたすら歩いている人の今いる地点から打ち終わった札所と次の札所までの道程を思い描くパースペクティヴがあるし、急な山道を息切らせて一歩一歩を踏みしめているときの足元に焦点を絞ったパースペクティヴがあろう。また、一息入れているときに、今までの道程とこれから先の道のりを思い描き、もうこの辺で帰ってしまおうと考えたり、とりあえず次の札所までがんばろうと思い直してみたり、遍路者はこれらさまざまなパースペクティヴを随時切り替えたり交錯させたりしながら、遍路の旅を続けるのである。これらについては、充実感、困った経験などの質問で得たデータが利用可能であるが、今回はそこまでの分析は視野に入れていない。

(4) 坂田正顕、前掲論文、一九九二年、および早稲田大学文学部編(長田攻一・坂田正顕監修)CD-ROM『現代に生きる四国遍路道』日本図書センター、一九九八年を参照のこと。

(5) 六番安楽寺住職 畠田秀峰『四国八十八ヶ所と胎蔵界マンダラ 人生は遍路なり』、一九九六年。これは、同札所の月刊紙『安楽道』(第七八号)に掲載されたものを同寺住職が冊子にまとめたものである。ただし、本論での簡単なスケッチは、これを参考にしてはいるがそれを正確に踏まえて記述しているわけではないことをお断りしておきたい。

(6) 小林淳宏『定年からは四国遍路』、PHP文庫、一九九〇年。ただし、星野英紀の指摘するように、小林が遍路をした一九八七年当時には、札所の住職でも四国遍路道の曼荼羅的意味を明瞭に説明してくれるわけではなかったようである。星野英紀「ご利益の道から悟りの道へ」『石神善應教授古希記念論文集 仏教文化の基調と展開』山喜房仏書社、二〇〇一年、六〇五―六二〇ページ

(7) 畠田秀峰、前掲書、一九九六年、六ページ

(8) 田中博『巡礼地の世界』古今書院、一九八三年、八一ページ

(9) 畠田秀峰、前掲書、一九九六年、九ページ

(10) 畠田秀峰、前掲書、一九九六年、一四ページ

(11) 畠田秀峰、前掲書、一九九六年、二〇―二一ページ

(12) ここで分析の対象としたデータは、出発した月日と到着予定の月日をもとに差し引きした日数を算出したもの、およびそ

れをカテゴリー化したものを用いた。不明者一八〇名は除いてある。

(13) 本調査の対象者に団体バスの乗客が多く、たまたま二四番最御崎寺の宿坊利用者の回答が多かったことも考慮してみたが、同札所で記入した人は八名に過ぎず、しかもそのうち二四番を起点とする回答は三名にすぎなかった。

(14) 山本和加子『四国遍路の民衆史』新人物往来社、一九九五年、一二四~一三〇ページ、二〇〇~二一一ページ

(15) また、讃岐七ヵ所詣りは、岡山から接待行に出てくる人がそのあと「七り七ヵ所」を回って本四国巡拝の代わりとしたという(喜代吉榮徳『四国遍路道しるべ―付・茂兵衛日記』海王舎、一九八四年、八八―九一ページ)。宮崎忍勝(『四国遍路』朱鷺書房、一九八五年、一九三―一九四ページ)によれば、江戸時代には、一泊もしくは一日の行程で済む五ヵ所、七ヵ所、一〇ヵ所詣りは、通行手形を必要としなかったところから、通過儀礼として行われていた嫁入り前の娘遍路などにもよく利用されていたという。

(16) 中世に巡礼が庶民化し近世に入って盛んに行われるようになるにつれて、各地方に西国巡礼や四国巡礼の地方版が成立するに至る。秩父巡礼も中世後期に西国巡礼の写しとして成立したものであるし、小豆島の「島四国」霊場は歴史も古く、関東にも新四国霊場がある。真野俊和編『講座日本の巡礼第三巻 巡礼の構造と地方巡礼』雄山閣、一九九六年

第八章　現代遍路の分化形態

――歩き遍路と車遍路を中心に――

一　多様な現代遍路主体の分化と遍路文化の変容

白衣を着て菅笠を被り、金剛杖を突きながら、鈴の音を春風に流して田園の遍路道をとぼとぼ歩くお遍路さん。現代遍路の典型的に記号化されたイメージである。たしかにこうした遍路がいることはいる。しかも、近年、一昔前よりはるかに増えつつあることも否定できない。だが、いうまでもなく、このような白衣に身を包んだ歩き遍路は、現代遍路のほんの一部に過ぎない。現地に行けば、団体バスやマイカーなどの車遍路が圧倒的大多数であることは周知の事実である。他方では、自転車遍路やバイク遍路に出くわすこともしばしばである。鉄道や路線バスを乗り継ぐ遍路もいれば、リヤカーを引く「職業遍路」もいるし、「ヘリコプター遍路」商品が開発されてすでに久しいのである。

多様なのは何も移動手段ばかりではない。遍路の服装スタイルも多様ならば、一人遍路や夫婦遍路に始まって、小サークルの仲間遍路から大型バスが連なった大規模「団体遍路」まで、同行形態もさまざまだ。打ち方もそうである。「順打ち」遍路が多いものの、伝統的には閏年に打たれるといわれる「逆打ち」遍路に、毎年のようにしばしば出くわすこととなる。また、一定程度の「通し打ち」もいるが、「区切り打ち」遍路が大半を占めるのも現代遍路の特徴である。「日曜遍路」はその典型的な一例である。加えて、区切り打ちは、そもそもの起点札所が一番札所とは限らない。本四を結ぶ三橋や四国内高速道路のインターチェンジの位置などに応じて、起点札所が決められたりもする。

現代遍路の多様性の実態は、このような外的行動様式のみならず、むしろ、さまざまな遍路動機や目的などの内面的位相において顕著である。たとえば、弘法大師信仰に深く根ざした伝統的な遍路もいれば、こうした文脈からはすっかり外れた世俗的な性格の強い新世代の遍路（「ニューエイジの遍路」）もいる。「哲学的遍路」と命名されたりもするが、「自分探し」のポジティブ・イメージの遍路もいれば、変わることなく死者供養・病気治癒を願う従来のネガティヴ・イメージの遍路もいまだ少なくない。「観光遍路」やウォーキング・トライアルの遍路が一方にいるかと思えば、厳しい乞食《こつじき》や修行を求める「お修行さん」が他方にはいる。自然志向の遍路がいるかと思えば、人間志向の遍路や、聖なる象徴志向の遍路がいる。遍路行の外的行動様式の多様性は、かなりの程度、こうした内面的世界の多様性にも起因しているものと考えられよう。[1]

同様に、遍路に誘われる社会状況的な「きっかけ」もさまざまである。近年とみに多く見受けられるのは、高齢化の進展するなかで定年を迎えることがきっかけとなる「定年遍路」、小家族化の文脈で定年や子どもの独立・離別などがきっかけにもなる「夫婦遍路」、バブル後の経済不況がきっかけとなる「リストラ遍路」などであろう。変動激しい現代社会の多様な状況に応じて遍路に出るきっかけも多様な背景が読み取れる。一様ではない多層な社会的背景がきっかけとなり、各様の遍路が登場しているのが、現代遍路の特徴でもある。

このようにして、現代四国遍路文化を特徴づけるきわめて顕著な位相のひとつは、遍路主体の多様性、ないし遍路主体の新しい「分化」現象にある。[2] 遍路主体の特性の幅が広がっているのだ。この現代遍路主体の分化は、単なる名称分化（地位分化）に留まらない。後節で検証するように、地位分化に並行して、規範分化、行動分化、機能分化、習俗分化などの多次元にわたる分化がかなりの程度進行している。たとえば、車遍路に比べて、歩き遍路は、遍路作法には比較的寛容で、自己検証や精神修行に遍路目的を置く傾向が強い。巡礼服装スタイルにこだわらず、正統派遍路イメージを代表する機能を担う。お接待を受ける頻度が高く、それも金銭を喜捨される機会が多い。また、札所山門到着時により強い充実感をもつ傾向がある。「歩き遍路」とは、単なる移動手段の違いによる名称分化に留まらないのである。

ところで、ここでいう「分化」とは、いうまでもなく「社会分化」のことである。[3] H・スペンサーやE・デュルケムを援用するまでもなく「分化」はもとより「統合」との相互関連において把握されねばならない。遍路主体の分化は、遍路文化システム全体の統合過程に関わっている。現代遍路の多様な諸相は、バラバラなものではなく、相互に関連しつつ、現代遍路文化の構造と秩序をそれなりに構築している、と考えられる。各レベルにおいて分化しつつも、互いに相対的意味を分有し、相互作用に関わりながら、ひとつのまとまりとしての現代遍路文化を日々生成しているのである。

たとえば、歩き遍路と車遍路の分化についていうなら、両者の分化は、全体としての現代遍路文化の統合にそれぞれ固有の機能的貢献をしている、という視点が重要である。私見では、現代の少数の「歩き遍路」は、主として「歩く修行」と「沿道接待」、約言するなら「道中修行」の社会過程において、四国遍路の「歩く修行」の正統性をシンボリックに表象することにより、現代四国遍路という物語の構成に機能的貢献をしているように思われる。これに対して、圧倒的大多数の「車遍路」は、主として勤行など伝統的遍路規範の継承を中心とする「霊場修行」の社会過程、さらには宿泊・用品・交通などの地域経済過程において、現代四国遍路の土台構造を実質的に再生産する機能的貢献をなしていると考えられる。

本章では、主としてわれわれが実施した遍路調査から、現代遍路主体のマクロな分化現象を、とくに「歩き遍路」と「車遍路」の分化を中心に扱ってみる。本書の「道の社会学」の視点からすれば、移動手段の分化はそれだけで重要な考察焦点のひとつである。戦後以降顕著になった「車遍路」の登場が投げかけた問題は、遍路形態の変化ばかりか、遍路文化全体にとってきわめて深刻なインパクトを及ぼしてきた。車遍路する遍路側ばかりでなく、これを受け止める側の札所や沿道社会もこれに応じて大きく様変わりした。たとえば、歩き遍路を対象としてきた地域住民による沿道接待のかなりのものが衰退するか、またはバス遍路相手の札所境内接待や門前接待にその姿を変えてしまったこと。あるいは、現代札所の境内空間構成に、駐車場がきわめて重要な位置を占めるようになってきたこと。加えて、近年では、本四連絡の三橋架橋と四国内高速道路網整備による「「新」車遍路時代」への展開が、現代遍路文化にまた別様の変化を迫りつつあるように思われる。(4) 遍路宿の急激な地盤変化の現況はその一例であろう。(5)

二 車遍路化の歴史的過程

現代産業文明の申し子である自動車がない時代には、「箱車」に乗らざるを得ない遍路などを除けば、一般遍路の誰もが基本的には歩いて遍路したに違いない。四国入りする際の船便や一部渡河時の「渡し舟」などが例外的な「乗り物」であった。

その後、明治以降、鉄道や乗合バスや自動車が登場するが、本格的な乗り物遍路の登場は、星野によれば、昭和初期（たとえば、昭和三年の雑誌記者の観光遍路や、昭和六年の漫画家宮尾しげをの遍路など）にまでさかのぼることができるという。(6) そこでは、汽車、電車、索道、ハイヤー、乗合バスなどが、歩きとともに併用されていた。また、車遍路を「極楽を行く大ドライブ」として推奨したのが、日本画家吉田初三郎であった。昭和九年に彼が描いた遍路絵図には、青色の自動車が遍路道の要所要所に多数描写されている。(7)

一方では、昭和一四年の種田山頭火のようにもっぱら歩きの行乞遍路もみられるが、この間に、車や鉄道などの交通手段が次第に浸透して行く。昭和一六年に遍路をした橋本徹馬なる男性遍路は、一ヵ月半ほどかけて、途上には観光や帰郷を交えつつも、歩きと乗合バスと電車を巧みに併用しながら全札所を打ち終えている。(8)

このようななか、昭和二八年になると、愛媛県の伊予鉄による「順拝」バス商品が開発され、現代にみられるような本格的な車遍路時代がスタートすることになる。(9) コトサンバスや瀬戸内バスなど他の四国各バス会社も時待たずして参入し、団体バス巡拝という遍路形態は、瞬く間に現代遍路の主流形態になっていくのである。

団体バス巡拝が運行され始めて五年ほどした昭和三三年に遍路をした西端さかえの場合は、路線バスを中心に、こまめに歩き、時に電車や汽車、時にはハイヤー等を利用して、ゆっくりと通し打ちを実践している。遍路記の巻末では、「徒歩遍路」が少なくなり、ほとんどの遍路がバスや電車等の乗り物を利用すること、そして自分もこれにならったことが述べられている。(10) ここでは「徒歩遍路」なる用語が使用されていることに着目したい。この頃に、ようやく「徒歩遍路」なる概念が形成されている様子が窺えるのである。「歩く遍路」が特異な意味を持ち始めた証左であろう。

さらに、西端さかえの遍路行から一三年ほど経過した昭和四六年に、大八車を引きながらの小屋掛け芝居を打ちつつ逆打ち遍路行を実践した、とある劇団グループ(「夜光館」)がある。劇団主宰の笹原茂朱は、善通寺境内で「橋の下の橋元旅館がわしの定宿だ」と笑いながら述べるステテコ姿の老人に出くわすが、この一二回放浪遍路をしたという人物によれば、「そうさね、今じゃ歩きはまず一〇人もいますまい」という状況であったことがみてとれる。事実、笹原等は、逆打ち遍路をし始めて一〇日ほどになるのだが、その間バス遍路には度々すれ違っているものの、「歩きの修行」「行乞遍路」にまったく出会っていない。(11) 要するに、高度成長末期頃には、歩き遍路は、すっかり例外的な存在になってしまったといえそうである。伊予鉄巡拝バスの運行数の推移が示す通りの事態が進展していたのであった(図

図 8-1　巡拝バスの運行（伊予鉄）

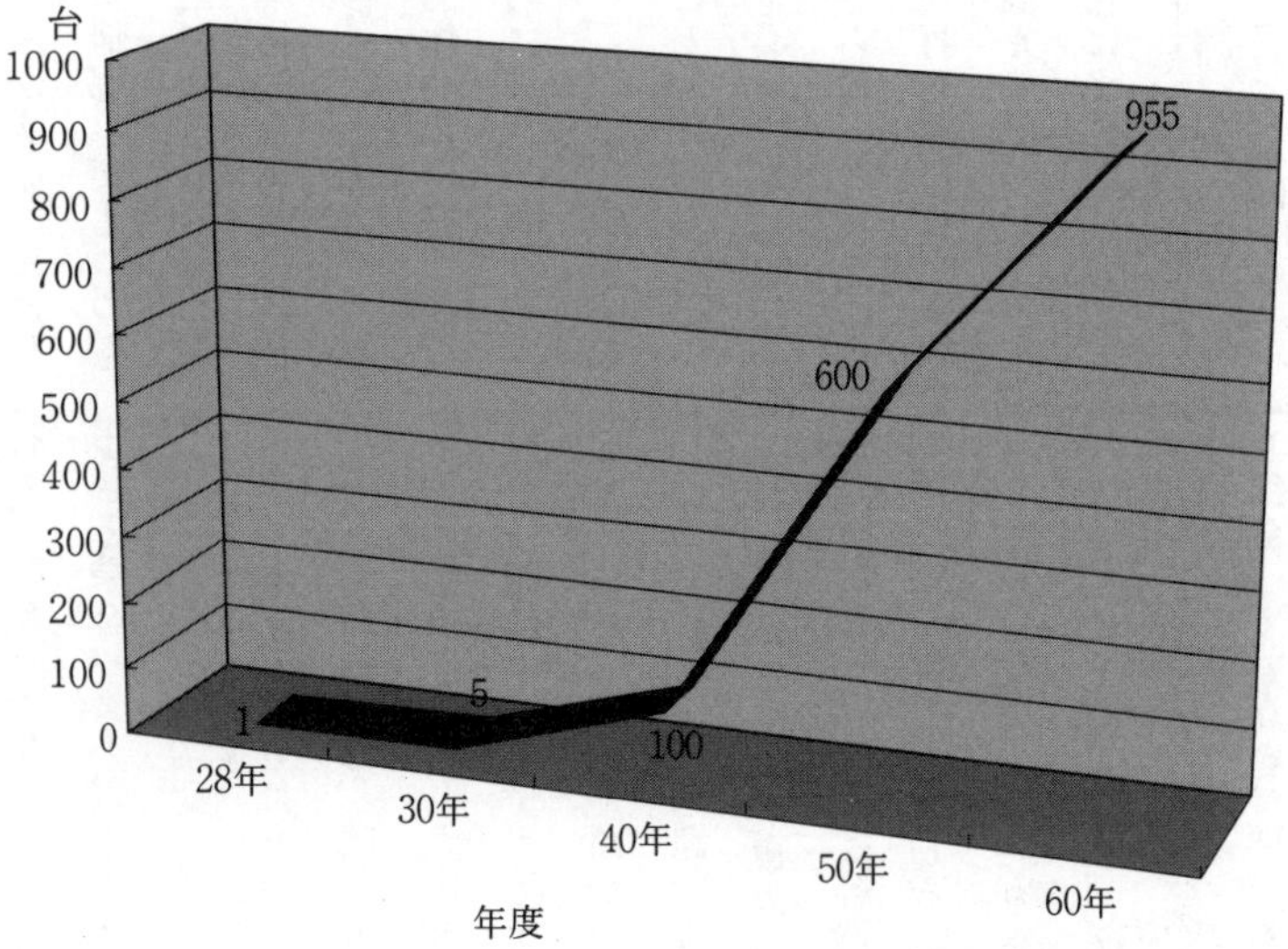

8－1参照、関三雄、一九九四年より転載）[12]。

その後、「歩き遍路」がにわかに遍路世界に登場し始めるのは、歩き遍路のためのガイドブック、宮崎建樹『四国遍路ひとり歩き同行二人』（一九九〇年初版）あたりからであろう。以後の「歩き遍路」や「行乞遍路」の目覚しい台頭振りは、刊行相次ぐ一連の「歩き遍路記」が物語っている通りである[13]。

こうして、「歩き遍路」と「車遍路」の対置的カテゴリーが次第に確定的なものとなる。両者は単なる名称分化の域をこえて、現代遍路文化の構造に深く定着するようになるのである。納経所の行列をめぐる両者の不協和や春遍路宿泊をめぐる両者の拮抗。あるいは、車遍路が歩き遍路に対してもつ潜在的な憧れ心理と歩き遍路の車遍路に対する奇妙なほどの優越心理。さらには両者が地域社会においてもつ経済的意義や象徴的意味の不均衡な力学など、いずれも、現代遍路文化を根底から規定する重要なファクターの一部となっている。

もっとも、この両者を、もっぱら対立する遍路タイプとしてのみ把握するのは誤りであろう。両者は、つねに相互に転化する可能性を秘めている。と同時に、その境界は必ずしも鮮明ではない部分も多い。加えて、現代遍路として共通する部分も多く、双方が可変的ですらある。増田隆がいうように、どちらもまったく同じ「祈りの容」をもっているものではないか、という見解もあろう。[14] たしかに、両者を分断された固定的カテゴリーとして扱うべきではない。実際、自明に思える「歩き」と「車」のステレオタイプ化された両者は、実はそれほど自明の類型でもない。加えて、「歩き遍路」や「車遍路」自体がそれぞれ多様な遍路から成り立っており、一口では両者を語りきれないほど多様化しているのも事実である。同じ「歩き遍路」でも、行乞志向の遍路とウォーキング志向の遍路ではその目的も経験もかなり異なるに違いない。車遍路も同様で、大型団体バス遍路とマイカー遍路とでは、遍路経験はかなり異なる点もあるだろう。

とはいえ、両者の基本的分化の実態すらが、実は十分詳らかでないのも明らかである。このように分化しているように思われる「歩き遍路」と「車遍路」の両者の内実について、これまで十分に実証的で体系的な検討に付されてこなかった経緯があるのは否めない。この点で、われわれはすでに、現代遍路を語る際にすっかり定着した感のあるこの二タイプの遍路を対象に、ある程度の体系的な検証作業を試みてきた。[15] 以下の節では、これを踏まえて、マクロ的視点から両者の基本的な分化実態を概観してみることにしよう。[16]

三 「歩き遍路」と「車遍路」の主な特徴

表8-1は、われわれが一九九六年に実施した調査データを参考に、両類型のそれぞれの特徴を総括したものである。調査データによれば、歩き遍路と車遍路の分化は、各次元に亙ってかなりの程度認められることは否めないのでる。

表 8-1　歩き遍路と車遍路の分化実験の概要

遍路主体		歩き遍路	車遍路
移動メディア		徒歩（約 1 割）	バス・マイクロバス・マイカー・タクシー
属性		男性・若年層・無職に多い	女性・高年層・会社員に多い
遍路経験（1） —行動様式—	打ち方	通し打ち・順打ちが多い	区切り打ち・順打ちが多い
	起点札所	1 番からの傾向が強い	1 番にとらわれない傾向
	遍路期間	平均 23.5 日	平均 52 日
	遍路費用	40 万円以上が最多層	10～20 万円が最多層
	同行者	一人遍路の傾向（約 6 割）	集団遍路の傾向（11 人以上が 6 割）
	先達	先達なしが約 8 割	先達ありが約 6 割
	宿泊	民宿利用の傾向	宿坊利用の傾向
	納経形態	納経帳のみ	納経形態は多様
	接待経験	接待多く、お金接待あり	接待あるが、飲物・食べ物中心
	遍路道での難儀	難行多く、多様	難行少ない
	難行一般	宿泊施設確保・荷物多すぎ	駐車場・納経時間・スケジュールに難
遍路経験（2） —思考様式—	動機	先祖供養・精神修養・その他	先祖供養・家内安全・信仰修行
	充実感	接待に触れたとき 山門に着いたとき 道中を省みるとき	霊場でお参りをするとき 納経を済ませたとき
	札所修行について	否定的傾向	肯定的傾向
	道中修行について	強く肯定的	かなり肯定的
	道の利便化	否定的傾向	肯定的傾向
	車遍路の合理性	肯定・否定が半々	肯定的傾向
遍路背景諸装置	服装スタイル	菅笠・金剛杖・ザック・シューズ	白装束の遍路スタイル
	遍路道	徒歩遍路道中心	車遍路道
	道しるべ	へんろみち保存協力会・ 「四国の道」他の道しるべ	道路標識中心の道しるべ
	休憩施設	弘法清水・コンビニ・公園・道端など	ドライブイン・道の駅・駐車場など

図 8-2 移動手段

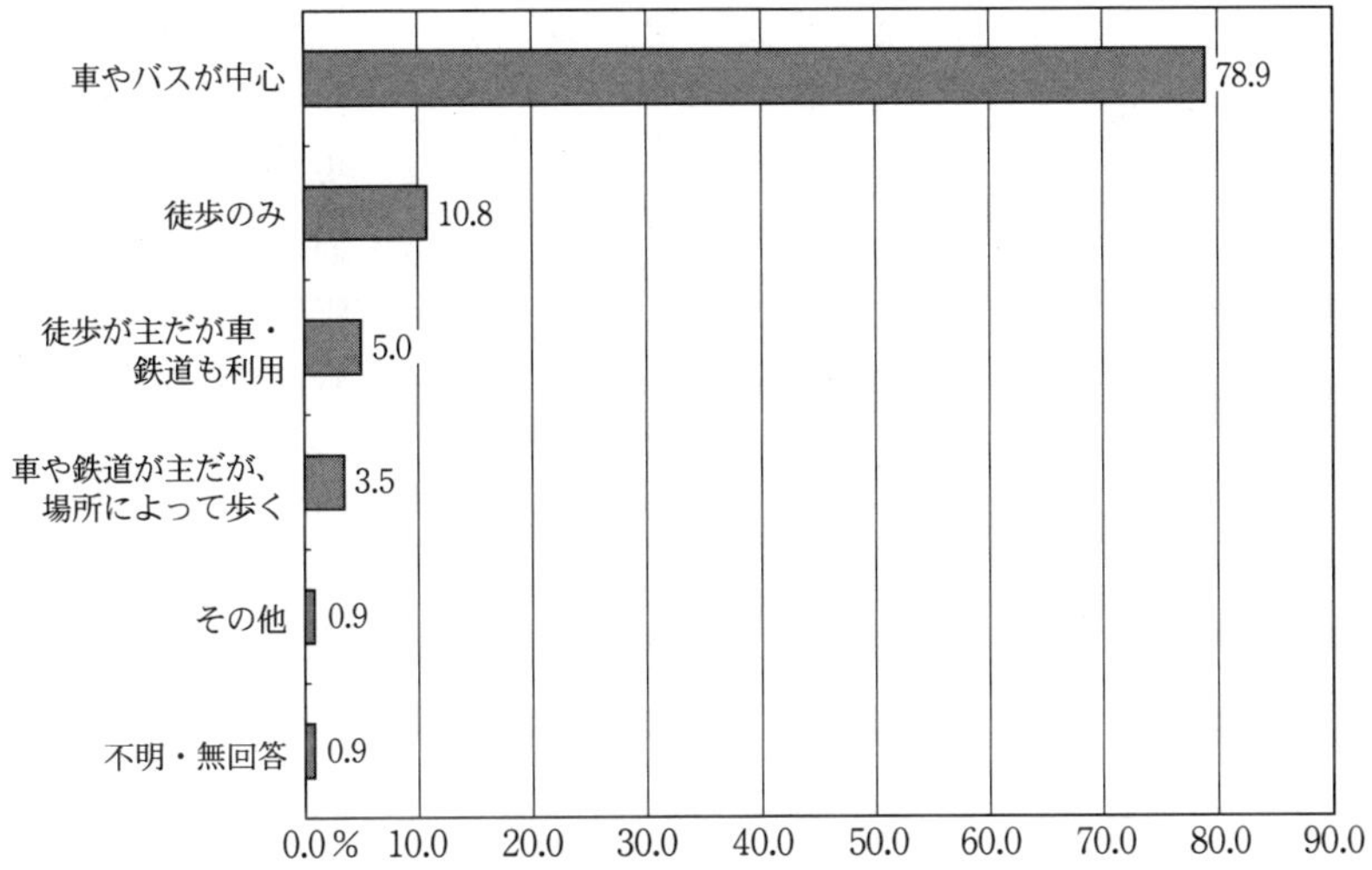

以下、その概容について主要な部分のみ順を追って、確認してみよう。なお、これらの子細なデータ分析については、調査報告書を参照されたい。

一 移動メディアの現況

はじめに、歩きと車の移動手段の違いという基本的事実について概観してみる。「歩き遍路」を「歩きのみ」と解釈するなら、調査によれば、現代遍路の約一割（一〇・八％）が昔ながらの歩き遍路であることが判明した。

これに対して、「徒歩が主だが、車・鉄道も利用」も含めれば、広義の「歩き遍路」は一五・八％に達している。これまで一般的に語られてきた「歩き遍路は約一％ないし数％程度」という定説にくらべてかなり多いが、ひとつには調査方法の特異性（春遍路期の宿坊・納経所での応募法）が反映したものと考えられる。しかし、調査後の五～六年の間にも歩き遍路が急増している状況からすれば、この数値は、それほど現実からかけ離れたものとは思えない。

他方、「車やバスが中心」とするものは七八・九％であるが、これに「車や鉄道が主だが場所によって歩く」などを加えるとほぼ九割近くの者が広義の「車遍路」ないし「乗り物遍路」ということになる。圧倒的大多数の四国遍路が、多かれ少なかれ現代文明の利器である機械的移動手段を利用して遍路行を実践しているのである。こうして、現代四国遍路の土台構造は、「車遍路」ないし「乗り物遍路」によって担われ、形成されているといってよいだろう。

他方で、現代遍路において利用されているメディアは、実に多様である。鉄道、大型バス、路線バス、マイクロバス、マイカー、タクシー、自転車、オートバイ、キックボード、ヘリコプター（ただし、実際の利用実績はないようである）、といった移動メディアが挙げられよう。高度成長期には大型バスが主流であったが、その後、安定成長期には、マイカーやマイクロバスなどの小集団遍路用移動メディアが多用されるようになる。ところが近年では、本四連絡三橋架橋と四国内高速道路網の整備により、四国外の旅行バス会社の参入によって、再度、大型バスが回復の兆しにある、との現地の声も聴かれる現況である。

それぞれの移動メディアには、長短固有の特徴があるが（表8-2参照）、肝要であるのは、遍路するものが各自の事情に合わせて、移動メディアを選択する余地が格段に増えた点である。また、ひとつの特定移動メディアに固執する必要がなく、いわば、マルチな使い分けをして、臨機応変に遍路行を進めることが可能であることも看過できない。阿波は徒歩で、土佐は海沿いをレンタカーで、伊予は路線バスや電車でのんびりと、讃岐は徒歩とタクシーで、というような遍路の仕方が実際に可能になったことの意味は少なくない。一般の旅と同様に、変化に富んだ足を楽しむ遍路経験ができるのである。

ところで、移動メディアに関して、比較的見過ごされやすいのは、四国アクセスメディアのことである。近年では、伝統的な船便ルートに加えて、飛行機や鉄道・バスなどによる多様なルートによる四国入りが可能となった。いわば、空間的な意味での「プレ遍路道」の整備により、日常空間と非日常空間の往来は、瞬時に転移が可能となったのである。これにより境界横断特有の社会過程の重要性は薄れた。さらに、このことは、①気楽に往復できる「区切り打ち」を助長する強力な装置が組み込まれたこと、②「歩き遍路」を、実は直前までは「乗り物遍路」にさせていること、を意味する。その点で、厳密な意味での伝統的歩き遍路は、ほとんどいないといってよい。このように、現代四国への

表 8-2　移動メディアからみた巡礼の特徴

次元	徒歩	キックボード	自転車	バイク	マイカー	タクシー	マイクロ	路線バス	巡拝バス	鉄道	ヘリコプター
苦行性	◎	○	○	□	△	×	×	×	×	×	×
移動制御可能性	◎	○	○	□	□	△	△	×	×	×	×
速度（時間）	×	△	□	○	○	○	□	□	□	○	◎
安全性	×	×	×	×	□	◎	□	◎	◎	◎	◎
メディアの完結性	◎	○	○	○	○	○	○	×	○	×	□
経済性（安価性）	△	△	△	△	○	□	◎	○	◎	○	×
地元民との接触度	◎	○	○	□	×	×	×	□	×	□	×
同行者との集団性	×	×	△	△	○	○	◎	×	◎	×	○
巡礼規範の継承性	×	×	×	×	△	□	○	×	○	×	□

◎	かなり高い
○	高い
□	普通
△	低い
×	かなり低い

アクセスメディアとアクセス空間の問題は、歩き遍路と車遍路の接点にある問題のひとつといえるだろう。

二　属性（性別・年齢・職業）

調査によれば、「歩き遍路」している者のうち、八二・一%が男性で、女性は二割にも満たない。歩き遍路は圧倒的に男性が主役の遍路形態であることがわかる。

このような状態は、女性遍路に高齢者が、男性遍路に若年者がそれぞれ相対的に多いことにも関係しているであろうが、他の要因も絡んでいよう。そのひとつは、道中の安全性という問題である。洋の東西を問わず、旅に危険は付物である。鋼鉄製の車体で速度の速い車がもつ重要な機能のひとつは、そのシェルター機能にある。現代四国においても女性に不利な歴史的社会環境はなお存続しており、対応策のひとつが「歩き遍路」をなるべく避けることになるのは自然な成り行きであろう。

他方、年齢構成では、三〇歳代に若干数値上の不規則な動きがあるものの大局的には若年層ほど「歩き遍路」の傾向にある。二〇歳代の若者は、ほぼ四人に一人は「徒歩のみ」遍路である。この階層では、徒歩が主で車・鉄道が従の遍路も入れれば、三五・七%の者が「歩き遍路」となる。

一般的にいって、若年層ほど健脚であり、「歩き遍路」を目指す傾向があることは当然であろう。逆に、高齢者になればなるほど足腰は弱り、現代では車などの補助的手段に依存する傾向があるのはいうまでもない。車がもつ運搬機能ないし体力補助機能に関連した要因が「車遍路」に関わっていることは明らかである。

ちなみに、「車遍路の理由」についてみておけば、「車遍路」の理由は、「時間的余裕がないから」三四・二%、「車の方が楽だから」二六・五%、「健康に自信がないから」一四・五%、「安全だから」一一・二%の順である。「時間」

図 8-3　車で移動する理由［複数回答］

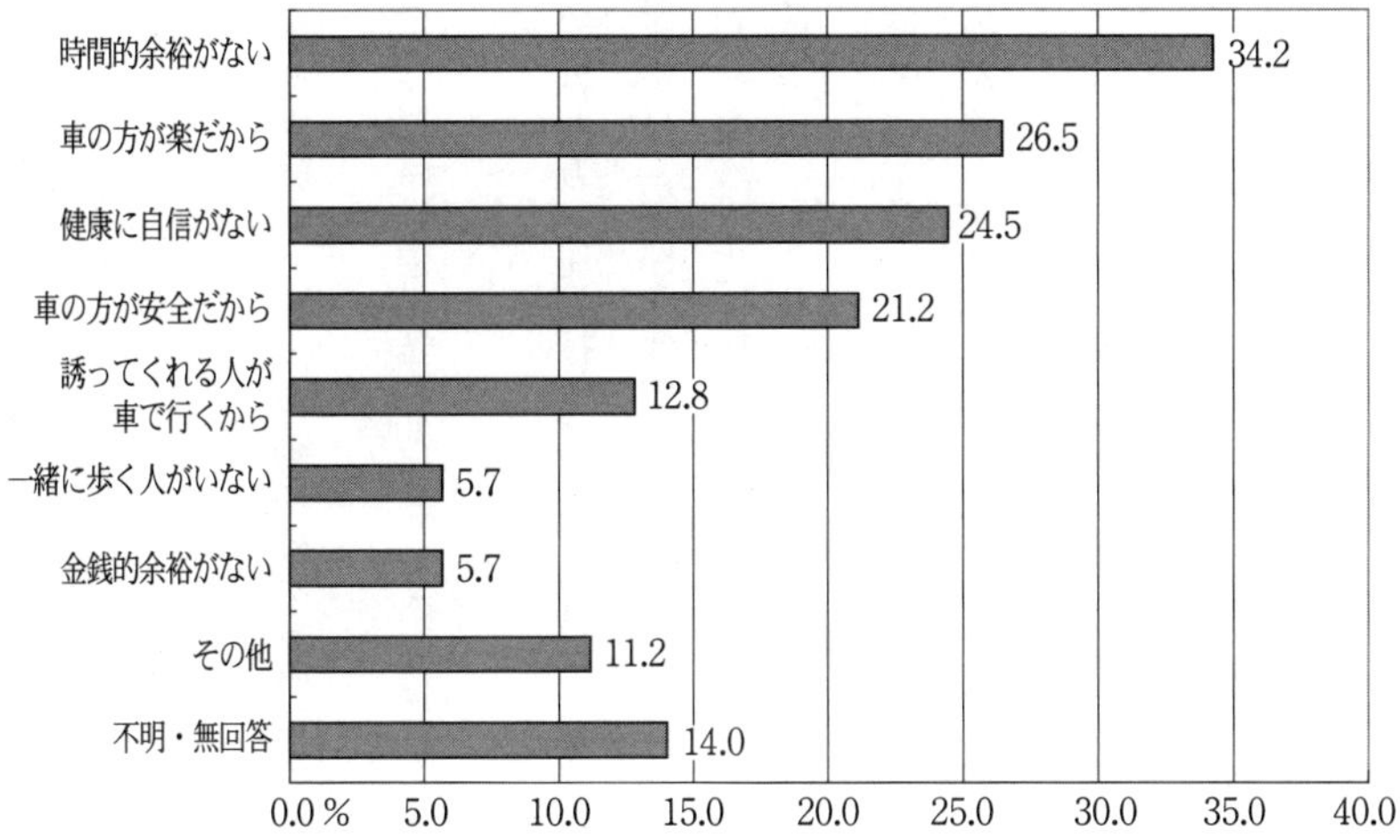

「快適」「健康」「安全」の四要因が「車遍路」のインセンティブである。三重クロス分析でみると、高年齢層ではこのうち「快適」「健康」が上位に位置している。

また、職業別では、「歩き遍路」に多くみられる職業は、「無職」（五三・〇%）、「会社勤め」（二二・二%）である。「歩き遍路」の半数は無職の階層からなるという点が重要である。歩き遍路に要する日数からして、これも当然予想される結果である。

以上みてきたように、「歩き遍路」「車遍路」の分化には、性別・年齢・職業などの属性変数が一定程度関連していることが判明するのである。さらにこれらの属性関連を子細にみれば、それぞれが車のもつ各種能力に関連していると推測される。すなわち、性別は車のもつ「安全性（防衛能力）」に、年齢はその「運搬能力」に、そして職業は「速度性」等にそれぞれ一定程度関連しているものと考えられる。

以上のように、「車遍路」は、旅の危険に晒されやすい人、体力不十分な人、多忙で時間的余裕のない人それぞれに、遍路行の門戸を広く開いた立役者であることが、あらためて確認できるのである。確かに、「車遍路」の「快適性」は誘惑的で、遍路道での修行性もさほどではなく、安易な遍路イメージが付きまとう側面があることも事実であろう。だが、後にみるように、「車遍路」はそれ特有の機能を担い、現代遍路文化に深く根づいてこれを支える強力な原動力になっているのもまた無視できないのである。

三　遍路経験（一）……行動様式からみた「歩き遍路」と「車遍路」

次に、遍路経験の基本的次元である遍路行動レベルからみた両遍路の異同について検討してみよう。

（一）打ち方（通し打ち／区切り打ち・順打ち／逆打ち）

調査では、遍路全体の七一・一％が「区切り打ち」であるのに対して「通し打ち」は二七・七％であり、大多数の人びとが「区切り打ち」遍路である。これを、移動手段別にみると、「徒歩遍路」の四三・三％が「通し打ち」であるのに対して、車・バス中心の「車遍路」では二五・二％にすぎず、七割強は「区切り打ち」であることがわかる。「歩き遍路」の半数弱、「車遍路」の四分の一が「通し打ち」している勘定である。明らかに「歩き遍路」に「通し打ち」の傾向が強く現れている。もっとも、今回調査では「通し打ち歩き遍路」が五八名いるが、これは遍路全体のわずか四・七％にすぎない。

他方、「順打ち／逆打ち」の回り方の方向性についてはどうであろうか。調査によれば、全体では九割近くの者が「順打ち」、七・八％が「逆打ち」で、先述の「通し打ち／区切り打ち」と比べて遍路の伝統がより強く継承されていることがわかる。

これを移動手段の違いからみると、「歩き遍路」では九九・三％が順打ちであり、車・バス中心の「車遍路」でも八七・三％が順打ちである。いずれも順打ちが支配的であり、とくに「歩き遍路」についてはほぼ全員が順打ちである。

（二）　起点札所

「歩き遍路」では一番札所から始める者が五七・五％で六割に近いが、「車遍路」では三三・三％である。「歩き遍路」により強く一番札所から打ち始める伝統的傾向がみられる。

（三）　日数

一回の遍路行に掛ける平均日数は「歩き遍路」は二三・四日であるが、「車遍路」では五・二日に過ぎない。「歩き遍路」の約半数は一六日以上をかけている。他方、「車遍路」では、六〇・八％の者が「一～六日」以内の遍路行であり、その差は歴然としている。前述のように「歩き遍路」の四割強は「通し打ち」、「車遍路」の七割強が「区切り打ち」であるから、このような遍路日数の差はしごく当然といえよう。時間的ゆとりがある者ほど「歩き遍路」のチャンスが大きい。

（四）　遍路費用

調査結果によれば、「歩き遍路」では「四〇万円以上」が二九・九％で最も多く、次に「一〇～二〇万円未満」が二九・一％と続く。他方、「車遍路」では「五～一〇万円未満」が最多で三三・七％、「一〇～二〇万円未満」が二七・〇％で二番目に多い。「歩き遍路」は一般にお金がかかるのである。「歩き遍路」ができるものはエリート遍路（時間的にも経済的にも）である、との風評と一致する結果である。もっとも、近年では、野宿とお接待でお金をあまりかけずに歩き通す遍路も出始めている。

（五）　同行者の人数

「歩き遍路」では「一人遍路」が五九・七％、「二～三名」が二三・四％で、「一一名以上」は一四・二％にすぎない。他方、「車遍路」では「一一名以上」が五七・九％、「四～一〇名」が一九・七％で、「一人遍路」は三・四％にすぎない。徒歩遍路の六割近くが一人遍路、車遍路の六割近くが集団サイズの大きな団体遍路ということになる。

（六）　先達の同行有無

遍路習俗継承にとって先達が担う役割は少なくない。四国遍路においては、戦後になって四国八十八ヶ所霊場会の創設にともない「公認先達会」が組織され、その規模は七〇〇〇名を越えるものとなった。これら多数の先達が一般遍路を先導しつつ、現代遍路文化の継承と発展に大きな役割を担っているのである。

調査では、「歩き遍路」の場合、先達同行の者が少なく「先達なし」が七割（七五・四％）も超えているのに対して、「車遍路」では逆に「先達あり」が六割近く（五八・五％）に達している。この事実は重要である。これまでの結果から、集団遍路傾向が強い「車遍路」は、先達を同行する場合が多く、それだけ一層伝統的な遍路習俗（霊場作法や関連知識など）を学習し継承してゆく可能性が高い、と判断できるであろう。つまり、「車遍路」は、移動手段が伝統的ではないために道中修行の正統性を持ち得ないにもかかわらず、実は霊場作法を中心とする遍路規範の継承においては「歩き遍路」よりも正統性をもっている、ということができるのである。まさにこの点において、現代遍路文化において「歩き遍路」と「車遍路」が占める分化的位置とその入り組んだ機能分化の相互関係がみられるのである。

図 8-4　先達の有無と移動手段

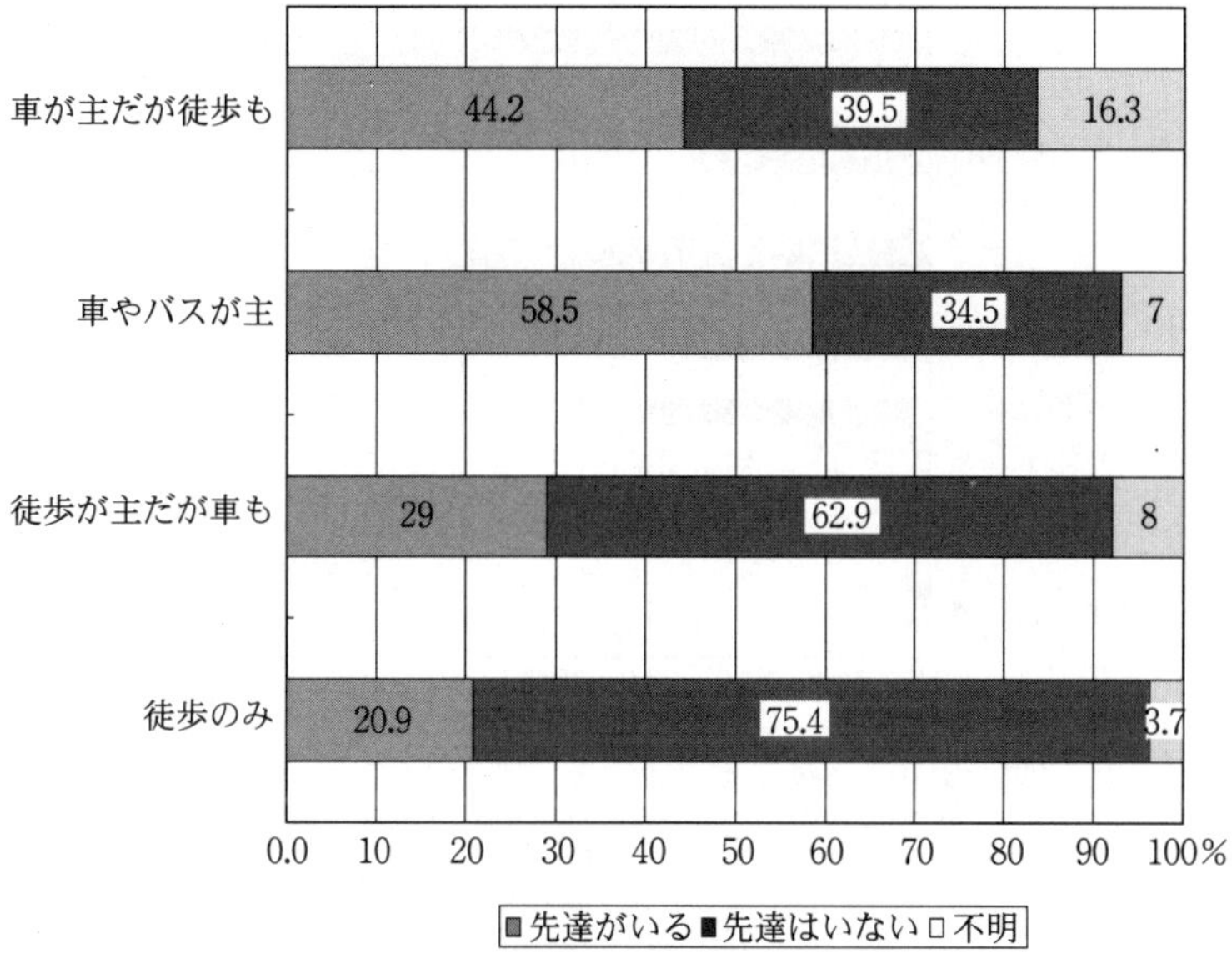

霊場会主導の先達制度が、遍路規範の普及継承において果たしている重要な役割を、調査結果が示しているといわねばならないだろう。

(七)　宿泊施設

「もっともよく利用する宿泊施設」として、「歩き遍路」では「民宿」五七・五%、「宿坊」一九・四%、「旅館」一一・九%であるが、「車遍路」では、「宿坊」六六・二%、「民宿」一二・四%、「旅館」七・一%の順である。

先達同行の「車遍路」は、朝夕の勤行のある宿坊利用傾向が強く、この点でも「歩き遍路」よりも霊場修行要素を強くもっているとみることができる。

(八)　接待経験

調査結果によれば、春遍路の約七割前後の者が何らかの接待を受けていることが判明している。調査時点で「まだ受けていない」とした者も、その後、他所でお接待を受けた可能性は低くないだろう。では、お接待経験に移動手段

図 8-5　お接待（徒歩と車）

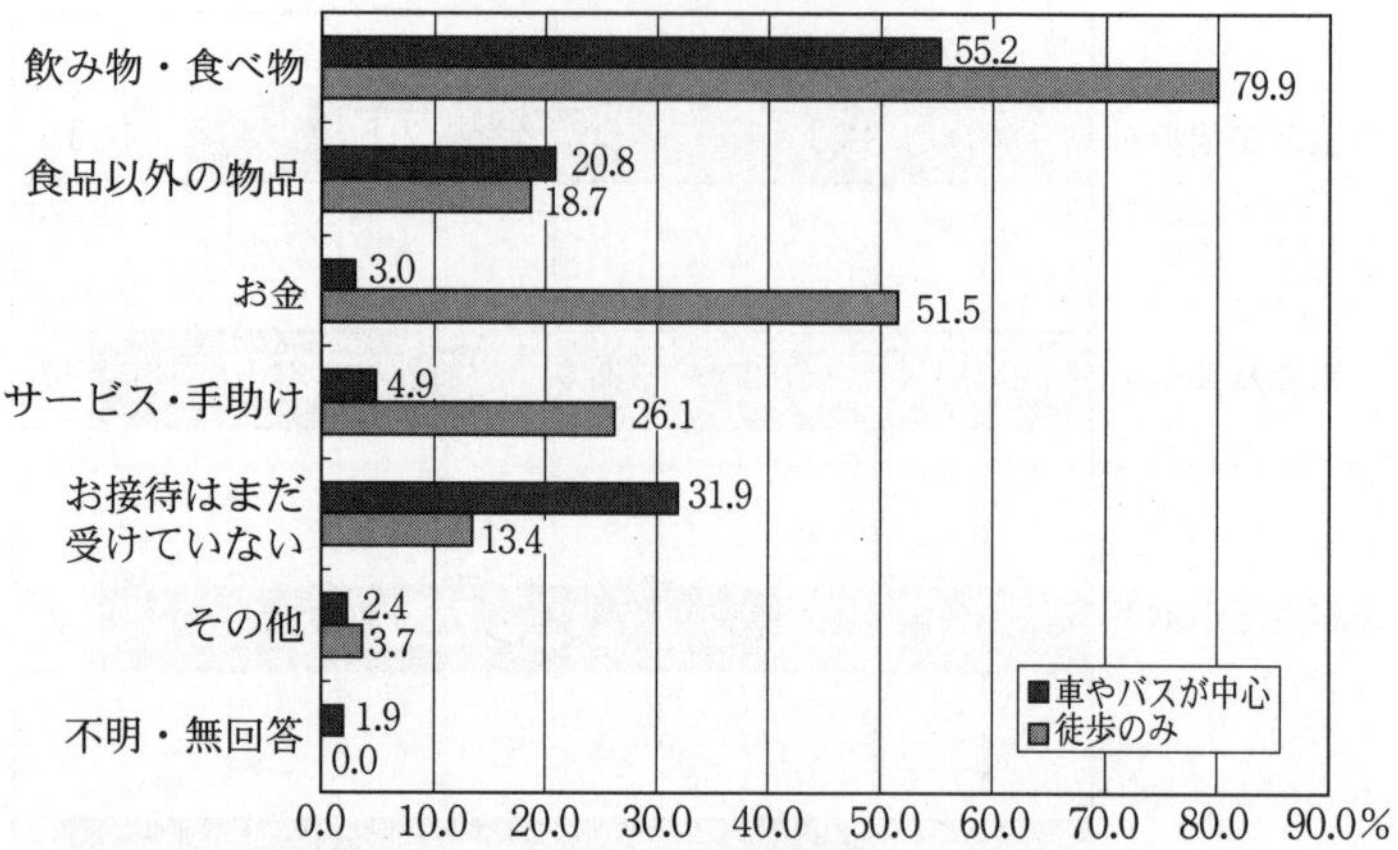

の違いはあるのだろうか。

「歩き遍路」で八六・四％、「車遍路」で六六・二％の遍路が接待を受けた、というのがデータの示すところである。明らかに「歩き遍路」のほうが接待を受けやすいことがわかる。

一般に現代では、遍路道沿いでの沿道接待は「歩き遍路」が対象であり、車道を走り去る車遍路に沿道接待の機会はほとんどない。にもかかわらず「車遍路」の六割強の者がお接待を受けているのは、札所の境内接待ないし門前接待があるからであろう。本調査では、接待場所に関する質問は量的制約から割愛せざるを得なかったが、「車遍路」の大半は、下車してからの参道・山門前・境内のなかなどで受けたものと推測される。「歩き遍路」もこれら境内接待を受けると同時に遍路道沿いでの沿道接待を受けるのである。

次に、接待内容の相違についてみると、「歩き遍路」が「お金」五一・五％、「食べ物・飲み物」七九・九％、「サービス・手助け」二六・一％であるのに対して、「車遍路」では「お金」三・〇％、「食べ物・飲み物」五五・二％、「サービス・手助け」四・九％となっており、明らかに接待内容に大きな違いがあることがわかる。「歩き遍路」でとりわけ「お金」や「サービス・手助け」の接待が「車遍路」に比べてはるかに多い。

強いていうなら、「お金」も「サービス・手助け」も、ただの「食品・物品」よりは、より手厚い接待であるように思われる。こうした結果が示しているのは、「歩き遍路」と「車遍路」とでは、沿道地域住民とのコミュニケーションの内実に大きな相違があるようだという点である。「歩き遍路」に対する沿道住民のより手厚いお接待が想定されるのである。「歩き遍路」にとって遍路経験において接待経験が占める比重は大きい。このように、「歩き」と「車」の両遍路の分化は単なる移動手段の相違にとどまるものではない。遍路経験の琴線に触れるような深い次元において両者の経験上の分岐がある程度認められるといってよいであろう。

（九） 遍路道についての難儀経験

調査結果によれば、「歩き遍路」の約七割弱（六五・七％）の者が遍路道に関して何らかの問題を抱えたのに対して、「車遍路」では約四割（四一・二％）のものが難儀経験をしたにすぎない。明らかに、道中修行は「歩き遍路」に厳しい経験を課している。また、困った問題についての内容をみると、「歩き遍路」では「道標がない」、「道路標識が少ない」、「複数の道があって混乱する」など、遍路道の確認や選択において戸惑った者が結構いる。これに対して「車遍路」では、「道が狭い」、「道路標識が少ない」、「道標がない」という車の運転者に固有の問題が比較的少数の者に経験されるに過ぎない傾向がある。「車遍路」のうち自らが運転している者は一四・二％にすぎないから、大半の「車遍路」はいわば「乗客遍路」である。長時間の乗車も決して楽とはいえないが、歩きの苦行に比べれば、ほんのささやかなものであろう。

このように「歩く修行」は、「歩き遍路」に重く「車遍路」に軽い。足にかかる負担と苦痛、背負う荷物の重さや暑さ寒さなどの苦行がこれに加わり、「歩く修行」の厳しさは半端なものではないだろう。「歩き遍路」が遍路の正統性を担っているのも、まさに、この苦行性の一点にかかっているのである。

（一〇）遍路道以外に関する難儀の経験

遍路する上で「とくに困った経験はない」とする者は、「歩き遍路」三二・八％、「車遍路」四三・五％でさほど大きな相違はみられない。ところが、いずれも約六割強ほどの困った者の難儀内容をみると両者では明らかに相違がみられる。たとえば、「納経時間終了が早すぎる」と感じた者は「歩き」では一六・七％に対して「車」では三八・二％もいる。逆に、「宿坊が少ない」では「徒歩」が三一・一％もいるのに「車」では五・六％にすぎない。宿坊確保に「歩き遍路」が難儀している様子がうかがえる。「駐車場が少ない」は当然のことながら「車」に固有の問題である。逆に、「荷物が多すぎた」では「歩き」が四八・八％もいるのに「車」では二三・二％で約半分である。「スケジュールに余裕がない」では「徒歩」七・八％、「車」一三・五％で後者が苦戦している。

このようにしてみると、いずれも多様な問題に出くわしているが、「歩き遍路」と「車遍路」とでは遭遇する問題群がかなり異なっているのが明らかである。共通の問題もあるが、遍路経験の内実がかなり異なるのである。したがって、少なくとも外的行動様式レベルの遍路経験における分化として、両者の分化をみることができるのである。

四　遍路経験（二）……思考様式からみた「歩き遍路」と「車遍路」

ここでは、遍路自身の考えや意識の次元から両遍路の異同について概観してみる。

（一）遍路の動機

遍路動機については、まず「車遍路」の方が一部の動機を除いて「歩き遍路」よりも多様かつ動機意識も高いことが指摘できる。とりわけ「車遍路」には「先祖・死者供養」五六・九％、「家内安全」五〇・九％、「信仰・修行」三三・五％、「健康祈願」三〇・七％などの動機が相対的に高い。逆に「歩き遍路」は「先祖・死者供養」三九・六％が一番多いが、「精神修養」三八・一％、「その他」三二・八％、「沿道の人・見知らぬ人との交流」一五・七％、が相対的にきわめて高い。本調査では、「自分探し」という項目をセットしなかったが、これに該当する一部は「精神修養」などに流れたものと推測される。これらのことから、両者とも「先祖・死者供養」は多いが、「その他」に、一部は「精神修養」などに流れたものと推測される。これらのことから、両者とも「先祖・死者供養」は多いが、「歩き遍路」はとりわけ「精神修養」動機および個別的な動機が強く、「車遍路」は多様な動機を幅広くその背景にもっていることが指摘できる。

（二）遍路の充実感

充実感を感じる瞬間について、「歩き遍路」が「車遍路」よりもポイントがはるかに高いものは、「お接待や親切に触れたとき」（徒歩五四・五％：車一九・四％）、「霊場の山門に着いたとき」（五一・五％：三五・七％）、「つらい道中を顧みるとき」（三二・七％：一一・七％）の三つである。逆に、「車遍路」に強くみられる項目は「霊場でお詣りをしているとき」（車五〇・九％：徒歩一七・九％）、「霊場で納経を済ませたとき」（二一・八％：九・七％）の二つで、その他の項目については大きな相違がみられない。このことから、「車遍路」は霊場修行における充実感が、「歩き遍路」は道中修行に関わる充実感が際立っていることが指摘できる。

こうして、移動手段の相違が遍路経験の核心のひとつを左右していることが確認される。遍路経験が遍路の心に残

図 8-6　遍路の充実感（徒歩と車）

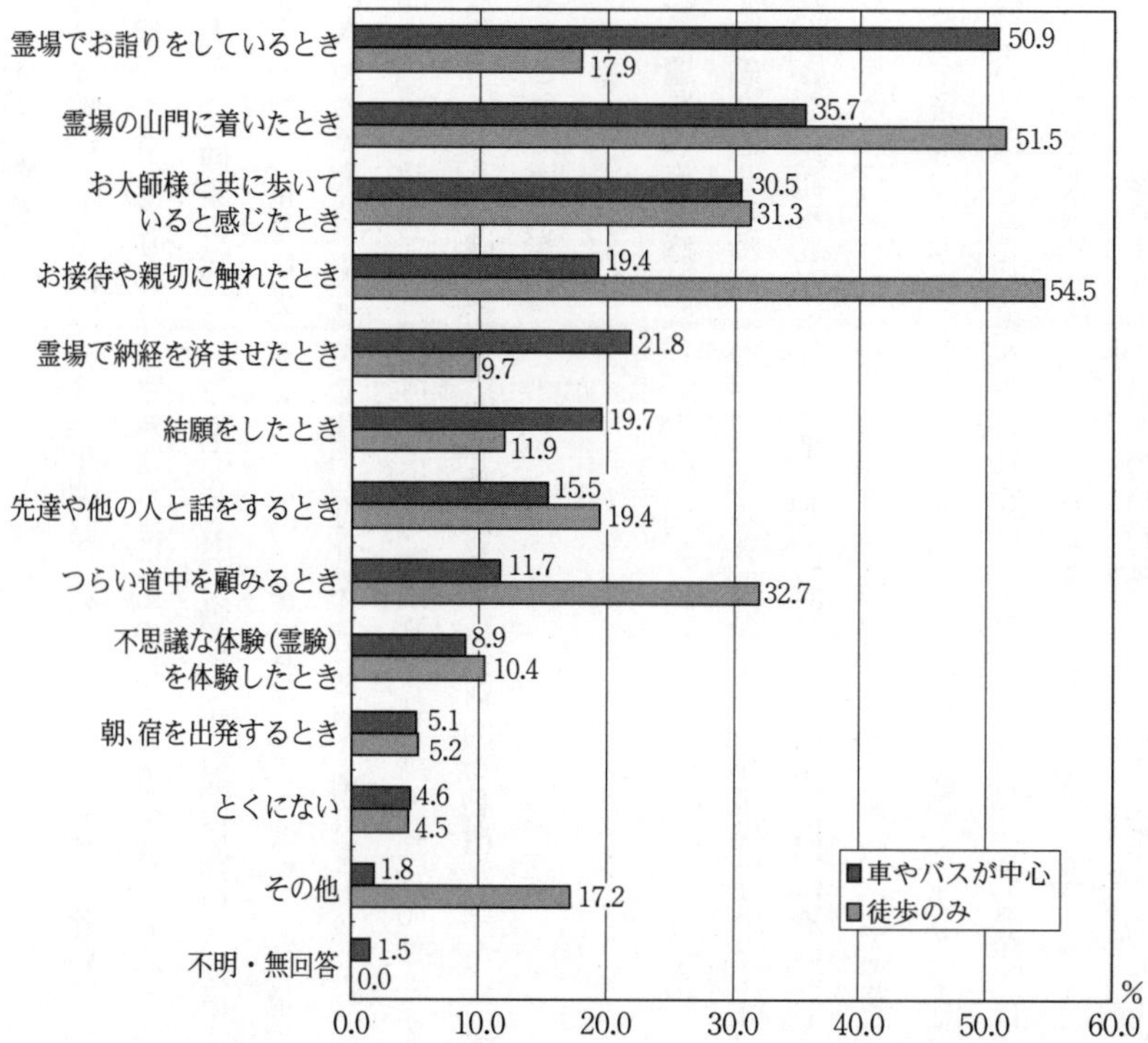

すもの、あるいは積み重ねられていく感動経験領域が、両者では、かなり異なっているといって良いだろう。ただし、こうした充実感を感じる経験領域の違いが、質的にまったく異なる心の作用を結実するかどうかは、定かではない。

しかしながら、遍路する者の心に感動を与え、精神の高揚をもたらし、充実感を引き起こす具体的な場面が違うということは、少なくとも、両者の経験内容がまったく同じではない、ということを示していることは、確かなことであろう。

(三)　遍路行についての態度

ここでは、(一)「札所巡礼に意味がある」、(二)「道中修行に意味がある」、(三)「車遍路は合理的」、(四)「道の利便化は望ましい」の四項目に対する五段階評価態度から、両遍路の異同を探ってみた。

調査によると、予想されるように「歩き遍路」は「札所巡礼」に対して七一・七%が否定的、「道中修行」には九・三%が肯定的、「道の利便化」には六九・四%が否定的、「車遍路の合理性」には意見が二分されているのが判明した。これに対して「車遍路」では「札所巡礼」には五四・〇%が肯定的、「道中修行」には七一・二%が肯定的、「車遍路の合理性」には八〇・八%が肯定的、「道の利便化」には七〇・四%が肯定的である。

これらの結果が意味するものは、「歩き遍路」が「徒歩」をきわめて自覚的かつ積極的に意味づけているのに対して、「車遍路」は心の内で札所巡礼（霊場修行）よりも道中修行をより強く是認しつつも、車遍路の合理性や道の利便化という現実を積極的に認めるという構図であろう。このことは、「車遍路」のややアンビバレントな態度、つまり理念的には徒歩による道中修行にかなり積極的な意義を認めつつも、現実的には車遍路と霊場修行も許容する、という複雑な修行態度を示すものでもある。そして、一部「車遍路」にみられる「歩き遍路」に対する羨望と彼らへの正統性の付与心理、さらには「車遍路」が抱きがちな、いくばかりかのコンプレックス心理を説明しているものでもあろう。

四　「歩き遍路」と「車遍路」の機能的意味連関

以上のように、われわれの大量観察調査によれば、近年の「歩き遍路」と「車遍路」の分化現象は、単なる名称分化や移動手段の相違という表層的な分化現象にとどまるものではないことがある程度検証されたといえよう。すなわち、外面的な移動手段の違いが、回り方など遍路行のその他の基本行動形態の相違はもちろん、沿道地域住民との相互作用の違い、あるいは遍路途上で遭遇する多様な諸問題の現れ方の相違、さらには実際の遍路行での充実感や意味づけの相違をかなりの程度もたらしていることが確認できた。また、このような二つの遍路主体類型を担う人びとの属性や、遍路に誘われる遍路動機やきっかけなどの相違とも関連していることが明らかになったと思われる。

分化現象を捉えるために、その分化がどのような駆動力によって推進されてきたのかを考える必要があることはいうまでもない。遍路主体の「歩き遍路」と「車遍路」への分化が、主体の属性に関係しているということは、遍路に誘われたきっかけ・目的（道中修業や祖先供養など）に応じて、それをよりよく達成するために、属性（老若・男女・経済力の大小など）の制約の範囲内で、多様な移動メディアのなかから選択がなされるという傾向が見いだされたということである。つまり、私たちの大量観察結果によれば、体力的に余裕のあるものが、道中修行や「自分探し」として、遍路道をめぐることそれ自体に意義を求めた場合、それをより効率的に遂行するために徒歩が選択され、他方で、祖先の供養を目的とし、霊場での納経をより効率的に行おうとするものたちが、車を選択するという傾向がみいだされた。

しかし、われわれは、これらの諸前提が絶対条件となって、一意的に移動メディアが決定されるというメカニズムを想定しているわけではない。前述のように、「徒歩遍路」・「車遍路」は相互浸透的な類型であり、一人の遍路が遍路途中に移動メディアを変更することがあるからである。また、同じ「徒歩遍路」であっても、伝統的装束を身にまとい、霊場での納経に意味をみいだす遍路も少なくない。

本章は、マクロな視点から「徒歩遍路」と「車遍路」の分化形態を考察することを目的としている。つまり、分化過程のメカニズムを確定することよりも、むしろ総体としての現代遍路分化における両者の機能的意味連関こそが、ここでは焦点となるのである。

そこで、こうした分化が、いかなる意味をもっているかが、次に問われることになろう。すでに、冒頭において指摘したように、この両遍路主体の分化は、現代遍路文化全体においては、相互にある程度の緊張関係に立ちつつも機能分担しながら、現代遍路習俗全体を日々ダイナミックに構築している二つのポテンシャルとみることができるように思われる。ここでは、「道の社会学」のパースペクティヴから、この両者の機能的位置づけを最後に整理してみたい。

表8-3は、第二章で提示した「道空間の内部機能」という視点から、両遍路主体の特徴を整理したものである。(17) 遍路道における①の「移動機能」位相においては、「歩き遍路」は「歩く修行」を実践し、道の内的機能課題遂行に難儀するが故に逆説的に、伝統的遍路の現代的な正統性を継承するという位置を獲得している。これに対して、「車遍路」は、いとも容易に移動という機能的課題を達成してしまうが故に、修行性は遠のき、逆に、その価値低減を引き起こしている。道という空間の本質的機能のひとつである「移動機能」(安全に容易に迅速に移動する、という機能要請)における達成様態の分化が、いわば遍路の苦行性という象徴の壁に衝突し、反作用として逆説的な価値転倒をもたらしているのが、両者分化の第一の意味である。

②の「エネルギー処理機能」においては、「歩き遍路」は、「水(象徴的には弘法清水、現代では、飲料自販機)」や「トイレ」「宿泊施設」などのエネルギー資源獲得に苦行を強いられ、ここでも、逆説的に、その機能的要請の達成困難のゆえに、正統性を獲得している。他方、「車遍路」は、ガソリン・ドライブイン・宿坊などの資源確保において、容易に機

表 8-3　道の内部機能からみた歩き遍路と車遍路の意味連関

	歩き遍路	車遍路
① 移動目標達成(A)	移動の修行性が高い	移動の修行性が低い
② エネルギー処理(G)	水・宿泊等確保の苦行性が高い	ガソリン・ドライブイン・宿坊確保容易で苦行性が低い
③ コミュニケーション統合(I)	① 沿道接待などの相互作用多い ② 仲間コミュニタスの統合が低い	① 沿道接待などの相互作用は少ない ② 仲間コミュニタスの統合が高い
④ シンボル生成維持(L)	自然象徴性は高い 伝統象徴性が低い	自然象徴性は普通 伝統象徴性が高い

図 8-7　歩きと遍路と車遍路のレーダー図

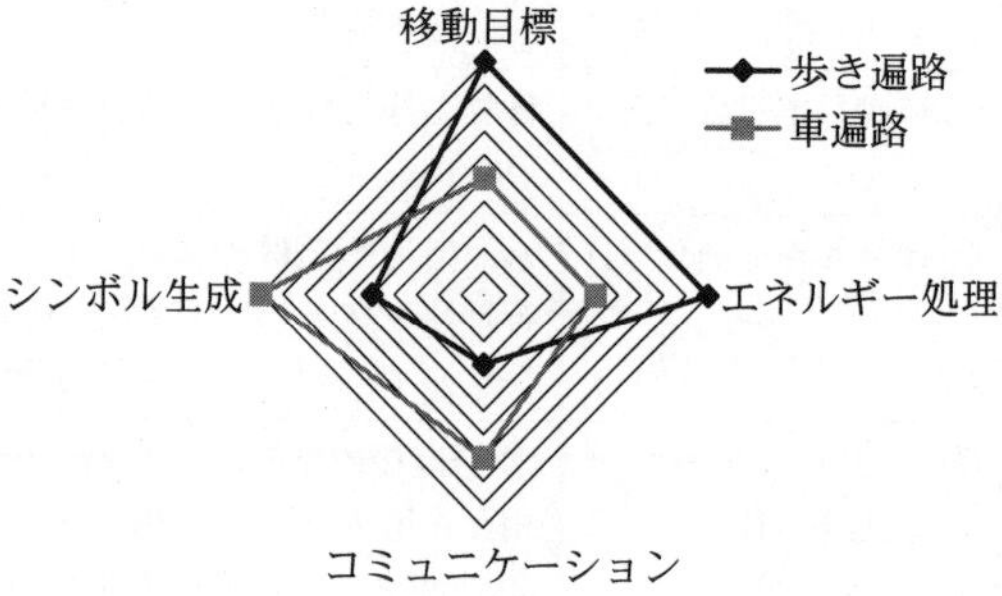

能的課題を達成し、それゆえにこそ正統性を相対的に喪失している。

ところが、③の「コミュニケーション統合機能」においては、「歩き遍路」は、沿道住民との接待過程においてよく道空間の機能を遂行するが、遍路仲間コミュニタスの社会過程においては、一人遍路や緩やかな小集団遍路が多いため、それほど深い機能達成を実現しない傾向をもつ。他方、「車遍路」においては、沿道住民との接待コミュニケーションは十分ではないが、遍路仲間コミュニタスにおける社会過程の機能達成はきわめて高い。「先達」の媒介的役割がそこには強力に作用しているケースが典型となろう。また、札所をはじめ、バス会社など地域経済エージェントと取り結ぶコミュニケーション過程では、「歩き遍路」より機能達成貢献の内実が深い。

最後の④の「意味生成・維持機能」位相においては、「歩き遍路」は、主に自然・宇宙などの象徴的意味生成や「歩き遍路」の正統性、沿道住民との連帯性などの意味生成を中心に機能達成を実践するだろう。これに対して、「車遍路」においては、主として弘法大師信仰をはじめ、霊場作法に基づく伝統的遍路規範の意味生成を実践するなど、連綿と続いてきた歴史的遍路習俗により直接的な出自をもつ象徴的意味生成に関与することになる。

総じて、「歩き遍路」は主として①②（A・G機能）の機能達成において顕著な位置を占め、逆説的に④（L）の意味生成・維持に深く関わっている。これに対して、「車遍路」は主として③④（I・L機能）の機能達成において際立つ位置を占めているが、その大量規模においてA機能に背後から関わっているとみることができる。（図8-7参照）

こうして、現代遍路文化全体においては、「歩き遍路」は伝統的な歩き修行の正統遍路の位置を獲得し、そのことにより苦行遍路のイメージや現代遍路の物語（たとえば、癒しの物語）をメッセージとして発信する。他方、「車遍路」は、圧倒的多数を占めつつも遍路の根源的意味発信の役割は「歩き遍路」に譲りながら、象徴レベルにおいては実質的に先達や同行仲間に互いに導き導かれつつ霊場作法を中心とする伝統的遍路規範を継承してゆく。また、資源レベルにおいては地域経済交換システムに深く関わり、現代四国遍路のインフラストラクチャーの再生産に多いに貢献している、とみることができるのではなかろうか。

もとより、このような図式的な類型からはみ出す一群の遍路たちも少なくない。小集団コミュニタスを形成維持しながら、伝統的な霊場修行も細部において怠らず、沿道住民の人びととも深く関わりながら歩き遍路を実践する人びともいる。[18] 移動手段に囚われず、歩き遍路と乗り物遍路を臨機応変に使い分けながら、両者の遍路行をそれなりに広く経験する人びともいる。現実はきわめてバリエーションに富んでいて、絶えず流動的である。また、「歩き遍路」自体の多様性については、冒頭に述べた通りである。

とはいえ、現代遍路における「歩き遍路」と「車遍路」の大局的な分化現象が、単なる表層的な多様性、偶然的な多様性を意味するものではないということを、本調査データは物語っていると思われる。現代遍路がもつその他の多様性については、単なる見かけ上のものであるのか否か、子細にわたった分析が必要であろう。

注

（1） 筆者は、歩き遍路一般のうち、スポーツとしての「ウォーキング」に強く志向している遍路をとくに「ウォーキング遍路」として区別したい。同様に、エコツーリズム志向の遍路は「エコ遍路」とでもよべるであろう。

（2） たしかに、かつての四国遍路もけっして一枚岩的ではなかった。それなりに、識別のラベリングがあった。お修行さん・乞食遍路・職業遍路・病人遍路・オゲヘンロなどはその一例である。だが、これらの遍路は、いわば一般遍路からみた逸脱遍路のカテゴリーに近いものであり、あくまでも特異な事例としての性格が強いものと思われる。遍路動機の画一性や遍路行動様式の斉一性は、現代に比べてはるかに高いものであったろう。これに対して、現代遍路の多様性は、明らかに質が異なる。多様性はきわめて一部の特異な遍路の現象ではない。

（3）社会学的用語としての「社会分化」(social differentiation) のことを指す。重要であるのは、社会分化が単なる社会過程の枝分かれ的現象として措定されるにとどまらず、むしろ「社会統合」(social integration) との相互関連において把握されねばならない点である。遍路主体の分化は、とりもなおさず、現代遍路文化システム全体の統合に貢献している側面を併せもつことを看過してはならない。

（4）ここでいう「「新」車遍路時代」とは、戦後の基本的なモータリゼーションが一段落した「ポスト・モータリゼーション」の時代における車遍路を指すばかりではなく、四国特有の交通網整備がもたらしつつある新たな時代における車遍路、という意味が込められている。

（5）早稲田大学道空間研究所では、二〇〇一年末に遍路宿調査を実施したが、その過程では、遍路宿業界の急激な変容過程が確認されている。たとえば、こうした道路網整備により、高知市内は日帰り圏内となり、宿泊業界の地盤沈下現象が起きており、区切り打ち遍路の宿泊圏域は、足摺岬方面に遠隔化されつつある。

（6）星野英紀「近代四国遍路と交通手段―徒歩から乗物利用へのなだらかな動き―」『大正大学大学院研究論集』（第二四号）二〇〇〇年三月を参照。

（7）吉田初三郎「四国八十八ヶ所霊場案内及名所史蹟交通鳥瞰図」六八番観音寺発行、一九三四年

（8）橋本徹馬『四国遍路記』紫雲荘出版部、一九五〇年

（9）伊予鉄の順拝バスの運行開始状況については、関三雄「四国における移動メディアの変容」早稲田大学道空間研究会『現代社会と四国遍路道』一九九四年を参照のこと。

（10）西端さかえ『四国八十八ヶ所遍路記』大法輪閣、一九六四年

（11）笹原茂朱『巡礼記―四国から津軽へ』日本放送出版協会、一九七六年、一七ページ

（12）関三雄、前注（9）参照

（13）ここでは、一連の遍路記を列挙しないが、とくに大きな影響があったと思われる初期の遍路記から、小林淳宏『定年からは同行二人 四国歩き遍路に何を見た』ＰＨＰ研究所、一九九〇年、松坂義晃『空海の残した道――現代歩き遍路がそこ

に見たもの』新風舎、一九九三年の二冊を挙げておこう。

(14) 増田隆「バス巡拝同行記」『四国へんろ』二〇〇一年六~九月号には、両遍路が同一の「祈りの容」にあるものとする思いを込めた指摘がみられる。

(15) 坂田正顕「現代遍路主体の分化類型」『社会学年誌』(第四三号)、早稲田大学社会学会、一九九八年

(16) 本調査の基本的概要については、序章を参照のこと。

(17) 第二章二の(四)を参照のこと。

(18) 一九九九年において終了したが、へんろみち保存協力会の「へんろみち一緒に歩こう会」などの遍路行は、比較的これに近い事例であろう。

第九章　現代遍路の宿泊・費用・納経形態

現代遍路の実態の多様性は、「車遍路」「歩き遍路」といった移動手段の違いによって最もよく表現されるが、一方で、宿泊施設・費用・納経形態などの、遍路に関連する基本的な物資的要素にも、現代遍路の多様性を認めることができる。本章では、今回の遍路調査データを中心としながら、遍路記などの文献から得られる知見も付加して、一節で「費用と宿泊施設」について、二節で「納経形態」について論じる。

一　遍路の費用と宿泊施設

一　はじめに

遍路記や遍路案内は、今昔を問わず、いずれもその時代の霊場や遍路道の様子を生き生きと伝えているが、同時に、何々にいくらかかるといった費用の詳細や、日々の宿の心配、また泊まった宿の待遇などについても、多くの紙幅を費やしている。四国遍路が形成された昔から今日まで、費用と宿泊施設は、遍路者にとっ

図 9-1　遍路費用の単純集計

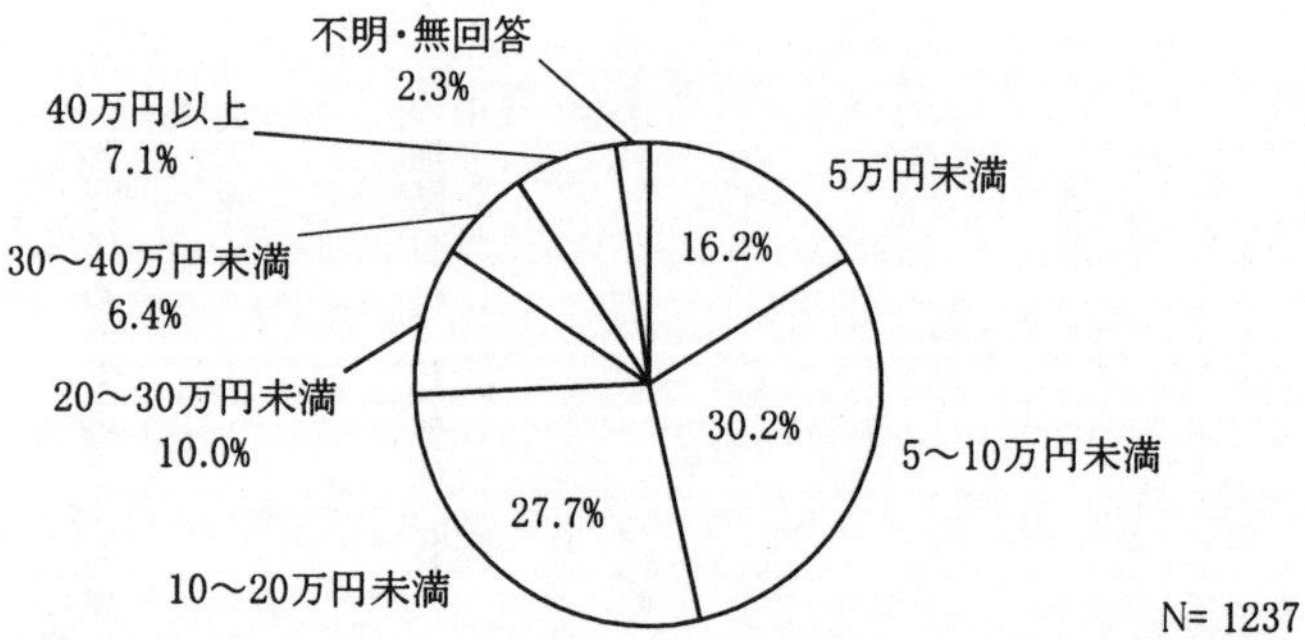

表 9-1　遍路費用と遍路日数

遍路費用		5万円未満	5～10万円未満	10～20万円未満	20～30万円未満	30～40万円未満	40万円以上	不明・無回答	合計
遍路に要する期間	1日	33 91.7%	1 2.8%	2 5.6%					36 100.0%
	2～3日	104 32.2%	176 54.5%	31 9.6%	2 0.6%	3 0.9%		7 2.2%	323 100.0%
	4～5日	5 2.6%	121 63.7%	52 27.4%	4 2.1%	2 1.1%	1 0.5%	5 2.6%	190 100.0%
	5～6日	3 1.6%	31 16.9%	123 67.2%	14 7.7%	8 4.4%	1 0.5%	3 1.6%	183 100.0%
	6～7日		7 4.9%	73 51.4%	38 26.8%	15 10.6%	5 3.5%	4 2.8%	142 100.0%
	8～10日		3 4.2%	13 18.1%	32 44.4%	13 18.1%	11 15.3%		72 100.0%
	11～15日			6 60.0%	2 20.0%	1 10.0%	1 10.0%		10 100.0%
	16～50日		1 1.8%	7 12.7%	10 18.2%	16 29.1%	21 38.2%		55 100.0%
	51日以上	15 22.1%	8 11.8%	2 2.9%	8 11.8%	11 16.2%	22 32.4%	2 2.9%	68 100.0%

て重要な関心事であり続けている。

図9-1は、調査対象遍路者に、今回の遍路にかかる費用の総額を尋ねた質問の単純集計結果である。最も多かったのは「五～一〇万円未満」で、対象遍路者の三〇・二%がこの金額帯に収まっている。次に多かったのは「一〇～二〇万円未満」（二七・七%）、その次が「五万円未満」（二六・二%）であるから、対象遍路者のおおよそ四分の三が二〇万円未満の費用で回っていることが分かる。以下、「二〇～三〇万円未満」（一〇・〇%）、「四〇万円以上」（七・一%）、「三〇～四〇万円未満」（六・四%）と続いている。同じ遍路でありながら、それにかける費用がなぜこのようなばらつきをみせるのだろうか。

表9-1は、遍路費用と遍路所要日数のクロス集計結果である。遍路日数にみられるバラエティは、日帰りによる短い区切り打ちから、数十日をかける歩きの通し打ちまで、遍路の打ち方が多様であることに関係しているのだが、ここで注目したいのは、遍路日数が長くなるほど、遍路費用が高額になる傾向があることである[1]。日数が長

表 9-2　打ち方・移動手段別の遍路日数

打ち方		遍路所要日数													
		1	2-3	4-5	5-6	6-7	8-10	11-15	16-20	21-30	30-50	51-100	101-	不　明	合　計
通し打ち	車・バス中心	-	2	-	31	97	58	4	3	1	-	2	5	43	246
		-	0.8%	-	12.6%	39.4%	23.6%	1.6%	1.2%	0.4%	-	0.8%	2.0%	17.5%	100.0%
	徒歩のみ	-	-	-	-	1	-	-	3	8	19	14	-	13	58
		-	-	-	-	1.7%	-	-	5.2%	13.8%	32.8%	24.1%	-	22.4%	100.0%
区切り打ち	車・バス中心	31	283	164	107	25	1	-	1	3	2	4	30	69	720
		4.3%	39.3%	22.8%	14.9%	3.5%	0.1%	-	0.1%	0.4%	0.3%	0.6%	4.2%	9.6%	100.0%
	徒歩のみ	2	8	9	24	12	5	4	3	-	1	2	-	6	76
		2.6%	10.5%	11.8%	31.6%	15.8%	6.6%	5.3%	3.9%	-	1.3%	2.6%	-	7.9%	100.0%

くなれば、それだけ宿泊費用が多くかかるため、この傾向は容易に理解できるだろう。

遍路日数は、遍路が利用する移動手段によっても大きく左右される。図9-2は、「通し打ち」と「区切り打ち」に分けての車遍路と徒歩遍路それぞれの遍路費用を表しているが、通し打ち車遍路の約六五%が一〇万~三〇万円の金額帯に収まっているのに対して、同じく通し打ち徒歩遍路の六割強は四〇万円以上の費用をかけている。この違いは、通し打ち車遍路の約七五%が五~一〇日で一周しているのに対し、通し打ち徒歩遍路の約七割は二〇日以上の遍路日数をかけていること（表9-2を参照）に対応していると考えてよいであろう。共に通し打ちで、同じ一四〇〇キロの距離を移動するとはいえ、その移動スピードの違いによって、車遍路と徒歩遍路とでは、遍路費用に大きな差が生じている。また「区切り打ち」の場合においても、通し打ちの場合ほど明確ではないが、同様の傾向が認められる。[2] 今日の遍路においては、通し打ちにせよ区切り打ちにせよ、徒歩遍路のほうが車遍路よりも多くの遍路日数をかけ、またそれに応じてより多くの遍路費用をかける傾向があるといってよいであろう。

戦後の車遍路の主流化は、道中修行の大幅な省略による肉体的疲労の軽減をもたらす一方で、スピード化による遍路費用の相対的な低額化をもたらしている、と考えることができるが、このような車遍路の経済性を、単に車の「スピード」という観点のみから理解してよいのだろうか。遍路費用の大部分を占める宿泊費用それ自体は、本来的にはどのような宿泊施設を利用するか、ということとも深く関連しているはずである。そこ

図 9-2　打ち方別・移動手段別遍路費用

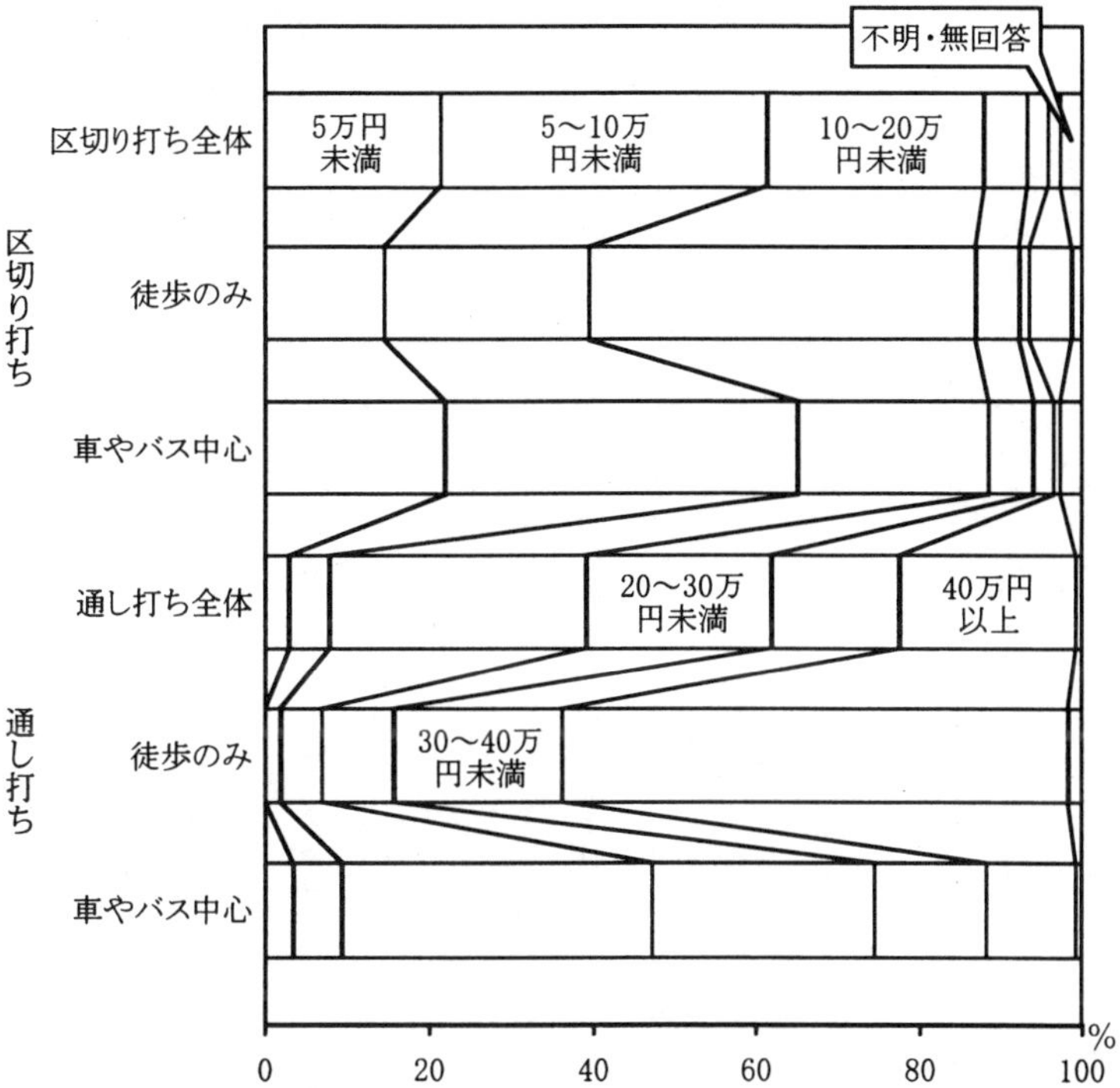

注:「通し打ち全体」は、移動手段が「徒歩が主だが車・鉄道も利用」「車や鉄道が主だが場所によって歩く」「その他」「不明・無回答」の回答者を含む。

で本節では、以上の関係を踏まえて、車遍路の出現も含めた遍路の歴史的変遷を辿りながら、遍路における「費用」と「宿泊施設」の関係について考察を加えてみたい。まず始めに、車遍路出現以降の、徒歩遍路と車遍路（団体バス遍路）の費用の変遷からみてみよう。

二　遍路費用の変遷

車遍路の費用の歴史的変遷を考えるうえで参考となるのは、団体バス巡拝の参加料金の変遷である。伊予鉄バス・伊予鉄観光の四国巡拝バスツアーの料金は、開始当時の昭和二八年には一万三六〇〇円であったが[3]、平成八年では一九万六〇〇〇円となっている。この金額には、交通費、宿泊費、食費などが含まれており、あとはこれに納経費用、遍路用具費用などを加えれば総額の遍路費用になるので、平成八年にこのツアーに参加した遍路者の遍路費用は大まかにいって二〇～二五万円くらいであろうか。この概算総額は、九六年の遍路調査における通し打ち車遍路の遍路費用のデータ（図9-2）にあてはめてみても、ほぼ平均的な金額であり、車遍路の費用一般を団体バス巡拝ツアー料金からの概算によって代表させることに一定の妥当性を期待してよいであろう。

昭和三六年に出版された荒木戒空の遍路ガイド『遍路の杖』は、通し打ちにかかる費用を移動手段別に示している（同書、一四ページ）。それによれば、徒歩巡拝に要する日数は約四〇日で、旅費諸費概算で一万三〇〇〇円とし、「へんろの旅は堪へ忍ぶことから始まります。贅沢は避けましょう、一日三百円あれば十分です」と記している。またバスによる団体遍路については、一四泊一五日で一万六八〇〇円としている。これは昭和三二～三四年の伊予鉄のツアーの料金一万六八〇〇円（道研、一九九四年、八〇ページ）に準拠していると推測されるので、このガイド本は、昭和三六年の出版でありながら、昭和三〇年代前半頃の料金を参照していると考えるべきであろう。ここで注目すべきは、徒歩遍路のほうが所要日数が明らかに長いにもかかわらず、その費用が団体バス遍路よりも安いということである。上述したように、今日、車遍路のほうが徒歩遍路よりも経済的であることを考えれば、昭和三〇年代前半から今日に至る間の、何らかの変化によって、徒歩遍路と車遍路の費用の相対的な高低が逆転したことになる。何がこの逆転をもたらしたのだろうか。

車遍路のスピード化という観点からみて、第一に考えられる要因は、車遍路における「さらなる高速化」である。昭和二八年、一五泊一六日で始まった伊予鉄のツアーは、昭和三〇年代前半には一四泊一五日、昭和四〇年代前半には一三泊一四日と、徐々に日程を短縮し、昭和五三年以降は一一泊一二日となっている。これは、バス車両自体の性能向上も関係しているであろうが、とりわけ、幹線道路および山岳霊場への登山車道の整備によるところが大きいと考えられる。道路の整備が進めば、より高速に回れるようになり、日数を短縮することができる。観光会社からすると、日数を短縮すれば宿泊経費がそれだけ下がり、より安価なツアー料金を設定できるため、つねにより高速なルートを開発する傾向がはたらくのは理解できる。道路整備にともなう日数短縮という恩恵は、団体バス遍路に限らず、マイカー遍路、タクシー遍路など、車遍路一般にも等しくあてはまる。今日の道路事情においては、マイカーで急いで回れば七泊八日で一周することができるだろう。一方、徒歩遍路はこうした恩恵とはおよそ無縁である。旧建設省による「四国のみち」の整備や、へんろみち保存協力会の活動など、徒歩遍路道の整備は一部で進んでいるが、こうした整備は直接的に歩き遍路のスピード化につながるものではない。徒歩による通し打ちは、昭和三六年『遍路の杖』の時代から今日までかわることなく、四〇日から六〇日かかるといわれている。

第二の、そしてここで強調したい要因は、遍路の宿泊施設に関連している。そもそも『遍路の杖』における、徒歩遍路一万三〇〇〇円（所要日数約四〇日）という額は、あまりにも安すぎないだろうか。たとえば、このガイド本が参照していたと思われる三〇年代前半の物価においては、団体バスツアーが利用していた寺院宿坊の宿泊料は一泊五〇〇円となっている（道研、一九九四年、八〇ページ）。また当時、「普通旅館は一泊二食主食付三五〇円から最高六五〇円まで」（荒木、一二ページ）ということである。宿坊にせよ旅館にせよ、四〇泊して一万三〇〇〇円内に収めるには、高すぎる宿泊料金である。昭和三〇年代前半の歩き遍路は、どのような宿泊施設に泊まっていたのだろうか。

『遍路の杖』によれば、遍路の宿泊について次のような記述がある。「遍路宿に泊まりますと、一泊主食別一三〇円～二〇〇円内外風呂にも入れて貰へてその安いのに驚きます。食事は一汁一菜、主食は各自のお腹に相談の上翌日の弁当の分まで炊いて貰ふことになつています」（荒木、一二ページ）。さらに、霊場での宿泊について次のような興味深い記述もある。「霊場でのお泊まりの場合は志納ですが、夕朝の膳を頂き、弁当も拵へて貰いましたら二〇〇円から三〇〇円お包みすればよいでしょう」（荒木、一三ページ）。先に当時の寺院宿坊の料金について一泊五〇〇円と述べたが、ここで紹介されているのは、おそらく遍路宿に準ずる設備の、より安価な宿泊施設なのであろう。今日遍路が利用する寺院宿坊は、どの札所でも一律五五〇〇円（平成一一年より）で、設備・サービスも民宿、旅館に準ずるものだが、昭和三〇年代前半の寺院宿泊施設は、当時の旅館に準ずるものや、より安価な遍路宿に準ずるものなど、その設備はさまざまであったことがうかがえる。更に次のようなもっと安い宿泊施設も利用可能であった。「通夜堂の設備のある処では、ほんのおさい銭程度で泊まれます。但し自炊ですからこのような設備を利用される方は飯盒が必要です」（荒木、一三ページ）。

昭和三〇年代前半の遍路は、遍路宿、あるいはそれに準ずる寺院宿泊施設、また通夜堂など、安価な宿泊施設を利用することで、非常に安い費用で四国を回ることができたようである。徒歩遍路一万三〇〇〇円の安さは、ここから理解できるだろう。一方、団体バスツアーは、一四泊のうち普通旅館と宿坊（一泊五〇〇円）を約半々で利用しており、当時の一般的な徒歩遍路とくらべるとかなり豪華な遍路であった。徒歩遍路と車遍路の違いは、この場合、移動手段の違いということに加えて、質素な遍路と豪華な遍路の違いであったといってよいであろう。そしてこうした観点からすると、先述した費用逆転の現象、すなわち、今日では昭和三〇年代前半とは逆に徒歩遍路のほうが車遍路よりも高額な費用をかけるようになったという現象は、経済成長にともなう所得向上を背景として、遍路宿に代表される安宿が近年衰退の途にあること（後述）との関連から理解できるだろう。

しかし、ここでひとつの疑問が生じる。遍路ガイド『遍路の杖』の記述は、徒歩遍路があたかも「安宿に泊まらねばならない」かのような印象を与えている。それは、徒歩遍路の費用を安宿の料金に準拠して計算し、また「ぜいたくは避けましょう」などといい添えている点からうかがうことができる。遍路宿は、昭和三〇年代前半当時の所得レベルに見合った、利用可能な宿泊施設のうちの、ひとつの安価な選択肢以上の意味をもっていたのだろうか。ここから示唆される遍路宿の別の意味を探るため、以下に、遍路における宿泊施設の変遷を辿ってみよう。

三　宿泊施設の変遷（江戸時代〜昭和初期）

江戸時代初中期の遍路記によれば、すでにこの時代、遍路道沿いの随所に仮泊のできる大師堂等の小堂があり、それらは「辺路屋」とよばれて、遍路者にとって雨露をしのぐことのできる簡易宿泊施設として使用されていたようである。また、沿道村落の住民が遍路者に宿を施す「善根宿」もこの頃多数存在し、貞享四（一六八七）年に出版された真念の『四国徧礼道指南』においては、約二〇軒もの善根宿が紹介されている（近藤、二〇五—二四四ページを参照）。

江戸時代を下るにつれて、庶民の間で寺社参詣を中心とした旅が広まって、木賃宿や旅籠が数を増し、遍路にとってもこれらの商売宿が利用可能な宿泊施設となった。木賃宿とは、旅人が米を持参し、薪の代金（木賃）を払って米を炊いてもらうという賄いの形式をとる宿屋であり、旅籠は、今日の旅館と同様に二食付きの宿屋である。四国遍路の木賃宿は、沿道の農家が副業で春の遍路シーズンに限り開くものが多く、「遍路宿」とよばれた。一般に財力のある遊楽的な旅においては、旅籠のほうが好まれたようであるが、遍路は安価な木賃宿を利用するのが基本だったようだ。たとえば、文政二（一八一九）年に四国を回った土佐の新井頼助の遍路は、多分に物見遊山的な旅であったが、金比羅に詣でた際、「門前の紅葉屋という宿に泊まったが遍路であるがゆえに木賃とした」（真野、一二九ページ）という。すでにこの時代から、遍路は安価な宿泊施設を利用するべきものであったようだ。

大正時代の遍路記からは、「遍路は安宿に泊まるもの」という規範の存在と同時に、そうした規範にとらわれない新しい型の遍路の出現についても知ることができる。大正六（一九一七）年に夫婦で四国を回った知多の僧、内藤真覚の遍路行の第一の特徴は、当時新しい移動手段として普及の途にあった「自転車」で四国を回ったことである。[4]これは「四国遍路においても、信者に対して、徒に、肉体を苦労せしめる難行苦行を求めるは不可なり。婦幼老若を問わず、万人が楽しく、面白く、参拝できる易行であることが、大師の真精神に副うゆえんである、ハイヤー、自転車、汽車、電車等文明の機関を大いに利用すべし、肉食勝手なり、白装束不要なり」(内藤、はしがき一ページ)という進歩的な考え方に基づいていたのだが、この考え方は、内藤の利用宿泊施設にもあらわれている。

彼は基本的に寺坊または遍路宿には泊まらず、普通旅館に宿泊した。当時遍路宿の宿料は下八銭、中一〇銭、上一五銭であり、普通旅館は四〇～五〇銭であったから、「当時の遍路としては豪華版」(内藤、三一ページ)であったが、遍路が普通の旅館に泊まるには、遍路であることを悟られないようにするための気遣いが必要だったようだ。出発より一三日目、三六番青龍寺を過ぎて投宿した時の記述に次のような一節がある。「私らはこの弘田旅館へ入る時は、大師まいりの服装をやめて、船中でズダ袋、および首にかけた念珠をはずした。そのためか宿へ行っても、一言のもとに、お二階へと扱ってくれた。今日まで、他の宿では幾分返事がおそい。自転車をみせ夫婦であることがわかると、へんろでないと思って宿も安心するらしい」(内藤、四四ページ)。また二〇日目、久万町の旅館では、投宿後に遍路であることがばれてしまったが、事なきを得ている。「二階へ上がって、頭陀袋や納経をひろげているところを女中がみていって『おかみはん、あのお客へんろやったわ。』と小声でいっているのが聞こえた。町の髪結屋へ行ったら、そこで『よく泊めてくれましたなあ。自転車でへんろ姿でないからですなあ……[中略]』といった」(内藤、五五―五六ページ)。

また内藤は、故郷知多の新四国八十八ヵ所と比較しながら、四国遍路の状況を次のように批判している。「知多の旅館では、霊場めぐりの遍路を『弘法さん。弘法さん』と大事にしてくれる。しかし、本四国の旅館では、大師めぐりのへんろといえば乞食扱いをして嫌う風習がある。これでは四国へんろが発展するはずがない。――四国では、いわゆる乞食へんろを受け入れる態勢はととのっている。土地の七ヵ所まいり、十ヵ所まいりの人もみな木賃宿に泊って普通の旅館には泊らない。――見方によっては、四国霊場は病人と乞食の巣窟である。こんなことでは高野山や、知多のように年々発展する見込みがない。昔はこのように乞食病人ばかりでもなかったろうが、永年の慣習でこうなったのだろうか」(内藤、五七ページ)。

内藤の遍路行は、当時としてはかなり特殊な遍路であったが、巡礼の発展という観点から、移動や宿泊の安楽さを積極的に肯定しようとする新しいタイプの遍路が、すでにこの時代に現れつつあったことを示している。また一方で彼の遍路記は、遍路がみな木賃宿に泊まっていたことだけでなく、乞食遍路の多さや、上流旅館が遍路を嫌うことなどを率直に記述しており、当時の四国遍路の状況を把握するうえで興味深い遍路記となっている。

内藤と同じ時代、大正七(一九一八)年に四国を回った高群逸枝の遍路は、内藤とは異なり、当時の遍路の典型的な例にかなり近いものだったようだ。同行の老人の意向から、旅費はあまり用意せず、「乞食修行」でゆくことになった遍路行は、わずかな善根宿に恵まれはしたものの、ほとんどが遍路宿と野宿で構成されており、今日の目からみるとかなり過酷な旅であった。遍路宿のなかには「これなら野宿のほうがいい」と思わせるものもあり、高群はその様子を次のように述べている。「如何にも虱が湧いていそうな不快な宿である――便所のすぐ前で汚い壺が露にみえている――どうにも忍ばれないのは桶のなかの湯である――まるで洗い落とされた垢の濁りで真っ黒である」(高群、一五四―一五五ページ)。適当な宿が見付からず、旅人宿に泊まろうとしたが拒否され、結局野宿する、といった記述も随所にみられる。

遍路費用と宿泊施設の関係を考えるうえで注目したいのは、高群の遍路にみられる「乞食修行」のもつ意味である。この修行については、高群自身は行わず、もっぱら同行の老人にまかせていたようだが、彼女は、遍路宿で同宿となる遍路たちの間で「遍路の者は幾ら金持ちでも日に七軒以上修業（原文のまま）しなければ、信心家とはいえない」というコンセンサスがあることを報告している（高群、一九一ページ、また一〇〇―一〇一ページを参照）。また同宿遍路の話として、修行は田舎に入り込んだら少しは貰いがあること、しかし米や粟などを大量にくれるので大変だということ、そしてそうした場合には、貰ったものはお金に代えるとよいことなどを記述している（高群、一〇〇―一〇一ページ）。貰った米の一部をしかるべき所で金に換え、また一部を蓄えておけば、遍路は、遍路宿で木賃の支払いもできるし、主食は持参した米を炊いてもらえばよいことになる。乞食修行と、それに適合的な宿泊施設である遍路宿という仕組みが、無銭で遍路を続けることを可能にするような環境をつくっていたということを、ここから読み取ることができる。上述の内藤が嘆いたいわゆる「乞食遍路」の多さも、当時の四国遍路のこうした環境から理解することができるだろう。(5)

一方、こうした修行で生計を立てている「乞食遍路」が警察の取締の対象となっていたことも、高群の遍路記は明らかにしている。近世末期から明治維新期にかけての巡礼排斥の動きについては、真野俊和『旅のなかの宗教』に詳しいが（真野、二一七―二三一ページ）、その根本には、遊行宗教家、旅芸人、渡り職人などの流浪漂泊民の総称としての「乞食」から、単なる社会的落伍者としての「乞食」へ、という、近代化にともなう乞食観の変化があったようである（真野、二三〇ページ）。高群らは八幡浜の木賃宿で「遍路狩り」に遭い、警察の尋問を受けているが、警官は遍路たちに対して、米の配給があるから欲しい者は申し出よ、という風に、いわば「お接待」を偽装して「乞食遍路」を誘き出そうとしている（高群、二一二―二一九ページ）。ここから、当時の警察の取締の厳しさと狡猾さを読み取ることができるが、一方で、単に遍路装束を身につけているというだけでは、「一般の」巡拝者なのか「乞食遍路」なのかの区別が付かず、即逮捕という訳にはいかないという、「乞食遍路」を内包するうえでの遍路の仕組みの巧妙さを読み取ることもできるだろう。

無一文で四国を回れるこの仕組みを最もよく表現しているのは、昭和一四（一九三九）年秋に四国を旅した種田山頭火の乞食行脚であろう。彼の『四国遍路日記』からその行乞の実態を詳細に調べた真野は次のように述べている。「これをみると、行乞による一日の収入は一日の生計費（宿泊費）にほぼ相当するものであったこと、反対にいいかえれば、まったく無一文のまま四国遍路に出たとしても、四国にいれば何とか宿泊費を工面し、順拝を続けることの可能であったことが知れる」（真野、一四七ページ）。

四　宿泊施設の変遷（昭和三〇年代から現代まで）

以上の歴史的な考察から、遍路宿は、単なる利用可能な宿泊施設の選択肢のひとつではなく、遍路修行の一環としての乞食修行と適合的な宿泊施設であったことが明らかになった。かつて遍路にとって、乞食は遍路修行の一環であり、それとの関連で、遍路は普通旅館ではなく遍路宿に泊まるべきものであった。そしてこの規範は、普通旅館が遍路を泊めなかったことから分かるように、遍路者の側だけでなく、沿道社会からも了解され、また支えられている規範であった。

遍路ガイド『遍路の杖』が「遍路は安宿に泊まるべき」という主張をほのめかしているのは、遍路宿のもつこうした歴史的な意味から理解することができるが、このガイド本の時代の昭和三〇年代前半の遍路において、こうした規範が実際にどの程度生きていたのだろうか。乞食修行の実態については不明だが、遍路宿は当時まだ随所にあり、多くの遍路に利用されていたことは確かである。昭和三三年に四国を巡った西端さかえの遍路記が、このことを裏づけている。西端は、徒歩に汽車、バス、タクシーを交えて四国を巡拝し、寺院宿泊を基本としていたが、遍路宿も三回利用している。またその記述全体から、当時随所に遍路宿があったこと、そして多くの遍路がそれを利用していたことをうかがうことができる。興味深いのは、当時もまだ、普通旅館は遍路を泊めないのが一般的であり、西端も二度宿泊を断られていることである（西端、一四九・一六九ページ）。御免町で普通旅館に泊まった際には、以前に宿泊拒否に遭った反省から「近距離だったがタクシーで乗りつけたら遍路姿でもとめてくれた」（西端、一四九ページ）という。

以上を踏まえて、昭和三〇年代前半から今日までの推移に話を戻そう。この時代、団体バス巡拝の発展に代表される車遍路の主流化にともなって、遍路における宿泊施設も大きく変化し、寺院宿坊の整備、また一方で遍路宿の衰退が進展した。すでに触れたように、かつての寺院宿泊の形態は、札所ごとでさまざまに異なっていたが、今日の遍路が利用する宿坊は、どこも旅館や民宿に準ずる設備をもち、料金も統一されている。こうした宿坊の歴史は新しく、比較的古いものでも大正から昭和初期に整備されたものだという（真野、五六―五七ページ）。

宿坊の整備が今日のように進んだのは、戦後の農地解放による経営困難から、寺院が一般遍路への宿提供に積極的に乗り出したためといわれているが、実際、宿坊は旅館や民宿に較べて収容人数が多く、団体バス遍路の宿泊に適合的であった。一方、遍路宿は、団体バスやマイカーによる遍路の主流化とともに、衰退の一途を辿った。前田卓は遍路宿衰退の原因として、車遍路化による宿泊日数の減少、徒歩遍路の減少、団体客に対応できなかったことなどを挙げたが、こうして失われた宿泊客の多くは、寺院宿坊に吸収されていった。「団体の遍路は、大きな部屋があって、しかも立派な風呂がある寺院に宿泊するようになった。それに加えて、一般の農民の生活水準も高くなったので、安上がりな木賃宿よりも宗教的な雰囲気にひたれる霊場に泊まることを好むようになった」（前田、七〇―七一ページ）。昭和五〇年の段階で、遍路宿は「わずかをのぞいてほとんど廃業ないしそれに近い状態」（星野、八六―八七ページ）といわれている。

図 9-3　移動手段別・最もよく利用する宿泊施設

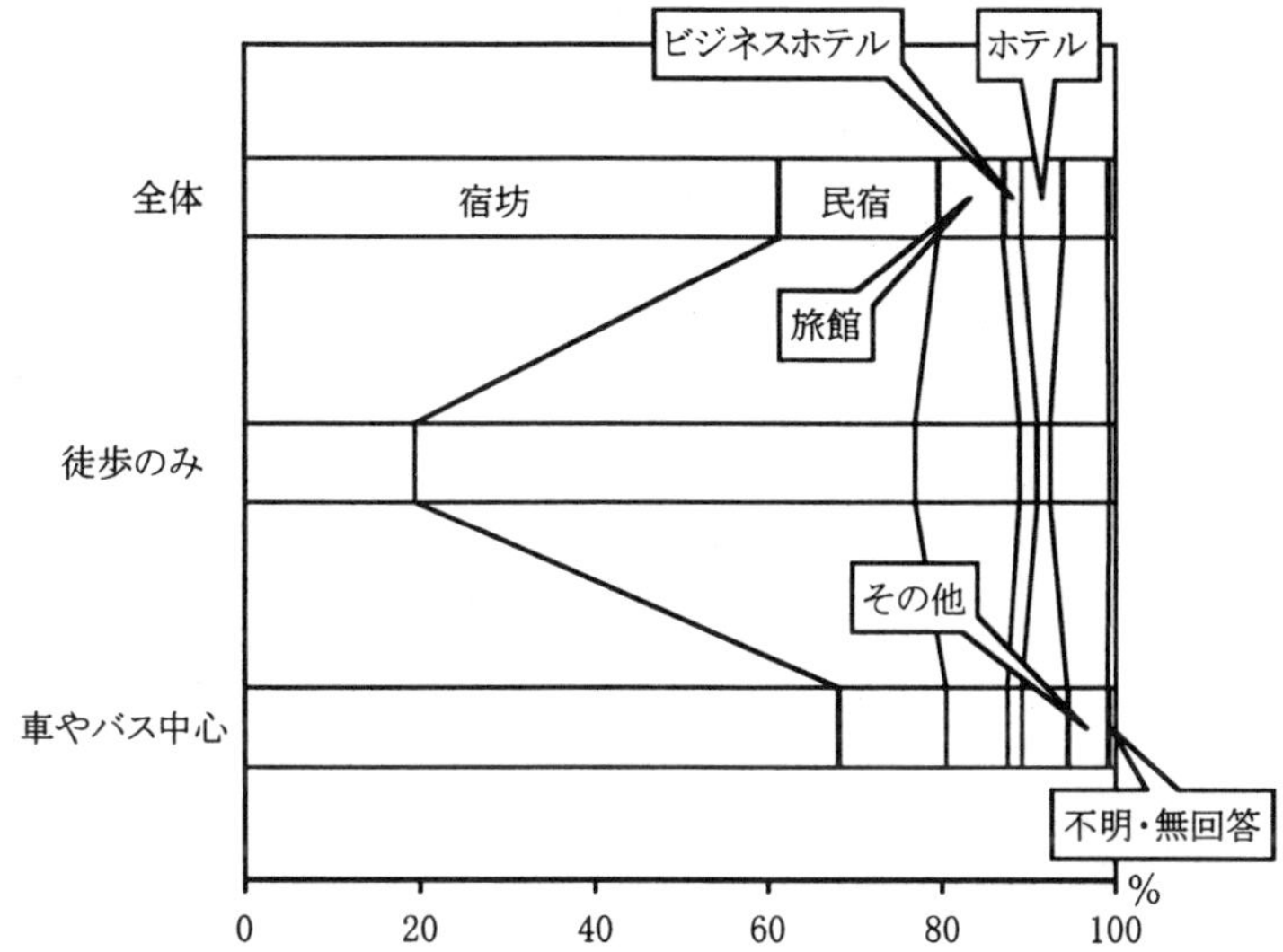

注:「全体」は、移動手段が「徒歩が主だが車・鉄道も利用」「車や鉄道が主だが場所によって歩く」「その他」「不明・無回答」の回答者を含む。

今日の遍路の利用宿泊施設についての調査データ（図9-3）をみてみよう。全般的にみて、最もよく利用する宿泊施設として「宿坊」を挙げた回答者の割合の高さ（六一・四％）がまず目に付く。以下「民宿」（一八・三％）、「旅館」（七・五％）と続くが、「その他」の回答のなかにも「遍路宿」という回答は見当たらなかった。[6] また移動手段別にみると、「徒歩のみ」の場合における「民宿」の割合（五七・五％）が高く、「宿坊」が主流の「車やバスが中心」の場合とは大きく傾向が異なっている。徒歩遍路の場合、札所からも都市部からも離れた海沿いや山間の道中で日暮れを迎え、そのとき手近にある民宿に泊まるというパターンが多くなるのであろう。

徒歩遍路と車遍路とで、利用する施設の傾向の違いは認められるが、費用という観点からすると、いずれの宿泊施設にしても料金に大きな差はなく、ここには、かつての「遍路宿」と「普通旅館」との間にあったような質素／豪華という区別はみられない。そしてこのことが、先述した費用逆転の現象、すなわち、今日では昭和三〇年代前半とは逆に徒歩遍路のほうが車遍路よりも高額な費用をかけるようになったという現象を、車遍路のスピード化とはまた別の側面から説明する。かつて遍路宿を用いて安い費用で四国を巡っていた徒歩遍路は、遍路宿なき今、かつては豪華であった団体バス遍路と料金的に同等の宿泊施設を利用しており、このことが、今日の歩き遍路の高額化を導いている。それゆえ、一節で論じた車遍路の経済性は、車（および道路）それ自体に由来する「スピード」という観点だけでなく、その（団体・豪華といった）新しい旅のスタイルが遍路宿泊施設全般に及ぼした影響という観点からも理解する必要がある。

五　現代遍路文化としての宿泊と費用

遍路における費用を宿泊施設との関連から歴史的に考察することで、遍路宿の存在、そしてそれが乞食《こつじき》修行との関連でもつ意味が明らかにされた。そして遍路宿が、戦後の経済成長、車社会化を背景に衰退したことも以上で示された。かつては安価な旅であった徒歩遍路が今日では逆に高価な旅になっているのは、こうした遍路宿の衰退との関連で理解することができる。一方、かつては豪華であった団体バス遍路は、時流に乗って現在では逆にエコノミカルな遍路になっている。今日の遍路は、移動の面のみでなく宿泊の面でも、時代に応じて新しく利用可能となったものを積極的に取り入れながら発展を遂げてきたといってよいであろう。

戦後の遍路宿の衰退は、遍路における宿泊施設の全般的な快適化と表裏の関係にある。こうした傾向が顕著になったのは戦後以降だが、遍路においても旅の快適さを求めようとする傾向は、先述したように大正時代の内藤真覚の遍路にすでに認めることができる。この時代は、四国遍路に限らず「旅」というものが大きく変容をとげた時代でもあった。柳田国男が、楽しみを求める「旅行」を、かつての「ういものつらいもの」であった「旅」と区別して、「新しい文化」であると述べたのも大正時代であった（白幡、三一八ページ）。白幡洋三郎は、日本近代化の国策の一環として明治四五年に発足したＪＴＢが、昭和初期、それまでの「海外からの賓客接待」という事業主旨から脱皮して、旅行業者的性格へと転換したのを画期として、暗く辛い「旅」と区別される明るく軽快な「旅行」の始まりを昭和の初期に位置づけた（白幡、二一一五一ページ、二四八ページを参照）。[7]

さらに遡って、先述した江戸時代の新井頼助の遍路も、遍路宿を利用していたとはいえ多分に遊楽的な旅であったこと（真野、一二三一一三一ページ）、そして当時の寺社参詣が、民衆の旅行に対する諸藩の制限が厳しかった時代にあって許しを得やすい旅であり、参詣参宮の名を借りた物見遊山の旅という一面ももっていたことなどから翻ってみるなら、今日の遍路に認められる快適性追求の傾向は、遍路が盛んになった江戸時代からすでに潜在し、大正時代に新しい文化として出現し、戦後の経済復興とともに大きく進展したものと考えることができる。こうした観点からすると、遍路宿の衰退は、辛く苦しい「旅」から遊楽的な「旅行」へという、日本の近代化にともなう旅文化の変容という文脈のなかに位置づけることができるだろう。[8]

しかし、遍路宿を、単に経済的な観点から、または近代化という観点から、時代の流れに取り残された一宿泊施設として理解することはできない。かつて「遍路宿への宿泊」は、乞食修行とセットとなって、遍路における規範を構成しており、その規範は遍路者および沿道社会に共有されていた。それはまた、金持ちであるかいなかを問わず、遍路である限りにおいて適用されるべきものであった。この規範が十分に強いものであったと仮定するなら、近代的な旅行文化の出現や戦後の経済成長・所得向上は、ただちに遍路宿・乞食修行の衰退を導くものではないということになる。

それゆえ、遍路宿の衰退を近代化や戦後の経済的富裕化という文脈から理解する際には、それと並行して、またそれと関連づけるかたちで、遍路におけるこの社会的規範の衰退についても検討する必要がある。たとえば、なぜ普通旅館が遍路を泊めるようになったのか。[9] あるいは今日なお、遍路を泊めない普通旅館はどの程度残っているのだろうか。[10] また、遍路宿と関連の深い乞食修行の衰退は、遍路者と沿道社会との関係に対してどのような意味をもつのか。そしてそのことと、今日なお四国に残っている「お接待」の風習は、どのような関係のもとに理解すればよいのか。これらは、戦後から今日にいたる、遍路諸社会関係をめぐる変化を考察する上で重要な論点を構成する問題群であり、遍路宿の衰退も、こうした社会関係のなかでもつ意味という観点から理解されるべきものであることを指摘しておきたい。

二 遍路の納経形態

一 納経の意味と形態

納経とは、そもそもは「経を納めること」、すなわち写経した経典を寺院に納めることであり、納めた者はその納経の受領証として朱印を受けたという。しかし近年ではこれが簡略化され、各札所に設けられている納経所において一定の納経料を払い、お参りをしてお経を唱えおさめた証として、巡礼者が持参する納経帳・判衣(白衣)・掛け軸に各札所固有の納経朱印を押してもらうことを納経とよぶ(白木、九八ページを参照)。

四国遍路における納経の歴史は古く、「納経帳」は元禄時代まで遡ることができるようだ(前田、五五―五六ページ)。「判衣」については十分に明らかではないが、大正六年の遍路記に「おいずる」への納経についての記述があり、少なくともこの時代にはすでに判衣への納経の原型が一般化していたようである。[11]「掛け軸」は歴史の浅いもので、昭和四〇年代に登場したといわれている（白木、九八ページ）。こうした納経アイテムの多様化に加えて、納経料金の制度化や金額の変遷、[12]また冒頭に述べた「経典を納める」から「お経を唱えおさめる」へという意味の変遷（前田、五五―五六ページ）など、時代に応じてさまざまな変化をとげながら、納経は現在まで受け継がれてきた。[13]

今日の納経行為の意味はさまざまな側面から考察することができる。遍路者個人にとっては、満願となった納経アイテムは、遍路を行った証、記念となったり、信仰用具となったりする。また遍路の最中において、行程の進行とともにアイテムを朱印でうめてゆくことは、「収集」の楽しみにも通じるだろう。[14]また各寺院での納経行為は、そのつど「その札所を打ち終えた」という達成感につながり、遍路行の「充実感」を構成するひとつの要素ともなりうる。また納経所の受付時間は午前七時から午後五時までと定められており、これによって遍路者の遍路活動時間に一定の秩序が与えられているが、一方で「納経の終了時間が早すぎる」という遍路者の不満も生み出している（道研、一九九七、六章を参照）。納経行為はまた、札所境内のさまざまな参拝者のなかから遍路者を見分ける指標ともなり、遍路者はたとえ白装束に身を包んでいなくとも、納経を行うことで自らが遍路者であることを表現することができる。さらに遍路者は、納経所の寺院関係者とのやりとりを契機として、宿や道のことなど、遍路に関する情報を得ることができる。[15]とりわけ徒歩遍路は、納経所で寺院関係者からのお接待を受けることもある。宗教的規範という観点からすると、納経は、寺院にお経を唱え納めた証を受ける行為であり、遍路者が札所で行うべき一連の参拝行為に関係する行為である。[16]さらに、納経印を受けるには納経料を払わなければならない（二〇〇二年三月現在、納経帳は三〇〇円、判衣は二〇〇円、掛け軸は五〇〇円）という経済的な側面もあり、納経は、札所寺院の重要な収入源ともなっている。[17]

図9-4は、調査対象者にどのような納経形態をとっているかを尋ねた質問の単純集計結果である。三種類の納経ア

図 9-4　納経形態の単純集計

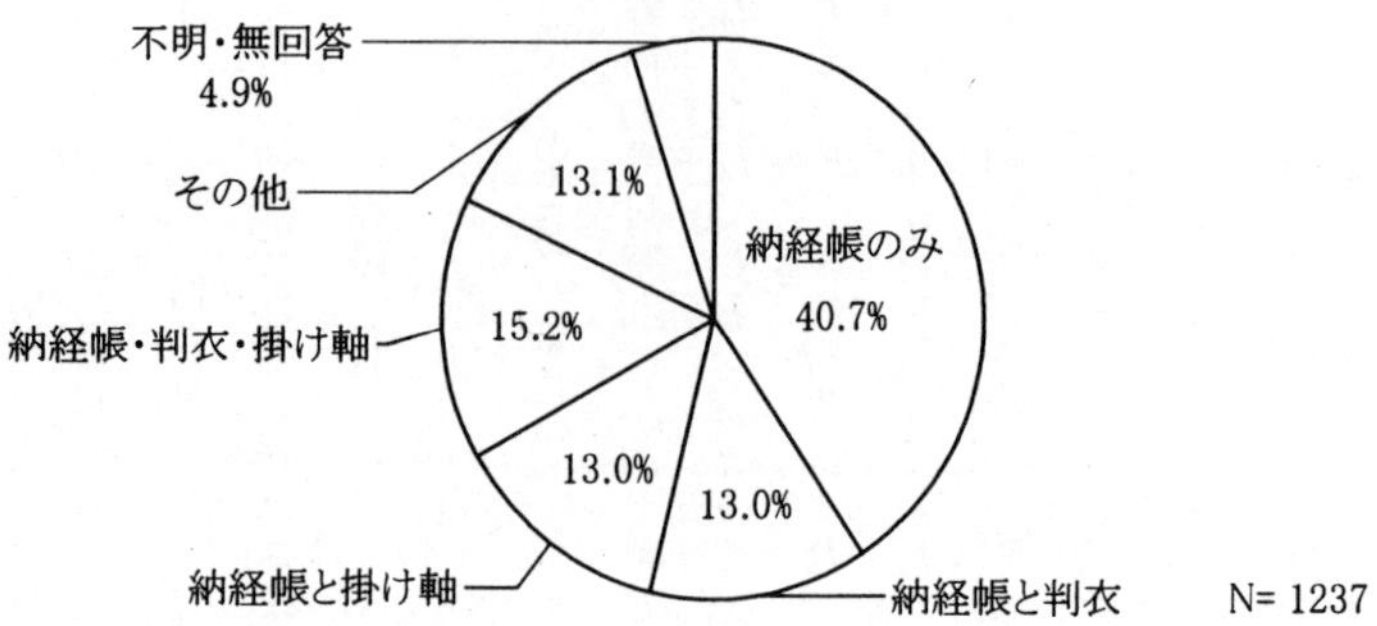

イテムの組み合わせから、さまざまな形態の納経が行われていることが分かるが、まず確認しておくべきなのは、「その他」の回答者も含めて、調査対象遍路者の約九五％が何らかの形で納経を行っているということである。納経行為は、その歴史的な伝統と、機能的な意味から、関係する諸主体（遍路者・寺院・用品業者など）によって支持され、今日の遍路一般に広く行われている遍路関連行為として理解できるだろう。本節では、今日の遍路にみられる納経形態のバラエティと、その遍路スタイルとの関連に着目しながら、おのおのの納経アイテムやその組み合わせの形態がもつ意味について考察してみたい。

二　納経アイテムの用途

図9-4の単純集計結果を子細にみてみよう。これは、納経形態に関して「1　納経帳のみ」「2　納経帳と判衣」「3　納経帳と掛け軸」「4　納経帳・判衣・掛け軸」「5　その他」の五つの選択肢を用意し、ひとつだけ選択してもらった結果である。最も割合が高かったのは「納経帳のみ」で、四〇・七％の対象遍路者がこれを選択している。次に高かったのは「納経帳・判衣・掛け軸」、すなわち三形態のすべてを行っているという回答で、一五・二％であった。以下、「その他」（一三・一％）、「納経帳と判衣」（一三・〇％）、「納経帳と掛け軸」（一三・〇％）と続く。「その他」には、主として「判衣のみ」「掛け軸のみ」そして「判衣と掛け軸」という形態の対象

遍路者が含まれる。また、納経をまったく行わないという遍路者は「不明・無回答」(四・九%)のなかに含まれる。
各納経アイテムが使用される率という観点からすると、1から4までの選択肢はすべて「納経帳」を含んでいるので、これらを選択した回答者、すなわち対象遍路者の八割強は、納経帳による納経を行っていることになる。これは「判衣」「掛け軸」にはみられない率の高さである。確かに納経帳は長い歴史をもち、またアイテムの形態としても、基本的には和紙を綴じたノートであり、「判衣」「掛け軸」と比較して携帯・取り扱いの便に長け、費用の面で手頃感があり、気楽に始めやすいといった特徴をもつ。しかし各アイテムの特徴は、遍路を終えた後の「用途」という観点からも考察する必要がある。

三つのアイテムの用途にみられる共通点は、第一に、葬送儀礼や信仰行為において、霊験を宿す・発揮する道具として用いられるという点である。納経帳には、死者と一緒に納棺するという用途(前田、五五—五六ページ)がある。また「熱の出た子供の頭に納経帳を乗せたら熱が下がった」という霊験談もある(西端、一六〇ページ)。「判衣」の用途は、棺に入る死者の死装束とすることである(武田、七ページ、大法輪閣編、四六ページ)。「掛け軸」は、単に床の間などに飾って眺めるだけであれば室内装飾品に過ぎないが、全札所の印を一目でみられることから一種の「移し巡礼」として拝まれる場合には、それ自体で信仰の対象ともなりうる(白木、九八—九九ページ)。

第二の共通点は、満願となった納経アイテムはいずれも、八十八の札所を詣でた記録であり、確かに遍路を行ったという証拠になるという点である。しかしこの記録の面で、納経帳は他の二つのアイテムと決定的に異なった特徴をもつ。宗教的用具としての明確な用途(死装束とする・家内に飾って拝む)と結びついている「判衣」「掛け軸」と異なって、納経帳はそもそも各札所の受領証の束であり、「記録である」ということがその第一義的な機能となっているアイテムである。多くの遍路者にとって遍路という経験は、自らの人生遍歴を構成する諸経験のなかにあって特殊な経験のひとつであろうから、それを確かな形で記録しておきたいと考えるのは自然なことであろう。そして納経をもっぱらそうした人生記録の一部としてとらえた場合、その用途に最も適したアイテムとして納経帳が選択されるのも自然なことである。

記録としての納経帳はさらに、「重ね印」を行えるという特徴をもつ。生涯に渡って四国を二八〇回巡ったという中務茂兵衛の納経帳に典型的にみられるように(大法輪閣編、一三九ページ)、通常、繰り返し四国を巡る遍路者は、そのつど新しい納経帳を用意するのではなく、一冊の納経帳を何度も使用する(前田、二〇八ページ)。そうすると、各札所の納経印は、前回押してもらったのと同じページに押してもらうことになり、これを「重ね印」という。この場合、納経帳は、遍路者個人のこれまでの遍路経歴(遍路回数)を表現するものとして機能するだろう。もちろん、物理的には判衣や掛け軸に重ね印をすることも可能であろうが、両者はその装飾的な用途から、通常は重ね印をすることはなく、遍路一般において「重ね印」とは納経帳に行うものであると考えられている[18]。

個人の遍路経歴を記録することは、上に述べた人生記録の一部としての意味に加えて、遍路におけるその個人の「ベテラン度」を表現するという意味ももつだろう[19]。四国霊場会が定める「公認先達」制度においては、最下級の「先達」から最上級の「元老大先達」に至る七つの階級が設けられており、前階級期間中に一定の回数の巡拝を行うことが、次段階への昇進の要件となっている(道研、一九九四年、二九ページ)。そこで霊場会では、新規に先達となった人に対し、その人のその後の遍路経歴を記録するための、いわば先達用の納経帳を配布している(『月刊へんろ』第一六六号、一九九八年一月一日)。

このように納経帳は、一回限りにせよ複数回巡るにせよ、個人の遍路経験を記録するという目的に最も適した納経アイテムであり、その意味でビギナーからベテランまでの多くの遍路者にとって「一人一冊」ともいえる基本的な納経アイテムとなっているのではないだろうか。[20] 先述した「納経帳」利用の割合の高さは、携帯のし易さや費用面での手頃感に加えて、それが記録媒体として優れた納経アイテムであるという点からも理解すべきであろう。

三　納経帳のみの納経と複合的納経

次に三つの納経アイテムの組み合わせに注目してみると、「納経帳のみ」の回答者が四〇・七％であるのに対して、「納経帳と判衣」「納経帳と掛け軸」「納経帳・判衣・掛け軸」の三つのカテゴリーのいずれかを選択した回答者は、全体の四一・二％にのぼる。「納経帳のみ」の遍路者も多いが、「納経帳プラスその他のアイテム」の複合的納経を行う遍路者もそれと同じくらいあるいはそれに勝って多いということが分かる。

納経帳単体型と、納経帳プラスその他のアイテムによる複合型との区別を軸としてみた場合、それぞれの納経形態は、遍路者の属性や遍路スタイルとどのように関係しているだろうか(表9-3)。まず第一に指摘できるのは、年齢との関係である。ケース数の少ない一〇歳代と八〇歳代を除けば、高齢になるほど納経帳単体型の割合が低くなり、複合型の割合が高くなる傾向がある。また移動手段との関係をみると、車主体の遍路者においては複合型の割合が相対的に高く、徒歩主体の遍路者においては納経帳単体型の割合が相対的に高くなっている。さらに、同行者数別では、同行者数が多くなるほど、複合型の割合が高くなる傾向があり、逆に一人（自分のみ）の場合には、納経帳単体型が五五・四％と相対的に高い割合を示している。

ここでまず確認しておくべきなのは、年齢・移動手段・同行者数の関係である。調査結果によれば、高齢になるほど車で回る割合が高く、また車遍路においては同行者数が比較的に多くなる傾向がある。逆に徒歩遍路は若齢層において割合が高く、同行者数も一人（自分のみ）の割合が高い（道研、一九九七年、第五章を参照）。高齢―車―団体、そ

表 9-3　納経形態と年齢・移動手段・同行者数

		納経形態						
		納経帳のみ	納経帳判衣	納経帳掛け軸	納経帳判衣掛け軸	その他	不明・無回答	合　計
年齢	10 歳代	1 25.0%	1 25.0%	1 25.0%	- -	1 25.0%	- -	4 100.0%
	20 歳代	28 66.7%	4 9.5%	2 4.8%	3 7.1%	5 11.9%	- -	42 100.0%
	30 歳代	29 49.2%	6 10.2%	12 20.3%	5 8.5%	6 10.2%	1 17.0%	59 100.0%
	40 歳代	58 48.7%	15 12.6%	22 18.5%	15 12.6%	8 6.7%	1 0.8%	119 100.0%
	50 歳代	79 39.5%	25 12.5%	28 14.0%	36 18.0%	27 13.5%	5 2.5%	200 100.0%
	60 歳代	180 40.1%	63 14.0%	62 13.8%	70 15.6%	52 11.6%	22 4.9%	449 100.0%
	70 歳代	88 35.2%	33 13.2%	19 7.6%	42 16.8%	46 18.4%	22 8.8%	250 100.0%
	80 歳代	9 45.0%	1 5.0%	2 10.0%	3 15.0%	2 10.0%	3 15.0%	20 100.0%
移動手段	徒歩のみ	76 56.7%	13 9.7%	12 9.0%	9 6.7%	23 17.2%	1 0.7%	134 100.0%
	徒歩が主だが車・鉄道も利用	39 62.9%	8 12.9%	8 12.9%	- -	6 9.7%	1 1.6%	62 100.0%
	車やバスが中心	359 36.8%	135 13.8%	131 13.4%	168 17.2%	127 13.0%	56 5.7%	976 100.0%
	車や鉄道が主だが、場所によって歩く	19 44.2%	4 9.3%	6 14.0%	9 20.9%	2 4.7%	3 7.0%	43 100.0%
同行者数	1 名（自分のみ）	85 55.4%	17 10.9%	19 12.2%	9 5.8%	23 14.7%	3 1.9%	156 100.0%
	2～3 名	129 51.8%	28 11.2%	34 13.7%	22 8.8%	28 11.2%	8 3.2%	249 100.0%
	4～10 名	70 34.8%	23 11.4%	36 17.9%	28 13.9%	33 16.4%	11 5.5%	201 100.0%
	11 名以上	213 34.7%	91 14.8%	70 11.4%	129 21.0%	76 12.4%	34 5.5%	613 100.0%

表 9-4　遍路スタイルのグループ別納経形態

年齢	移動手段	同行者数	納経形態				合　計
			納経帳のみ	納経帳＋その他のアイテム	その他	不明・無回答	
若齢	徒歩	少人数	42 68.9%	12 19.7%	7 11.5%	– –	61 100.0%
高齢	徒歩	少人数	57 57.6%	28 28.3%	12 12.1%	2 2.0%	99 100.0%
若齢	車	少人数	29 49.2%	25 42.4%	5 8.5%	– –	59 100.0%
若齢	徒歩	大人数	2 66.7%	1 33.3%	– –	– –	3 100.0%
高齢	車	少人数	68 44.2%	55 35.7%	23 14.9%	8 5.2%	154 100.0%
高齢	徒歩	大人数	8 40.0%	6 30.0%	6 30.0%	– –	20 100.0%
若齢	車	大人数	42 43.3%	46 47.4%	7 7.2%	2 2.1%	97 100.0%
高齢	車	大人数	209 33.9%	287 46.5%	83 13.5%	38 6.2%	617 100.0%

年齢　若齢：10-40代　高齢：50-80代
移動手段　徒歩：「徒歩のみ」と「徒歩が主」　車：「車中心」と「車が主」
同行者　少人数：1-4人　大人数：6人以上

して若齢—徒歩—一人という二つの系列は、それぞれ三つの要素が相互に選択しあって、対極する典型的な二つの遍路スタイルを形成している。

そこで、年齢・移動手段・同行者数をそれぞれ二分し（若齢／高齢・徒歩主体／車主体・少人数／大人数）、これらの組み合わせからできる八つのグループごとに納経形態を比較して、「納経帳単体型」と納経帳プラスその他のアイテムの「複合型」との比率をみてみると（表9-4）、若齢—徒歩—少人数のグループにおいて納経帳単体型の比率が最も高く、高齢—車—大人数のグループにおいては逆に複合型の比率が最も高いことが分かり、納経形態の傾向の違いがより明確に現れてくる。「単体型」納経は若齢—徒歩—少人数という遍路スタイルと、そして「複合型」は高齢—車—大人数というスタイルと、それぞれ一定の親近性をもっている。

遍路スタイルと納経形態とのこうした関係は、どのように理解すればよいだろうか。荷物としての負担を考えると、道中において自ら荷を負う徒歩遍路者が納経帳単体型を選択する傾向をもつこと、また逆に車遍路はそうした傾向から比較的自由でいられることは理解できる。さらに納経時の手間を考えると、バスなどで団体で回る場合には、納経の手続きをまとめて行う係がいるのが一般的で、参加遍路者は札所で納経の手間に煩わされることなく参拝に専念できるのに対し、徒歩遍路は一人で回る割合が高く、その場合には納経手続きをすべて一人で行わねばならないため、最も手間のかからない「納経帳のみ」を選択する傾向があるとも考えられる。移動手段・同行者数と遍路形態との関係は、このような遍路中の納経アイテムの取り扱いという観点から理解できるだろう。

それでは年齢は納経形態とどう関係しているのだろうか。先述した遍路スタイルの観点からすれば、高齢になるほど車・団体というスタイルをとる割合が高くなるため、そのスタイルと親近的な複合型納経が選択されやすい、と理解することもできるが、高齢—徒歩—少人数のグループは、若齢—徒歩—少人数のグループと比較しても「複合型」の割合が高い（表9-4）ことから分かるように、年齢は、移動手段や同行者数との関連を経由しないところでも、納経形態と一定の関係をもつと推測される。

この関係を理解するために、各納経アイテムの用途に再び戻って考察してみよう。納経帳単体型と比較して複合型がもつ特徴は、納経帳に加えて「判衣」「掛け軸」といった、遍路後に信仰用具となりうるアイテムを含んでいるという点である。ここに着目すれば、遍路者においては高齢になるほど仏教への関心が高く、そうした関心が高いほど、仏教信仰用具である「判衣」「掛け軸」を求める傾向が強くなる、という仮説を考えることができる。

調査対象者における年齢と「信仰する／関心のある宗教」との関連をみてみると（道研、一九九七年、二二・二三ページ）、高齢層（五〇～八〇歳代）においては真言宗、またその他の仏教諸宗派が選択される割合が若齢層の場合よりも高い。逆に若齢層（一〇～四〇歳代）においては、「とくにない」の割合が高齢層の場合よりも高くなっている。次に「信仰する／関心のある宗教」と納経形態との関連をみてみよう（表9-5）。「その他の仏教諸宗派」における各納経形態の割合は、対象者全体の構成（図9-1）にほぼ準じているが、「真言宗」の場合には納経帳単体型の割合が減り、複合型寄りの構成になっている。「とくになし」の場合には逆に納経帳単体型寄りの構成となっている。ここから「真言宗」と複合型納経との間に、また「とくになし」と単体型納経との間に、一定の親近性を認めることができる。

この関連をふまえると、年齢と納経形態の関係は次のように説明できる。年齢別の宗教意識をみると、複合型寄りにつながる「真言宗」の割合に大きな差はないが、対象者全体の納経形態構成に準じる「その他の仏教諸宗派」の割合が若齢層において低く、その分「とくになし」の割合が高い。「とくになし」の対象者は納経帳単体型を選ぶ傾向が高いため、これにより若齢層は、高齢層と較べて単体型寄りとなっている。年齢と納経形態の関係は、こうした宗教意識との関連から一定の理解を得ることができるだろう。

しかしすべての遍路者が、年齢・宗教意識・納経形態に関するここ

表 9-5　納経形態と信仰

宗教	納経形態				合計
	納経帳のみ	納経帳＋その他のアイテム	その他	不明・無回答	
真言宗	190 36.9%	241 46.8%	54 10.5%	29 5.6%	515 100.0%
仏教（真言宗をのぞく）	172 40.5%	168 39.5%	63 14.8%	22 5.2%	425 100.0%
その他の宗教（仏教をのぞく）	43 57.3%	24 32.0%	8 10.7%	— —	75 100.0%
とくになし	85 49.7%	53 31.0%	32 18.7%	1 0.6%	171 100.0%

での仮説に従っているわけではない。たとえば、真言宗に属する若い修行僧の徒歩遍路が、遍路行を証明するための納経帳のみを携えて回っているような場合（喜久本、一五―一七ページ）もあり、年齢・宗教意識・納経形態の関係を単純に一様なものとして理解してはならないことを示している。ここでの仮説はあくまでも、高齢―複合型納経、若齢―単体型納経という傾向を理解するための理念型である。

実際の遍路における納経形態と遍路者の属性、またその遍路スタイルとの結び付き方は多様であり、ここではそれらのうちのわずか一部の顕著な傾向を述べたに過ぎない。この結び付きの全体を把握するためには、各納経アイテムおよびその組み合わせの意味を「遍路中の携行」「遍路後の用途」など複数の視点から多角的に明らかにするとともに、年齢・移動手段・同行者数・宗教意識、また職業（僧侶か否か）等の諸要素の相関内における納経形態の位置づけをより詳細に解明する必要があるだろう。

四　納経形態の変化と今後のゆくえ

本節で述べたことをまとめてみよう。納経帳の使用率の高さは、携行のし易さ、費用面での手頃感などに加えて「記録」に適したアイテムであるという点からも理解される。「納経帳単体型」納経は若齢―徒歩―少人数という遍路スタイルと、また納経帳プラスその他のアイテムによる「複合型」納経は高齢―車―大人数という遍路スタイルと、それぞれ結び付く傾向がある。この傾向は「荷物になる」「手間がかかる」といった、各納経形態の遍路中における取り扱いという側面から理解されるが、遍路後の「判衣」「掛け軸」が基本的には信仰用具であることに着目すれば、年齢と宗教意識との関連という側面からも理解することができる。ここでこの二つの側面を関係づけると、次のような仮説を導くことができるだろう。健康・体力面での制約から車やバスを利用するため、徒歩による「道中修行」を行えない多くの高齢遍路者にとって、「判衣」「掛け軸」を求める行為は、「道中修行」とはまた別の形での、遍路における自らの信仰心の表現ともなっているのではないだろうか。

一方、本節で触れられなかったことを挙げてみよう。第一に、今回の調査では、納経帳を基本に据えるという質問の設計方針上、「判衣のみ」「掛け軸のみ」「判衣と掛け軸」という形態を弁別できず、判衣と掛け軸についてはそれぞれの使用者層を分離できなかった。そのため本節では、納経帳を基本として「単体型」か「複合型」かを軸とした分析が中心となった。納経帳の使用率が最も高いことは今回の調査結果から明らかだが、判衣・掛け軸の使用率もそれぞれ三割～四割と推測され、その普及度の高さは無視できない。両アイテムそれぞれの意味と、遍路者属性／スタイルとの関係は、今後の研究課題のひとつであろう[21]。

遍路後のアイテムの用途については、本節では記録／信仰用具という軸を設定したが、たとえば、代参巡拝の場合には「他の人にゆずる」という用途が現れてくる（もらった人がそれをどう使用するかはまた別の問題だが）。この用途から翻って考えれば、たとえば「納経帳二冊」のような、今回の調査では摘出できない同一アイテム重複型の納経形態もあり得ることは明らかである[22]。こうした形態の遍路者がどのくらいいるのか、またその内容や意味も、納経をめぐる興味深い問題のひとつである。

最後に「お影（おすがた）」について言及しておこう。今日納経所では、納経帳と掛け軸の納経を行う人に、「お影」とよばれる、本尊の図像と寺院名を印刷した紙片が無料で配られている（納経とは別途に五〇円で購入することもできる）。遍路用品店では、このお影をまとめるための「お影帳」や「お影軸」が売られている。これら「お影」「お影アイテム」はもちろん納経印、納経アイテムとは区別されるものだが、興味深いのは「納経所でいただく」「巡りながら収集する」「遍路行の記念となる」「遍路後に信仰用具となる」といった点で、両者が類似する意味をもっていることである。現在、遍路におけるお影アイテムの認知度や普及度は納経アイテムほどではないようだが、将来このお影アイテムが遍路一般に普及してゆくとしたら、それは納経とは別個のものとして普及してゆくのだろうか。それとも納経形態に何らかの影響を及ぼすのだろうか。

歴史を振り返れば、四国遍路における納経は時代に応じて新たな意味づけを得たり、新たなアイテムを付加しながら変化をとげてきた。納経形態の傾向は今後も変化するであろうし、新たに第四の納経アイテムの出現を導くかもしれないが、そうした変化の背景には、遍路をめぐる環境の変化やニーズの多様化に応じた、新たな遍路スタイルの出現が必ずや認められるはずである。

注

(1)「一一～一五日」の場合の割合は、この全体的傾向からやや低額な方向にずれているが、ケース数の少なさを考慮すれば無視できる違いであろう。また「五一日以上」で突然低金額帯の割合が高くなっているが、これについても、必ずしも全体的傾向を裏切るケースであるとはいえない。詳しくは早稲田大学道空間研究会（以後「道研」と略記）、一九九七年、七二ページを参照。

(2) もちろん、区切り打ちの場合、比較的隣接する数ヵ寺の参拝や一国詣りなど、さまざまに異なった移動距離の遍路が含まれているので、これを単に「スピードの違い」として理解することはできない。

(3) 昭和二八年、伊予鉄道が四国順拝バスツアーを開始したとき、参加者は二四名、運行された巡拝バスはわずかに一台であったが（道研、一九九四年、七六ページ）、それ以降、運行台数は順調に伸び続け、昭和五九年には参加者三万二〇〇〇人、運行台数一〇〇〇台に達したという（伊予鉄道、三七七ページ）。遍路は、それまでの歩き遍路や路線バス・鉄道併用の遍路の時代から、本格的な車・団体バス主流の時代に入り、今日に至っている。

(4) 内藤の『四国巡拝日記』に記されている「発願」の経緯は、今日の車遍路をめぐる議論に通じるところがあり興味深い。少々長くなるがその主要部分を以下に引用しておく。

「知多は、名古屋と地続きの半島であり、名古屋は日本一自転車工業のさかんなところである。我が知多に於て、年々自転車巡拝が盛んになりつつあることは、地の利の然らしむるところであり、またひとつには、我が知多には、高山なく、嶮坂なく、自転車巡拝には、もってこいの道中であることにもよろう。

然るところ、近年、本四国、その他より、行者姿をした遍路が知多へ出現し、自転車遍路のハンドルをとらえて『お前たちは、大師のお戒しめを知らぬのか？　乗り物に乗って霊場めぐりするとは何事ぞ、今に、お前たちは、崖から落ちて、大けがをするか、岩にぶつかって死んでしまうぞ。』とおどしつけることがしばしばである。

純情な知多のへんろ達は震い上ってしまい、私の寺にかけこんで来て、『和尚さん、わしらは罰をかぶるでしょうか。』とオロオロ声で泣きついてくる。

真覚、つらつら考うるに、大師の誓願は、機に随い、縁に応じて、群生を救済し給うにあり。大師が大唐へ渡られた時も、泳いでゆかれたのでもなく、飛行してゆかれたのでもない。帆船に乗ってゆかれたものである。帆船は当時に於ける最も進歩した交通機関である。時代は日進月歩する。へんろの行き方も時の流れに随って変化があるのは当然である。自転車遍路、何の悪しきことかあらん。大師のみあとを慕いてペダル踏む群生に何のとがめがあろう。ただ、この考え方は、真覚の理性によって判断したものであって、深く禅定に入って、入我我入、大師の神慮に冥合したものではない。この上は、われ自ら、実験台となって、四国霊場へ自転車巡拝せん。また、我のみでなく、女人の身である妻てうを同伴せん。また、知多における如く肉食勝手の新式遍路をせんものと発意した。

出発に当り、大師の宝前に祈願すらく、

『もし、大師が、自転車巡拝を嘉納し給うならば、本行を無魔成満せしめ給え。もし御納受遊ばし給わぬ時は、途中に於て、障碍を生じて、我れ等の行を中止せしめ給え。』と。」（内藤、一―三ページ）

（5）　無銭で巡礼を続けられる環境を支える要素として無視できないのは、四国遍路に今日も残っている「お接待」の風習である。江戸時代の社寺参詣における男女比を調べた新城常三は、他の社寺参詣とくらべて四国遍路は例外的に女性の割合が高いと述べ、その原因を、接待により経済力の弱い者でも参加が容易であったという四国遍路の特徴に求めている。新城はまた、遍路にのみ江戸時代を通じて接待の慣行が残存した理由として、地理的条件・交通環境の整備の遅れから、沿道の諸々の積極的援助が必要視されていたこと、また「他に比して観光的要素に乏しく、遍路の大半は依然篤い求道者であるから、遍路に対する社会の同情も余り退化しなかった」ことなどを挙げている（新城、七九五―七九七ページ）。

(6) この調査では、「最もよく利用する宿泊施設」だけでなく、「2番目によく利用する宿泊施設」「3番目によく利用する宿泊施設」についても尋ねている（それらの集計結果については『報告書2』を参照してほしい）が、それらのいずれにおいても「遍路宿」という回答は見当たらなかった。

またこの調査結果にみられる「宿坊」利用の割合は、調査方法（宿坊での留置き応募法）に依存している面もあるが（道研、一九九七年、七七―七八ページ）、それを割り引いて考えても、他の宿泊施設の割合と比較して明らかに突出しており、宿坊を今日の遍路の代表的な宿泊施設とみなしても差し支えないであろう（道研、一九九七年、七―八ページを参照）。

(7) 四国八十八ヶ所霊場会が公認先達を対象に行った調査においても、宿泊施設に関しては「全体的に宿坊を基調にし、場所によって民宿や旅館と組み合わせる形が多い」という結果が出ている（『月刊へんろ』第一〇一号、一九九二年八月一日）。

(8) 白幡はまた、伊勢詣りにおいて講を組織化し、道中の宿や食事の手配まで行う「御師」を、日本における旅行業のさきがけに位置づけ、近世以前からの社寺参詣の伝統が、日本の近代的な団体旅行の発展に与えた影響に注意を促している（白幡、一四―一七・一九一―一九六ページ）。こうした発想から四国遍路をみると、団体遍路の組織化に対する旅行会社・講組織・先達の役割、またその相互関係などが問題として浮かび上がってくる。

(9) 新城は、江戸時代の参詣盛行の背景として、農民・商人の成長により民衆に遠隔旅行への経済的可能性が与えられたこと、また貨幣の流通、交通環境の好転によって、旅が快適化し、格好のレクリエーションとなったこと、さらに封建的規制が厳しい中参詣は信仰行為として一般に寛容視される傾向があったことなどを挙げている（新城、六六三―六八二ページ）。

とはいえ、すべての参詣において遊楽化の度合いが一様だったわけではなく、新城によれば、「伊勢神宮・高野山等の畿内社寺、成田山の如き江戸に近い寺院の参詣には遊楽的な色彩が濃厚」で、それに較べると「僻地の霊山登山や一連の巡礼等、苦行を伴う参詣には遊楽化にも限界があった」という。さらに、鹿島詣・熊野詣・四国遍路などは「立地上かかる遊楽化の弊風を殆ど蒙らない参詣」であったという（新城、六九四―六九五ページ）。本稿では、四国遍路における旅の快適化という限定的な関心から、このような個々の参詣ごとの特徴を捨象して、一般的な傾向を論じるにとどまっている。しかし、快適化・遊楽化に関する四国遍路の後発性、または耐性という論点は、今日の四国遍路の特質にも関連する重要な論点であることは指摘しておきたい。

(10) 内藤真覚が普通旅館に泊まれたのは、投宿時、遍路にみえないよう服装に気を使ったこともあるが、「自転車に乗っていた」ということも重要なポイントになっていた。また西端さかえの「タクシーで乗りつけたら遍路姿でもとめてくれた」という記述も興味深い。どちらの場合においても、「乗り物を利用している」ということが、普通旅館の敷居を低くすると考えられている。ここから、「普通旅館は遍路を泊めない」という規範の衰退と車遍路の主流化との間に一定の関連を認めることもできるだろう。

(10) 宮崎建樹によれば、平成五年八月現在「営業上徒歩巡拝遍路宿泊お断り」の宿泊業者は四業者が確認されている（宮崎、一九八ページ）。

(11) 大正六年、内藤真覚の遍路記に、六〇番横峰寺での次のような記述がある。「納経所に掛札あり。『四国霊場会の決議により左記改正す、納経は一人一冊の外、みだりに授与せざること。負いずるも之に準ず。本尊の御影を付することを廃し従前に復す。』と」（内藤、七八ページ）。「おいずる」とは、白衣の上に重ねて着る袖のない白い着物で、笈を背負ったときに白衣が擦れていたまないようにする役目をもち、白衣とともに、巡礼の本来の正装の一部であった。現代の遍路では、「おいずる」のこうした機能は失われ、多くの遍路は白衣のみを身につけている。また、納経印を受けるために持参する「判衣」についても、上記の引用からかつては「おいずる」に印を受けていたようだが、今日では、長袖の白衣でないと八十八個の印を押すスペースに余裕がないということで、長袖白衣に印を受けるのが主流のようである。

(12) 大正時代の納経料は二銭であった（内藤、七七ページ）。また昭和二八年以降の納経料の変遷については、道研、一九九四年、二六・八〇ページを参照。また『月刊へんろ』一六六号（一九九八年一月一日）も参照。

(13) 巡礼全般における納経の歴史のなかに四国遍路の納経を位置づけることは、本稿の能力を超えた作業であるが、四国遍路における納経に先立つものとして、六十六部、西国巡礼における納経を挙げることができる。前田、五五―五八ページを参照。

(14) 「『一に納経、二に食事、三に入浴』といわれ、納経は巡礼中の最も大きな楽しみとされている」（白木、九八ページ）。

(15) たとえば、歩き遍路が納経所で近隣の無料接待宿を紹介される事例としては、渡辺、六一ページなどがある。

(16) こうした観点から、お経も唱えずにただ納経だけを行って帰ってしまう遍路は「スタンプ遍路」とよばれ軽蔑の対象になるという。白木、九八ページを参照。

(17) 一年間の遍路者数を正確に調べるのは容易ではないが、一九九二年における六四番札所の納札数を根拠とした調査では、一万五〇〇〇人という数字が出ている（道研、一九九四年、九四ページ）。また昭和五九年、大師入定一一五〇周年で約一五万人に達し、以後順調に伸び続け今日では二〇万から三〇万に達するという説もあるという（山本、二五〇ページ）。いずれにしても、その大多数が納経を行っているとすれば、納経料によってもたらされる各札所の収入はかなりの額である。とはいえ、経営の基盤は各札所ごとに異なっているであろうから、たとえば厄除けで地域の信仰を集め、遍路者が全参拝者に占める割合は一割に過ぎないといわれる二三番薬王寺のような寺院と、もっぱら遍路者を主要な参拝者とするような寺院とでは、納経による収入のもつ重要性は当然異なってくるであろう。

(18) 重ね印は、前に押された印から少しずらして押してゆくことで、押された回数が判別できるようにするが、納経帳のページの領域、また印の大きさなどからして、回数判別にもおのずと限界がある。伊予鉄観光の遍路用品担当者の話によれば、回数を明確に判別できるように押していけば、一〇回位で限界になるという。そこで回数を重ねる遍路者は、裏表紙の見開きなどに、自ら遍路履歴を記録していることが多いという。

(19) 遍路回数はまた、各札所で本堂・大師堂を拝む際に奉じる「納め札」とも関連している。巡拝回数一～四回目の人は白い札、以降、青、赤、銀と続き、五〇回以上で金、一〇〇回以上は錦の札、というように、回数によって色の異なった札を納めることが一般化しており、このシステムによって、公認先達の階級とはまた別の形で、遍路者のいわば「ベテラン度」が表現できるようになっているが、「本当にその札の色の回数だけ回っているのか」を他者に示す必要がある際には、相応数の重ね印を得た納経帳がその証となるだろう。

(20) ほとんどの遍路者が納経を行っているという点に、遍路者＝納経者とみなす根拠がある。前田は西国と四国遍路の巡礼者を比較するうえで、それぞれの納経者数をもって最も正確な巡拝者数とした（前田、四八ページ）。しかしこのカウント方法にももちろん誤差はある。図9-4の調査結果からすると、五％未満ではあるが納経を行っていない少数の遍路者がいる。たとえば朱印集めに興味がなく、荷物をなるべく軽くしたい歩き遍路などは、納経帳さえも省略することがある（喜久本、四ページを参照）。

(21) 本稿では図表を省略したが、性別の納経形態をみると、女性において「納経帳と判衣」の割合が高く、男性において「納経帳と掛け軸」の割合が高い（道研、一九九七年、八三ページ）。ここから女性は判衣を好み、男性は掛け軸を好むという傾向を仮説として立てることもできる。とりわけ掛け軸については、その出現時期が昭和四〇年代であり、ちょうどマイカー遍路の出現に対応していることを考えると、性別―移動手段―納経形態の結び付きに関して興味深い考察が展開可能であることを示唆している。

また、老い先短いかもしれない母のために判衣を得ることが遍路に向かう動機として語られている事例もあり（渡辺、一六一―一七ページ）、個々のアイテムが遍路の動機と結びついているケースがあることを示唆している。本稿では考察できなかったが、納経形態と遍路の動機、きっかけとの関係も今後の研究課題のひとつとなろう。

(22) 代参遍路については、たとえば荒木、七ページを参照。一人で複数の納経帳をもって回るその他の代表的な事例は、先祖供養・死者供養のため、本人の納経帳とともに家に伝わる納経帳があれば一緒にもって回るという事例（真野、五二一―五三ページ、また土佐、三五〇ページ）であろう。

参考文献

荒木戒空『巡拝案内　遍路の杖』一九六一年、真言宗明王寺
伊予鉄道株式会社『伊予鉄道百年史』一九八七年
喜久本朝正『四国歩き遍路の記――法服を白衣に替えて』新風書房、一九九四年
近藤喜博『四国遍路研究』三弥井書店、一九八二年
白木利幸『巡礼・参拝用語辞典』朱鷺書房、一九九四年
白幡洋三郎『旅行ノススメ』中公新書一三〇五、一九九六年
新城常三『社寺参詣の社会経済史的研究』塙書房、一九六四年
真野俊和『旅のなかの宗教――巡礼の民俗誌』NHKブックス三六四、一九八〇年
真野俊和編『聖蹟巡礼』（講座日本の巡礼　第二巻）雄山閣、一九九六年
高群逸枝『娘巡礼記』朝日選書一二八、一九七九年
大法輪閣編集部編『巡礼・遍路――こころと歴史』大法輪閣、一九九七年
武田明『巡礼の民俗』（民俗民芸双書四三）岩崎美術社、一九六九年
土佐文雄『同行二人――四国霊場へんろ記――』高知新聞社、一九七二年
内藤真覚『大正六年　四国順拝日記』利生院文庫、一九六三年
西端さかえ『四国八十八札所遍路記』大法輪閣、一九六四年

星野英紀「近代の四国遍路——遍路宿宿帳記録の分析——」真野俊和編『聖蹟巡礼』、一九七五年
前田卓『巡礼の社会学——西国巡礼と四国遍路——』関西大学経済・政治研究所研究双書第二六冊、一九七〇年
宮崎建樹『四国遍路ひとり歩き同行二人（第五版）』別冊、へんろみち保存協力会、一九九七年
山本和加子『四国遍路の民衆史』新人物往来社、一九九五年
早稲田大学道空間研究会『現代社会と四国遍路道』（報告書1）、一九九四年
早稲田大学道空間研究会『四国遍路と遍路道に関する意識調査』（報告書2）、一九九七年
渡辺安広『四国八十八カ所霊場巡り』文芸社、一九九九年

第一〇章　人はなぜ四国遍路に赴くのか
――動機ときっかけからみる現代遍路者の傾向――

一　遍路の動機

四国遍路を行うことの動機を問う、という、こうした発想自体、実はすぐれて現代的なものである。というのは、すでに数多くの遍路史研究が示しているように、四国遍路の歴史のなかには必ずしも主体的動機をもちえない多くの遍路者の存在があったからである。

たとえば、四国遍路について語られる歴史のひとつに、「職業遍路」や「病人遍路」がある。「職業遍路」とは、家が貧しく「口減らし」のために家を出たり、犯罪その他の理由から本来の生活地である共同体から追われ、遍路に身をやつした者たちのことをいう。「病人遍路」とは、主にハンセン氏病によって村落共同体から追われて遍路になったという者を指した言葉である。過去においてはハンセン氏病は不治の病であり、医学的にはもとより社会的にも、隔離される対象となっていた。そのため、ハンセン氏病患者は村落共同体に身をおいておくことはできず、故郷を追い出されるようにして遍路へと旅立つのである。前田卓によれば、地方によっては、遍路に出るということがすなわちハンセン氏病であることを意味したというほど、四国遍路とハンセン氏病患者との関連は強い(1)。時に「へんど」という差別語でよばれた彼らは、村落共同体から放逐され帰参を許されなかった社会的追放者である。

またあるいは、成人になるための通過儀礼として四国遍路が義務的に課されていたり、遍路経験がひとつの「嫁入り道具」として認知されていた地域もあった。たとえば、四国では地方習俗のひとつとして〈七ヵ所詣〉とか〈十ヵ所詣〉というものがあった。これは、地縁上、血縁上のつながりをもつ人びとが集団を組んで毎年春、近隣の札所を巡る習俗で、これもまた戦前までは盛んに行われていたという[2]。広島の走島や愛媛の魚島などでは遍路をひとつの成人式とみなす風習があったというし、宇和島や北木島などの四国の村々では、嫁入り支度のひとつとしてお遍路をさせるという風習があった[3]。このように、共同体において特定の資格を得ようとする者たちは、当の個人の発意如何にかかわらず、通過儀礼としての習俗、風習として遍路に出ることが義務づけられていたのである。ほかに、四国のある村落では、貧しく忙しい生活のなかで誰でもが遍路を行う十分な余裕があるわけではなく、そのために、村落内の若者を村落民の代表として遍路に出す「代参」が行われていた。

もちろん、こうした遍路者だけで遍路史の全部を語れるわけではない。新城常三によれば、江戸時代にはすでに物見遊山がてらの巡礼者というのは存在していたという[4]。四国遍路に特化すれば、たとえば高知県春野町の方では「ばぶれ遍路」といって、農閑期の若者たちのレクリエーションとして、徒党を組み、派手な装いで近隣の七ヵ寺を闊歩して参るという風習があったし、中務茂兵衛のような純粋なる修行のための遍路者もいれば、俳句の創作を目的とした俳遍路もいたのである[5]。ただ、境遇に強いられた遍路者というのが、現代にはみられない過去の遍路の特徴だということは、これらの点を考慮してもなおいい得ることである[6]。

社会的追放と社会的義務、社会から離絶しているか、社会に追従しているかの違いはあれ、戦前まではこのような、社会的な圧力に強いられた遍路が少なからずいたのである。今日では、身売りや餓死の話も絶えて耳にすることがない。共同体の解体にともなう地縁、血縁的な凝集力の低下は、その土地固有の通過儀礼的な風習を風化させていった。ハンセン氏病は克服され、四国遍路はその隔離収容施設的な役割を終えた。こうした日本社会の現代化の流れのなかで、遍路者はおもむきを変え、大多数の遍路者が、主体的な動機のもとに遍路を行うと推定しうるほどになったのである。それだけではない。現代化のもうひとつの位相である交通機関の発達、とくに車社会の到来は、四国遍路へ大量の遍路者を流入させることとなった。四国は、参拝に焦がれながらも、写し巡礼やお砂踏みのような代用や、または代参に依らざるをえなかった人たち（年寄りや、遠方の人びと）から、それまでであれば関心さえもちえなかった人びとまで、多様な属性をもった多くの人びとを「遍路者」として迎え入れることができるようになったのである。過去の遍路を特徴づけたものが、自発性においてネガティヴな、強いられた遍路者だとすれば、現代における遍路の特徴としてまずもって指摘すべきは、動機において多様性を秘める「自発的」な遍路者の大量出現である。

一　動機調査の概要

「今回の遍路の主な動機は何でしょうか」、という問いに対して一四の選択肢を用意し、あてはまるものを三つまで答えてもらった。選択肢の項目と単純集計の結果は、以下の通りである。

「不明・無回答」（一・一％）、「先祖・死者の供養」（五三・四％）、「信仰・修行」（三一・八％）、「家内安全」（四六・二％）、「病気の治癒」（一一・一％）、「合格祈願」（二・二％）、「商売繁盛」（四・九％）、「安産・子宝祈願」（一・九％）「健康祈願」（二九・三％）、「精神修養」（一七・八％）、「ぽっくり死祈願」（一・七％）、「もめごとの解決」（一・一％）、「観光」（一〇・三％）、「沿道の人や見知らぬ人との交流」（五・二％）、「その他」（八・二％）。

（一）信仰・修行の現在

四国遍路が御大師信仰という民俗宗教、ないし民間信仰を基底にしているのはつとに周知だが、西国や坂東、秩父をはじめ、あまたある巡礼のなかでこれが特異であるのは、行程の長さと険しさとからなる修行性という面で際だっており、かつ、他であれば職能的宗教者に占有されるはずのそうした修行の場が一般の人びとに開かれているという点である。もともと、遍路の道は弘法大師が行った修行の道とされており、こうした道を追体験的に歩くという遍路行為の原点に照らせば、遍路という行為の額面的な意味は「信仰・修行」、とりわけ「道中修行」にあるといってよい。阿波、土佐、伊予、讃岐の各国がそれぞれ、「発心の道場」、「修行の道場」、「菩提の道場」、「涅槃の道場」という具合に、仏道成就のプロセスになぞらえた「道場」に見立てられるのも、そこに由来している。とくに徒歩による通し打ちというのが本来型とされる四国遍路である。千数百キロにも及ぶ道のりを踏破するのはたしかに修行性を帯び、信仰のような精神的支えをもってこそ貫徹できるものであると考えたくなる。

動機やきっかけを探る上でひときわ興味深いのは、今日の遍路者の主観的側面において、こうした信仰や修行といった側面がどのような状況にあるのかをみることができるという点である。たとえば、すでに述べた昨今の車社会化は、この「道中修行」という意味づけを相対化させつつあるといわれている。すなわち、車遍路の増大＝四国遍路の観光化という等式の定着と、これにともなう「道中修行」の退化、というよくいわれる図式の顕在化である。以下ではまずこうした点に配慮しながら動機の考察を試みたいと思う。

単純集計においては、「信仰・修行」の回答率は三一・八％であった（図10-1）。しかしこの回答は、必ずしも徒歩による「道中修行」のみをその意としているわけではない。というのも、「信仰・修行」と答えた人の八六・八％はバスや車中心の遍路を行っており、徒歩主体の遍路は一二・二％にとどまるからである。同様に、精神面での充実や充足を期するものとしての「精神修養」もまた、その三割が徒歩主体、六割が車主体の遍路である。つまり、徒歩遍路が「信仰・修行」や「精神修養」のパーセンテージを押し上げているのではない。

図 10-1　遍路の動機（単純集計）

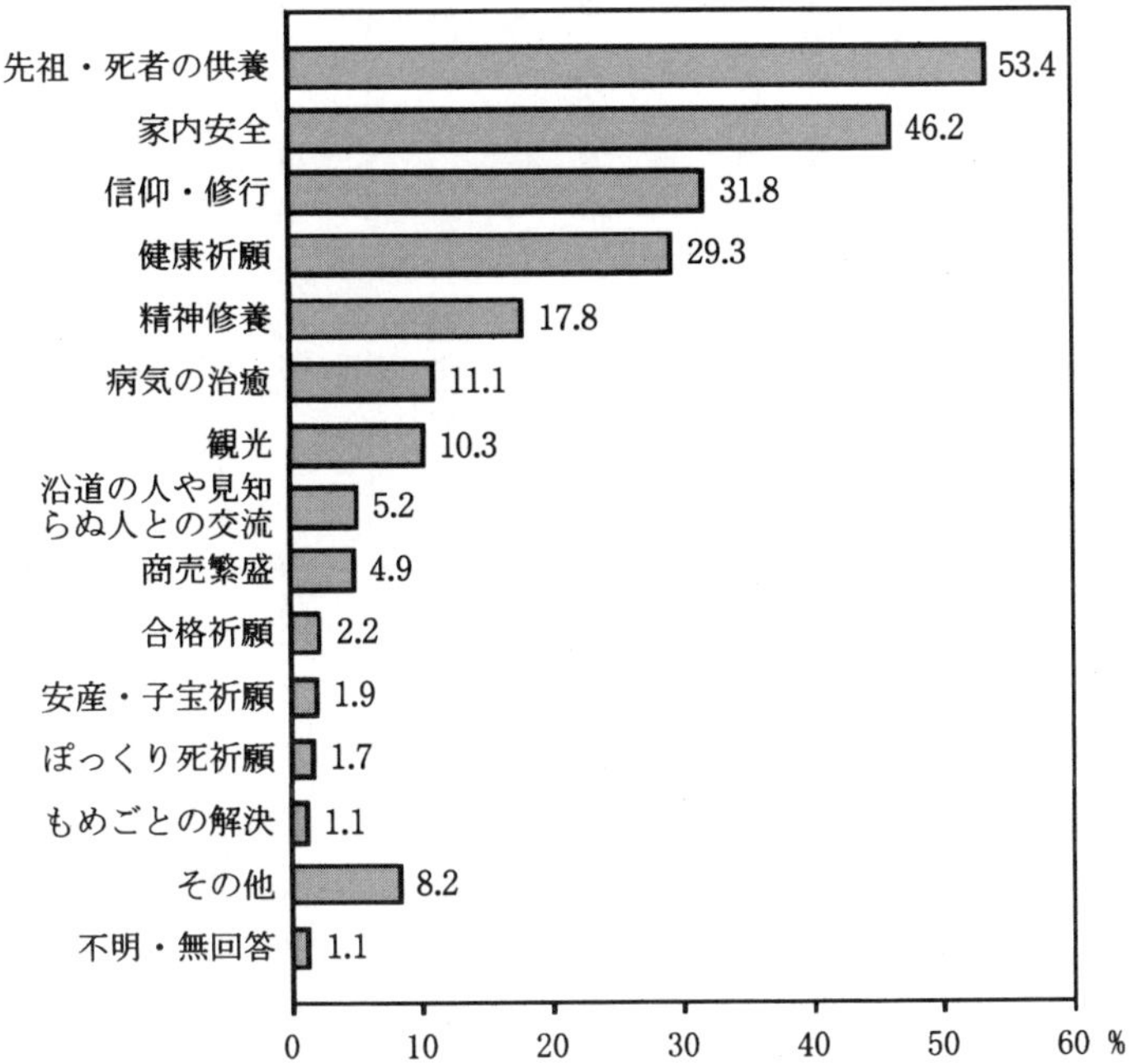

もちろん、回答者総数の八三・八%が車主体の遍路であるという問題がある。しかしそれにしても移動形態において「車やバスが中心」「車や鉄道等が主で、場所によって歩く」を合わせた車主体遍路者の総数を母数とした場合の「信仰・修行」という回答の割合が三三・五%で、「徒歩のみ」「徒歩が主だが、車や鉄道も利用する」を合わせた徒歩主体遍路の二四・五%を九ポイント上回っており、移動形態別にみた場合でも、徒歩遍路より車遍路の方が「信仰・修業」を選ぶ率が高いのである（図10-2）。

　徒歩遍路の場合、この回答に「道中修行」の意を含ませている可能性がたしかに高い。とはいうものの、そう答えた徒歩遍路が、徒歩主体遍路全体の二四・五%というのはいささか少ないように思われる。「精神修養」は、徒歩主体遍路全体のなかでは、「先祖・死者の供養」（三九・三%）に次いで高い割合（三七・二%）を示しており、車主体遍路の場合の一四・〇%を二三・二ポイントも上回っている。また徒歩遍路に特徴的なのは「その他」の率の高さであり、車主体の遍路が四・三％なのに対し二八・一％にのぼる（図10-2）。ここでの回答にみられる特徴は、たとえば「歩いてみたい」（五六歳男性）、「歩いてみたかっただけ」（六〇歳男性）、「歩くため」（四四歳男性）、「一人歩きをしたい」（四六歳男性）、「歩く楽しみを味わうため」（六〇歳男性）というように、歩くことそのものが動機となっているものや、また、「自分のために、一人になって自分を考える」（四三歳女性）、「思索」（五八歳男性）、「自分を見直してみたい」（七二歳男性）、「自分自身の証明」（五三歳男性）というように、歩くことによる自己確認をその動機とするものが比較的多いということである。徒歩遍路が、一人か、せいぜい二、三人の少人数が大半であること、山野や海辺の道を歩いていくことなどから考えて、こうした自己志向性が喚起される条件は揃っているといえる。遍路道を行く手段が徒歩しかなかった昔とは違い、車であれば易行可能なところを、おのずから欲して、身体的労苦を覚悟で「あえて」歩いて回るということ自体が、なにがしかの意味をもってしまうのが現代である。徒歩遍路者たちの示すこれらの動機も、車社会化、都市化、利便化、リスク社会化といった言葉で特徴づけられる「現代」を反照するものとして、とらえることができる(7)。

他方、指摘しうるのは、これらの回答者においては、遍路という行為のもつ宗教的意味づけへの関心や、半制度化され儀礼化された宗教行為のフォーマットに適合しようとする意識は、「歩く」ことの意味の大きさに凌駕される傾向があるという点である。それは先述のように、宗教性の高い「信仰・修行」を回答するのが徒歩主体遍路全体の二四・五％にとどまり、これよりは宗教性を排した意味づけをもつ「精神修養」や「その他」の回答率が高いという結果にもでている。「信仰・修行」を選択するほどに信仰心に篤いわけでもなく、修行というほど大仰なものでもない、むしろそれよりは単に歩いてみたい、自己を見つめたい、自然に触れたい、という欲求から徒歩遍路を行っている、というあり方が徒歩遍路のひとつの特性を構成しているようである。遍路者が行う宗教的儀礼の厳密性や、その意味の把

図 10-2　移動手段別にみた動機

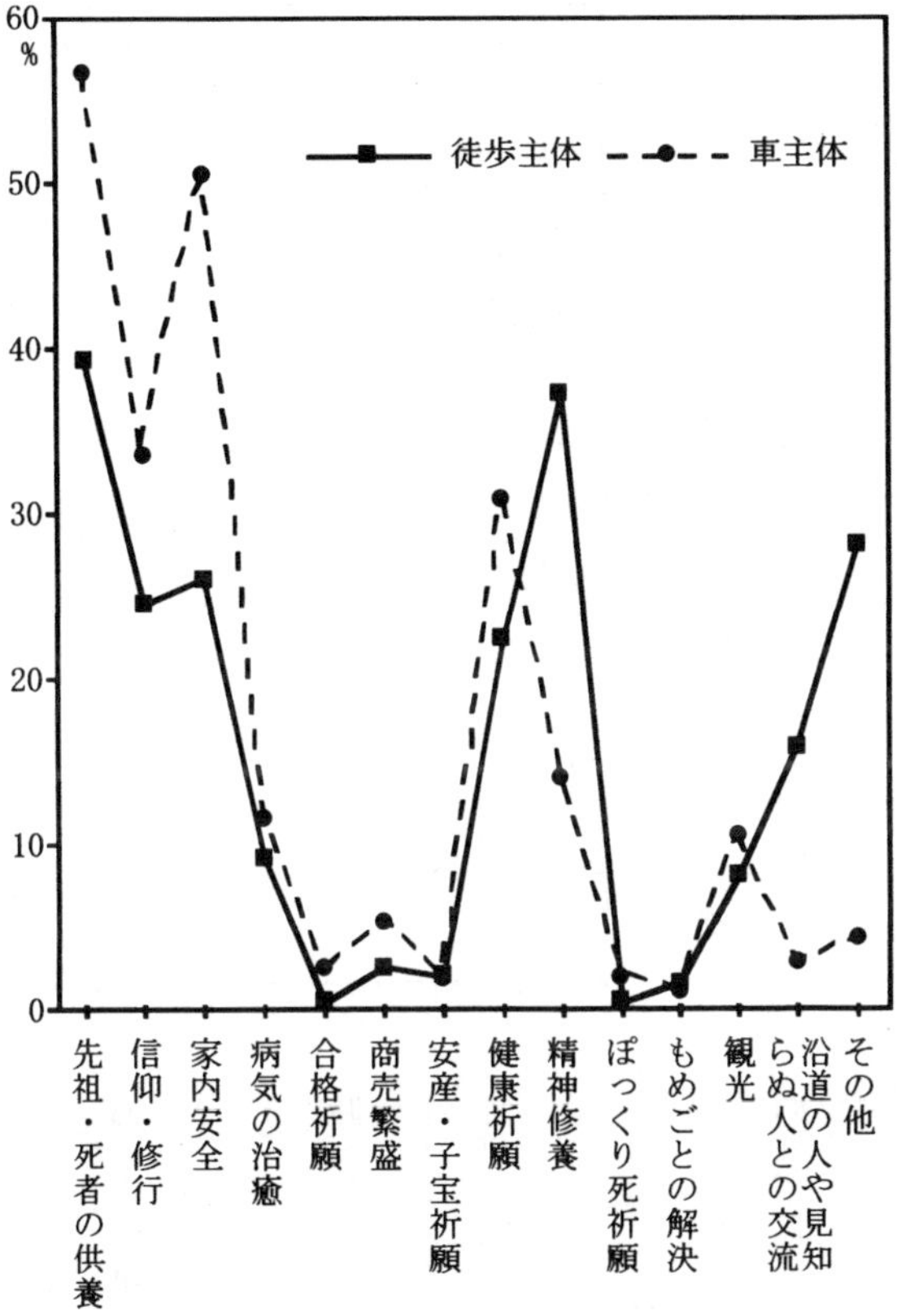

握等についてはむしろ、それらを教え授ける先達を伴としている団体遍路者の方が厳密な場合が多い。

次に車主体遍路の「信仰・修行」の割合の高さについては、どう説明されるべきであろうか。もちろん、車による遍路の道中を易行性だけで語ってしまってはいけない。車には車なりの「道中修行」があるにちがいない。車には危険な泥道や崖際、狭幅の道などがあり、それなりの修行性を秘めている。ここではそれを看過しているのではないが、しかしここで問題なのはそれが動機として働いているかどうかである。つまり、車遍路の「信仰・修行」を選んだ人が、そうした困難を「道中修行」として買って出ているのか。おそらく

図 10-3 「信仰・修行」回答者のきっかけ

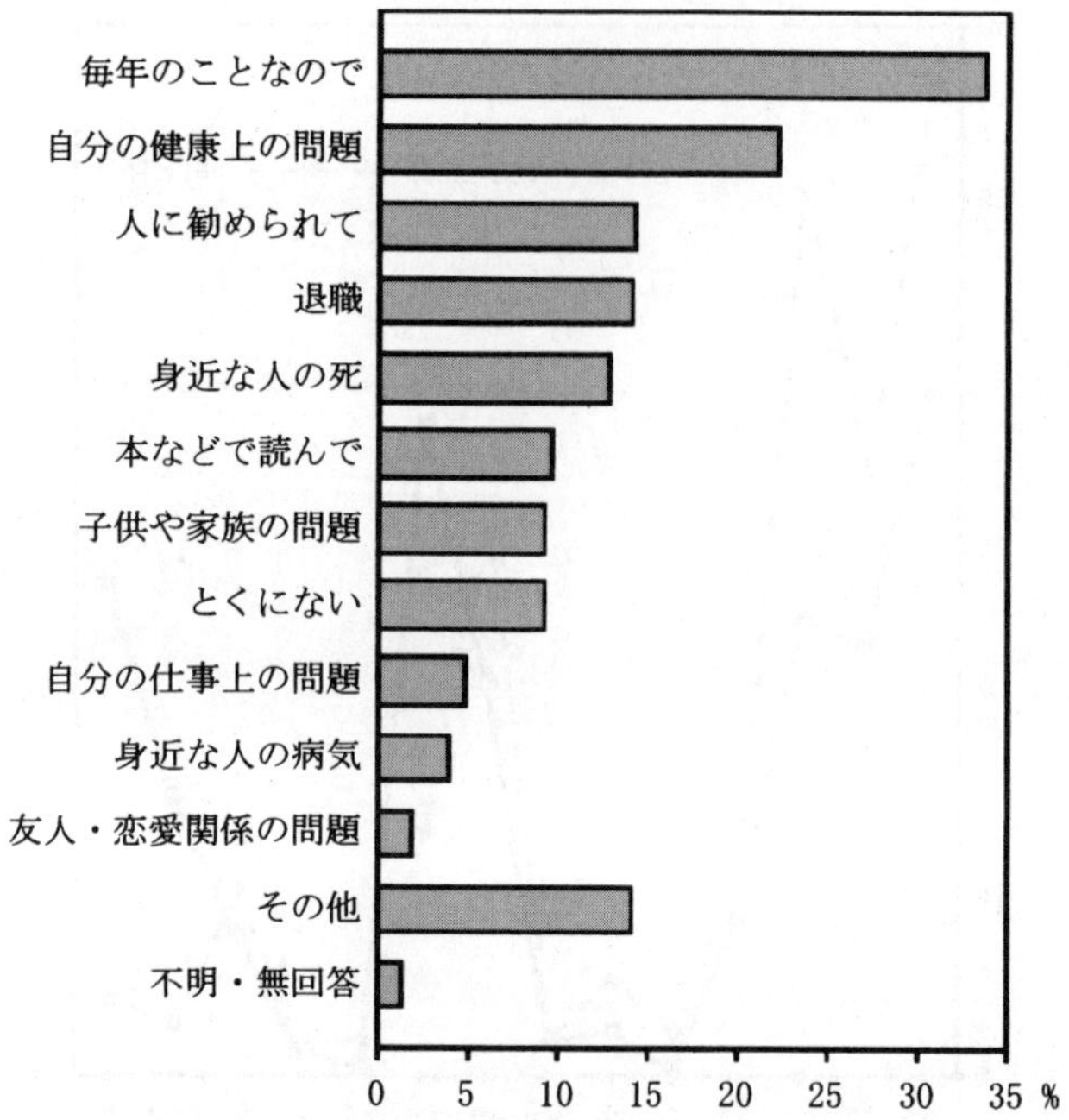

そうではあるまい。すなわち移動形態が車であることが理由で「信仰・修行」の割合が高くなっているわけではない。

第一に、これを回答した人の三割が、きっかけにおいて「毎年のことなので」を回答しており、他のきっかけの項目よりもぬきんでていること（図10-3）、第二に、毎年ではないにしても、この回答（「信仰・修行」）のおよそ八割が、過去に一度以上遍路をしたことがある経験者によるものであること、そして第三に、初心者と経験者それぞれを母数とした場合でも、初心者（二一・六%）と経験者（三五・六%）との差が一三ポイント以上もあるということ（図10-4）、これらの点に注意したい。これらの結果が示すのは、移動形態と「信仰・修行」との相関関係ではなく繰り返し遍路に訪れる、巡拝の継続性、ないし反復性のようなものと、「信仰・修行」との相関関係である。経験者のなかには、一巡を何回かの区切り打ちにわけて巡っている人も含まれているが、満願

図 10-4　初心者と経験者の動機

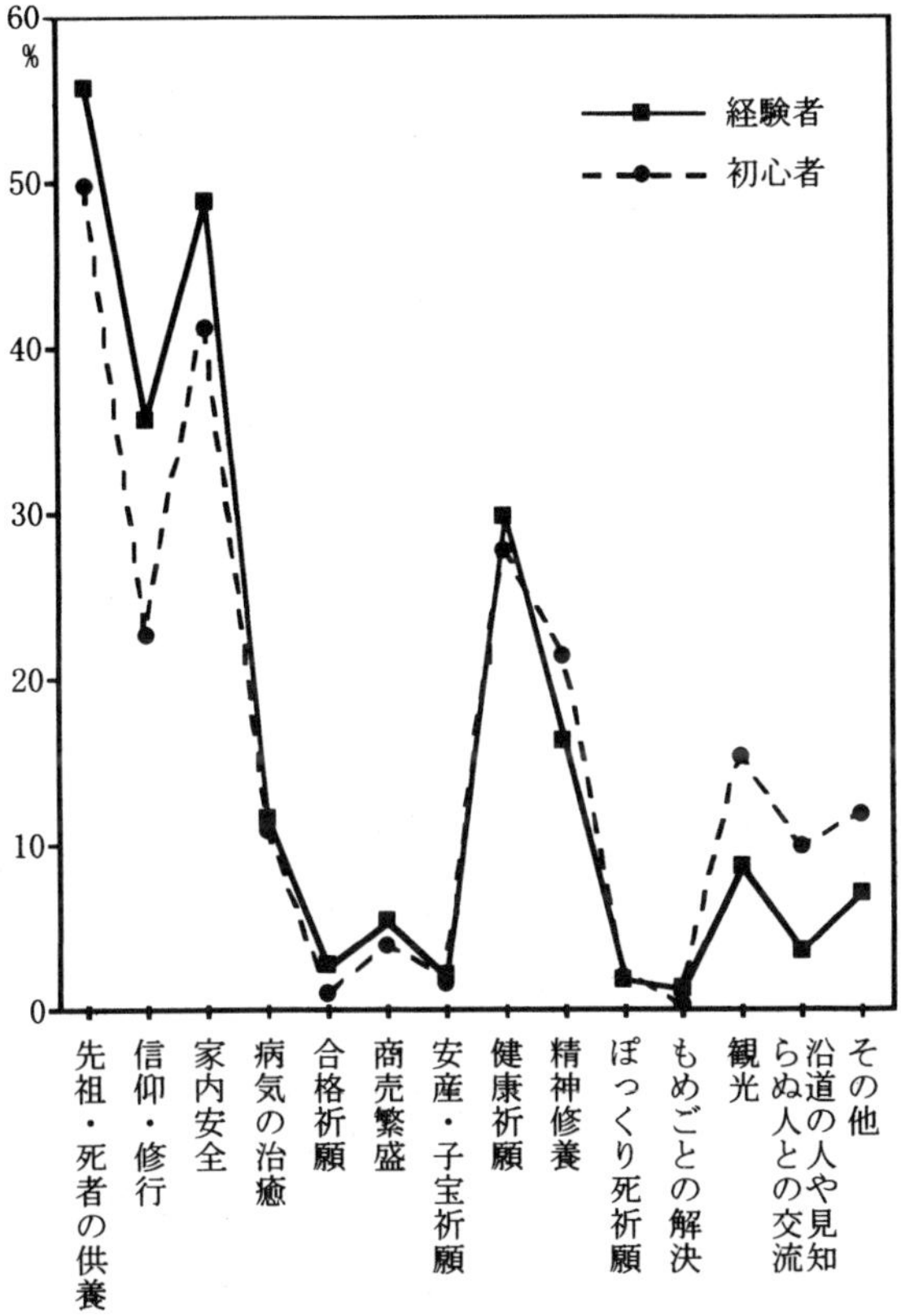

を何回も繰り返す人というのも少なくない。こうした遍路者においては、信仰や修行といった信心が、大きな動機となっていることであろう。また、反復的参拝が「信仰・修行」という動機たりうる理由は、ひとつには四国遍路の制度的な面にも潜んでいる。たとえば、納札の色による巡礼回数の識別化にみられるように、反復性は階梯的に制度化され、可視化されているし、また先達制度においても、巡拝回数が、新任や昇補を決める大きな指標となっている(8)。制度的に認められているのはこうした巡拝回数であり、移動形態は問われない。制度的に認められているもの、その自他による認識が信仰度の自覚を促すひとつの契機になりやすいの

ではないだろうか。そして当然、反復的巡拝を可能にさせ、またその数を増大させたのは、巡拝に車が多く利用されるようになったということと密接に関連している。現実に同回答者のうち八割を超す遍路者が車等の移動手段を利用しているのである。この結果、全体として、車主体の遍路の「信仰・修行」の割合が高くなったものと考えられる。

要約すれば、動機から宗教性を排除する傾向があることから、徒歩遍路は車遍路に比べ、参拝よりは、どちらかといえば旅や、歩くことそのものが及ぼす諸効果を期待して、この点に遍路の動機を見出す傾向が強い（いうまでもなく、旅や徒歩そのものは宗教的行為ではない）。ともかくも「歩く」というかたちに、こだわりがあり、その行為自体に付帯する動機をもつ傾向がある。

一方、一見「信仰・修行」の割合が高くみえる車遍路は、実は移動手段との相関においてではなく、反復的、継続的に参拝に訪れることに自らの「信仰・修行」の度合いを確認する傾向があることになる。この場合「信仰・修行」の意識は、旅という行為によってではなく、参拝の回数によって増幅されるが、どちらかというとこれは、「修行」という語よりは、「信仰」という語に対する応答としてみた方がよいのかもしれない。というのは、「修行」という響きは、専門宗教者によって行われる「行」としての意味合いが濃厚であり、しばしば「苦行」とほぼ等意に解されることからもわかるように、身体的労苦との強い結びつきをもっているからである。「信仰」というと除災招福を願って寺社を参拝するという一般民衆の宗教的行為を想起させる。この意味分けに従えば、車による反復的遍路は「修行」的営為というよりは「信仰」に基づく行いとみるべきであろう。

もっとも、車遍路といえども、徒歩による「道中修行」の意義をまったく過小評価しているというわけではない。興味深いのは、「信仰・修行」「精神修養」を挙げた車遍路のおよそ八割が「道中修行に意義がある」と回答している点である（「信仰・修行」七六・五%、「精神修養」八一・一%。ちなみに、徒歩遍路における同回答は九割）。つまり、徒歩遍路、車遍路にかかわらず、「道中修行」は四国遍路におけるひとつの意義として意識化されているわけである。しかしそれは、必ずしも動機とは直結していない。

かといってよくいわれるように、単なる観光旅行のような、行楽目的によってのみ巡礼地を訪れているわけでもなさそうである。

(二) 観光のための遍路か

最近のお遍路さんはこぎれいになった、あるいは金持ちだ、ということは、現地でのインタビュー調査などでもしばしば聞かれる遍路者観である。事実、先述の往時の遍路者、これにまつわる暗いイメージと比較すれば、遍路者は変質してきたといえる。

こうした変質は往々にして、車社会化とそれにともなう観光化という文脈に沿って語られる。四国遍路の観光化を嘆く声は少なくない。実際、車遍路の増加にともなって、それまでの四国遍路の定番的なイメージであった苦行性が揺らぎ、観光的側面がにわかに顕在化していったことは否定すべくもない。バスを連ねて寺に乗り付け、歓談しながら山門をくぐっていく団体遍路の姿は、バスガイドの旗について京都の名刹を歩いていく観光者たちの姿とオーバーラップする。駐車場の配備、道路の整備、トイレの改善といった、インフラ面での観光化の動向は車遍路の増大と軌を一にし、そしてたしかに、記念写真を撮ったり、みやげ物を買ったり、美食に興じたりといった、遍路者の行為の断片にみられる観光的側面が一層頻繁にみうけられるようになったのも、これと歩調を合わせている。とはいえ、車遍路化＝観光化と安易に決めつけてしまうのも、少なくとも動機という面に照準する限りでは、必ずしも実体を反映した見方とはいえない。

「観光」や「沿道や見知らぬ人との交流」はともに、修行でも霊場参拝でもないところに見出される、ある種の行楽性をもともなったものであり、その意味で他の動機の選択肢とはタイプを異にしている。単純集計では「観光」(一〇・三%)、「沿道や見知らぬ人との交流」(五・二%)であり、四国遍路の観光化が声高にいわれる割には、いずれも低い水準にとどまっている(図10-1)。比較的高い割合が予想された初心者においてさえ、「観光」は一五・三%、「沿道や見知らぬ人との交流」は九・九%と、思いのほか低い割合になっている。きっかけにおいて「毎年のことなので」を選択した、いわば常連遍路者においても、「観光」を動機として挙げたのは八・八%にすぎない。繰り返し訪れる多数の車遍路は、繰り返し訪れているがゆえにもはや「観光」気分をそれほどに持ち合わせていない。

年齢的には、「観光」「沿道や見知らぬ人との交流」は、若い世代ほど高い割合を示すという傾向がある。若い世代ほど、遍路に対する従来の固定的価値観に束縛されない遍路行への意味づけを行っているとみることができる。

では移動手段別にみた場合はどうであろうか。「沿道や見知らぬ人との交流」は、車を移動手段とする遍路では、車主体遍路全体のうちの二・八%、徒歩を移動手段とする遍路の場合、徒歩主体遍路全体の一五・八%であり、大きな開きをみせた(図10-2)。徒歩遍路は見知らぬ人と接触する機会が大きい。とくに四国では今日でもなお「お接待」の慣行が残っており、そうした出会いを期しているであろう徒歩遍路者も少なくないとみられる。[9]だが一方「観光」は、車主体は車遍路全体の一〇・五%、徒歩主体では徒歩遍路全体の八・二%でほとんど差はない。車遍路化=観光化と、一概にいうことはできない。

「観光遍路」と一般に(徒歩遍路からはとくに)みなされがちな車遍路においてさえ、「観光」が動機として選択されにくい。その理由のひとつは、車遍路者にとってありがちな時間的な事情に伏在しているのではないだろうか。徒歩の場合、あらかじめまとまった時間が覚悟される。体力との勝負ということもあり、余裕をもった無理のない計画が立てられる。反対に車遍路の場合には、時間との勝負、という面がある。バスツアーや貸切タクシーなどで日程が決められていたり、休暇を利用した勤め人など、時間的制約が厳密であることの多い車遍路の場合は、徒歩遍路に比べ速度的＝時間的な調節がかなり可能なことも手伝って、効率性重視の過密な計画になりがちである。一日のうちの納経時間のなかでできる限り多くの寺院を回ろうとする結果、参拝をして納経を済ませると慌ただしく車に乗り込み次の寺院に向かう、という巡拝が繰り返されるようになる。巡拝に忙しく、のんびりと物見遊山を楽しむという余裕もない、というのが実状ではないだろうか(10)。

いずれにしても、本調査からみる限りでは、結果として遍路の行程のなかに観光的要素が含まれたり、沿道や見知らぬ人との交流といった旅につきものの経験を得ることもあるにせよ、それはあくまで、二次的、付加価値的なものとして位置づけられており、遍路を思い立った直接の動因とはなりにくいもののようである。

やはり主観的には遍路は、参拝という位置づけが強いということを窺わせる。では、それはどのような性質のものだろうか。

(三) 祈願・供養の遍路

四国遍路においては病気の治癒に関するものをはじめとして、具体的な願いを叶えるという霊験談は数多い。代表的なものに、阿波の二二番平等寺に奉納されている三台のイザリ車の例がある。足に病を抱え、それでも何とか遍路を続けてきた人が、この寺に来て歩けるようになったのだという。そのお礼として奉納した車が、今日なお当寺には残っている。

だが本調査においては、「合格祈願」(二・二%)、「安産・子宝祈願」(一・九%)、「商売繁盛」(四・九%)、「ぽっくり死祈願」（一・七％）そして「病気の治癒」（二一・一％）などの、具体的で身近な実益、ないし特定の目的の達成を願うものを動機としてあげる割合はきわめて少ない（図10-1）。後述するように、きっかけにおいても「自分の仕事上の問題」「子供や家族の問題」「友人や恋愛関係の問題」などは相対的に低い割合になっているし、仮にこうした社会生活上に生じた何らかの問題が契機となっているとしても、たとえば「もめごとの解決」（一・一％）を動機としてあげる人の割合が低いことを考えてみれば、そこに四国遍路を社会生活上の目的達成や問題解決の手段として位置づける発想を見出すことはできない。

衆生救済の効験は古来から神仏に求められてきたものである。そしてたとえば「お百度詣り」などの例にみることができるように、身体的労苦と引き替えに目的の成就や問題の解決を神仏に願うという参拝スタイルがあり、道中の艱難が避けがたい四国遍路は当然、そうした心願成就のためのいわゆる「苦行」の場として格好のものではある。けれども、今日の四国遍路は、そうしたかたちで具体的なニーズを神仏の効験に求めるといった感覚とは縁遠い。ひとつには、こうしたニーズには四国遍路でなくとも、それぞれに対応する特定の神仏（合格祈願には天神様、商売繁盛には恵比寿大黒といったような）がある、という理由が考えられる。これらは、日常レベルの参拝行為で十分対応できるものである。四国八十八ヵ所にも、たとえば三四番の種間寺や六五番三角寺は安産に効験があり、二三番薬王寺は、「皆人の病みぬる年の薬王寺　瑠璃の薬を与えましませ」と御詠歌に詠うほど、厄除けに霊験あらたかとされる、という具合に、個々に効験を唱う寺院は少なからずあるのだが、こうした効験にあやかることを動機としているケースはほとんどない。

四国遍路には、こうした通常の参拝とは別に、ある種の境界性が備わっている。境界性とは、日常的な生活のテンポから離脱した非日常的時空への一時的離隔を基礎にしている。聖地に一定期間身をおくというこの境界性から生まれる感覚が、俗的な、いわゆる「頼み事」のために行うような寺社参拝とは別のものであるという認識を生む。四国遍路が通常の寺社参拝と異なるのは、このように、遍路者たちがたとえ数日にせよ聖地に身をおくという点であり、俗界から隔離されている分だけ、俗的な関心事から距離が置かれている。それゆえ四国遍路には別途、それに相応しい固有の動機の語彙が求められるのである。

単純集計において一番高い割合を示したのが「先祖・死者の供養」(五三・四%)で、以下、「家内安全」(四六・二%)、「信仰・修行」(三一・八%)、の順に高い割合を得ている(図10-1)。とくに上位二項目は他をぬきんでて高い割合を示しており、移動手段や年齢・性別を問わない。このことから推す限り、「信仰・修行」その他の意味づけ以上に、四国遍路は第一義的には供養、祈願の場ととらえられているとみてよいように思われる。聖的な時空に身をおくという経験は、具体的、現実的利益を求めるのではなく、抽象的で、より包括的な利益を求める性質があるようだ。これが、現代の四国遍路にみられる動機の特徴といってよいだろう。

けれども、祈願内容に具体性がなく、また必然性に乏しいということ、このことは、八十八ヵ所を訪れる、それ自体が目的としてまずあり、回答された動機は事後的にあてがわれたものであるという見方をもまた可能にさせる。「家内安全」「健康祈願」「先祖・死者の供養」といったものは、先述のような、具体的な目的の達成を志向するものではなく、人をして四国遍路に駆り立てるほどの差し迫った緊迫感や、修行などの意気込みのようなものはない。どちらかといえば、予期せぬ災厄から免れ、末永く無病息災であることを願うという除災招福的なものであり、寺社参拝の際の、差し障りのない順当な回答でもある。したがって少々うがった見方をすれば、これらは巡拝というイベントを合理化する常套的な動機の語彙として用いられた、という可能性を考えることができる。

しかし、「先祖・死者の供養」に限ってみれば、（とくに先祖の供養という場合には）寺社参拝の動機として常套句的に用いられる場合を考えることもできようが、「身近な人の死」をきっかけとして挙げている九割が、「先祖・死者の供養」を動機としていることから考えてみると、一概に常套句として片づけてしまってよいものともいえない。近親者の死を悼み、この供養を動機としている遍路が多いと推測できる。(11) この場合は必然性に乏しい、合理化のための語彙とはいえない。すなわち、同じ「供養」であっても、「先祖の供養」と「死者の供養」とでは、動機の面においてはおのずからその性質が異なっているのである。後者に関しては、現代における死の受容のあり方に関わる問題として、現代社会論的な観点から、また宗教社会学的観点からあらためて考察する必要があるだろう。

二　遍路のきっかけ

四国遍路を供養、祈願の場としている遍路者が圧倒的に多いこと、だがとくに祈願の場合、「家内安全」とか「健康祈願」といった比較的回答率の高いものの祈願内容に具体性がなく、また必然性に乏しいということ、このことから、一定の人びとにおいては四国遍路に訪れること自体が目的としてまずあるのではないかという可能性を、前節までで指摘しておいた。つまり、家内安全とか健康等を特別に祈願したいという理由からではなく、遍路に赴くという事実、あるいは予定の方がまず先にある、という遍路者が少なくないのではないか、という可能性である。こうした観点からすれば、動機とともに、遍路を行うようになったきっかけについても考察を行っておく必要が出てくる。「動機」が、ある行為の意味を決定づける心意的な原因であり、ある行動の目的を説明する主観的な理由であるのに対し、「きっかけ」とは遍路に出向くことになった直接の契機のことであり、ある行動をおこすひきがねとなった客観的な出来事を

図 10-5　遍路のきっかけ（単純集計）

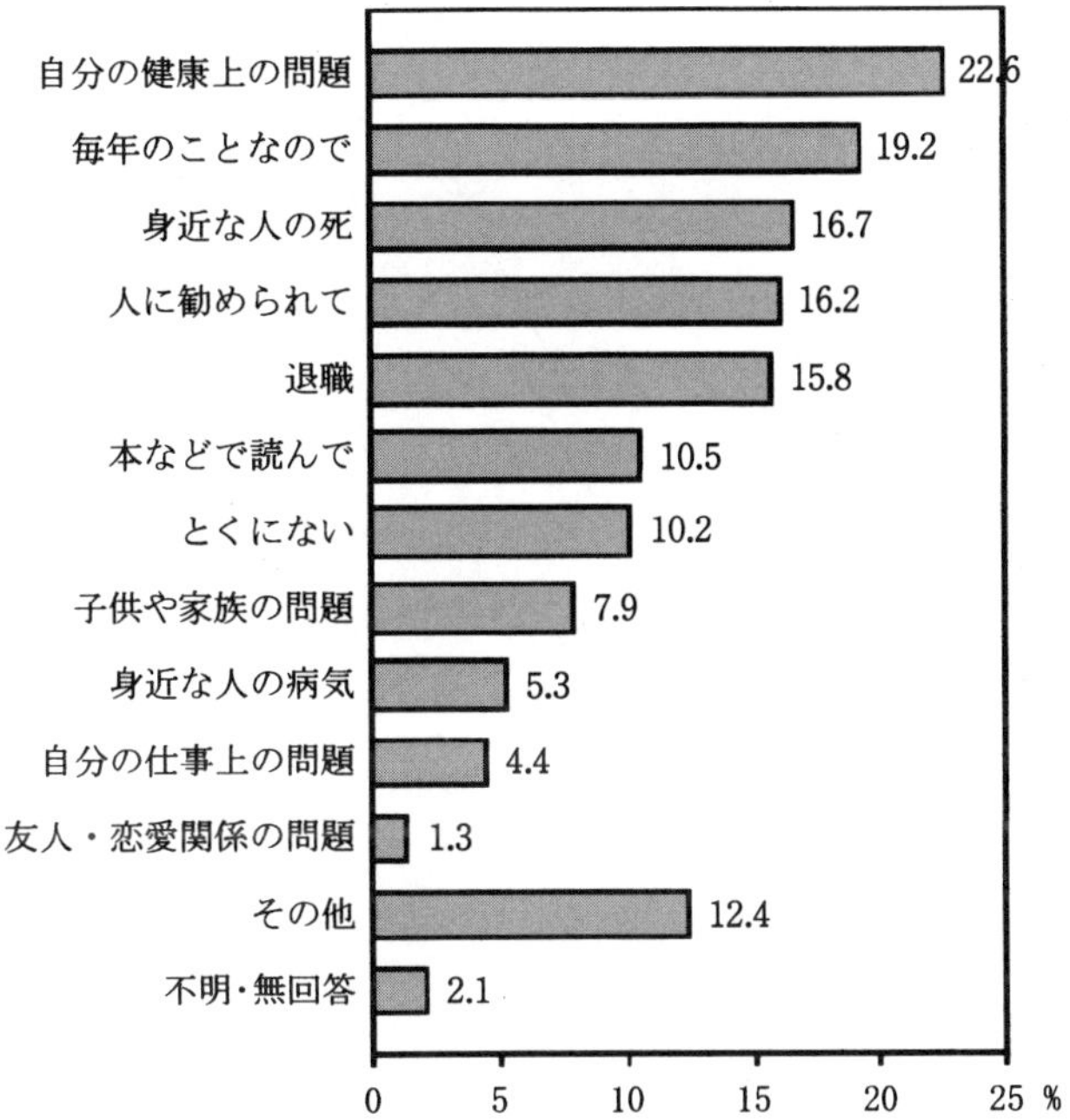

指す。動機ときっかけの関係は多様である。きっかけが動機を育む、ということもあれば、動機がまずあり、それがきっかけを待ち受けている、という場合もある。たとえば、身近な人が病気になったので病気の治癒祈願のために四国遍路を思い立った、という場合は前者にあたり、かねてから何らかのかたちで先祖の供養をしたいと思っていたところ、本で四国遍路のことを読んで、歩いて回ることを決意した、という場合は後者にあたる。

一　きっかけ調査の概要

「今回の遍路のきっかけになったことは何かありますか」という問いについて「退職」「身近な人の死」「身近な人の病気」「自分の健康上の問題」「自分の仕事上の問題」「子供や家族の問題」「友人・恋愛関係の問題」「人に勧められて」「本などで読んで」「毎年のことなので」「その他」「とくにない」の一二の選択肢を用意し、あてはまるものをすべて選んでもら

図 10-6 「問題」をきっかけとする割合（年代別）

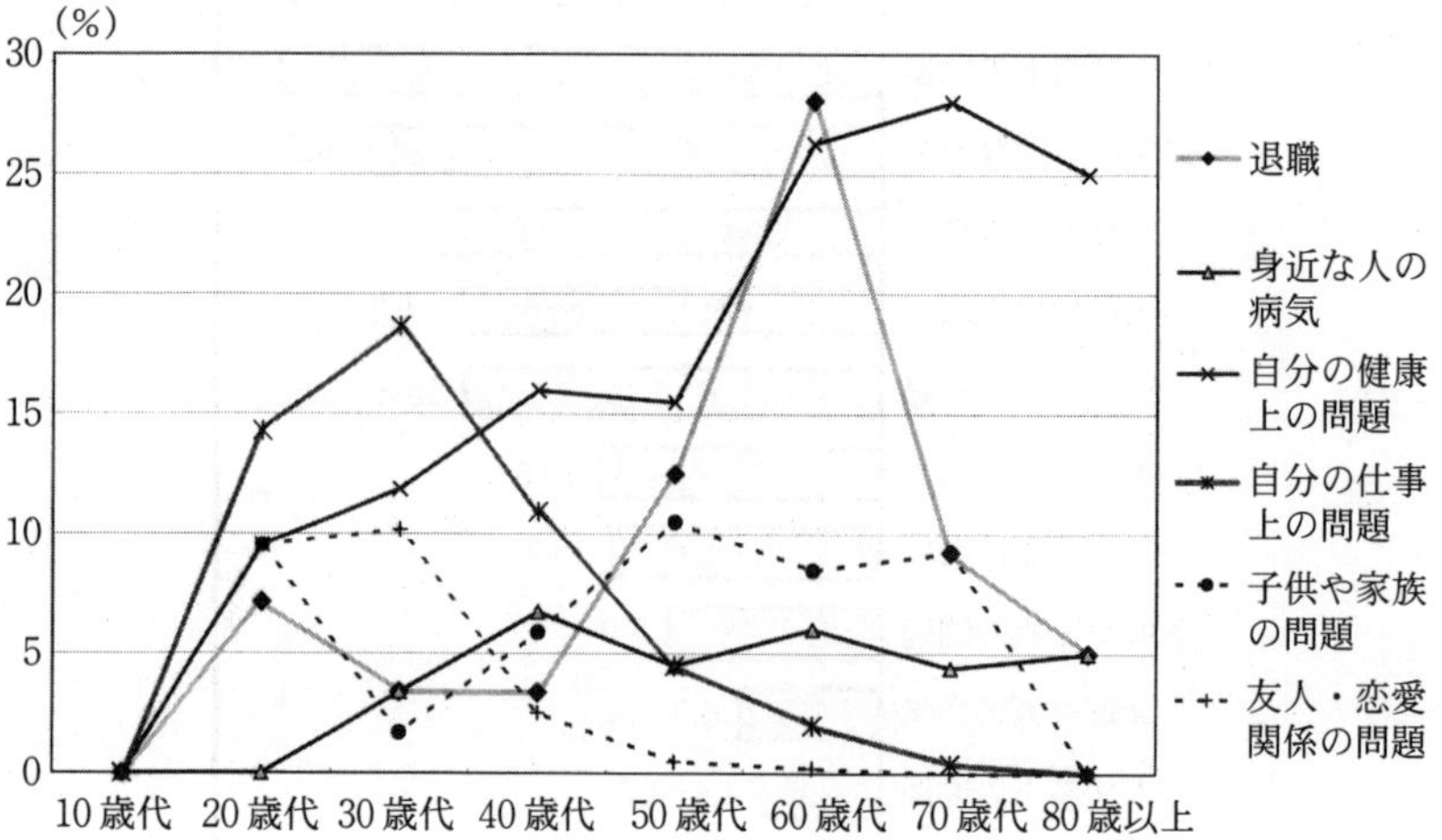

った。単純集計の結果は、以下のようになった。

「不明・無回答」（二一・一％）、「退職」（一五・八％）、「身近な人の死」（一六・七％）、「身近な人の病気」（五・三％）、「自分の健康上の問題」（二二・六％）、「自分の仕事上の問題」（四・四％）、「子供や家族の問題」（七・九％）、「友人・恋愛関係の問題」（一・三％）、「人に勧められて」（一六・二％）、「本などで読んで」（一〇・五％）、「毎年のことなので」（一九・二％）、「その他」（一二・四％）、「とくにない」（一〇・二％）（図10-5）。

これらの選択肢を以下では、① 日常の社会生活上に生じたなんらかの問題（「身近な人の病気」「自分の健康上の問題」「自分の仕事上の問題」「子供や家族の問題」「友人・恋愛関係の問題」）、② 人生上の転機（「身近な人の死」「退職」）、③ ひとや書物などからの影響（「人に勧められて」「本などで読んで」）、④ 定例行事としての遍路（「毎年のことなので」）、および ⑤ その他と、さし当たり分類し、考察を行っていく。

（一） 生活上の問題

「自分の健康上の問題」が全体の二二・六％で、きっかけの第一と

図 10-7 「友人・恋愛関係の問題」「仕事上の問題」(年代別)

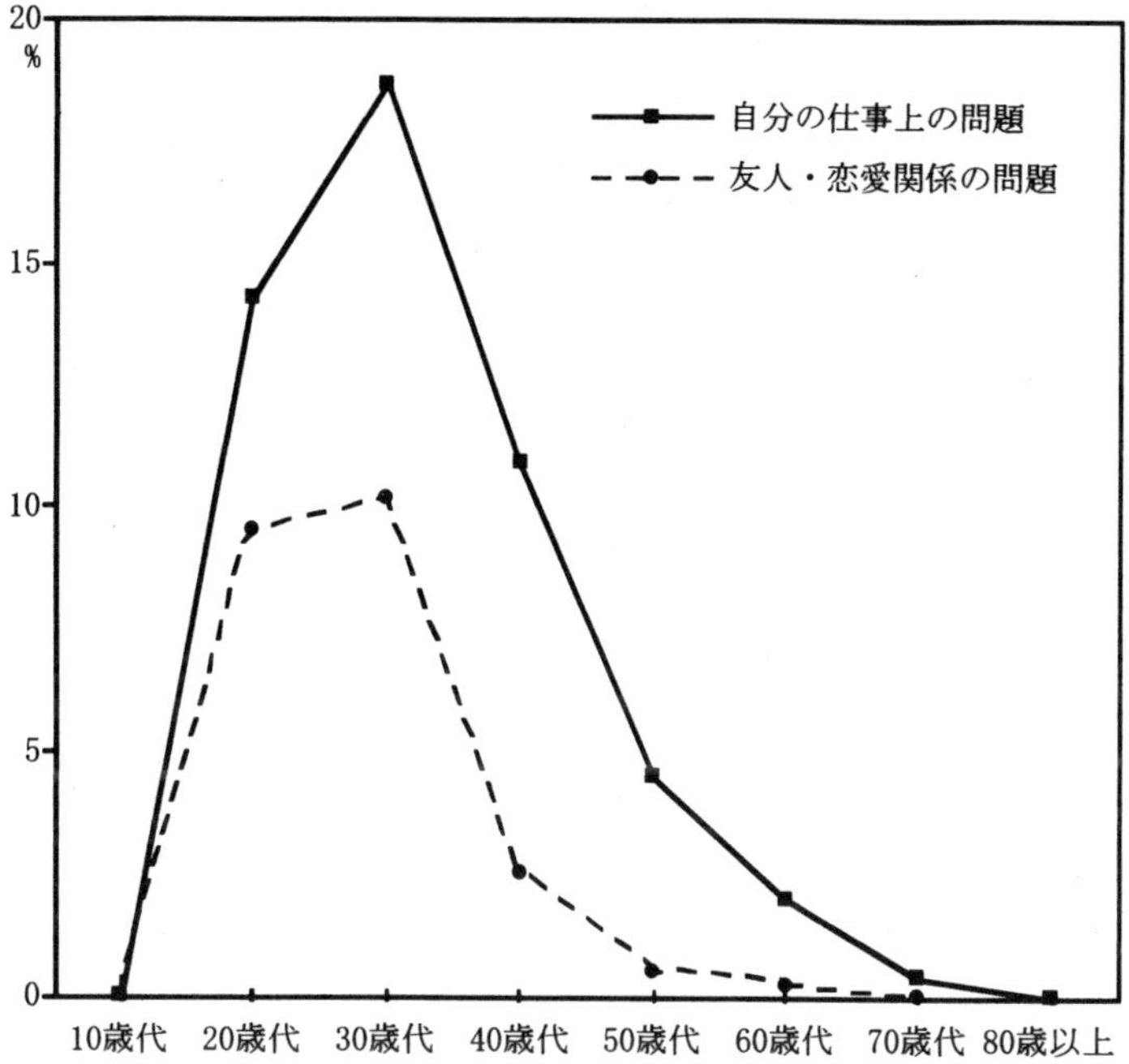

なっている。「身近な人の死」が一六・七%で高い割合だが、「身近な人の病気」(五・三%)「自分の仕事上の問題」(四・四%)、「子供や家族の問題」(七・九%)、「友人・恋愛関係の問題」(一・三%)、といったものは軒並み低い割合である。

契機はその年代の中心的関心事が反映される。六〇歳代から八〇歳代は「自分の健康上の問題」を回答する率が比較的高く、六〇歳代はこれとともに「退職」が突出して高くなっている。五〇歳代は「子供や家族の問題」が、他の年齢層よりも高い(図10-6)。「自分の仕事上の問題」は、三〇歳代の一八・六%を頂点として四〇歳代で一〇・九%、五〇歳代四・五%、六〇歳代で二・〇%、七〇歳代〇・四%、八〇歳以上〇・〇%。「友人・恋愛関係の問題」はこれより回答率は下がるもののやはり同様に三〇歳代を頂点とした山型の折れ線グラフを作っている(図10-7)。よく「若い遍路には悩みがある。年輩の遍路は幸福者だ」という

図 10-8 「自分の健康上の問題」回答者の動機

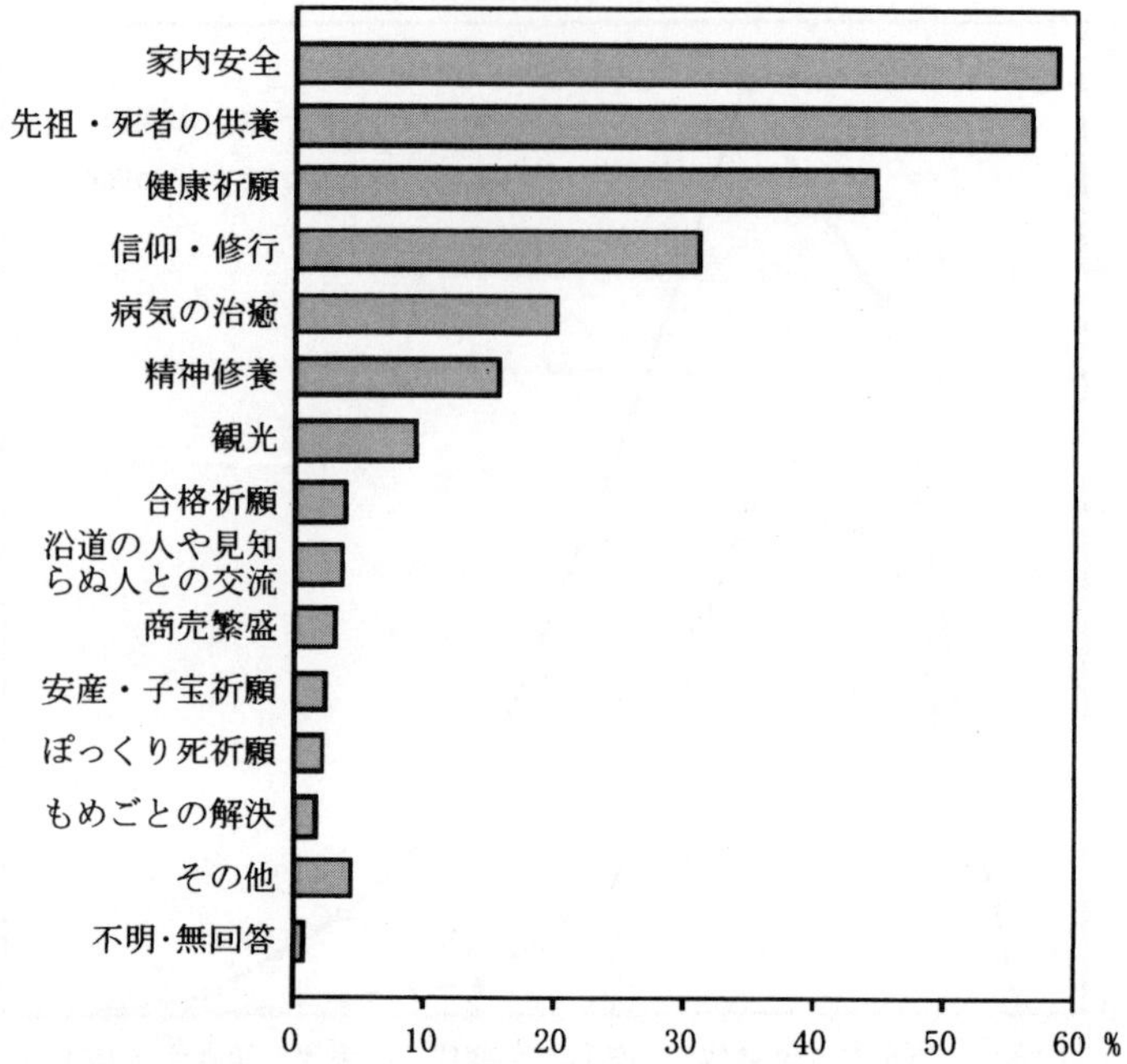

が、この調査結果は、実際に三〇歳代を中心とする若い世代が、生活上の問題や悩みを遍路のきっかけとする傾向があることをあらわしている。年齢とともに上昇していくきっかけは「自分の健康上の問題」であり、五〇歳代まで一五%前後のところにあるものが、六〇歳代以降になるとにわかに二五%台を超えるようになる（図10-6）。

しかし単純集計をトータルでみた場合、対人関係や仕事、家庭等に生じる「悩みごと」に近いような「問題」を直接の契機とする傾向は概して少ないといえる。例外的な割合を示す「自分の健康上の問題」についていえば、六〇歳代以上の人びとが自分の健康に配慮するのは当然のことであるとはいえ、これは、現下の健康に関する字義通り「問題」（すなわち病気）がきっかけになっているということばかりではない。たとえば「健康である今のうちにまわる」というのも、ここに含まれようし、「歩くことが健康づくりになるから徒歩遍路をしている」といった、健康への願いというニュアンスのものも「健康上の問題」としてカウントされうる。むしろ私見では、こうした健康への願いという意味合いの方が優位なのではないかという気さえする。たとえばそのひとつの証左は、「自分の健康上の問題」をきっかけとして選んだ人のうち、動機において「病気の治癒」と答えたのは二〇・〇%、「健康祈願」を選んだのが四四・六%であるという点である。しかも上位は「家内安全」（五八・六%）、「先祖・死者の供養」（五六・八%）であり、「健康祈願」は第三位、「病気の治癒」は第五位の位置にある（図10-8）。少なくともこれらの結果からみる限りでは、「自分の健康上の問題」は高い回答率を示してはいるものの、必ずしも健康への憂慮を第一関心事としているという人ばかりではないようである。

（二）　人生上の転機

それまでの生活が何らかの出来事を契機にして一変してしまう、こうした時機を人生上の転機と同定するならば、そうした転機が、遍路行の機会となるという例が一定程度存在する。

「身近な人の死」は、一六・七%の回答率となっている。これもある意味では、日常生活上に生じたその人にとっての深刻な「問題」であることには違いないが、先述のような「悩みごと」とは別種の「問題」といえるだろう。またなにより身近な人の死は、それまでの生活環境を大きく変化させるという意味で、その人の人生上のひとつの大きな転機とみなされてよいものである。先にも述べたが、「身近な人の死」をきっかけとして挙げた人の九割までが、「先祖・死者の供養」を動機としている。老・病・死といったような、えてして抗しがたく避けがたい「問題」は、四国遍路を発念する大きなファクターのひとつとなりうる。

「退職」もまた、それまでの生活時空や自己同定のあり方を大きく変化させるという意味でひとつの転機といえる。

単純集計においても第五位の一五・八%で、また当然ではあるがこれを回答した人は定年退職後の年代にあたる六〇歳代に多く(二八・一%)、女性(八・四%)より男性(二三・五%)に多い。同回答者の約三割(三四・九%)は車やバスを移動手段とする一一名以上の団体遍路であるが、一人で徒歩遍路を行っている人も一五・四%いる。これは、決して低い割合ではない。というのは今回の調査で一人で徒歩遍路を行う遍路者のサンプル数は八〇人であったが、このうちの三〇人(三七・五%)が退職をきっかけとした人なのである。

無論、まとまった時間を確保することが可能になったということがこのことの第一の理由だろうが、しかしそれだけでは一人徒歩遍路を行うことの説明としては弱い。というのは六〇歳代の定年退職後の人びとにおいては、一般的にいってたしかに時間的資源は潤沢になるものの、その反面で経済的、体力的資源が低下しているからである。徒歩で通し打ちをしようとすれば、三〇日から五〇日をかけて一四〇〇キロを、およそ四〇万円の費用をかけて歩く、苦難の道のりなのである。

ことに「退職」をきっかけとして回答した徒歩遍路を行う遍路者についていえば、彼らが、高度経済成長を支えてきた、いわゆる「ガンバリズム」世代であるという世代特性、そして、平均寿命の伸長により到来しつつある「人生八〇年時代」という、時代特性に配慮する必要がある。第一線は退いたものの、盆栽やゲートボールに興じるような「老後」というには早すぎ、「余生」というには長すぎるのである。「まだがんばれる」「まだ若い」という意識が、いまだ強く残存している。加えて同時に、先述した徒歩遍路の自己志向的性向を重ね合わせて考えるならば、「退職」は自己確認のための機会でもある。高度成長期にコミットしてきた自己規定、すなわち貢献=報酬図式のなかで一定の機能を果たしてきた自己が解除され、自己の同定が動揺するなかで、これに代わる自己を探求したいという欲求も生まれてくるのではないだろうか。

これらは、予定されているか、事後的にそうとらえられるようになるかの違いはあれ、生活時空がある状態から別の状態へと移行する際の、その境界時点に遍路があてがわれている、と解釈することができる。それは、他ならぬ四国遍路を思い立ったそのきっかけというよりは、実際に遍路にでる条件となる出来事が日常生活のなかに生まれた、という意味でのきっかけである。すなわちきっかけそれ自体が、四国遍路を指し示しているのではない。

他方、これとは別に、きっかけが直接四国遍路を指し示しているものもある。

(三) ひとや書物などからの影響

ひとや書物などからの影響は、「人に勧められて」(一六・二%)、「本などで読んで」(一〇・五%)と、それぞれ一〇%代を示している。「本などで読んで」は四〇歳代が最も高く、それ以降年代があがるほど下降していく傾向がある。逆に「人に勧められて」は四〇歳代以降ゆるやかに上昇していく(図10-9)。

この二つの設問は、移動手段や同行者数と重ね合わせてみると顕著な違いをみせる。「人に勧められて」の回答者二〇〇人のうち一八一人(九〇・五%)が車やバス中心の遍路を行っており、さらにそのうちの一二一人(六六・九%)が一一名以上の団体遍路である(四名以上までを含めるなら八七・八%)。徒歩の遍路は一〇人(五・〇%)しかない。逆に、「本などで読んで」の回答者の場合は、一三〇人中五八人(四四・六%)が徒歩の遍路であり、このうちの五二人(八九・七%)と大部分のひとが一名から三名までの少数の遍路者である。ことに一人歩き遍路の場合、八〇人中二三人(二八・八%)が「本などで読んで」を回答した人であり、「退職」の三〇人(三七・五%)に次ぐ割合の高さであることを付記しておいてよいだろう。車用のロードマップがついているガイド本や、歩き遍路による紀行文や体験記などの遍路記、歴史に関するものなど、遍路関係の一般書は数多くある。「本などで読んで」

図 10-9 「本などで読んで」「人に勧められて」(年代別)

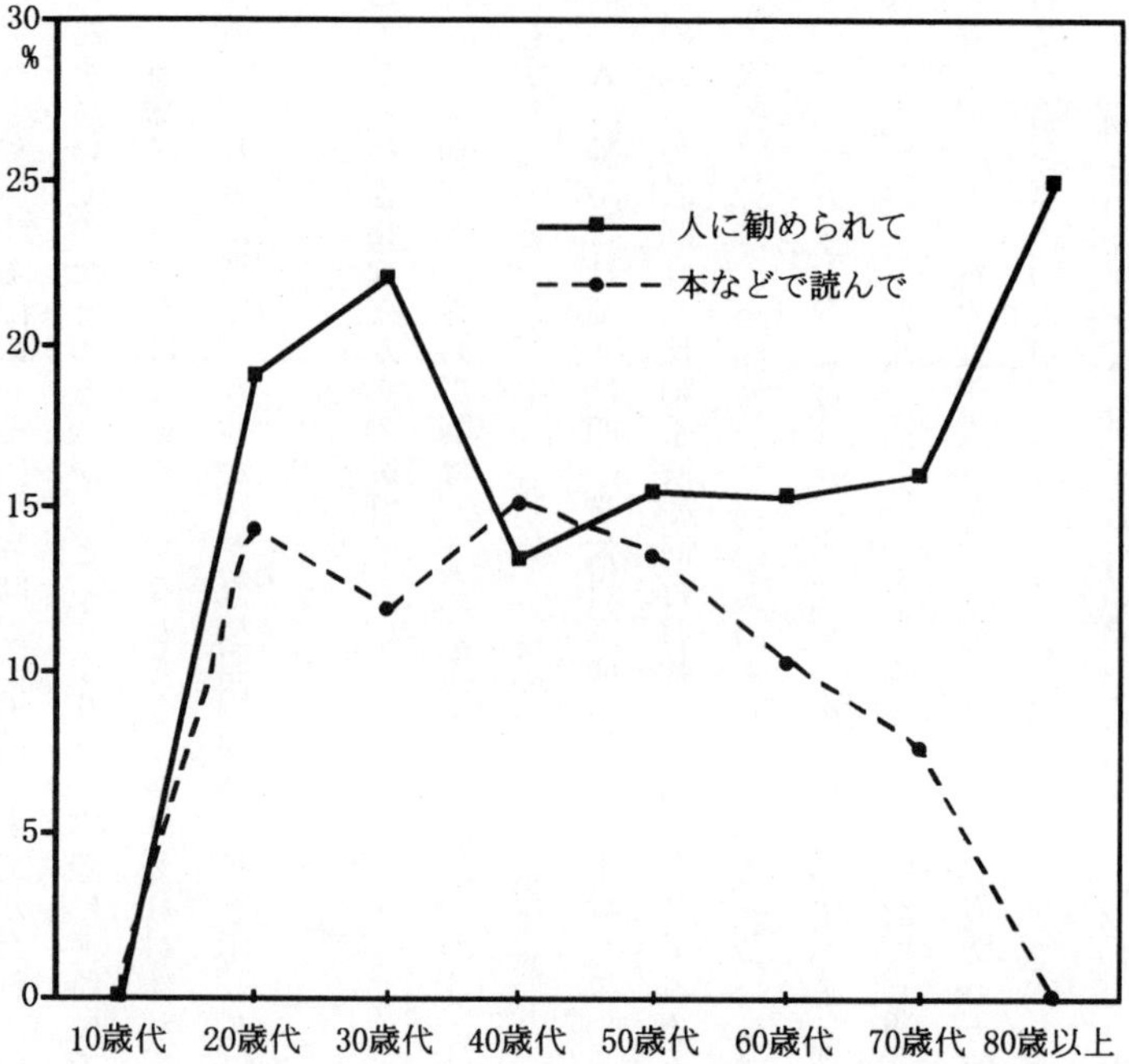

の回答者が、どのような本を読んだのかは知るべくもないが、遍路記などのなかには、読者に四国遍路への憧憬や興味を深めさせ、徒歩遍路に出向くように触発させるようなものも少なくはない[12]。

「人に勧められて」は、たとえば「大峰山での奥駆け修業中に先達さんよりすすめられて」(二一歳男性)や「護持寺住職の感化」(六〇歳男性)などのように、他者からの感化や啓蒙ということがまず考えられるが、この他に、今回の同行者に勧められて、つまり「誘われて」というニュアンスを含むことに注意しなくてはならない。「誘われた」という場合には、その本人が誰かから感化ないし啓蒙された、という以外の人も当然のことながら含まれている。よくいわれる「何を食べるかより、誰と食べるかの方が大切」という食文化があるのと同様、「何処へ行くかよりも、誰と行くかが大事」という旅文化もたしかにあり、そうした作法に則る人も少なからずいるに違いない。「グループが行くときは必ず行く」（五〇歳女性）といったような回答などはその顕著な例である。それゆえ、必ずしも四国遍路に憧憬や興味をもったことがきっかけだという人びとばかりではない。とくにマイクロバスの遍路やタクシー遍路など、頭数が経済的に意味をもつような車遍路の場合にはその傾向が強いのではないかと推測できる。

このような違いがあるにせよ、これらの設問の回答者に共通していえるのは、きっかけにおいてすでに、四国遍路が指し示されている、すなわち動機以前に、四国遍路に赴くこと自体が目的であるという点である。そしてこの点では、「毎年のことなので」という回答も同様である。

（四）定例行事としての遍路

「毎年のことなので」は、単純集計で一九・二％であり、一〇歳代（〇・〇％）、二〇歳代（七・一％）、八〇歳以上（三五・〇％）を除く三〇歳代から七〇歳代の各年代で二〇％前後いる（図10-10）。五人に一人は毎年遍路を行っている勘定である。しかしこれは、必ずしも毎年八十八ヵ所を一巡しているということではない。むしろ、毎年区切り打ちをしているという遍路者の方が圧倒的に多く、それがこの割合を押し上げているものと思われる。体力や費用のことを考えれば当然のことといえるだろうが、九割以上が車遍路であり、六割以上が一一名以上の団体遍路である（ちなみに一人遍路における同回答率は三・八％）。団体遍路のなかには、旅行会社やバス会社の主催により、一般参加者が何回かの区切り打ちに分け数年かけて八十八ヵ所を回るというツアーもあり、そうした企画の参加者などもここには含まれていると考えられるが、これとは別に大師講や「〇〇の会」というように、四国遍路を定例行事として行っている団体も比較的多い。目を引くのは、この回答者の半分以上である五五・五％の人が、動機において「信仰・修行」を選択していることである。きっかけの他の項目における同回答がおおむね二〇％から三〇％台であることを考えれば、

図 10-10 「毎年のことなので」（年代別）

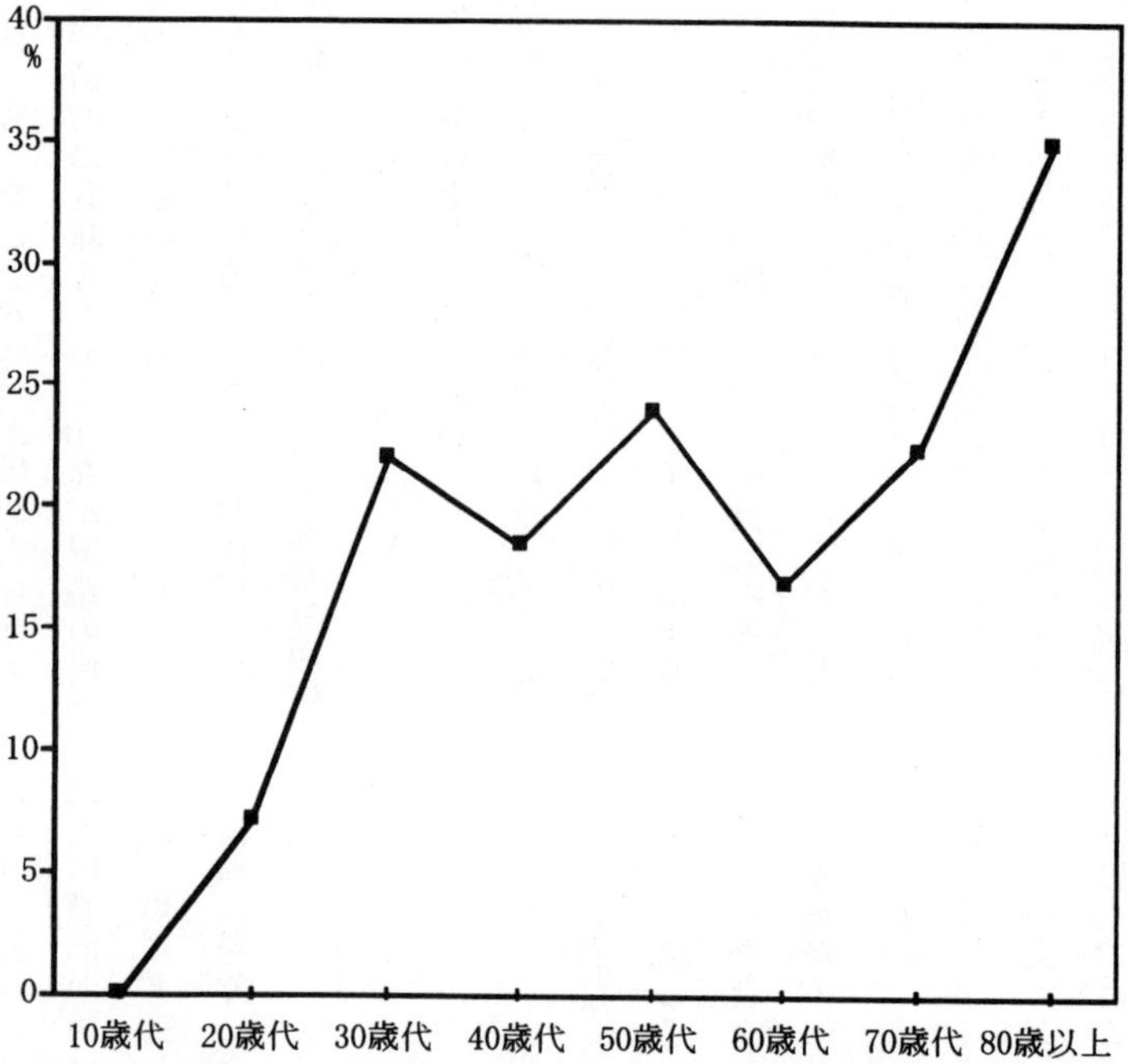

この割合は突出している。先にも若干触れたことではあるが、この割合の高さは、歩くという以外に、定例的に巡拝に訪れるということが、四国遍路において自らの信仰を実現する、その今日的あり方として定着していることを物語っている。また職業別にみた場合、比較的時間の自由がきく「無職」（二六・一％）、「主婦」（二八・九％）、「自営業」（二七・二％）が高い割合を得るのは当然としても、「会社勤め」が二〇・二％もいるのは意外である。[13]

そもそもの動機から離れて、遍路行為自体のなかに何らかの意義や魅力を見出して毎年定例的に回るようになったという例もある。「はじめ家族の不幸による参拝でしたが、今は、自分の修行のためにと思っています」（六三歳男性）、「はじめのうちは観光半分の気分でしたが、だんだん心惹かれ、只今は仏様をお慕いする気持ちと懺悔洗心の思いで懸命に努力しています」（七二歳女性）、「……初孫を授かった。そのお礼として遍路を始めた。続けて毎年一回。今回で九回目。続ける心算」(年齢性別不明)といったものがそれにあたる。

ともあれ、このような定例的遍路はやはり、遍路を行うということがあらかじめ決まっている。

(五) 「その他」――きっかけの諸相

以上、みてきたように、四国遍路に赴く人のなかには、何かのために遍路を行うというより、それ自体が目的となっている、という例が少なくない。他に「その他」のなかには、転機というような大げさなものではないものの、人生上のある節目に遍路を行う人もいる。たとえば「主人の古稀」(六八歳女性)、「金婚式記念」(六九歳男性)、「五〇歳の節目」(四九歳女性)、「両親の五〇回忌を済ませて」(七〇歳男性)といったものがこれに当たる。いわゆる「記念行事」的な意味づけをされた遍路である。もっとも、生活上に問題を抱えていたり、見聞した情報に興味をそそられたという場合でも、だからといって「おもいたったが吉日」とばかりに飛び出てくる人は少ないのではないか、と想定することは不自然ではない。いざ出かける、というタイミングは、人生上の転機とか節目とか、そうした時点であることが比較的多い。「かねてからの願望であった」(六八歳男性)、「小さい時から一度したいと思っていた」(六一歳女性)というような、遍路を待望していたという回答も少なくなく、それは「四国で仕事をする機会に恵まれたから」(五一歳男性)とか「休みが四月一杯頂けた」(六八歳女性)というチャンスによってかなう人もいるだろうが、多くの場合、それなりの時機をみはからってなされるのである。そうしてみると、四国遍路のひとつの利用のされ方として挙げうるのは、日常生活、あるいは人生を分節する行事=イベントとしての遍路である。これも、遍路行為に内在する意義への志向よりも、その行為が日常を分節するという点で、その行為を行うということにこそ大きな意義が付与されているという部類に属する。このほかに「代参」に準じるようなケースもある。「母が望んでいたのに果たせなかったため」(七三歳女性)、「母の代理」(年齢不明、女性)、「遺言」(二七歳男性)、「主人が写経を残していたので納めるため」(三七歳女性)、「親の代からやりたいといわれていたから」(六九歳男性)といったものがそれである。さらに、回答としては少数ではあったが「どの様なところか知りたかった」(七〇歳男性)、「経験したかった」(四九歳女性)、「体験目的」(五七歳男性)などの体験目的のものもあり、これらもまた、遍路という行為を行うこと自体が目的であるところの遍路者といえるだろう。

もちろん、無の状態から突然四国遍路を思い立つことなどはありえない。本や知人やテレビなど、あらゆるメディアから四国遍路に関する情報は流れているのであり、遍路に赴く人は、誰しもがそうしたものに多少なりとも接しているはずである。だから「人に勧められて」や「本などで読んで」を回答した人にしても、それが今回の遍路行の直接的契機となっている人もいれば、転機に遭遇したり節目にさしかかった人たちが遍路行きを思い立つ際の、副次的きっかけとして作用したという人も少なくはないだろう。きっかけとは、そうしたその意味では複合的なものであるといえる。

三 現代遍路者の類型

以上、四国遍路に赴くに至った動機や契機について概観してきた。たしかに四国遍路は変質したといえる。しかしそれは、よくいわれるように、単に「信仰・修行」から「観光化」へのシフトというとらえ方では尽くしがたい内包を備えたものであることがわかってくる。「信仰・修行」が衰退の傾向にあるとは一概にはいい難いし、観光化は、インフラの整備や遍路者の行動の断片を指し示した場合に指摘しうる特徴であるにしても、遍路者たちの主観や事情を必ずしも忠実に反映するものではない。また移動手段の相違に準拠した「徒歩遍路」と「車遍路」といった区別の仕方も、動機やきっかけの傾向をみる場にあっては相応しいものとはいえない。たとえば、同じ徒歩遍路だからといって、踏破を目指す力試し的遍路と、自己発見や癒しの遍路とを同一の範疇に括ることはできないのである。では、このような見方に取って代わるものとして、どのような見方が可能であろうか。

一　〈自発性〉と〈必然性〉

すでに本章冒頭部分で前提的に述べてあるように、過去においては、社会的な義務や追放によるのであっておのずから生じる発意に基づくのではない遍路者がいた。すなわち、「自発性」という点でネガティブな傾向を示す者たちが多数おり、この人びとによって遍路の歴史は特徴づけられるのであったし、またそれが、今日にはない、四国遍路におけるある種の暗さを醸しているのである。そこで、ひとつにはこの〈自発性〉という変数を設定することにより、われわれは過去に特徴的であった遍路者に対して、今日のそれを際だたせることができるように思われる。〈自発性〉の高さをここで仮に、社会的な義務や追放といった圧力からの解放度としてとらえるならば、現代遍路者において〈自発性〉が相対的にみて高いということに異議を挟む積極的理由はさしあたり見当たらない。

もっとも、過去の、遍路史を特徴づけたそのような遍路者たちを、単に〈自発性〉の低さのみで括ってしまうのはいささか単純化した見方にすぎる。すでに、社会的「義務」と「追放」というふうに語句表現の上では弁別してあるように、そこには、成人式や嫁入り支度の遍路といった通過儀礼的意味をもつものや、地縁、血縁からなる年中行事的な講など、社会的に課される義務として遍路道を行くことが必然化している場合と、その一方で「口減らし」や病人のように、共同体から逐われ、やむなく遍路道に身を賭す者たちとがいる。前者は四国遍路でなければならないが、後者は必ずしもそうではない。すなわちここには、四国遍路であることの「必然性」にかかわる格差が存在しているのである。では、こうした観点から、これまでみてきた現代遍路者の動機やきっかけに関する傾向に目を転じてみた場合、いえることがあるだろうか。

これまで本章でみてきた調査結果からみて、今日の遍路者においては次のような見方ができる。一方の群に、信仰や修行、精神修養など、四国遍路がもつ内在的な意義に志向して遍路を行う人が一定数いる。その代表的なものに、徒歩という移動手段に格別なこだわりをもち、また、そこにこそ遍路という行為の意義をみとめ、「車遍路」あるいは「観光遍路」の極北にあるものとして自らを同定する徒歩遍路がある。どこの道でも歩けばいいというのではない。遍路道を歩くことにこそ、彼らは相応の意義を見出しているのである。そしてこれよりは地味であるがゆえに一般に見過ごされがちであるものの、同様なる没入的な遍路者として、繰り返し参拝に訪れるという遍路行為の継続性のなかに自らの信仰を具現化していく常連遍路者たちが一定数いる。また近親者の死を悼み、その菩提を弔うために供養の遍路を行うものがいる。信仰、自己探求、供養、と動機はさまざまであれ、ここにみられるのは、一意専心、明確な動機をもとに、その思い入れを遍路行為のなかに投入していく遍路者たちである。これらはいずれも、「四国遍路であること」が第一義の遍路者たちであり、そこに強いコミットメントを示す。

その一方で、修行だの精神修養だのと気負うこともない代わりに、単なる観光だと開き直るのでもない、その中間というべきか、そのどちらからもある程度の距離をおいた遍路、いわば、たしなみとしての遍路、あるいは体験としての遍路、とでもいうべきあり方がある。悩みや問題の解決のためでもなく、精神修養といった動機をもつわけでもない。どちらかといえば「参加することに意義がある」というスタンスに近い遍路者たちであり、興味や関心や人生

図 10-11　遍路者の類型

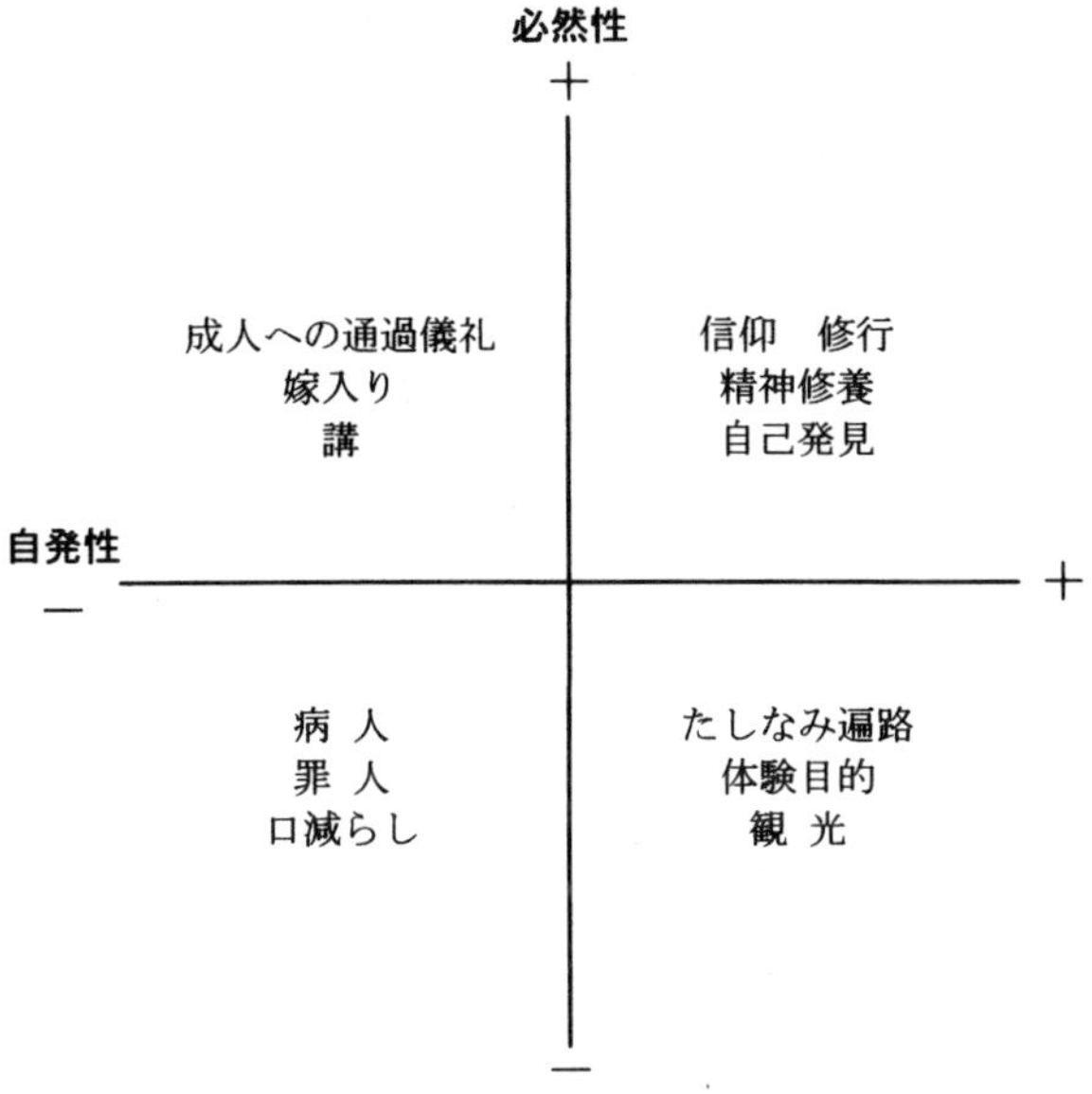

の節目に基づいて、あるいは誘われて、あるいは体験目的で、先祖の供養とか家内安全などといった迂遠的で遍路に相応しい祈願内容を掲げて巡拝を行う、そうしたタイプの、前者ほどに四国遍路に対して特別な思い入れをもっているというわけではない遍路者たちである。

　これを、四国遍路でなければならない人たち、と、必ずしもそうでない人たちという類型として転化してみるならば、その旅が四国遍路であるということの「必然性」の度合いとして変数化できるものとなる。こうしてここに、〈自発性〉と〈必然性〉という変数を直交させることによって区分される四象限が成立する（図10-11）。〈自発性〉という変数は、遍路行を思い立った経緯が、個人的事由によるものか、それとも、社会的な要請に基づくところが大きいか、という点によって分かたれる。他方、〈必然性〉の変数は、他ならぬ四国遍路であるということの、その必然度にかかわるものである。もっとも義務として「四国遍路でなければならない」遍路者は、本調査からみる限りではいるとしても例外的少数と考えられるから、今日における〈必然性〉

とは、すでに示してあるように、四国遍路へのコミットメントの度合いというかたちでとらえるべきものとなるだろう。

二　現代遍路者における四国遍路の〈必然性〉

前項において〈自発性〉を、今日の遍路者を際だたせるものとして扱ったが、無論、過去にも修行や信仰の遍路者、物見遊山の遍路者はいたのであるから、その意味ではそれは、過去と現代の遍路者をわける分水嶺であるばかりでなく、過去における遍路者を区分する軸でもありえた。またそれとともに、〈必然性〉を軸とした区別も、それなりになされていた。というのは、過去においては、〈自発性〉においても、〈必然性〉においてさえも相対的に低い「職業遍路」や「病人遍路」などの社会的追放者が、それ以外の遍路者ととりわけて区別されていたからである。俳遍路であろうと、物見遊山であろうと、通過儀礼などの義務的遍路であろうと、それらの間での区別はそれほどに厳密ではなく、皆等しく「へんろ」であった。それらに対して「職業遍路」や「病人遍路」などは「へんろ」ではない「へんど」として差異づけられていたのである。[14]

ひるがえって今日、もはや〈自発性〉において低い遍路者がいなくなったという前提にたって考えるならば、〈必然性〉が、以前にもまして一層、遍路者を弁別する際に大きな意味をもってきているのではないかと考えられる。つまり、信仰、自己探求、供養等々、そこに含ませている意義が何であれ、四国遍路に固有の意義を見出し、そこへ特別の思い入れを投入して遍路を行っている遍路者か、それ以外か、という区別が、われわれが「その遍路者はどんな遍路者か」を見極める際に肝心なポイントとなってきているのである。車遍路より徒歩遍路が、区切り打ちより通し打ちが賞賛されるのは、そうした形態が〈必然性〉、すなわち四国遍路へのコミットメント度の高さと相関するように感じられるからである。だからといって、歩くことすら困難な老人がそれでも車を使って遍路を行うことを、車遍路だからという理由で蔑む人はいない。「車遍路」か「徒歩遍路」かといったことは、実はこうした〈必然性〉を推し量る際の目安でしかない。大事なのは強くコミットしているということなのであり、他者からの評価は実際にはその点に対してなされているのであって、その遍路行が、信仰でも、修行でも、精神修養でも、供養でも、その評価には影響しないのである。

三　四国遍路の現代的意味の解明に向けて

四国遍路への関わり方は我流でよい。だからこそ多様な動機やきっかけのもとに多くの人びとが流入してくるのである。けれどもその多様性のなかから収斂してくるものがあれば、それは個人的なものではなくなり、社会的な意味をもってくる。ことに社会学的な観点からすれば、こうした四国遍路の社会的な意味を現代社会の諸現象との関係のなかで探っていくことにとりわけ関心が注がれる。

そして、四国遍路の現代的意味を考えるにあたって有効と思われるひとつの視点は、ひとまず、焦点をこの〈必然性〉において高い遍路者の方に絞ってみる、というものである。そうすることで、「なぜ遍路に赴くのか」という、当初と同一の問いかけが別の新たな意味をもってくる。というのはそれが、単に遍路に出向いた動機や理由を問うことによって傾向を探るというのではなく、遍路を必要としている人が、なぜ必要としているのかを問うことになるからである。なぜ歩くのか。能率主義に席巻されている現代社会に対するアンチテーゼとしての「反能率主義」か、快適性や簡便性を追求しつづける日常生活に対峙する「苦行への欲求」か、海山のあいだをめぐることによって失われつつあるプリミティブな体験を取り戻そうとする「自然への回帰」か。また、なぜ供養の遍路が行われるのか。それは

「供養」を司る既存の宗教装置の後退を意味するのであろうか。それとも既存の制度では喫しえない「癒し」の行為なのか。なぜ自己探求や自己回復といったことが必要なのか。そしてなぜそれらが遍路において達成されると考えられているのか――遍路を必要としている人たちについて、このように問うていくことが、今日における四国遍路の社会的な役割や意義を探る上で、まずもって求められることではないだろうか。

注

（1）前田卓『巡礼の社会学』ミネルヴァ書房、一九七二年、一九ページ
（2）星野英紀「比較巡礼論の試み――巡礼コミュニタス論と四国遍路」、『講座日本の巡礼　第三巻　巡礼の構造と地方巡礼』一九九六年、一八三二ページ
（3）前田卓、前掲書、一八二ページ
（4）新城常三『遠隔参詣の社会経済史的研究』塙書房、一九六四年、七〇九ページ
（5）「ばぶれ遍路」の風習に関しては小川真喜子氏（一九九八年三月二一日、高知県春野町において）へのインタビュー調査から。
（6）小川氏（前掲）によれば、昭和三〇年代まで、このような遍路者がみられたという。
（7）「リスク社会」の概念については、U・ベック、A・ギデンズ、S・ラッシュ（松尾精文、小幡正敏、叶堂隆三訳）『再帰的近代化』而立書房、一九九七年、および、本書第一章を参照されたい。
（8）先達制度について詳しくは第三章第二節を参照されたい。
（9）お接待の現状については、『現代社会における四国遍路道を巡る経験と社会・文化的装置の関係に関する研究』早稲田大学道空間研究会、二〇〇〇年を参照。
（10）もっとも、もっと単純に、「観光遍路」という言葉が時として蔑視的に使われているような現状から、この選択肢がはばかられた、という解釈をあてがってみても、それほど的はずれであるとも思えない。
（11）すでに論じてあるように、人生サイクルの個人化にともなって浮き彫りにされてきた「死の受容」の現代的あり方が、こ

こに見いだされる（第一章参照）。

（12）本調査実施の後、一九九八年より、ＮＨＫで「四国遍路」の放映がはじまった（～二〇〇一年）。現地調査での実感としては、近年の徒歩遍路の増加傾向は、この影響がかなり強いものと思われる。

（13）ただし、この「会社勤め」には、巡拝バスや巡拝タクシーの運転手、つまり仕事として毎年訪れている人たちが少なからず含まれていることを勘案しておかねばならない。

（14）白木利幸『巡礼・参拝用語辞典』朱鷺書房、一九九四年、一一五ページ

参考文献

新城常三『遠隔参詣の社会経済史的研究』塙書房、一九六四年

星野英紀「比較巡礼論の試み――巡礼コミュニタス論と四国遍路――」『講座日本の巡礼　第三巻　巡礼の構造と地方巡礼』一九九六年

前田卓『巡礼の社会学』ミネルヴァ書房、一九七二年

第一一章　充実感からみる四国遍路の世界

——遍路経験を取り囲む社会的組織化の諸相——

一　はじめに

遍路に関するアンケートの自由回答欄では、少なからぬ人びとが、「お遍路」したこと・していることに対する喜び、感謝、充足感、安らぎ、感激、精神的成長、自己省察の深まり、救済感などを総体的な感想として吐露している。このように多くの人が遍路行をポジティブな形で経験している背景としては、むろん個々人の事情や動機が大きく関係している面もあろう。また、かつてほど精神的・肉体的・時間的犠牲をともなうものでないとはいえ、相変わらず楽ではない「巡礼行」である遍路行を実現させたこと自体への感慨が作用している面もあろう。

しかし、一口に「ポジティブな遍路経験」ないし「充実感」といえるような経験のあり方も、その内実を紐解けば、遍路行のなかのいかなる契機を軸としているかによって多様である。お詣りすることに焦点がある経験もあれば、地元の人びとから受けた接待に対する感慨が軸となった経験もあろう。さらに、遍路行の経験は、当然「充実感」の集積のみで構成されているわけではない。遍路に関わる諸事・諸手続き・諸行為をめぐるさまざまな精神的・身体的労苦、難儀などの多様な経験が多層的に折り重なって、総体としてひとつの主観的な「遍路経験」の世界を作り上げているといえる。

それではいったいどのような要因によって遍路経験はかたちづくられているのだろうか。むろん広くいえば、遍路経験は、遍路するきっかけや動機、遍路主体の基本的属性をはじめとする多様な要因によって複合的に影響をうけているといえよう。しかし本章では、実際の遍路プロセスにおいて、遍路経験に対し組織的に作用していると思われる要因、すなわち遍路行における具体的なさまざまな諸活動・諸相に対し、どのような社会的機制がはたらき、それが遍路経験の内実にどのような影響を与えているかに関して焦点をあて考察を行いたい。

基本的に個人的営為であった遍路行に組織的エージェントが関わってくるのは（それまでにも団体で巡礼グループが組まれることがあったとはいえ）、伊予鉄が遍路の団体観光バスを運行し始めた昭和二八年のことである。以降、「移動行」ないし「巡拝観光」という面での遍路行は、車社会化を背景として、急速に「快適」化され合理化されていく。その後、この「車」による遍路形態は増加しつつ多様化の様相をみせ、近年では乗用車やタクシー、マイクロバスなどによる移動形態も増加している。

戦後の遍路行の社会的組織化・合理化をめぐるこの一連の流れは、モータリゼーションという社会的流れを背景とした車遍路の隆盛化と、それに応じた「歩く」遍路の衰退ないし停滞として語られる。そしてそれによる遍路経験への影響に関しては、遍路「道中」全体に広がった経験構成のあり方（いわゆる「道中修行」）の衰退と、それに応じた、霊場、とりわけ「お詣り」に集約する経験のあり方（いわゆる「霊場修行」）の隆盛がもたらされている点が、一般的には指摘されてきた。

このように、車遍路と歩き遍路の対立の面にポイントを置いて、遍路経験の社会的組織化という変容をとらえることとは一定程度可能である。しかし、伊予鉄による団体観光バスの運行開始から始まった流れは、遍路経験にとって、「車による移動の合理化」という事態をもたらしただけではない。当時の団体観光バスによる巡拝行第一号は、単に四国一周バスによる移動の快適化をもたらしただけではなく、すでに（さまざまなトラブルはあったにせよ）参加費用や旅程などをめぐる諸手配を「パッケージ」化して参加者に提供し、添乗員が道中の諸問題の処理を専門に担うなど、その後の遍路行の組織化の流れの先鞭をつけたといえる。その意味で、移動の合理化にとどまらない遍路過程のさまざまな諸事の合理的手配の組織化へと向かう社会的機制がこの時にもたらされたといえよう。そうだとすれば、このような遍路行の諸々の組織化の事態が、人びとの遍路経験の構成にいかなる影響を与えているのかに関し、より繊細に考察する必要があろう。本章ではこの点に関して、「充実感」「遍路についての難儀」「道についての難儀」という遍路経験を軸に、調査データに基づいて考察していきたい。

アンケート調査では、「遍路をしているときにもっとも充実感を感じるのはどのようなときか」「今回、遍路をする上で、どのような点に困ったか」「今回の遍路で、道についてどのような点に困ったか」という質問を行った。その単純集計データは、以下のようになった（いずれも複数回答方式による）。

（一）　充実感

「霊場の山門に着いたとき」（三八・三％）、「霊場でお詣りをしているとき」（四五・九％）、「霊場で納経をすませたとき」（二〇・五％）、「結願をしたとき」（一八・〇％）、「朝、宿を出発するとき」（五・七％）、「先達や他の人と話をするとき」（一五・九％）、「お大師様と共に歩いていると感じるとき」（三〇・四％）、「不思議な体験（霊験）をしたとき」（九・五％）、「お接待や親切に触れたとき」（二四・八％）、「つらい道中を顧みるとき」（一五・三％）、「その他」（三・九％）、「とくにない」（四・八％）、「不明・無回答」（一・六％）。

（二）　難儀

「納経時間終了が早すぎる」（二三・二％）、「宿坊が少ない・快適でない」（六・八％）、「納経に時間がかかる」（七・八％）、「駐車場が少ない」（五・九％）、「トイレが少ない・汚い」（二三・七％）、「お金がかかりすぎる」（七・八％）、「途中で持ち金が足りなくなった」（一・六％）、「荷物が多すぎた」（一八・九％）、「途中で健康を害した」（二・七％）、「物を紛失したり盗難にあった」（〇・九％）、「スケジュールに余裕がなかった」（八・七％）、「緊急に必要な物が手に入らなかった」（一・二％）、「その他」（五・七％）、「とくにない」（三二・六％）、「不明・無回答」（二・三％）。

（三）　道の難儀

「道路標識が少ない」（一八・五％）、「複数の道があって混乱」（六・七％）、「道しるべがない」（一二・九％）、「いろいろな道しるべがあり混乱」（四・四％）、「道が舗装されていない」（二・一％）、「坂道や階段が多い」（八・九％）、「道が狭い」（二六・五％）、「車でいけない部分が多い」（四・三％）、「歩く道が未整備」（二・九％）、「その他」（五・二％）、「とくにない」（五〇・六％）、「不明・無回答」（三・六％）。

以下では、まず、移動手段として歩きを中心にするか車を中心にするかによって、いかに遍路経験のあり方に違いが生まれるのかについて考察し（二節）、さらに、「歩き」対「車」という二項対立的な図式だけでは説明の困難な遍路経験の位相をデータのなかに読み取る（三節）。そして、遍路者の主観的経験を組織化する機制として、先達による遍路行為への意味付与（四節）、巡礼コンダクター機能の作用（五節）、遍路行の総体的な合理化・パッケージ化の機制（六節）、遍路行に関する情報の社会的組織化（七節）の各位相が複合的に作用している様相を、調査データのなかに探っていき、それらを軸として論じていくこととなる。

二　「歩く」遍路と「乗る」遍路

「歩く」遍路と「乗る」遍路では、主観的経験において実際どのような相違が生じているのであろう。そこでまず、

図 11-1　充実感×移動手段

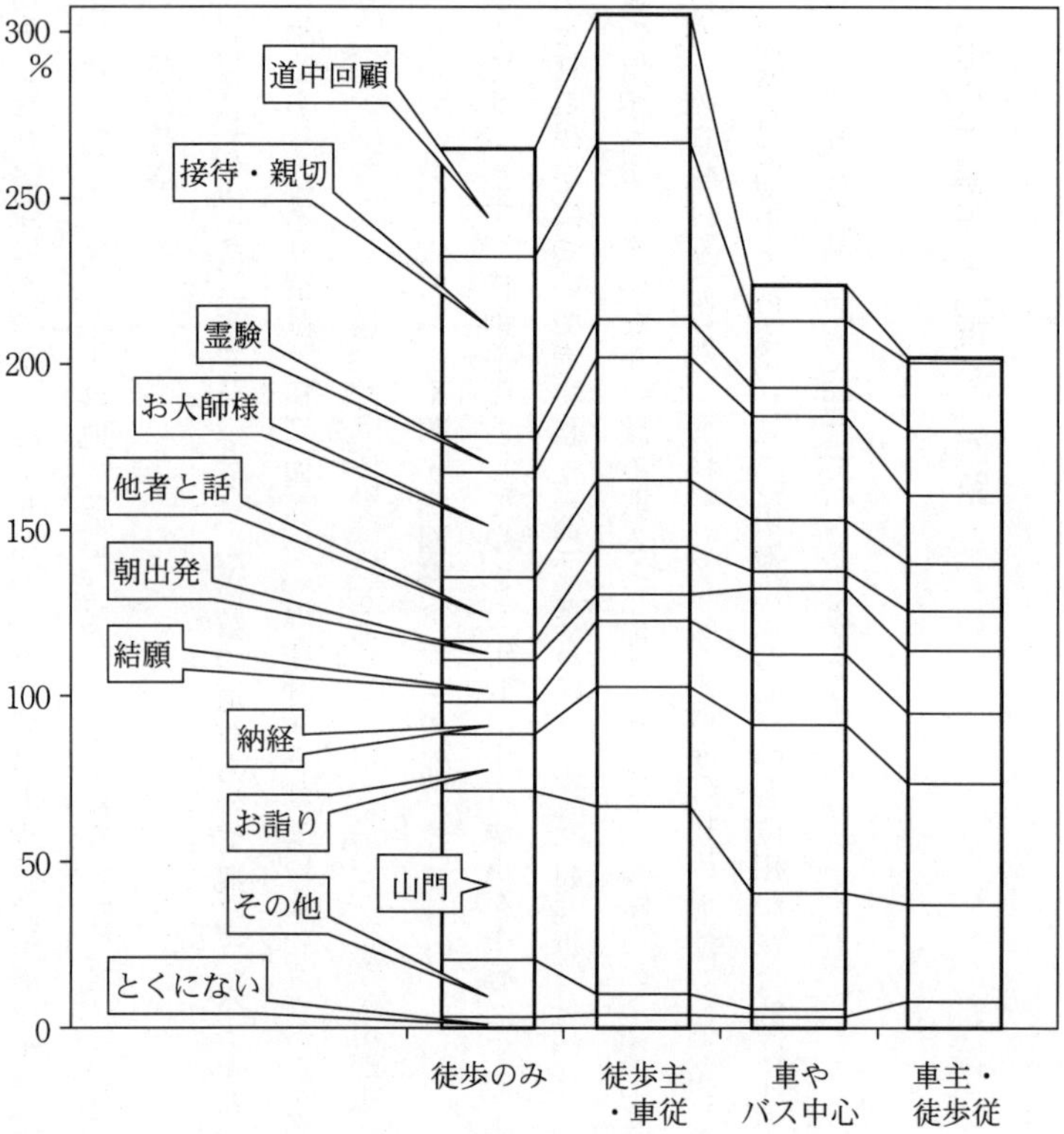

遍路経験を「充実感」という面からみてみよう。遍路の移動手段を大きく「徒歩のみ」「徒歩が主だが、車や鉄道も利用する」「車や鉄道などが主で、場所によって歩く」「車やバスなどが中心」の四つに分け、前二者を「歩き組」、後二者を「車組」として、充実感の感じ方の違いをみてみると、次のような結果になった。図11-1から分かるように、歩き組の充実感が相対的に強く現れる契機は、「霊場の山門に着いたとき」「先達や他の人と話をするとき」「お接待や親切に触れたとき」「つらい道中を顧みるとき」である。対して、車組は「霊場でお詣りをしているとき」「霊場で納経を済ませたとき」「結願したとき」に充実感を強く感じる傾向にある。この結果からみる限り、車組は、お詣りを行ったり、朱印・納経帳を収集したり、

図 11-2　充実感×徒歩遍路経験

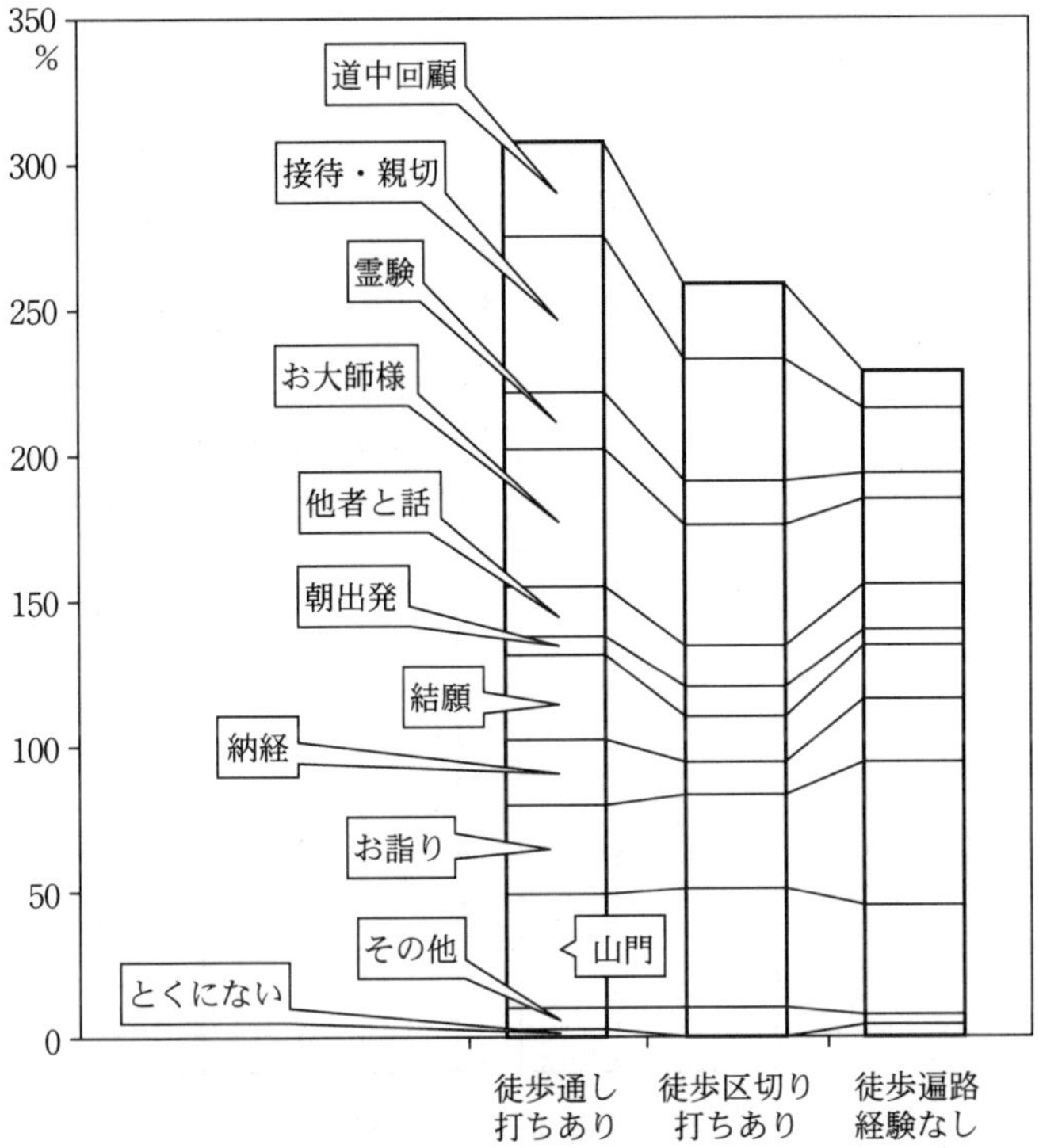

霊場巡りを結願という形で完遂したりというように、総じて霊場（札所）という場をめぐる契機＝行為に中心的に集約される形で充実感という経験のあり方を組み立てている傾向が相対的に強い。対して歩き組の経験は、「霊場」との直接的な結びつきに限定されず、札所を巡礼という線的プロセスの中継的到達点ととらえたり（「山門到着」）、巡礼過程での道空間によるコミュニケーションに経験を開いたり（「接待経験」）、遍路行を札所という点の集積に還元され得ない移動＝巡るプロセスとして意味づけたり（「道中回顧」）と、いわば霊場という点を結ぶ移動＝巡礼プロセス（＝線）にまで多元的に開かれた経験の組み立て方をする傾向がみられる。

それでは、「歩く」ということが充実感のあり方にどのような影響を与えているの

図 11-3　道難儀×移動手段

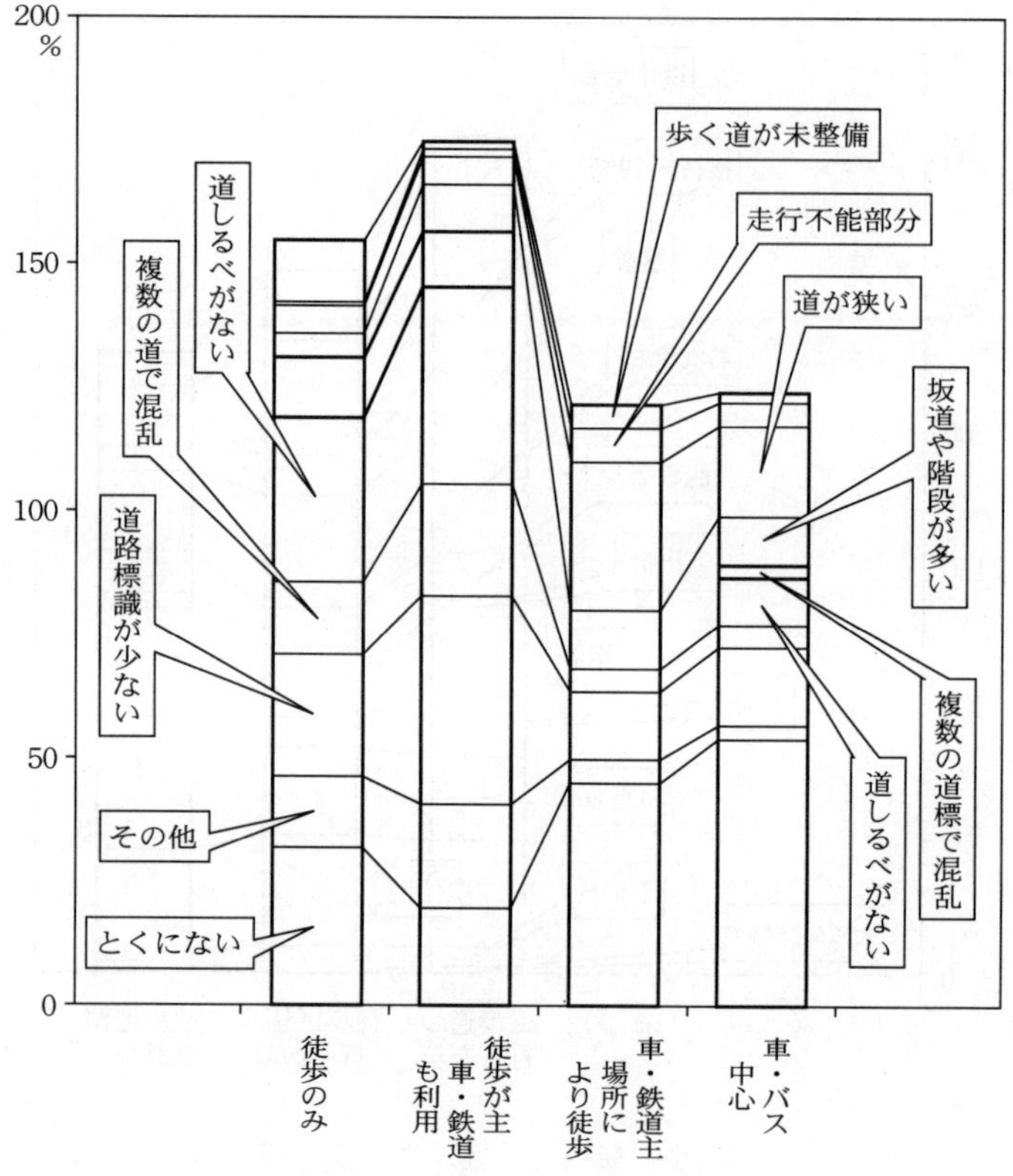

か、もう少し別の角度からとらえてみよう。今度は「歩く遍路」経験の有無、つまり「徒歩による通し打ち経験がある」「徒歩による区切り打ち経験がある」「徒歩遍路経験はない」の違いによって、充実感の感じ方に違いがあるのかどうかみてみたい（図11-2）。徒歩遍路経験のある人は、「お接待や親切」「つらい道中」「お大師様」「不思議体験」の項目が高く、徒歩遍路経験が全くない人は「お詣り」がきわめて高くなっているのが特徴的である。このデータからも、「歩き」という移動手段経験が、必ずしも「霊場」という契機に特化しない充実感のあり方を生み出すような経験への志向を支えている様相がみえてくる。

　モータリゼーションによる遍路経験

への影響を、単に充実感という形だけではなく、より立体的にとらえてみよう。モータリゼーションという社会的要因の位相から充実感という経験の位相までには、そこに至るまで経験の組織化の複合的なプロセスが作用していると思われる。そこで、より根底的な位相として、モータリゼーションが道への関わりや移動そのものをめぐる経験に直接的にはどのような影響を与えているかを考察するために、移動手段（「歩く」か「乗る」か）が「道に関する難儀感」にいかに影響しているかみてみよう（図11-3）。

道について「困ったことはない」と感じている人は、やはり車組の方が多い。歩き組は総じて道難儀感が高い。内訳をみると、歩き組に多いのは「道路標識が少なくて困った」「複数のルートがあって混乱した」「道しるべがなくて困った」「いろいろな道しるべがあり混乱した」という難儀感である。このような道難儀感の背景のひとつとして、遍路道もモータリゼーションの流れのなかで車中心に整備され、各種道路情報も車移動中心に整備される傾向が圧倒的に高いという点が挙げられよう。むろん近年、歩き遍路復権の動きのなかで、歩き道の整備と情報普及には目覚しいものがあるが、それでも相対的にいって車による移動環境のほうが社会的に圧倒的に整備が進んでいる状況がある。その結果、やはりモータリゼーションの流れにのった移動手段（「乗る遍路」）では道難儀度がより低く、反対にそれに逆行するような徒歩形態では難儀度が高くなっているのであろう。

このように道やルート探しに苦労して進んでいく歩き遍路の状況が、目的地や札所の一つひとつにたどり着くときの主観的感慨に大きく作用しているのは容易に想像できる。その結果、先に概観したように（図11-1）、歩き組のほうが、「山門に着いたとき」や「つらい道中を顧みたとき」に充実感を感じる傾向が圧倒的に高くなるのであろう。

しかしながら、モータリゼーションという背景要因は、単に「モータリゼーション→利便性→難儀度」というように一元的に理解され得るものなのだろうか。難儀感を単に「利便性」という側面だけに回収してしまうのは短絡的に

図 11-4　接待×移動手段

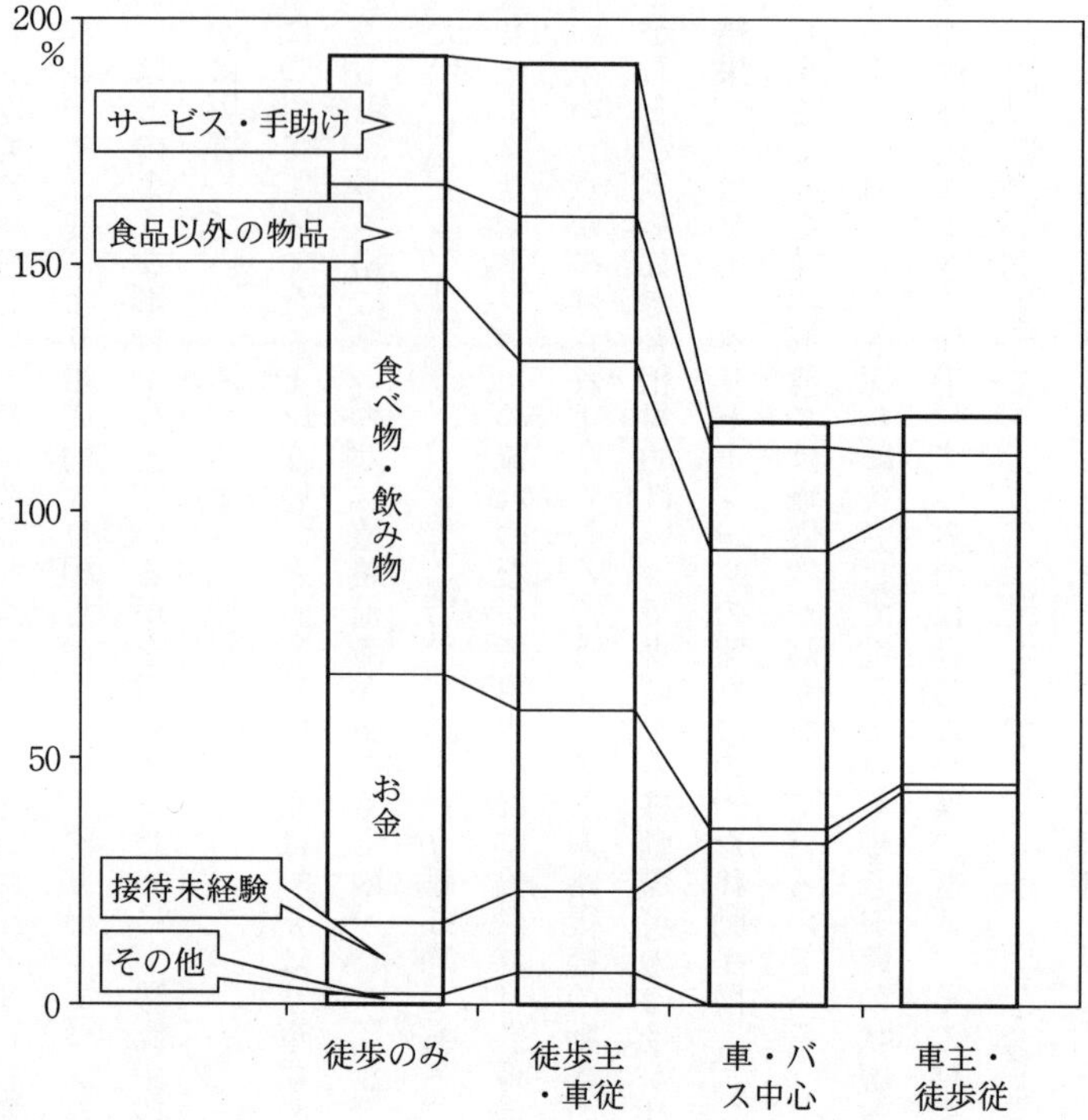

過ぎるし、モータリゼーションを「利便性」だけに帰結させてしまうのは、移動経験や道空間経験というものを一元的にとらえすぎている。したがって、「歩く」移動行が「乗る」移動行より難儀を感じるような経験のあり方は、別の角度からみると、道空間への関わり方においてどのような違いを両者の間に作っているといえるのか、さらに突き詰める必要がある。

そこで、その道空間への関わり方の「質」の違いを、接待経験という面からみてみたい[1]。いうまでもなく「接待」とは、遍路道沿道の人びとと遍路者とのコミュニケーション状況を生じさせるものである以上、それは道空間への遍路者の関わりを支える重要な契機を形成していると思われる。図11-4からも分かるように、接待を受けていない人は、歩き組ではその一五%前後、対して車組はその三〇

～四〇％にもなり、歩き組のほうが接待を受ける経験が多い傾向にある。内訳をみると、車組が「食べ物・飲み物」や「食品以外の物品」に比較的限定される傾向にあるのに対し、歩き組は車組が殆ど受けていないような「サービス・手助け」という形のない接待や「お金」など、多岐に渡るさまざまな形の接待＝ふれあいを経験している。そして、このような接待経験の違いの結果、お接待や親切に触れたときに充実感を感じるという人が、「車やバスが中心」の人の一九・四％、「車主・徒歩従」の人の二〇・九％と少ないのに対して、「徒歩のみ」の人は五四・五％、「徒歩主・車従」の人は五三・二％と圧倒的に高くなっている（図11-1）。ここから、歩き組は、車組に比して相対的により豊富かつ多様な接待を経験しており、その結果、道空間での人との触れ合いを感じる傾向がより強くなり、そこに充実感を見出す傾向も高まるのではないかとみられる。

以上の観点からみる限り、モータリゼーションという社会的背景は、遍路者の道空間への関わり（移動経験や線的コミュニケーションの経験）の密度に差をもたらし、結果、充実感を中心とした主観的位相における遍路経験の組み立て方に少なからぬ影響を与えている面がある。そして、「歩く遍路」が道空間でより濃密な経験をしていること自体が、「お詣り」などの札所空間＝契機に収斂してしまうような充実感のあり方に限定されない多様な主観的意味づけを「遍路行為」に与える傾向を下支えしている面があるといえよう。

三　「歩き」対「車」の二項対立図式の限定性

しかし、モータリゼーションそのものを、遍路経験が霊場空間＝契機に集約されるものになるか、それに限定されないものになるかの規定要因と考えてもいいのだろうか。そこまでいわずとも、遍路の主観的経験全体を下支えする

図 11-5　充実感×乗り物

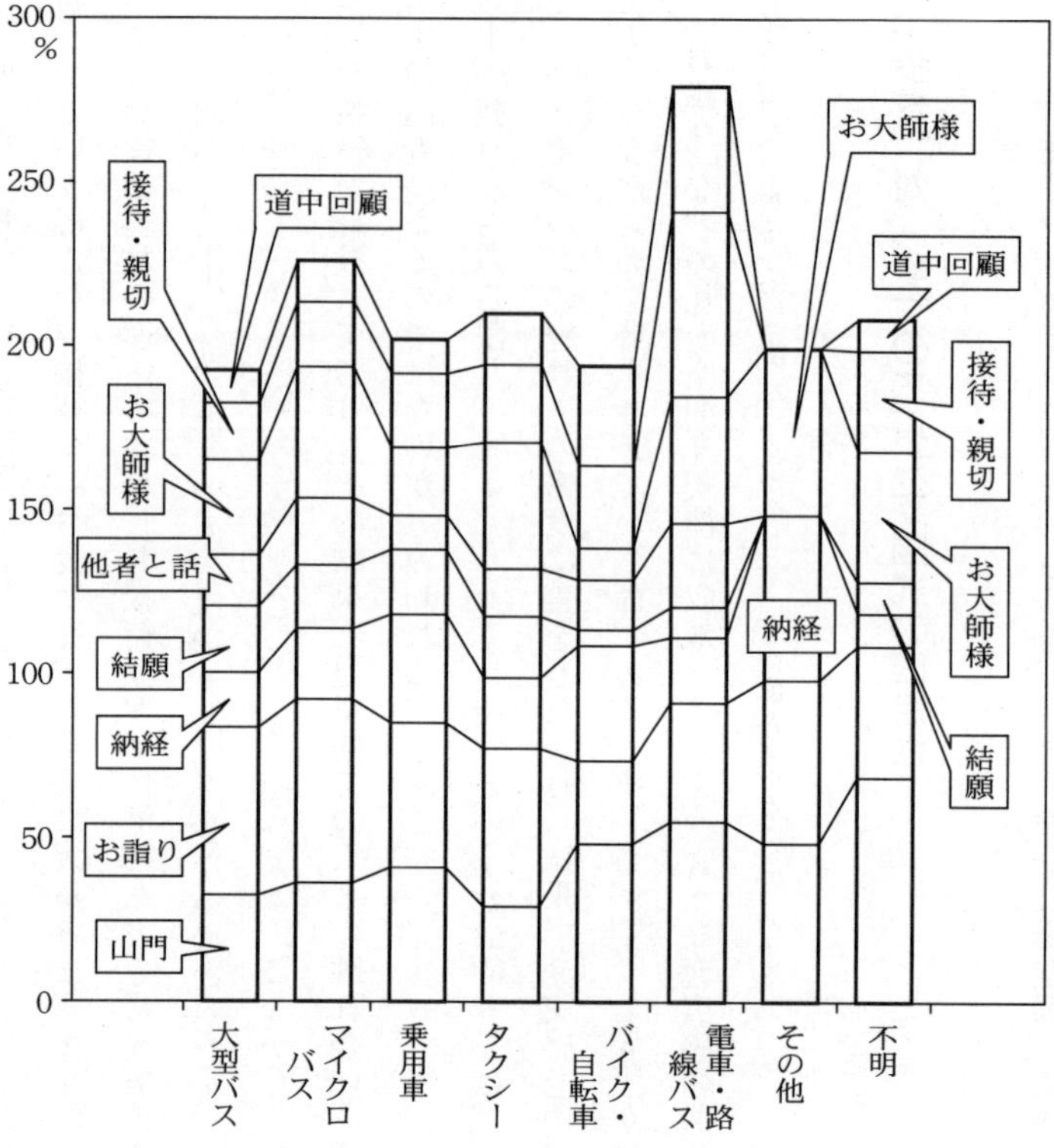

最も大きな背景としてモータリゼーションを措定する考察のあり方は果たして妥当だといえるのだろうか。

先に、「歩き」か「車」かによって充実感が大きく異なり、前者が（いわゆる）「道中修行」的で後者が「霊場修行」的経験のあり方を示すということを指摘した。しかしこのような二項対立的区分に基づく分析は、重要なことを見落とすことにならないだろうか。そこで、より詳しくみていくと、少し異なる様相が浮かび上がってくる。

一　「乗り物」の相違にみられる位相

前節では「乗る遍路」を「車」というカテゴリーに一括りにしてしまったが、一概に「乗る」遍路といっても、その移動形態にはさまざまな差異があるのが実状である。より詳しく、どんな乗り物を利用するかでどのように経験が異なってくるのかをみておく必要がある。そこで最初に、乗り物によって充実感にどのような違いが生ずるかみてみたい（図11-5）。

まず、「大型バス」「マイクロバス」「タクシー」は「霊場でのお詣り」や「結願」が高くなっており、「乗用車」は「霊場でのお詣り」「結願」「霊場での納経」が高くなっていて、相対的に札所＝霊場に集約する充実感のあり方を示しているともいえる。対して、「電車・路線バス」は、「山門」「先達や他の人との話」「お接待や親切」「道中」という項目が相対的に高く、逆に「霊場でお詣り」「結願」が低くなっていることから、歩き組と同型的で、「道中修行」的な充実感のあり方を示している。

しかしここで注目したいのは、一見、類似しているようにみえる「乗用車」と「大型バス・マイクロバス・タクシー」との間の相違である。「乗用車」は「大型バス」他と比べて「山門」と「納経」が相対的に高くなっている。「山門」に関しては、「乗用車」は、「電車・路線バス」（五六・四％）ほどでないにしても四一・六％になり、「大型バス」（三二・七％）「マイクロバス」（三六・五％）「タクシー」（三〇・四％）を上回っている。また「納経」に関しては、他が二〇％前後なのに対し、三三・三％と圧倒的に高くなっている。逆に、「先達や他の人との話」や「お大師様」が他より若干低くなっているのが特徴的である。このような相違が生ずるのはどうしてであろうか。これは単純に「モータリゼーション」という背景には還元できない問題である。

さらに、「歩き」と「車」という二項対立図式だけで斬ることができないのは、道空間に関わる経験のあり方においても当てはまる。（前節で指摘したように）確かに歩き遍路は道の難儀を多大に感じているが、だからといって車組が総じて快適な道経験を送っているとは限らない。データによれば、大型バス、マイクロバス、タクシーを主に利用する人に比べて、乗用車利用者の方がなぜかはるかに道難儀を感じており、その難儀の感じ方が「歩き遍路」と似てい

表 11-1　道難儀×乗り物　（単位：％）

	大型バス	マイクロバス	乗用車	タクシー	バイク・自転車	電車・路線バス
道路標識が少ない	4.4	10.6	50.2	6.9	55.0	40.0
複数の道で混乱	0.6	3.2	15.1	4.9	25.0	14.5
道しるべがない	2.8	4.8	27.4	2.9	25.0	38.2
複数の道標で混乱	0.4	2.6	9.1	2.0	25.0	5.5
道が未舗装	1.2	1.6	5.9	0.0	10.0	1.8
坂道や階段が多い	6.3	9.5	13.7	13.7	20.0	7.3
道が狭い	16.4	15.3	33.3	9.8	15.0	1.8
走行不能部分多	5.3	5.8	2.7	7.8	0.0	1.8
歩く道が未整備	1.6	2.1	1.8	1.0	0.0	3.6
その他	1.4	1.1	5.9	4.9	20.0	21.8
とくにない	67.5	60.3	20.1	66.7	20.0	23.6
不明・無回答	4.2	2.6	1.8	1.0	0.0	1.8
合計	112.1	119.6	187.2	121.6	215.0	161.8

る点が興味深い（表11-1、図11-3）。

これらのデータは、もはや単に「歩き」対「車」という図式やそのバリエーションでは読み解けない性質のものである。車遍路のなかでも、乗用車利用者の経験に他との相違を与えている要因を抽出しながら、単にモータリゼーションによる車社会化の問題にとどまらない、他のさまざまな要因が複合的に絡んで遍路経験総体に作用している社会的機制を捉え返していく必要があろう（本章第四〜六節で詳述）。

二　「徒歩と車・鉄道」併用タイプにみられる位相

遍路の経験に影響を与えている要因を「歩き」か「車」かの図式（モータリゼーション）に一元的に還元するだけでは十分ではないということは、徒歩のみで遍路している場合と、徒歩と他の交通機関を併用している場合とを比べてみても明らかになる。二項対立図式を前提にすると、徒歩のみ遍路と比べて、モータリゼーションの恩恵を利用している「徒歩が主だが、車や鉄

図 11-6　難儀×移動手段

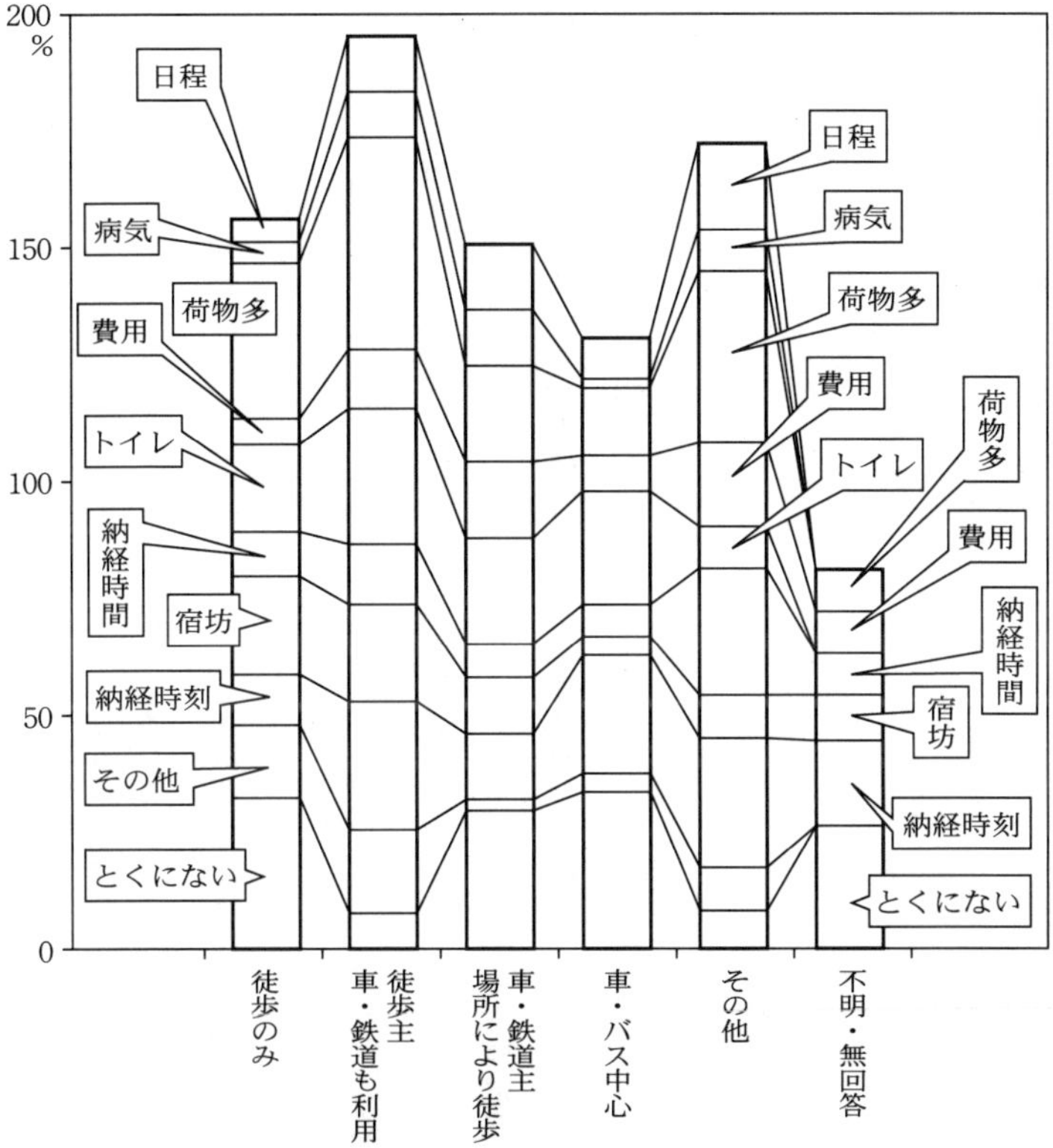

道も利用する」形態（以下「徒歩＋車や鉄道」）はより車組の経験のあり方に近づくはずである。しかしデータはその逆を示す。

まずそれは、道空間への関わりという直接的な経験にすでに現れている（図11-3）。前節で歩き組は車組より概して道に難儀していることを指摘した。となると、歩き組の中でも、モータリゼーションという前提からいえば、当然「徒歩のみ」の方が「徒歩＋車や鉄道」より道に関して難儀していると思われる。しかし、「道についてとくに困ったことはない」と答えている割合は、徒歩のみの人の方が高く（三二・一％）、「徒歩＋車や鉄道」のほうが主観的には難儀感が強いのだ（二一・○％）。そして実際、「道路標識が少ない」「複数の道があって混乱」「道しるべがない」など多くの項目で、「徒歩＋車や鉄道」のほうが「徒歩のみ」より難儀度が高くなっている。

さらに、道に直接関わる経験を離れ、より包括的に遍路経験をとらえると、その傾向は一層強まる（図11-6）。遍路する上で困った経験をした人の割合をみると、驚くことに、「徒歩のみ」の人は車組とまったく変わらない。「困った経験はとくにない」人は、「徒歩のみ」は三一・八％で、「車やバスが中心」の三四・五％、「車が主で徒歩が従」の三〇・二％と殆ど変わらない。対照的に、「徒歩＋車や鉄道」の人は圧倒的に難儀しており、「困った経験はとくにない」人は、わずか八・一％である。項目でみると、「徒歩のみ」の人より「徒歩＋車や鉄道」の人が高い割合を示すのは、納経に関わる項目、費用やスケジュール難儀に関する項目などである。

このように「徒歩＋車や鉄道」の人の経験において、道に関する難儀感や、納経、費用、スケジュールなどに関する難儀感を相対的に高めている要因を透視する必要があろう。そしてその考察のなかで、「徒歩のみ」よりも「徒歩＋車や鉄道」のほうが車組の経験と対照的なものとなってくる社会的機制を炙り出していくことが肝要となろう（本章第七節で詳述）。

四　遍路経験の意味付与

遍路経験の組織化にはたらく諸機制として、「歩き」か「車」かだけでなく、他のいかなるものが作用しているのかを細かく複合的に透視していく必要がある。そこでまず、乗り物によって充実感の感じ方に違いがでる点を掘り下げよう（図11-5）。最初に注目したいのは、「霊場でお詣りをしているとき」と「お大師様とともに歩いていると感じる

図 11-7　先達の有無×乗り物

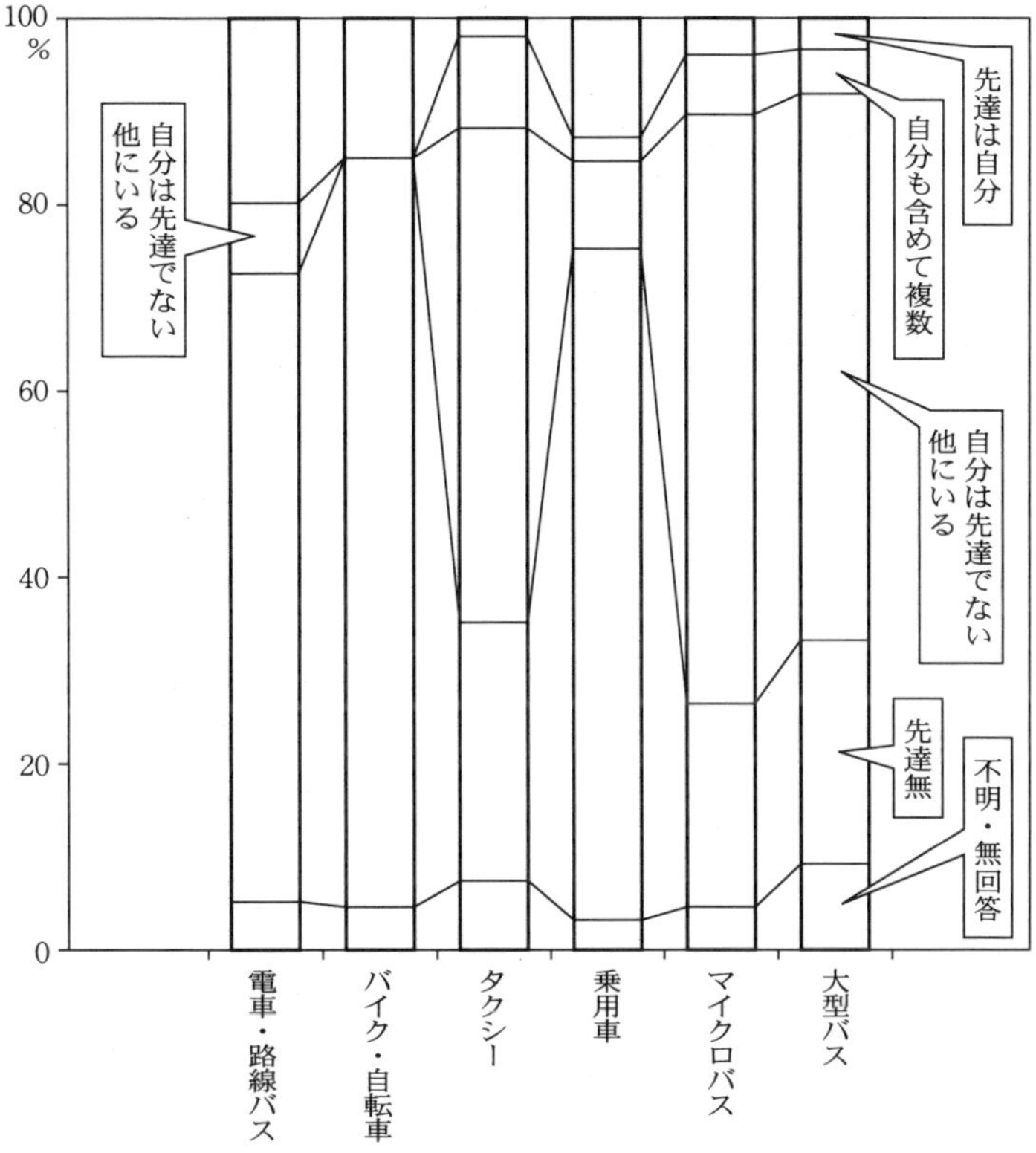

とき」に充実感を感じる人が、大型バス（順に五一・七％、二九・三％）、マイクロバス（五六・六％、三九・七％）、タクシー（四八・〇％、三八・二％）に比べ、乗用車（四四・三％、二〇・五％）、バイク・自転車（二五・〇％、一〇・〇％）、電車・路線バス（三六・四％、三八・二％）の方が相対的に低くなっている点である（電車・路線バスに関しては「お大師様」は高くなっているが）。必ずしも「お詣り」に特化しないという意味で、このような「乗用車」他の充実感の感じ方は「歩き」組のものと同型的な面がある。これらの背景要因とは何であろうか。

そのひとつの要因として、「同行者の中の先達の有無」を仮定することが可能である。というのも、データに現れ

図 11-8　先達の有無×移動手段

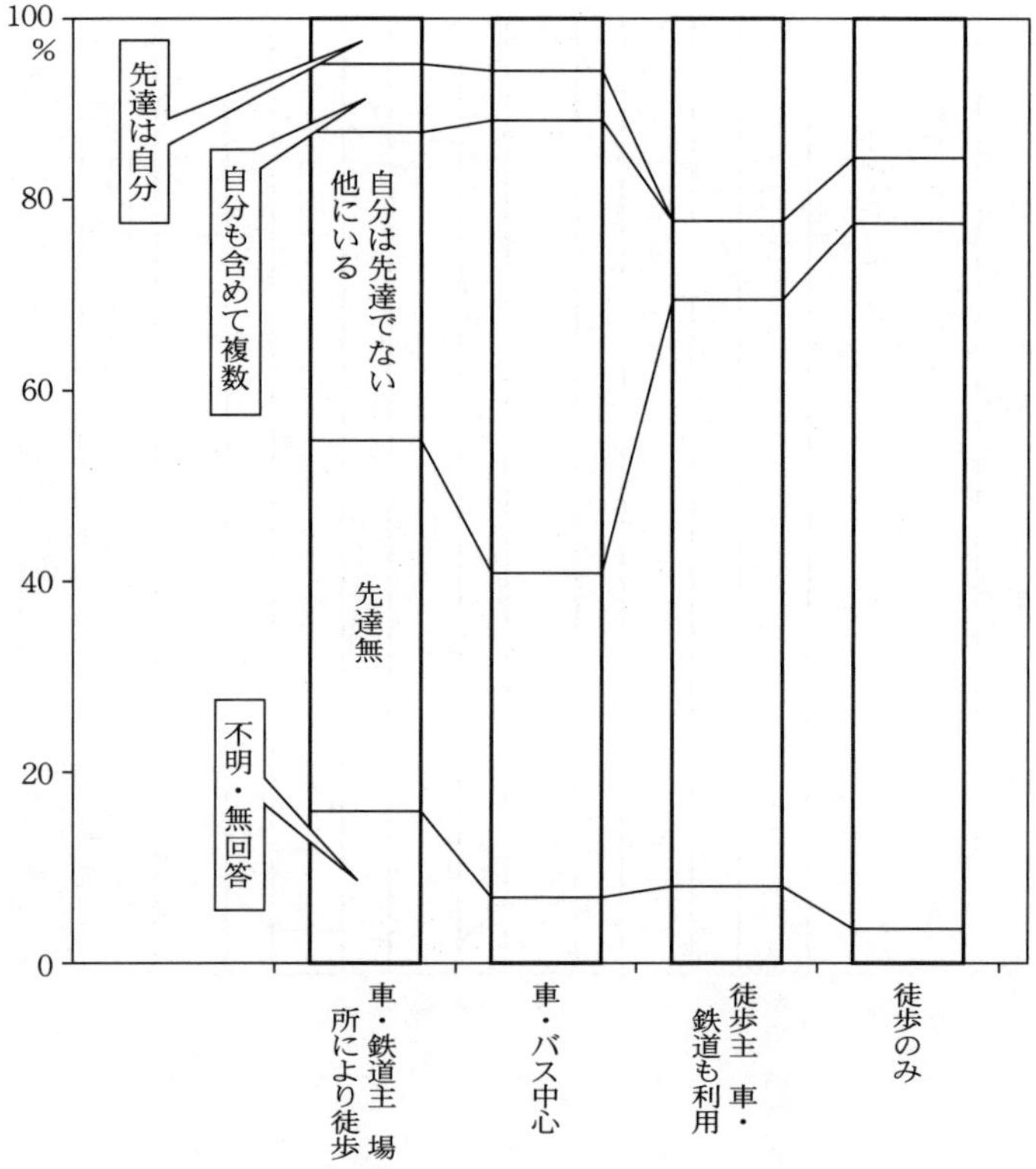

る限り、歩き遍路と乗用車遍路に共通して他の移動形態と異なる最も特徴的な点のひとつは「先達が少ないこと」であるからである。乗り物による先達の有無の違いをみると（図11-7）、大型バスの場合、先達がいる人の割合（「先達は自分だけ」「自分も含めて複数いる」「自分は先達ではないが他にいる」を合わせて）は六六・二%（いない人は二三・八%）、同じくマイクロバスは七三・〇%（いない人は二一・七%）、タクシーは六四・七%（いない人は二七・五%）といずれもきわめて高いが、それに対し乗用車の場合は大きく減って二四・七%（いない人は七一・七%）となる。また「徒歩＋車や鉄道」の六二・九%が「先達はいない」と答えており、歩き遍路も同様に先達比率が低くなっている（図11-

図 11-9　充実感×先達の有無

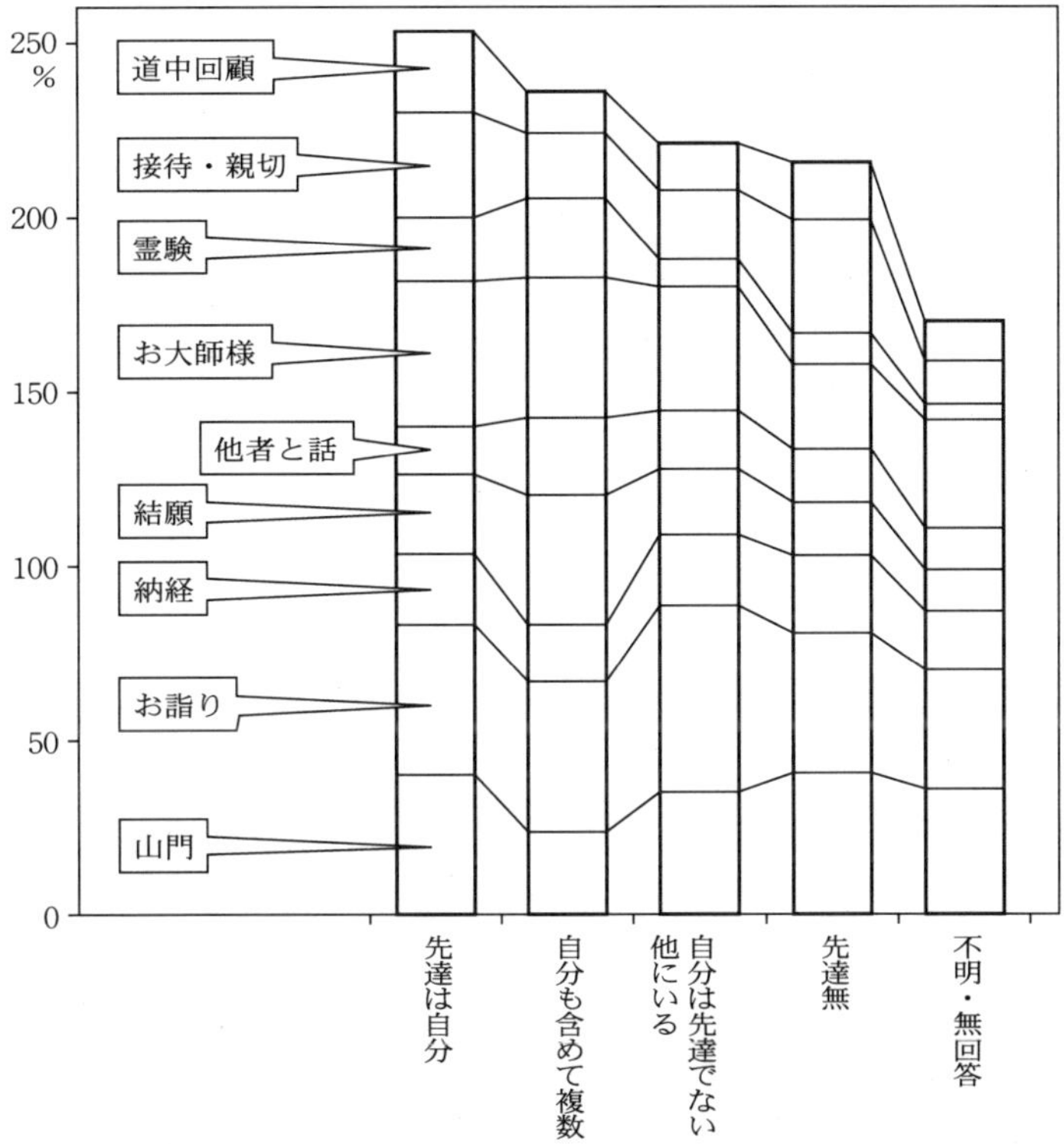

8)。徒歩の場合、必ずしも先達の有無のみが大きく作用しているとはいえず他にさまざまな要因があろうが（後述）、少なくとも乗り物利用者のなかで、乗用車利用者のみが独特の充実感のあり方を示す重要な要因のひとつとして、「先達の有無」を置くことができそうである。

それでは、先達が同行者のなかにいることは、遍路経験にどのような影響を与えているのだろうか。図11-9をみると分かるように、（先達でない）一般の遍路者における先達の有無による充実感の感じ方の違いをみると、「お詣り」「お大師様」「結願」という項目において、いずれも、先達がいる場合の方が高く、いない場合の方が低くなっている（それぞれ「先達が他にいる」：「先達はいない」…五四・一％：四〇・七％、一八・六％：一五・七％、三四・三％：二三・八％）。

細かくみると、先達の人（「先達は自分だけ」と「自分も含めて複数いる」）の方が一般の遍路者（「自分は先達でないが他にいる」「先達はいない」）より多い項目は、「結願」と「お大師様」である。そして興味深いことに、この二つの項目で（とりわけ「お大師様」の項目で）、一般の遍路者のなかでも「先達が他にいる」場合の方がいない場合よりも割合が多くなっている。したがって、一般の遍路者でも、「お大師様と共に歩いているとき」等に強く充実感を感じる傾向にある先達と一緒に遍路することにより、その影響を強く受けて、自らも「お大師様と共に歩いている」と感じる傾向が高まると推測される。また「霊場でお詣りしているとき」に充実感を感じる傾向に至っては、先達自身（約四三％）よりも、先達がいるグループの一般の遍路者（五四・一％）のほうが高くなってしまっているほどである。

このように、公認先達がいることによって、一般の遍路者の充実感のあり方が少なからず規定を受けている面があるのではないかと推測されるのである。すなわち、先達が、先達でない一般の人びとによる遍路行為の意味づけに対して、何らかの作用をもたらしているという意味で、先達という存在が一種の「遍路行為の意味付与装置」として機能している面が伺われる。そして、先達による意味付与は、とりわけ充実感のなかの「お詣り」や「お大師様」などをめぐる経験において先導的に作用しているとみられるのである。その結果、先達のいる傾向の高い乗り物形態である大型バス、マイクロバス、タクシーなどは、先達のいる傾向の低い乗用車や歩き遍路形態と比べて、相対的に「お詣り」や「お大師様」の充実感が高くなる傾向が生み出されていると推測されるのである。

このように主に先達制度が担っている意味付与装置の機能は、しかしながら、単に遍路経験の意味づけを方向づけるという顕在的な影響をもたらすだけではなく、逆にその意味付与装置が欠けていることによって別様の経験のあり方を形成したり独特の経験のあり方を構成せしめたりと、さまざまな複合的な影響の与え方を示すといえる。たとえば、乗用車が、他の車形態と比べ充実感において若干「霊場で納経を済ませたとき」が高くなっているのは、他の車形態が納経担当者がいる傾向が高いのに対して、乗用車利用者の多くが自分で納経しなければならないという事情もあろうが（次節で詳述）、そのような物理的背景にのみ還元させてしまうのは一面的であると推測される。乗用車の場合、先達が同行者のなかに存在せず、その結果自らの諸々の行為を正統に意味づける根拠、つまり実際の行動を支える「意味」や「係留点」を確固たるものにする「意味付与装置」に欠く傾向にあることは否めない。したがって、先達による遍路行為の意味付与を欠いた乗用車組が、それを「納経」という眼に見えやすい行為で代補するしかないという事情を反映して「納経」充実度が相対的に高くなっているという面も少なからずあるのではないかと推測されるのである。

五 「巡礼コンダクター」機能

一 巡礼コンダクターとしての先達

先達という存在、より正確にいえば、先達制度が、遍路の主観的経験の組み立てにあたって、それを一部水路づける意味付与装置として機能している点に関して、以上述べてきた。しかし、先達制度ないし先達の存在というのは、果たして意味付与装置としてのみ、遍路経験の形成に対して影響を与えているのだろうか。

ここで参考になるのは次のデータである（表11-2）。遍路について「困ったことはとくにない」人の割合は、「先達は自分だけ」（一九・三％）と「自分も含めて複数いる」（二〇・八％）場合が少なく、「自分は先達でないが他にいる」（三七・九％）と「先達はいない」（三〇・二％）場合は多くなっていることから、先達、とりわけ単独の先達が多く難儀

表 11-2　難儀×先達の有無　(単位：%)

	先達は自分だけ	自分も含めて複数いる	自分は先達でないが他にいる	先達はいない	合　計
納経時間終了が早すぎる	30.7	47.2	17.2	26.1	23.2
宿坊が少ない快適でない	21.6	3.8	2.6	9.0	6.8
納経に時間がかかる	8.0	11.3	5.0	10.8	7.8
駐車場が少ない	11.4	11.3	4.4	5.9	5.9
トイレが少ない・汚い	28.4	30.2	27.9	18.5	23.7
お金がかかりすぎる	9.1	5.7	6.4	9.2	7.8
途中で持ち金が足りなくなった	5.7	1.9	1.8	0.1	1.6
荷物が多すぎた	26.1	18.9	17.8	18.9	18.9
途中で健康を害した	2.3	3.8	1.6	3.7	2.7
物を紛失したり盗難にあった	1.1	0.0	1.0	1.0	0.9
スケジュールに余裕がなかった	9.1	3.8	8.2	9.8	8.7
緊急に必要な物が手にはいらなかった	2.3	0.0	1.0	1.6	1.2
その他	18.2	0.0	2.0	8.3	5.7
とくにない	19.3	20.8	37.9	30.3	32.6
不明	0.0	3.8	2.2	2.2	2.3
合　計	193.2	162.3	137.1	155.6	149.7

している様が伺える。また道について困った経験をみると、困ったことがとくにない人の割合は、「先達は自分だけ」(二三・九%)と「先達はいない」(四三・二%)という人が少なく、「自分も含めて複数いる」(六二・三%)「自分は先達でないが他にいる」(六一・七%)という人が多くなっており、先達がいない遍路グループの人とともに、これまた単独の先達の多くが道の難儀を引き受けている様がみえてくる。これらのデータから、先達が巡礼のプロセス全体において大きな責任を引き受けている実態がみえる。その背景として、先達は実際、一般遍路者に対する遍路習俗の伝承や遍路行為の意味解釈の普及という、いわゆる「宗教的」側面の活動を行うのみならず、移動行程のスケジュールを管理したり、道案内的役割を果したりと、「旅程」におけるさまざまな活動をトータルに導き組み立てる存在となっていることがあろう。ある意味で、このような先達のはたらきは、いわば(ツアーコンダクターならぬ)「巡礼コンダクター」としての役割機能といえる。

こうした先達の役割位相は、先達の有無による充実感のあり方の違いをみると、より鮮明になってくる(図11-9)。注目すべきは、「先達は自分だけ」という人と「先達はいない」という人が、充実感の中の「山門」と「接待」「道中」という項目において、他の「先達は自分も含めて複数いる」人と「自分は先達でないが他にいる」人より多い割合を示しているというデータである。これらの項目はどれも、道中での苦労やその裏返しとしての充実感に関わるものである。そして、重要なのは、このようなとりわけ道案内や道中経過に関わる諸事をめぐって充実感の強くなる経験をつくりあげる傾向の高いのが、「単独」の先達と、それとはまったく対照的な、先達が一人もいないグループの人たちだということである。この一見まったく対極的にみえる二つのパターンにおける共通点は何であろうか。それは、両パターンともに、道案内やルート探し、道中での問題解決に関して他に絶対的に頼れる人が殆どいない、もしくは少ないという点である。実際、先述したように、道に難儀している割合は、「先達は自分だけ」と「先達はいない」というパターンが他の二つのパターンよりずっと高いのである。

以上のデータから読み取れるのは次の三点である。第一に、先達は、道案内をはじめとする巡礼プロセスのなかのさまざまな活動をトータルに導く責任を引き受ける「巡礼コンダクター」の役目を担っている。このことは、同じ先達でも、同行グループのなかで他に先達がいる場合と自分だけの場合では、後者のほうが五倍も六倍も道中の難儀感が強くなるというデータからも推論可能である。つまり、先達が複数いる場合は、責任が分散され、分担可能な状況が生まれるが、先達が一人しかいない場合、責任の負担は、（他の一般同行者にではなく）すべてその先達にかかることになる。逆にいえば、それほど、先達は諸々の活動に対して大きな責任を引き受けているということであろう。

第二に、このような巡礼プロセス全体に渡る諸活動を導き組み立てる役目や責任を負うことにより、必ずしも「霊場」という場に限定されない、広く道中全体に関わるさまざまな局面において、濃密な経験を得ることができ、そのことが（霊場空間に特化しない）道中での多様な充実感の持ち方へと繋がってくる、ということがいえる。第三に、したがって逆に、「先達」という存在がある場合、さまざまな活動の組み立てが先達にほとんど託されることにより、その結果、他の人びととの経験の濃密さは（ひろく道中全体の多様な局面ではなく）「霊場」における「お詣り」をはじめとする諸行為に凝縮されることになり、必然的に充実感の濃度も「霊場」という場＝契機に特化したものとなる傾向が高まる、と推測される。

この点に関してデータをみてみよう。データによると（図11-10）、一般の人のうち、先達がいないグループの人は、先達のいるグループの人と比べ、道に関して「道路標識が少ない」「複数の道があって混乱」「道しるべがない」「いろいろ道しるべがあり混乱」などいずれもルート探しに関わる項目で、四倍から一〇倍の多さになっている。そしてこのように苦労することが逆に「充実感」という形で昇華する結果になっている（図11-9）。つまり、先達がいない場合、

図 11-10　道難儀×先達の有無

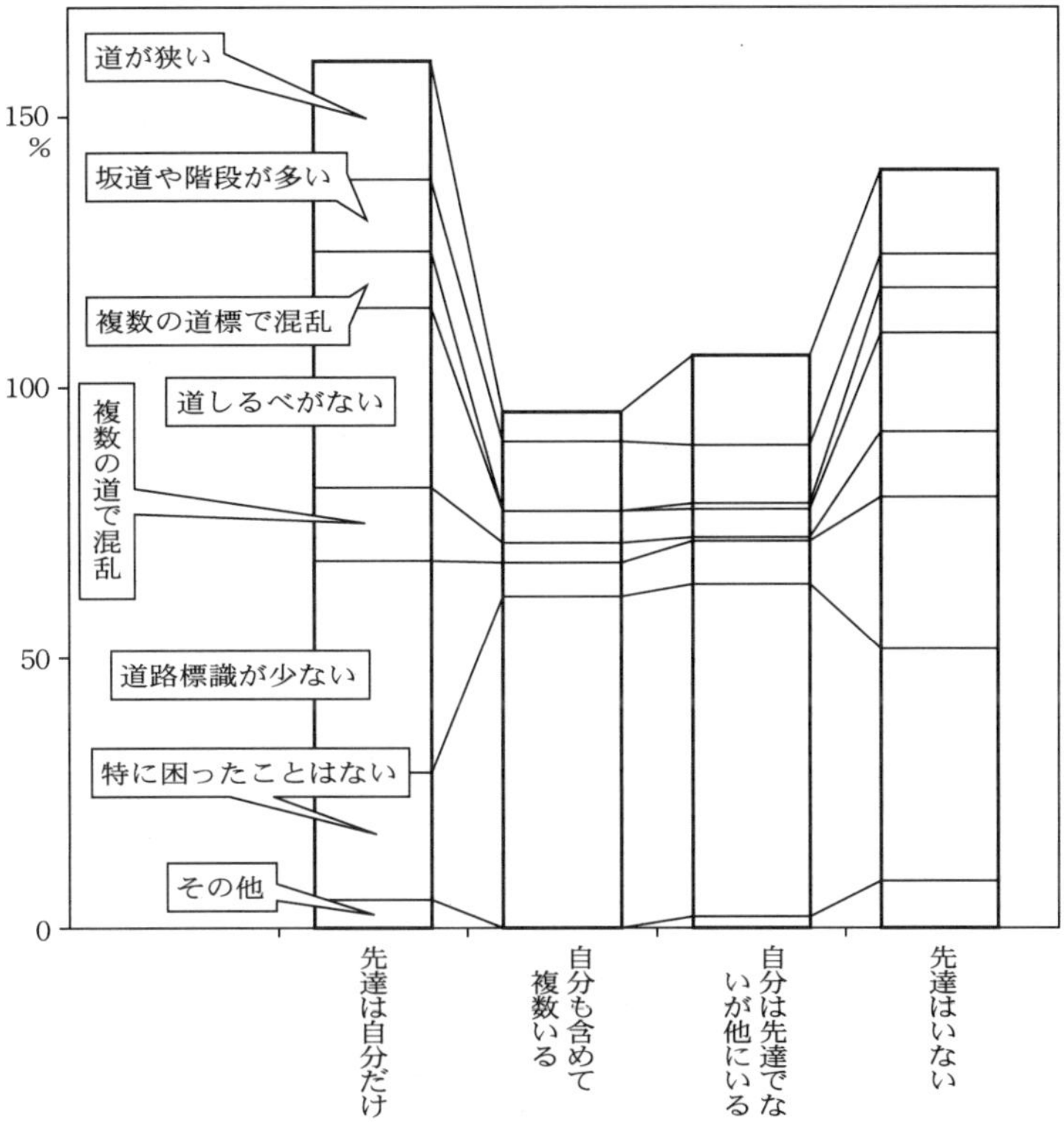

苦労して目的の所までたどり着く充実感（「山門」）、不案内な道中でもさまざまな苦労を自分で解決しなければならず、それを後で振り返ったときの充実感（「道中」）、苦労している道中で受けた親切のありがたみ（「接待や親切」）など、先達がいる場合よりもいずれも高い値を示すデータが出ている。逆に、霊場での諸行為以外の諸々の活動の組み立てを先達が担ってくれているグループでは、一般の遍路者自らが能動的に関わる経験は「霊場」空間＝契機に特化せざるを得ない状況が作り出され、結果「充実感」経験も「霊場でお詣りをしているとき」や「結願したとき」などの霊場を中心としたものが（先達のいないグループより）相対的に高くなるということになる。

また、先達の「巡礼コンダクター」機

能は、以上の道案内機能にとどまらず、時間的スケジュールや金銭的な側面などを含めた広く遍路行程の多様な活動に関わってくるであろうことは容易に推測される。データをみると、先達がいるグループといないグループでは、遍路プロセス全体での難儀経験のあり方に大きな違いがみられる(表11-2)。まず、先達がいない組のほうがいる組より、多くの人が難儀を感じている(「とくに難儀ない」が、前者三〇・三%、後者三七・九%)。具体的に差が顕著なのは(先達がいない組：いる組)、「納経時間終了が早すぎる」(二六・一%：一七・二%)、「納経に時間がかかる」(一〇・八%：五・〇%)、「宿坊が少ない・快適でない」(九・〇%：二・六%)などの難儀項目である。このデータから、やはり先達によって遍路行がある程度予測可能な形で実施され合理化されることにより、難儀感が減じているということが推測される。実際、遍路行に無理が出た結果「健康を害した」という状況に陥ってしまうのも、先達がいないグループのほうが倍以上になっている(三・七%：一・六%)。

以上のことから次のようにいうことがある程度可能であろう。すなわち、遍路同行グループにおける先達の存在は、遍路道の案内をはじめ、時間的スケジュールや金銭的側面の調整などを含めた、巡礼プロセスの多様な側面をトータルに組み立てる役目を担い、諸々の行為を合理化し予測可能なものにし、その結果、人びとを(霊場での諸行為からは外れるような)「雑事」の煩わしさから開放し、その難儀感を減じ、遍路行を快適化することに寄与している。しかしそれは同時に、霊場空間＝契機における諸行為以外の経験に対する人びとの経験の濃度を薄めてしまうことにより、霊場での諸行為に特化するような経験形成へと水路づける役割を担っている面もあるといえよう。

このような先達の「巡礼コンダクター」機能は大きな意味をもつ。前節で先達の意味付与機能を検討したように、遍路経験の構成において、先達は遍路諸行為に意味を付与することを通じて「霊場＝お詣り」を中心とする経験形成への志向を高める傾向がある。しかし、先達が、遍路経験を「霊場中心」志向のものに構成するのは、何も「意味付与」という明らさまな手続きによるばかりではない。先達が遍路全体の活動を組み立て、合理化することを通じ、「余分」な難儀から遍路行為者を遠ざけ、「純粋」に霊場での「お詣り」等の諸行為に経験を集約させていく組織化の機制に依るところも大きいと考えられるのである。実際、データをみてみると（図11-9）、たとえば「霊場でお詣りをしているときに充実感を感じる」という人は、一般の遍路者のなかの先達がいる場合は五四・一％で、これは先達のいない場合の四〇・七％はおろか、先達自身の四三％よりも多くなっている。このように先達自身よりも「お詣り」に充実感を感じてしまうというデータは、単に同行者のなかの先達による意味付与機能だけでは説明がいささか苦しく、先達の「巡礼コンダクター」機能が作用していると推測されるのである。

二　道案内の専門化

巡礼コンダクター的な役割は、巡礼過程中のさまざまな些事に多様な形で関わるものであろう。そのなかでも、道案内や納経などの特定の行為を代替的に担うことにより他の人の負担を軽減する、という比較的明白な形のものがある。これを便宜上「遍路行為の専門化」とよぶことにする。むろん「専門化」といっても、それらの行為の遂行が制度的に専門化されていることを意味するのではない。ただ、諸々の活動から構成される遍路活動全体のなかで、その行為を他の人でなくある特定の人が代替的に担うのが半ば習慣化されている局面をとらえる概念として便宜的に措定することとする。そしてその担い手を「専門家」と便宜的によぶこととする。

遍路諸行為の専門化のなかでも代表的なものとして、道案内ないしルート先導の役割の専門化という事態が挙げられる。ここでは、道案内という役割の専門化は、移動手段や乗り物の形態の違いとどのように絡み合い、相互連関しているのかについて中心的に論じてみたい。そして、その検討のなかから、今日の遍路行為の組織化のあり方の趨勢がどのような方向に向かいつつあり、その結果、遍路の主観的経験がどのような形で組織化される傾向にあるのかを明らかにしたい。

まず、遍路の主観的経験のあり方としてここで要になってくるのが、「山門に着いたとき」に充実感を感じる傾向である。移動手段別にみて（図11-1、図11-5）、この「山門」が相対的に高くなっているのが、歩き組（「徒歩のみ」「徒歩＋車や鉄道」）と「乗用車」「電車・路線バス」などである（順に五一・五、五六・五、四一・六、五六・四％となっており、それ以外の他の形態は三〇％前後である）。このようなデータに相関的な背景として、道難儀度の高さがあると思われる。データをみると（図11-3、表11-1）、歩き組、乗用車、電車・路線バス利用者の道難儀感は他と比べ高くなっている。「道に関してとくに困ったことはない」という人が、車組が五〇％前後なのに対し歩き組は二〇～三〇％にすぎない。同じく、大型バス六七・五％、マイクロバス六〇・三％、タクシー六六・七％に対し、乗用車二〇・一％と顕著な差が出ている。これらのデータから、「山門に着いたとき」に充実感を感じる背景として、道中の難儀が高いほど目的地にたどり着いたときの充実感も相対的に高くなるという機制がはたらいていることがわかる。

では、歩き組や乗用車利用者と他の乗り物利用者との間に、このような道難儀感の相違をもたらしている要因はなんであろうか。もちろん、歩き組の道難儀感の高さに関しては、二節で検討したように、モータリゼーションの影響を背景のひとつとして考えることもできる。事実、道について困った経験として、「徒歩のみ」移動の実に一二・七％もの人が、「歩く道が未整備」であると感じている（図11-3）。遍路道の車社会化の反映であろう。とはいえ、道難儀感の高さを、すべてモータリゼーションに帰してしまうのはいささか表層的である。実際、それでは、なぜ乗用車が道に難儀しているのかの説明がつかない。ここで、重要な要因として考えられるのが、先に検討した、道案内行為の専門化という背景である。データをみてみると、歩き組、乗用車、電車・路線バス利用者は、ともに先達がいない割

図 11-11　運転手×乗り物

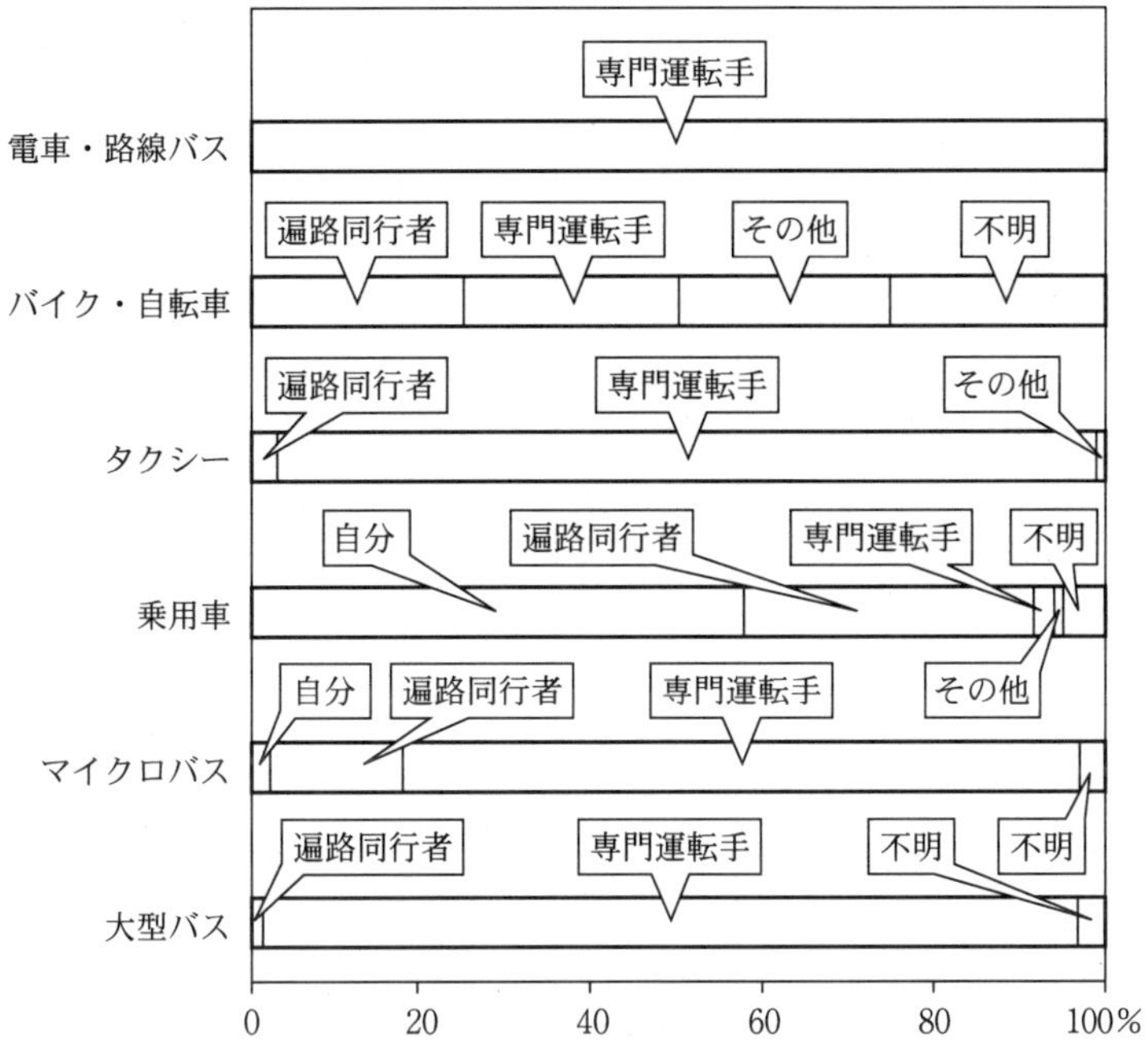

合が高い（図11‐8、図11‐7）。また、専門の運転手が運転している割合は他形態が八〇〜九〇％以上になるのに対し、乗用車の場合、ほんの二・七％である（図11‐11）。また、電車・路線バスの場合は一〇〇パーセント専門の運転手であるが、これは公共の交通機関の運転手であるがゆえ、遍路のルート探しには無関係である。したがって、歩き組、乗用車、電車・路線バス利用者はいずれも、そのグループのなかにルートに熟知した専門家を擁していないために、自分たちか同行者がルート探しの難儀に直面せざるを得ない、という事情がデータから伺えるのである。

以上のことを踏まえ、道難儀感の高さの背景は次のように考えられよう。第一にモータリゼーションを社会的背景とした車中心の道路整備と、それにともなう車移動へ志向する情報環境の整備という大きな社会的流れが挙げられよう。このことが、歩き遍路の道難儀感を高める背景のひとつとなっていることとは確かである。しかしながら、より重要なのは以

図 11-12　道難儀×運転手

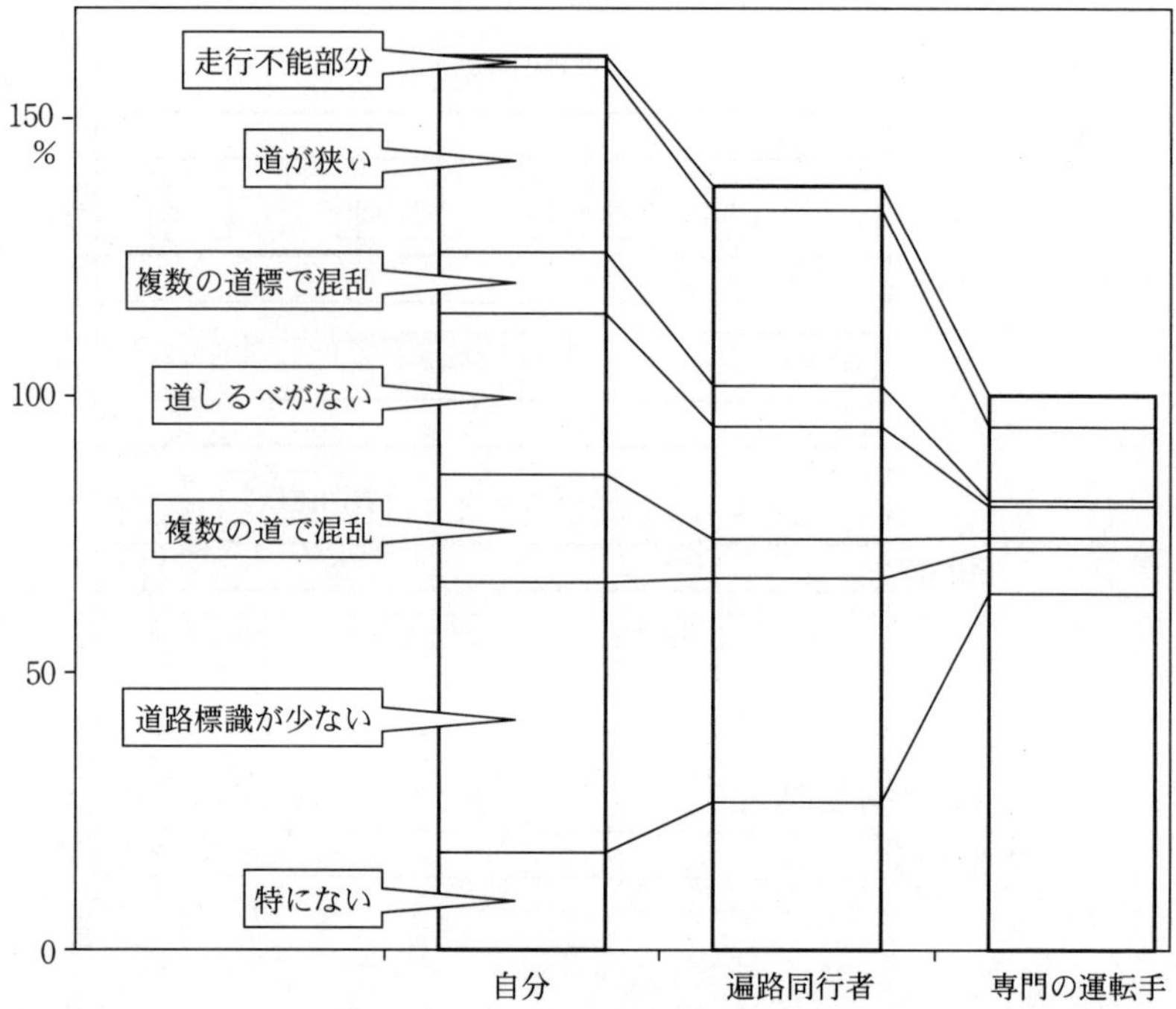

下の点である。

二番目にいえるのは、ルートに熟知している専門家（専門の運転手や先達など）をどの程度当該同行グループが擁しているかという要因が作用している。データからは（図11-12）、専門の運転手がいる場合のほうが、道に関する難儀感が圧倒的に少なくなることが分かる。「道について困ったことはとくにない」と答えている人は、主たる運転手が「自分」である場合の一七・四％、「遍路同行者」が運転する場合の二六・九％に対し、「専門の運転手」の場合は六四・八％になり、専門の運転手に任せっきりの移動形態の快適さを物語っている。車組のなかでも、専門の運転手が運転している傾向の高い大型バスやタクシー、マイクロバス利用者は、この点からして難儀感が少なくなる（図11-11）。逆に乗用車の場合、専門の運転手がいる割合は僅かであり、運転者が「自分」という場合が五七・五％、「遍路同行者」が三三・八％となる。歩きの場合は最初から専門の運転手というようなルート探しのプロフェッショナルを欠いている。また道案内コンダクターの役割を担うもうひとつの存在である「先達」の有無の状況をみてみても、前節で触れたように、乗用車利用者や歩き組のほうが他形態よりも、公認先達がいないと答えている人が圧倒的に多いのである(図11-7、図11-8)。さらに、このように、専門の運転手がいたり、先達がいることによって、道についての難儀が減ぜられるという状況は、公認先達がいる場合は同時に専門の運転手もいることが多いという事情によって増幅されている。というのも、一般の遍路者のうち、先達がいるグループの実に八六・九%が同時に専門の運転手も擁しているのである(先達がいないグループの場合は五四・五%にすぎない)。つまり、専門の運転手がいて、なおかつ先達がいるという状況(むろんこれは、大型バスやタクシー運転手が先達資格を有しているという少なからぬ事態も含む)――このように二重に専門化された移動形態が、道空間に対する経験を組み立てるプロセスに大きく介在しているのではないかと考えられるのである。

三番目に、専門の運転手がいる場合、運転しない一般の遍路者は難儀を免れているのに対して、運転するのが専門家でない場合、運転する人のみならず同行者も一緒に道難儀(ルート探しなど)を引き受けることになる。データによると、道に関する難儀感のなかでもとりわけルート探しに関わる項目では、運転するのが専門の運転手ではない場合、運転するのが自分であろうと遍路同行者であろうと同じように難儀している(図11-12)。たとえば「道路標識が少ない」と感じているのは、主たる運転手が「自分」の場合の四九・七%、「遍路同行者」の場合の四〇・七%、同様に「道しるべがない」は二九・〇%：二〇・四%、「いろいろ道しるべがあり混乱」は一一・〇%：七・四%と、あまり大きな差がない(「複数の道があって混乱」という項目だけが例外的に多少差が付き一九・四%：七・四%となっているが)。

しかもこの状況に拍車をかけているのは、乗用車や電車・路線バス利用者の場合、他の乗り物利用者よりも少人数傾向が高いことである。乗用車の場合は六四・四％が、電車・路線バス利用者は九〇・九％が一～三名の少人数行になっている。専門の運転手や先達を擁さず、少人数で道探しをしながら四苦八苦しながら進んでいくという乗用車利用者の典型的な移動姿がみえてくる。同様のことは、運転手などいない歩き組の場合はなおさらである。むろん歩き組も先導者についていくだけの場合もあろうが、歩き組の多くも少人数で行動していること（同行者数一名ないし二～三名の少人数で行動しているのが、徒歩のみの八一・一％、徒歩が主・車が従の人の九〇・三％、それに対し車・バスが中心の人は二一・四％、車が主・徒歩が従は三四・九％）が、必然的にルート探しに直接関わる傾向を高めているのであろう。

以上のように、先達や専門の運転手という、道案内の機能を果たす専門家の存在の有無が、道空間への関わり方を通じて遍路経験の形成に大きく作用し、他の要因とも絡み合いながら、充実感のあり方までも左右するような要因のひとつになっていることがわかる。重要なポイントは、その「移動行」が専門家によって組織化されているかいないかで、道空間への関わり方の濃淡に大きな違いがでてくる点である。組織化されていない場合、人びとは道に関していろいろ難儀し悩むことを通じて、道空間に積極的に関わる「余地」が与えられるが、専門家による道案内は、ある意味でそれ以外の一般遍路者の道への関与を薄くしているのではないか、と推測されるのである。(2)

三　納経行為の代替化

前項では、遍路プロセスにおける諸行為・諸手続きの専門化のなかでも、主要なものとして道案内という役割が専門化されている様相を取り上げた。このような専門化という事態は、遍路プロセス上のより細かい諸手続きにまで及んでいる。そのひとつとして、納経行為を自分で行わず、運転手や先達などの巡礼コンダクターに同行者で一括して委託するというやり方が一般化している。近年の遍路行は、道路状況の整備が進み、ほとんどの札所が門前まで車でアクセス可能になったことを背景として、「車遍路」の一層の快適化・合理化が進み、約一週間で八十八ヵ所を一巡りできてしまうほど「スピード化＝合理化」されるようになっている。そのようななか、札所内でも一般遍路がお詣りなどの行為に集中することができるよう、納経を行ったり朱印を集めたりという行為を一括して先達や運転手が請け負うなど、「無駄」な手間と時間を出来る限り合理化することによって「霊場」空間内でもスピード化が図られている。以下では、このような納経行為の専門化は乗り物形態の相違とどのように相関し、それは遍路経験にどのような影響を及ぼしているのかについて検討したい。

まず、遍路の主観的経験において、「納経」をすることに充実感をどの程度感じているのかを乗り物形態別にみると（図11-5）、乗用車（三三・三％）が、大型バス（一六・八％）、マイクロバス（二一・七％）、タクシー（二一・六％）よりも高い値を示している。これと相関するデータとして、納経時間がかかりすぎることに対する難儀感の高さを乗り物別にみると（表11-3）、やはり乗用車（一五・一％）が、他の形態の大型バス（三・〇％）やマイクロバス（九・〇％）、タクシー（五・九％）よりも圧倒的に高くなっている。これらのデータから、乗用車利用者が納経行為に難儀し、同時にそこに充実感を感じている傾向が見出される。

しかし、どうして乗用車利用者だけが、納経行為に関して主観的に難儀を感じてしまう傾向が生まれるのであろうか。参考になるデータとして、「納経に時間がかかる」ことに難儀しているのは、運転手別にいうと、「自分」の場合の一八・七％、「遍路同行者」の場合の一三・九％に対し、「専門の運転手」がいる場合は四・五％にすぎないという結果がある。さらに、「霊場で納経を済ませたとき」に充実感を感じているのは、運転手別にみると、「自分」の場合

表 11-3　難儀×乗り物　(単位：%)

	大型バス	マイクロバス	乗用車	タクシー	バイク・自転車	電車・路線バス
納経時間終了が早すぎる	12.3	26.5	49.3	22.5	35.0	32.7
宿坊が少ない快適でない	2.6	2.6	9.1	2.0	10.0	21.8
納経に時間がかかる	3.0	9.0	15.1	5.9	15.0	10.9
駐車場が少ない	4.0	6.9	15.1	2.9	10.0	
トイレが少ない・汚い	30.1	21.7	16.9	20.6	15.0	23.6
お金がかかりすぎる	5.7	7.4	12.8	2.0	30.0	12.7
途中で持ち金が足りなくなった	2.2	0.5	0.5	2.0	5.0	3.6
荷物が多すぎた	19.6	15.9	4.6	24.5	20.0	36.4
途中で健康を害した	3.2	1.1		2.0	5.0	10.9
物を紛失したり盗難にあった	0.2	1.1	0.9	2.0	5.0	1.8
スケジュールに余裕がなかった	7.5	7.9	12.3	11.8	20.0	10.9
緊急に必要な物が手にはいらなかった	0.8	1.6	0.5	1.0		1.8
その他	2.2	1.1	10.0	2.0	5.0	18.2
とくにない	38.4	39.7	20.1	35.3	5.0	12.7
不明	2.0	4.2	0.9	1.0		1.8
合計	133.9	147.1	168.0	137.3	180.0	200.0

の三二・九％、「遍路同行者」の場合の三二・五％に対し、「専門の運転手」がいる場合は一八・六％にまで下がるのである。さらに専門の運転手の有無を乗り物別にみると、大型バス利用者の九五・八％、マイクロバスの七九・四％、タクシーの九六・一％に専門の運転手がいるのに対して、乗用車の場合は二・七％にすぎず、そのほとんどが自分（五七・五％）か遍路同行者（三三・八％）が運転しているというデータが出ている（図11-11）。

これらのデータから次のように推測される。大型バス、マイクロバス、タクシーなどの乗り物形態の場合、専門の運転手などが一般の遍路者の納経行為を代替する役目を担う傾向が高く、そのため一般遍路者は納経行為そのものに関わる傾向も低くなり（難儀することもなく）、その結果「納経」そのものに充実感を感じる経験形成を行うことも少なくなる。それに対して、乗用車利用者の場合は専門の運転手などいないから、納経行為を担当者が代替するというやり方も成立し得ず、一般遍路者自身が納経を行い、結果それに難儀したり、そこに充実感を見出したりする余地が生まれるのであろう。

したがって、納経そのものに充実感を見出すか否かは、実際に納経をその本人が行っているかどうかにまず左右されているのであり、納経行為の代替化という機制は、実際に人びとが納経行為に関わる余地を最小化することによって、納経そのものに関わる主観的経験形成の可能性を閉じているといえよう。

このように、今日の遍路行においては、そのプロセスにおいて行うべき諸行為・諸手続きのいくつかを先達や運転手等が引き受けている。調査データを基に論じた上記の「道案内機能」や「納経代替機能」という専門化機能にとどまらず、今回のデータから直接はみえないようなさまざまな「巡礼コンダクター」機能も他にあろう。そして、それにより一面では遍路行が簡便化され、より快適になるとともに、他面では遍路経験からさまざまな「雑事」を排除することによって経験そのものがより限定的なものになってしまう傾向を推し進めているともいえる。遍路行に関わる諸々の活動のある部分が他律的かつ合理的に組み立てられ、そのことによって遍路経験の構成そのものが直接間接の影響を複合的に受けるようになっているといえる。

六 巡礼のパッケージ化

以上のように、遍路行のなかの諸々の活動が合理的に組み立てられることにより、一般遍路者の主観的遍路経験がさまざまな影響を複合的に受けている面があるわけだが、遍路経験の構成は単に実際の遍路「過程」のなかの組織化に規定されているだけではない。先達等による「巡礼コンダクト」は、巡礼を快適化し合理化する「巡礼のパッケージ化」というより広い社会的組織化の仕組みのなかに位置づけられるべきであり、単独にその機能を論じられるものではないからである。

近年の遍路の中心的形態というのは、バス会社などのさまざまなエージェントが企画した「遍路ツアー」という形をとり、日程や宿手配や費用などが予め合理的に組織化されており、旅程の計画をデザインするところから一般の遍路者が煩う必要がないよう遍路に関わるあらゆる諸事が「パッケージ」化される傾向になっている。このような形態を中心として、タクシーで巡る形態、マイクロバスを集団で借りる形態、自らの乗用車で巡る形態など、さまざまな形態がある。一般の遍路希望者は、時間的・金銭的余裕、体力的状態などの自らの都合や状況に応じて、このパッケージ化の程度や種類を選択できるようになっている。しかし重要なことは、今日の遍路行においては、遍路の計画から始まる一から十まですべてを自らデザインし処理するという形態はごく少数派であり、多くは専門コンダクターや遍路ツアーエージェントによる遍路諸事のパッケージ化を、程度の差こそあれ利用するものが主流となっているという点である。そして、このような遍路行の社会的組織化の流れが、遍路する個々人の主観的遍路経験にも少なからぬ影響をもたらしているであろうことは想像に難くない。そこで、以下ではこの点に関して若干検討してみよう。

巡礼に関わる諸事、すなわち日程や費用、宿の手配、移動ルートの確定などが予め合理的に組織化されデザインされるということは、遍路の経験にとっては、旅程における不確定要素が排除され、予想と実際とのギャップが極力小さくなるという意味で、精神的負担が減る面があるといえる。一方、実際の巡礼プロセスにおいては、先達や専門運転手などの存在が、さまざまな諸事を専門的に担い、同時に道中で生ずる諸問題を処理する役目を担っている。このような前者と後者が一体となって、いわば巡礼をコンダクトするシステムとして機能し、巡礼行程を快適化し、諸々の難儀を処理する機能を担っている。

しかし実際には、このようなシステムの確立度は、移動形態によって大きく異なってくる。大きく分けると具体的には、時間的予定（遍路日数から札所訪問時間まで）の合理的計画や、予算の合理的見積もり、宿泊施設の手配などを、事前に確実に行う仕組みが出来上がっている場合と、そうでない場合がある。前者が、いわゆる遍路ツアーのような形で旅程そのものを組織化している場合で、主に「大型バス」などを利用する形態に代表される。対して、後者は、もっぱら組織的遍路ツアーとは逆の、個人的な遍路行の場合であり、乗り物を利用する場合、その多くは「乗用車」や「電車・路線バス」を用いる形態になる。そしていうまでもなく、前者のシステムには多くの場合、専門家（先達や専門の運転手）が組み込まれており、事前的な計画段階の合理化のみならず、実際の行程中で問題が生じてもその難儀を処理する仕組みも確立されていることが多いといえる。

このことは、遍路過程において人びとがどの程度難儀しているかを乗り物形態別にみると、よくわかる（表11-3）。大型バス、マイクロバス、タクシー利用者は難儀経験のない割合が相対的に高く、乗用車、電車・路線バス、バイク・

自転車の人たちは相対的に困っている割合が高い。そこでよりデータを詳しくみてみたいが、分かりやすくするため、遍路経験の難儀感を大きく、時間的・スケジュール的側面の合理化に関わるものと、金銭的側面の合理化に関わるものとに分けてみていきたい。

時間的側面に関わる項目として納経時間があるが、納経時間終了の早さに難儀しているのは乗用車組（四九・三％）や電車・路線バス（三一・七％）の人たちである。大型バス（一二・三％）、マイクロバス（二六・五％）、タクシー利用者（二二・五％）は少ない。また「スケジュールに余裕がなかった」人は、大型バス（七・五％）とマイクロバス（七・九％）が低いのに対し、乗用車（一二・三％）、タクシー（一一・八％）、電車・路線バス（一〇・九％）は高くなっている。総体的にみて、やはり、遍路ツアーエージェント等によって時間的計画があらかじめ合理的に立てられている移動形態は時間的難儀が少なく、反対にそうではない移動形態は時間的にかなり難儀している様相がデータから伺える。

金銭的側面に関わる項目として、「お金がかかりすぎる」という難儀感の高さは、乗り物別にみると、大型バス（五・七％）、マイクロバス（七・四％）、タクシー利用者（二・〇％）が少ないのに対し、乗用車は一二・八％、電車・路線バスが一二・七％と多くなっている。では、実際にどのくらいの費用がかかっているかというと、費用二〇万円以上の割合は、大型バス一四・八％、マイクロバス三六・〇％、乗用車一一・四％、タクシー三〇・四％、バイク・自転車二〇・〇％、電車・路線バス三八・一％となっており、電車・路線バスはともかく、乗用車は実質的には費用がかからないほうである。したがって問題は費用実態そのものというより、計画段階における費用見積りの合理性にあると思われる。大型バス等の形態はツアーなどの場合が多く、予算の見積りが予め立て易いのに対し、乗用車形態などは専門家に依らないぶん、予定も細かくは立て難く、巡礼プロセスの事情にも通じていないことも相俟って、予算の合理的見積りが難しいことを反映しているのではないかと推測されるのである。

以上のように、遍路経験は、先達等による意味付与の作用や、先達や運転手による道案内や納経代替などの巡礼コンダクト（組み立て）の作用のみならず、より根底的には「巡礼のパッケージ化」の度合いによる組織化機制によっても少なからず影響を受けているといえる。

七　情報の社会的組織化

以上のように、遍路諸活動をコンダクトしたり遍路に関わる諸事を合理的にパッケージ化することを通じて、起こり得る難儀を事前に処理することが可能となり、実際の遍路経験に生ずる不確定要素を可能な限り最小化できるようになる。また、そうすることにより、遍路プロセスで遭遇するであろう諸事に対する精神的構えもある程度つくっておくことができるため、主観的に難儀感の低い「快適」な経験を実際に形成することが可能となる。ここまで考えると、遍路プロセスに関わる諸事を合理化し不確実性＝難儀を減ずるという意味での「遍路行の社会的組織化」は、単に巡礼コンダクターの存在や遍路ツアーの組織化という直接的な組織化装置の位相にとどまるものではないことがわかる。ここで大きく関わってくるのは、情報の問題である。遍路巡礼行に関する情報がどの程度社会的に整備され、情報ソースに対する社会的アクセスがどれほど熟成しているのかという問題が浮かび上がってくる。遍路を実行する側に、実質的な情報、すなわち交通手段、移動ルート、宿泊施設、かかる予算、交通アクセスの便宜度、当該移動手段が必要とする身体的精神的忍耐度などをめぐる細かい情報が与えられるほど、遍路実行に対する精神的構えを事前に築くことが可能となり、主観的な難儀感を減じ、「快適」な巡礼行程をおくることが可能となる。

むろん、今日における遍路行形態は大型バスによるものから歩き遍路まで多様であり、情報量や情報環境の整備もその形態によって一様ではない。一般的には、いわゆる車遍路という、今日主流になっている形態に関しては、ガイドブック・道路地図などの文献情報、あるいは個々の情報を体系化し提供してくれる遍路ツアーエージェントなどの情報アクセス環境など、情報をめぐる一連の社会的整備が進んでいるが、他方、いわゆる「歩き遍路」とよばれる昔ながらの形態に関しては、車遍路と比較すると相対的に情報環境が貧弱な傾向にあるとみなされる。このような見方は、確かに一面では現在の遍路情報状況の大きな趨勢をいい得ている。しかし他方で、こうした二項対立的見方は現状を表層的にとらえている感もある。このような二項対立的見方から脱し、遍路情報の社会的組織化の問題に関してより繊細な議論をするための土台を築くため、以下では「歩き」でも「車」でもない「徒歩と電車や路線バスを併用する移動形態」を軸に考察してみたい。

先に述べた一般的な二項対立図式の視座からみると、情報環境の貧弱な歩き遍路は、情報環境の整った車遍路と比べて、情報資源によって遍路プロセスにおける諸事に対する構えを予め確立することが困難であり、それゆえ主観的な難儀感も高くなるという傾向がデータに現れてくるはずである。しかしデータは意外な結果を示す。難儀している度合いを移動手段による違いからみると（図11-6）、（三節で述べたように）なんと圧倒的に「徒歩が主だが車・鉄道も利用」（徒歩＋車や鉄道）という混合型が難儀し、驚くべきことに「徒歩のみ」はあまり難儀しておらず、「車やバスが中心」組とほぼ同じ程度なのである。内訳をみてみると、「徒歩＋車や鉄道」は、「納経時間終了が早すぎる」「納経に時間がかかる」「お金がかかりすぎる」「スケジュールに余裕がない」「荷物が多すぎた」などで、「徒歩のみ」を大きく引き離している。対して、「徒歩のみ」はほとんどの項目で難儀度が低く、「車やバスが中心」組ともほとんどかわらない（例外は、「宿坊が少ない・快適でない」「荷物が多すぎた」）。

それでは、「徒歩＋車や鉄道」のみが大きな困難を実質的に抱えているのであろうか。たとえば、お金に対する難儀

(「お金がかかりすぎる」)も「徒歩＋車や鉄道」に多いが、実際の遍路費用をみてみると、二〇万円以上かかっているのが、「徒歩のみ」の四六・三％、「徒歩＋車や鉄道」の二八・七％、「車や鉄道が主だが場所によって歩く」の一六・三％、「車やバス」の一九・七％となり、とくに「徒歩＋車や鉄道」が多いわけではない。

それでは、「徒歩のみ」の人と「徒歩＋車や鉄道」の人の難儀経験に違いをもたらしている要因は何なのであろう。むろん、この難儀感とは主観的なものであり、実際にどの程度肉体的精神的労苦を経験しているかということではない。実質的労苦という点でいえば、「徒歩のみ」の人の難儀感は車組よりも圧倒的に高くなるはずであるし、乗り物を部分的に利用している「徒歩＋車や鉄道」の人よりも高くなってもおかしくはない。むしろ、この難儀感の高さが示しているのは、実際の難儀や問題に対処するための計画段階での物理的準備や予定の立て方、精神的構えの確立など、これらの合理的組織化の程度と、実際とのギャップの大きさであると解釈することができる。

それでは、「徒歩のみ」の難儀感を少なくしている要因が遍路行の組織化の度合いの高さだとすれば、遍路ツアーなどの「パッケージ」化や専門家(先達他)による合理化が作用しているのであろうか。しかしながら、「徒歩のみ」の五九・七％が同行者数一名、二二・四％が二〜三名、同じく「徒歩＋車や鉄道」の四〇・三％が一名、五〇・〇％が二〜三名で、共にその多くが同行者数一〜三名であり、いわゆる組織的なツアーとは言い難い。また、「徒歩のみ」のほうが先達が多いかというと、ほとんどかわらず、むしろ若干「徒歩＋車や鉄道」のほうが多いくらいである(先達のいない割合は、「徒歩のみ」の七五・四％、「徒歩＋車や鉄道」の六二・九％)。したがって、この場合、単純に専門家の存在やツアー的な組織化に還元することはできない。

むしろこれらのデータから私たちが読み取るべきは、徒歩のみで遍路することそのものに関し、行程日数から費用、遍路道ルート、肉体的精神的難儀度とそれに必要とされる精神的体力的忍耐度などに至るまで、それを知り得るための社会的情報アクセスがある程度確立されており（手記やガイドブック、ホームページなど）、実際に実行する前に予め現実に対処するための心理的構えを確立するための情報ソースや社会的素地がある程度、社会的に整備されているのではないかという点である。事実、近年では、歩き遍路の復権ということで、歩き遍路に関する情報環境の整備が加速度的に進んでいる。そして、このことに着眼し、行政や経済界からも「歩き遍路」そのものや「歩き観光」という観点から、さまざまな組織化が成され始めている。旅や巡礼の組織化から取り残されたものとして、（組織化側からみれば）ネガティブに同定されるものであった「歩き」が、より積極的に組織化され包囲されようとしているといえよう。あらたな観光としての「歩き」、あるいは面的観光のメディアとしての「歩き」という位置づけが始まっているといえる。

それに対し、徒歩と他の交通手段を併用する移動形態は、「徒歩のみ」（いわゆる「歩き遍路」）より、物理的な意味でも精神的構えという意味でも、社会的情報環境が貧困だといわざるを得ないであろう。実際、「徒歩のみ」に比べても、「徒歩＋車や鉄道」の移動形態の人は半数以下しかいないほど、マイナーな形態なのである。そして、彼らが併用する交通手段が何かというと、組織化度の高い大型バスなどではなく、その七四・二％が電車・路線バスという、いわゆる公共の交通機関なのである。また、実際に電車や路線バスを使って遍路している人の八三・六％が、この徒歩移動を併用している。そこで、電車・路線バスを利用している人がどの程度難儀しているのかを振り返ってみると、多くの項目において高い難儀感を示しているのだ。このように徒歩と電車や路線バスを併用することが少なからぬ困難をともなうであろうことは想像に難くない。路線バスの便がどこをどの程度の頻度で走っているのか、電車と路線バスとの接続はどうかなど、時間的に予測可能な形で予定を立てることがきわめて困難であり、必然的に金銭的にも見積りが立て難くなり、さまざまな意味で合理性と計画性を欠いた遍路行にならざるを得ない状況がみえてくる。その結果、行程中での無理がたたって、健康を崩す人がでてくる割合も高くなり、「途中で健康を害した」という項目が、「徒歩＋車や鉄道」の九・七％、「電車・路線バス」の一〇・九％となっており、一〇人に一人が健康を害するという状況であり、他の移動形態よりもかなり高い割合になっている（表11-3、図11-6）。このように、「徒歩と電車や路線バスを併用する移動形態」をとる人は、時間的・金銭的予定を合理的に確立することが相対的に難しく、予測と実際の間のギャップの大きさに直面する傾向が高いために、きわめて大きな難儀感を主観的に感じてしまうような経験を構成している面があると推測されるのである。

以上から次のようにまとめられよう。遍路経験を合理化し、そこに予測可能性をもたらして不確実性を減じる機能を果たしているのは、大型バスによるパッケージ化された遍路ツアーに端的に象徴されるような、諸々の組織化装置が織り成す仕組みであるといえる。しかしこのような仕組みは同時に、当該移動手段や形態に関する多層的な情報アクセスがどの程度社会的に整備されているか、そしてそのような遍路形態を受容する社会的素地がどの程度醸成されているかに支えられているといえる。

八　おわりに

本章においては、遍路する人びとの充実感や難儀感が、さまざまな遍路経験の組織化機制によって複合的に形成されている諸側面について考察してきた。遍路者の主観的経験世界をかたちづくる諸機制は、モータリゼーションという社会的流れに基づいた移動の「車」化にとどまるものではなく、より直接的位相では、先達等による巡礼コンダクトによる組織化の機制が働き、またそれを包含するよりマクロな組織的位相では、巡拝観光バスに端的に象徴されるような遍路諸事の合理的「パッケージ」化に代表される包括的な組織化機制が多かれ少なかれ何らかのかたちで働いている点を抽出した。さらに、より根底的な位相では、遍路に関する情報の組織化の度合い（情報量や情報アクセス、情報環境の社会的成熟度など）が、深いところで遍路経験の難儀感や充実感の形成に繋がっている点も示唆した。

移動の合理化をはじめとするこれらの組織化機制は、かつて必要とされたような多大な身体的・精神的労苦を減じ、時間的（金銭的）合理化をもたらしてくれている。移動や巡拝に必要とされるさまざまな諸事や諸手続きは簡便化され、より快適なものになっている。しかし、このような快適化の徹底は、主観的に快適さの自明性の感覚をもたらすあまり、逆に些細なトラブルに関する主観的な難儀感を相対的には強めてしまうという皮肉な事態をもたらしているのも事実である。たとえば、「トイレが少ない・汚い」という不満は、大型バス・マイクロバス・タクシー利用者のほうが乗用車利用者より相対的に高くなっている（表11-3）。また、一般の遍路のなかでも、先達がいるグループのほうがいないグループよりも、トイレに対する主観的不満が如実に強くなっている（表11-2）。これらのデータには、むろん団体遍路の場合、物理的にトイレが不足するという事情も作用していよう。しかし、そればかりではなく、合理化、快適化の程度の高い遍路形態ほど、快適さを自明とする感覚が強くなるという事態の帰結が現れている面もあろう。

しかし、より重要なのは、遍路行の組織化によってもたらされる快適化が、必ずしもポジティブな経験形成へと繋がるわけではない点である。本章でこれまでみてきたように、遍路のさまざまな局面や道に関して難儀することにより、逆に充実感を強く感じるという（ある意味で）逆説的な結果がさまざまなデータに現れている点に留意したい。ルート探しの役目を引き受け難儀することを通じて道や道中に関わる多様な諸事を経験するように、遍路プロセスのさまざまな契機に難儀することは、その契機に対して経験が開かれることを意味する。難儀することそのものが、濃密な経験形成のプロセスになっているといえよう。このような視座からみると、諸々の合理化や組織化という事態を、利便性や快適性というベクトルのみで語るのは一元的であろう。快適性をもたらしている組織化の流れは、複合的に経験を取り囲むことにより、経験の凹凸を削ぎ落とし、経験の多元性を剝奪している面がないとはいえまい。したがって、遍路経験の形成プロセスは、このような組織化に内包されていく面とそこからこぼれていく面とのせめぎ合いのなかでつくられているといえよう。乗用車遍路、徒歩と鉄道や路線バスを併用する遍路形態などには、このような経験の組織化の求心化の動きとそこから外れる遠心化のダイナミズムが鮮明に現れているといえる。

近年では、多様化と個人化の流れのなかで、かつてほど大型バスによる巡礼ツアーが支配的でなくなり、乗用車による遍路が増加している。また、「歩き遍路の復権」の動きや、電車や路線バスによる遍路旅に関する情報の整備（ガイドブックなど）も始まっているようである。さらに、比較的高齢者中心の活動であった「遍路」に、最近では若い人が「力試し」なども兼ねて参加するケースも出てきたという状況もあり、これまでとはまた違う経験のあり方が生起する可能性がみられる。だからといって、このような動きを即、「遍路経験の多元化」に帰結させようとするのは安易であろう。遍路形態の多様化の動きは、遍路行の組織化や情報環境の組織化の動きと切り離せないものであり、遍路形態の実体的な多様化を「経験の多元化」に摩り替えることはできない。重要なことは、今後ますます多様化していく遍路形態の流れを、それに関与してくる遍路組織エージェントによる動き、インターネットなどに象徴される情報環境の整備と複雑化などと絡めてとらえるなかで、私たちの遍路経験の世界がどのような組織化と多元化のダイナミズムのなかでつくられているのかを看取していくことである。

注

（1）以下では接待経験を主に移動手段や乗り物形態との関係から検討する。接待経験のより詳細なデータに関しては、早稲田大学道空間研究会編『四国遍路と遍路道に関する意識調査』（早稲田大学文学部社会学研究室道空間研究会、一九九七年）の九三―九五ページを参照。

（2）道案内機能の専門化は、巡礼バスツアーなどにみられるトータルな「移動のパッケージ化」の一部を成すことが実際には多い。この「移動のパッケージ化」がとりわけ道や移動に対する遍路経験の構成にどのように影響を与えているかを象徴的に示唆するデータがある（図11-12）。専門の運転手に任せた場合、相対的に難儀度は低いのであるが、その割には奇妙に高くなっているのが「車で行けない部分が多い」である（他の項目はすべて「自分」や「遍路同行者」より少なくなっているのだが、この項目のみ多くなっている）。一見、これは専門の運転手とは（物理的に大きい）大型バスの場合が多いからそういう結果になるだろうと思いがちだが、事実はそうではない。というのも、専門の運転手が運転する傾向が高いと思われる、大型バス、マイクロバス、タクシーのうち、「車でいけない部分が多い」の割合は、五・三％、五・八％、七・八％となっており、実は大型バスが一番低いくらいなのである（表11-1）。つまり、乗り物の「箱」の物理的大きさが問題となっているのではない。専門の運転手を擁している傾向の高い大型バス・マイクロバス・タクシーが「乗用車」（一一・七％）よりも「車でいけない部分が多い」という難儀感が高いことから推測されるのは、移動をすべて専門家に託して快適性でくるむのが常態化した感覚のなかでは、少しでも歩かねばならないところがあると難儀に感じてしまうという事態、つまり「移動性のパッケージ化の常態化」が逆に引き起こす相対的難儀感の増加という事態である。逆に、専門の運転手に任せる傾向が低く、自分たちで道やルート探索に対して取り組まざるを得ない傾向の高い乗用車の場合、歩かねばならない状況に対してもその事自体にとりたてて難儀を感じているわけではない。要は、道や移動そのものへの関わりの自律性の程度の問題であると考えられる。

第一二章　遍路道に関する意識

本章の目的は、一九九七年に行われた『四国遍路と遍路道に関する意識調査』[1]「遍路道についての基本的考え方」における遍路者の道に対する基本的意識の分析を踏まえたうえで、より踏み込んだ分析を行うことにある。

分析は、まず遍路者が「移動手段の車化・合理化に対してどのような意識を持っているか」についての調査データをもとに調査対象遍路者の全体的傾向を概観し、次いで「移動手段の車化・合理化」に対する意識が、移動手段、徒歩遍路経験の有無、性別および年齢差によってどのような違いがあるのかについて分析する。そして最後にこうした違いから遍路者の経験および属性が、遍路道に対する意識をどのように形成しているのかについて考察する。

一　全般的な「遍路道に対する考え方」

「遍路道に対する考え方」に関しては、以下の四つの意見についての質問が発せられた。

A「遍路は徒歩による道中修行にこそ本来の意味がある」
B「車遍路は、現代の社会では、時間・費用・体力の点からみて現実的で合理的である」
C「遍路は、札所巡礼に意味があるから、移動手段の違いは問題ではない」
D「ロープウェイ、道路の舗装、拡幅など、遍路道が便利になっていくことは望ましい」
という四つについての賛否を問うたものである。以下でそれぞれの見解に対する回答割合とその特徴をみてみる。

一　A：「遍路は徒歩による道中修行にこそ本来の意味がある」

意見Aの「遍路は徒歩による道中修行にこそ本来の意味がある」（以下「徒歩遍路・道中修行に意味ある」と記述）に対して、四二％の遍路者が「大いにそう思う」と回答しており、最も高い割合を示している。次いで「ある程度そう思う」と回答した遍路者が三一％と二番目に高い割合を示している。そして一二％の遍路者が「余りそう思わない」、九％の遍路者が「まったくそう思わない」と回答している（図12-1）。

「大いにそう思う」「ある程度そう思う」という、徒歩遍路および道中修行に対して肯定的な回答を合わせた割合は、七三％とほぼ四分の三にあたる。また「余りそう思わない」「まったくそう思わない」という否定的な回答の割合を合わせてみても、二一％と肯定的な見解の三分の一にも満たない。よって徒歩遍路および道中修行がそれなりに意味あるものとして認識されていることがみてとれる。

図 12-1　A：徒歩遍路・道中修行に意味がある

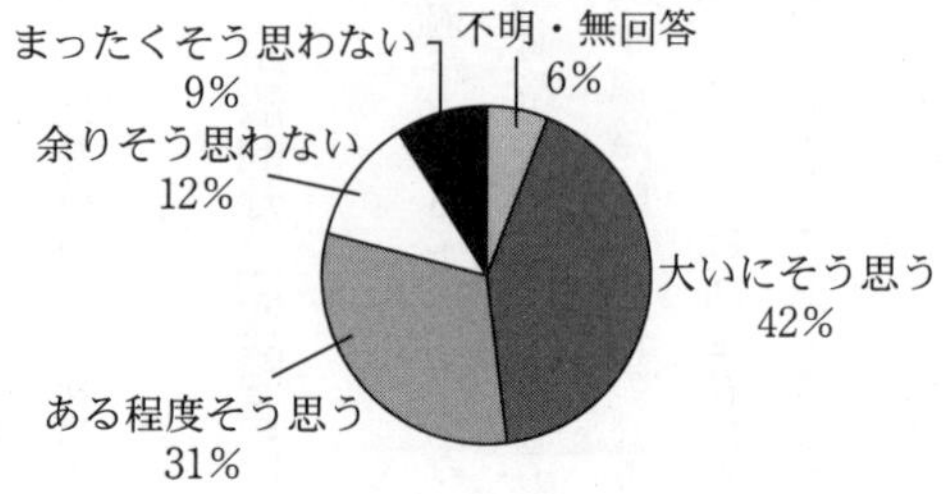

後により詳細な検討を行うが、この意見A「徒歩遍路・道中修行に意味がある」への肯定的回答の割合が高ければ、同じ遍路者が回答しているのであるから、意見B「車遍路は、現代の社会では、時間・費用・体力の点からみて現実的で合理的である」といった、内容が対立する意見に対しては、否定的な回答割合が高くなると考えられる。だが意見Bに対しても、肯定的な回答が高い割合を示しており、両意見への回答の間に整合性がみられない。よって遍路道に対する意識に整合性が保たれていない可能性が考えられるが、調査対象である遍路者らは、この意見Aからのみ考察すると、徒歩遍路および道中修行に対してかなり肯定的な見解をもっていることは間違いないといえる。

二　B：「車遍路は、現代の社会では、時間・費用・体力の点からみて現実的で合理的である」

意見B「車遍路は、現代の社会では、時間・費用・体力の点からみて現実的で合理的である」（以下「車遍路は合理的」と記述）という意見に対して、最も高い割合を示したのは、「ある程度そう思う」の四八％でほぼ五割の割合を示しており、次いで高い割合を示している「大いにそう思う」は二七％であり、その割合はほぼ三割に達する。肯定的な回答である両者を合わせると、七五％と全体の四分の三にあたる高い割合を示している。

また「余りそう思わない」の割合は一二％、「まったくそう思わない」の割合は八％と両回答とも一割前後の割合しか示していない。両者を合わせても二〇％に過ぎず、大部分の遍路者が「車遍路は合理的か」という意見に対して肯定的な見解を示していることになる（図12-2）。

だが、先述したように、意見A「遍路は徒歩による道中修行にこそ本来の意味がある」への回答割合と、この意見Bへの回答割合を、内容という点からみて、その整合性を考えた場合、意見Aに対しては肯定的な回答割合が高かったにもかかわらず、徒歩遍路ではなく、かつ道中修行を欠く、車遍路に関する意見B「車遍路は合理的か」に対しても、肯定的な回答割合が多い。意見Aと意見Bの間には、その内容という観点から考えてみると、整合性を欠いたものとなっているといえる。

図 12-2　B：車遍路は合理的

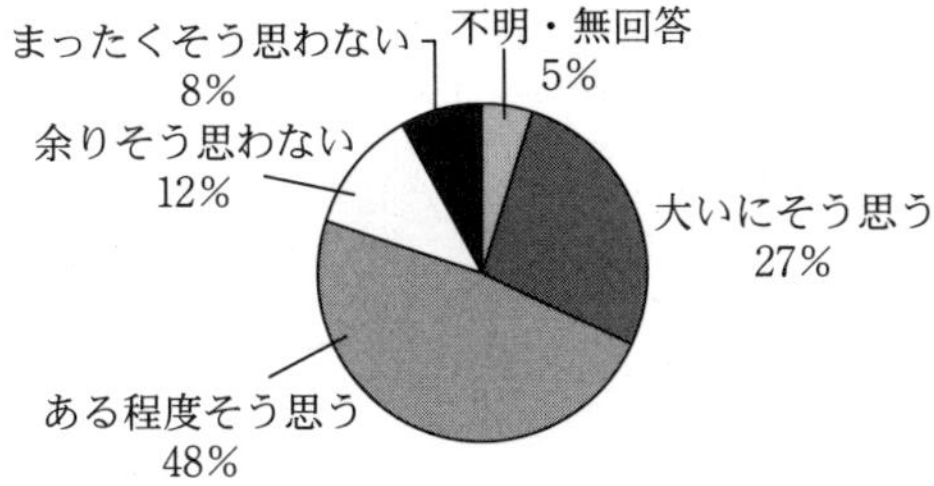

三　C：「遍路は、札所巡礼に意味があるから、移動手段の違いは問題ではない」

意見C「遍路は、札所巡礼に意味があるから、移動手段の違いは問題ではない」（以下

図 12-3　C：札所巡礼に意味がある

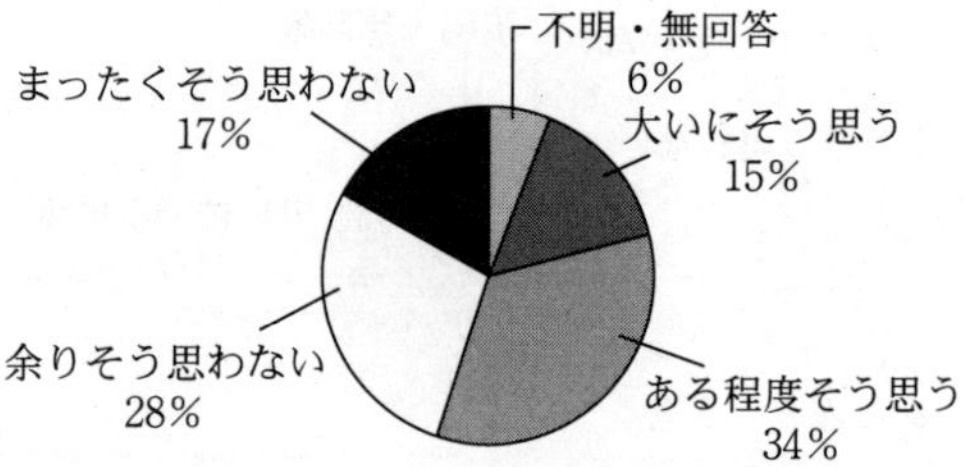

「札所巡礼に意味がある」と記述）に対しては、最も高い割合を示したのは、「ある程度そう思う」の三四％であった。つまり「札所巡礼に意味がある」との意見に対して約三割強の遍路者がそれなりに肯定的な態度を示していることが分かる。だが、この意見「札所巡礼に意味がある」に対して、二番目に高い割合を示したのは、「余りそう思わない」の二八％であった。つまり「札所巡礼に意味がある」との質問に対してどちらかというと否定的な態度を示している遍路者が二番目に高い割合を示していることとなる（図12-3）。明らかに先の二つの意見A、Bとは異なる傾向が示されている。

また、「大いにそう思う」「ある程度そう思う」を合わせたいわば肯定的な回答の割合は四九％であり、「まったくそう思わない」「余りそう思わない」を合わせたいわば否定的な回答の割合は四五％であった。よって肯定的な回答割合、否定的な回答割合がともに、この意見C「札所巡礼に意味がある」を、二分していることが分かる。

こうした傾向は、先の二つの意見A、Bとは異なる傾向を示しているといえよう。つまり先の二つの質問では、おのおのの意見に対して肯定的な回答を示した遍路者の割合が多数を占めていた。また両意見の内容がかなり対立的なものであることを考えると、両意見への回答割合の傾向は、ある種、一貫性を欠いたものであった。だが、この意見C「札所巡礼に意味がある」は、肯定的・否定的回答割合によって、二分されている。

肯定的・否定的回答によって全体の割合が二分されているという点は、この意見C「札所巡礼に意味がある」に対して、「大いにそう思う」という、いわば完全肯定的回答割合は一五％であり、「まったくそう思わない」という完全否定回答割合は一七％であることからもみて取れる。

ここで注目すべき点は、先の意見A「徒歩遍路・道中修行に意味がある」と、意見B「車遍路は合理的」の二つの質問に示された回答割合の傾向が、この意見C「札所巡礼に意味がある」に示された回答割合とは明らかに異なるということである。つまり、先の二つの意見においては、その回答割合は、肯定的回答割合がその多数を占めるという傾向を示していたが、この意見C「札所巡礼に意味がある」に対しては肯定的および否定的な回答が共に同じような割合で示されている。

意見A「徒歩遍路・道中修行に意味がある」と意見B「車遍路は合理的」の内容は、ある種、相対立するものであるのだが、このどちらの意見に対しても、肯定的な見解が示され、一貫性を読み取ることが難しい。だがこの意見C「札所巡礼に意味がある」に対しては、肯定的、否定的の両見解が同等に示されている。このことは、先の二つの意見A、Bに現れた回答割合の一貫性が、この意見Cには別の形で現れたものである可能性がある。

この意見C「遍路は、札所巡礼に意味があるから、移動手段の違いは問題ではない」は、その内容が、意見Aの「徒歩遍路・道中修行に意味がある」とは対立的な内容をもつ質問であり、意見Bの「車遍路は合理的」とは整合性のある意見であるといえる。内容をこうした形でとらえるならば、それぞれの意見に対して肯定的な見解を示した遍路者の割合が、ここ意見C「札所巡礼に意味がある」では、意見Bに対して肯定的な回答を示した遍路者が肯定的、また意見Aに対して肯定的な回答を示した遍路者が否定的な回答を示したといえる。だがなぜ、この意見Cにおいては、肯定的、否定的な回答が二分された形で示されたのか、つまり遍路者がこの意見Cにおいては肯定的見解、否定的見解に二つに分かれたのだろうか。この点に関しては、以下の節でより詳細な検討を行う。

四　D：「ロープウェイ、道路の舗装、拡幅など、遍路道が便利になっていくことは望ましい」

意見D「ロープウェイ、道路の舗装、拡幅など、遍路道が便利になっていくことは望ましい」（以下「遍路道の便利化は望ましい」と記述）において、最も高い割合を示した回答は、「大いにそう思う」の三二%、次いで高い割合を示したのが「ある程度そう思う」の三一%であった。両者合わせて六三%と、ほぼ三分の二にあたる高い割合を示している。こうした「遍路道の便利化」に対する肯定的な見解とは逆の否定的な見解の割合は、完全否定の「まったくそう思わない」が一一%、「余りそう思わない」が二〇%である。否定的な見解の両者を併せると三一%となる（図12-4）。

図 12-4　D：遍路道の便利化は望ましい

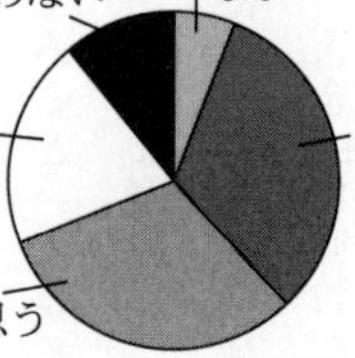

さて、この意見D「遍路道の便利化は望ましい」において示された割合の、先の三つの意見に対する回答割合との関連は、次のように考えることができる。まず、「遍路道の便利化」を肯定する割合が全体の三分の二を占めたということは、多くの遍路者が「遍路道の便利化」を望ましいことと考えていると思われるが、具体的にどういった形で「遍路道が便利化」されるべきかということに対しては、意見が分かれていると思われる。

つまり、遍路を主に車などによって行う遍路者にとって、車などによるスムーズな移動が確保されたほうが良いという意味で、「遍路道の便利化」は望ましいとなり得るし、また徒歩により遍路を行う者にとっても、遍路道が迷うことなく、きちんと認識できる形で保存維持されていることは、当然望ましいことといえよう。

したがって、「遍路道の便利化」という問題は、徒歩で遍路を行う者にとっても、車などで遍路を行う者にとっても、ともに「望ましい」ことであると考える遍路者が多いと推測される。だが「遍路道の便利化」に対して否定的である回答が約三分の一示されたことをどのように考えればよいのだろうか。この点は、後に年齢および性別との関連でより詳細に検討するのであるが、この意見D「遍路道の便利化は望ましい」に示された回答割合にのみ基づいて考えてみると、おそらく「遍路道の便利化」というものが、遍路のもつ意味を希薄化させるものとして認識されていると考えられる。

つまり、意見A「徒歩遍路・道中修行に意味ある」に対して肯定的な回答を示した多くの遍路者は、徒歩による遍路を実際に行っている場合と、徒歩による遍路を行ってはいないが、徒歩による遍路に対してそれなりの意義を見出している場合の二種類がある。そのうち実際に徒歩で遍路を行っている者にとっては、「遍路道の便利化」は望ましい反面、徒歩による遍路に含意される道中修行の意味が「遍路道の便利化」によって希薄化されることに対して否定的であるために、「遍路道の便利化」を否定的にとらえることとなっていると考えられる。

さらに、意見B「車遍路は合理的」に対して肯定的な回答を示した遍路者にとっても、確かに車遍路は便利であり、気軽さや身体的ハンディを克服するものである限りにおいて、遍路行へのアクセサビリティを高めるものという意味では合理的であったとしても、意見A「徒歩遍路・道中修行に意味ある」に示された高い回答割合を考えると、車遍路を本来の遍路行とまったく同じものと考えているとはいえない。よってさらなる「遍路道の便利化」は、ますます本来の遍路行から車遍路を乖離させる要因として認識されている可能性を指摘できるのである。つまり意見Bにおいて「車遍路は合理的」と回答した者においても、「徒歩遍路・道中修行」といったことにそれなりの意味を見出している者がおり、「遍路道の便利化」はそう簡単には肯定できないことであると考えられるのである。

五　まとめ：各質問の総括とその関連性

以上のように、A「徒歩遍路・道中修行に意味がある」、B「車遍路は合理的」、C「札所巡礼に意味がある」、D「遍路道の便利化は望ましい」という意見に対する個々の賛否割合とその特徴を検討してきたが、ここでそれぞれの質問に対する回答の割合が示す特徴を四つの意見全体と結びつけて再度整理してみる。

意見A「徒歩遍路・道中修行に意味がある」に対する回答の割合は、全体の七三％とほぼ四分の三の遍路者が肯定的な見解を示していた。意見B「車遍路は合理的」に対する回答の割合は、全体の七五％とここでも四分の三の遍路者が肯定的な見解を示していた。意見C「札所巡礼に意味がある」という質問に対する回答の割合は、肯定的回答四九％、否定的回答四五％と、回答の割合が二分した。意見D「遍路道の便利化は望ましい」に対する回答の割合は、肯定的な回答の割合が六三％とほぼ三分の二を占めていたが、否定的な回答割合も三一％とほぼ三分の一を占めている。

こうした結果を整理してみると、意見A「徒歩遍路・道中修行に意味がある」、意見B「車遍路は合理的」ともに、その回答割合は、肯定的な回答を示したものによって圧倒的に占められており、意見C「札所巡礼に意味がある」は、その回答割合が、肯定的、否定的なものに二分されており、意見D「遍路道の便利化は望ましい」は、その回答が、否定的回答割合を肯定的回答割合が上回っているが、意見A「徒歩遍路・道中修行に意味がある」、意見B「車遍路は合理的」にくらべて、その肯定的な回答割合は、高くないといえる。

以上のように、それぞれの意見に示された回答割合は、一見、一貫性を欠くものであるかのように思われる。とくに意見A「徒歩遍路・道中修行に意味がある」と意見B「車遍路は合理的」に対して示された回答割合は、両意見の内容が矛盾するにもかかわらず、両意見を共に肯定するという明らかに一貫性を欠くものであった。

つまり、意見A「遍路は徒歩による道中修行にこそ本来の意味がある」の内容は、徒歩遍路による道中修行をどう評価するか、ということについての意見であり、この意見に対して多くの遍路者が、肯定的であるとの回答を示している。よって、当然、問題Aとかなり対立する内容をもつ、意見B「車遍路は、現代の社会では、時間・費用・体力の点からみて現実的で合理的である」に対しては、否定的な回答が多くを占めると考えられるが、だが実際は、B「車遍路は合理的」に対して、四分の三という多くの遍路者が肯定的な回答を示している。

よって、遍路者は、一方で実際に道中修行もしくは徒歩遍路を行う行わないは別として、「徒歩遍路による道中修行」を重要なことであると認識しているが、その一方でまた現実的な状況においては、遍路行を車ないしその他の移動手段によって行っているために、車遍路による遍路行を、肯定しているとも考えられる。つまり、求められるべき本来の遍路行の理想像と現実に行う遍路との間に乖離が生じている可能性があるのだ。

こうした理想としての遍路行と現実の遍路への意識の差異は、意見C「遍路は、札所巡礼に意味があるから、移動手段の違いは問題ではない」への回答割合において、独特の形で表れている。それは先に述べた通り、意見Cに対する肯定的、否定的な回答の割合が四九％、四五％と、ほぼ意見Cに対する回答を二分していることからみてとれる。さらに意見A「徒歩遍路・道中修行に意味がある」に対して肯定的な回答を行った遍路者は、この意見C「札所巡礼に意味がある」に対しては、その見解が一貫したものであるとするならば、否定的な回答を示すはずである。したがって意見Cに対する回答割合は、意見Aにおける回答割合から考えると、否定的な回答割合が大勢を占めねばならないことになる。また意見B「車遍路は合理的」から考えるならば、意見Cに対して、その見解が一貫したものであるとするならば、肯定的な回答を示すはずである。したがって意見Cに対する回答割合は、意見Bにおける回答割合から考えると、肯定的な回答割合が大勢を占めねばならないこととなる。

だが実際の調査結果では、意見C「札所巡礼に意味がある」に対して肯定的および否定的回答はともに半数弱という割合が示されたにすぎない。こうした結果は、次のように考えることができる。つまり、意見A「徒歩遍路・道中修行に意味がある」において、肯定的な回答を示した遍路者の一部、とくに実質的に徒歩遍路を支持する「現実修行派」遍路者は、そのまま意見Cに対して否定的な回答を示した。だが道中修行もしくは徒歩遍路を肯定しながらも、実際には道中修行・徒歩遍路を行わない遍路者もおり、彼らは必ずしも意見Cに対して否定的な回答を示すとは限らない。さらに意見B「車遍路は合理的」において、肯定的な回答を示した遍路者の一部、とくに実質的には、徒歩ではなく車などの他の手段を用いる遍路者は、そのままこの意見Cに対して肯定的な回答をなすであろうが、道中修行・徒歩遍路を肯定する、いわば「理想修行派」遍路者は、意見Cに対しては肯定的な回答をそのまま示すとは限らないのである。よって、この意見Cへの回答割合が示しているのは、調査対象となった遍路者の実際的、具体的な遍路行と、望んでいるまたは望ましいのではないかと考えている遍路行への意識のズレが表れているとも考えられるのである。

さて、最後のDについてであるが、意見D「ロープウェイ、道路の舗装、拡幅など、遍路道が便利になっていくことは望ましい」への回答割合は、「大いにそう思う」「ある程度そう思う」と回答した遍路者の割合が、全体の三分の二を占めていた。つまり「遍路道の便利化」ということに、半数以上の遍路者が肯定的な見解を示していたことになる。この意見Dにおいて肯定的な回答割合が多数を占めるという傾向は、意見A「徒歩遍路・道中修行に意味がある」、意見B「車遍路は合理的」においてもみられたが、その回答割合の比率が意見Dにおいては、意見A、Bとは異なる。

意見A、意見Bに対する肯定的な回答を示したものの割合は、共に四分の三という非常に高い割合を示していた。だが、意見Dにおいては、その肯定的な回答割合は全体の三分の二と、意見A、Bよりもその割合が低い。この違いの背後にはどういった要因が考えられるのであろうか。

まず指摘しうるのは、徒歩または車などの手段によって遍路を行う者それぞれの「道の便利化」といったものへの意味の与え方である。徒歩によって遍路を行う者にとっても、車などの徒歩以外の手段によって遍路を行う者にとっても、「遍路道の便利化」は、さまざまな意味で望ましいことであると考えられよう。よって、遍路手段の違いがあるにしろ多くの遍路者が「遍路道の便利化」を肯定することになったと考えられる。

だが、注目すべき点は、三分の一の遍路者が「遍路道の便利化」を肯定していないという点であり、この点は、意見A、意見Bなどにおける回答割合とは明らかに異なる点なのである。この否定的な回答割合が多い理由として考えられるのは、まず第一に「遍路道の便利化」が徒歩によって遍路を行う者らにとっても、車などの手段によって実際には徒歩遍路を行わない者にとっても、遍路行の本来性を喪失する契機となると認識されている可能性が高い。

つまり、徒歩で遍路を行っている者はもちろんのこと、車などの徒歩以外の手段によって遍路を行っている者においても、「遍路道の便利化」といったものが、単純に利便性といったことからのみ、評価されうるものではなく、「遍路道の便利化」がある種遍路行の本来性を失わせる契機となるのではないかとの意識が働いているのであると考えられ、こうした意識が「遍路道の便利化」という問題への否定的回答割合の多い原因であると考えられるのである。

このことは、意見C「移動手段の違いは問題ではない」への回答が肯定的回答と否定的回答によって二分されたことの関連からも伺い知れる。つまり、徒歩遍路などによる道中修行とは別の、単なる札所巡礼だけを、遍路者が全面的に評価していないことを意見Cは裏づけていたのであり、この点からも道中修行の場としての遍路道が便利化することに対して否定的にならざるをえない意識が存在することがみて取れるのである。

さて、以上のように各意見におけるその特徴をそれぞれの意見に関連づけながら、分析してきたわけであるが、その結果、注目に値するのは以下の点である。まず、調査対象となった遍路者においては、徒歩遍路（道中修行）に対する意識と車遍路（札所巡礼が中心となる遍路行）に対する意識の間に、ある種矛盾した意識が存在する。つまり、徒歩遍路という主として道中修行という本来あるべき遍路行という理想としての遍路への意識と、車遍路などの札所巡礼を現実的なものとする二つの意識の攻めぎ合いである。[2] 確かにどちらか一方の遍路行をそのまま肯定して、遍路を行っている者もいるではあろう。だが、先の分析から明らかなように、主として徒歩遍路という道中修行を理想とする一方で、現実には車遍路などの札所巡礼のみを行う遍路者も存在するのである。以下ではこの点を、調査対象の遍路者の実際の移動手段、徒歩遍路経験、年齢、性別といった属性の観点から分析し、それぞれとの関連におけるより詳細な検討を行うこととする。

二　移動手段、徒歩遍路経験、年齢、性別

「遍路道に対する意識」と遍路者の属性の関係を検討する前に、四つの属性、移動手段、徒歩遍路経験、年齢、性別それぞれの傾向をまずみてみることとする。[3]

一　年齢と移動手段

年齢と移動手段の関係は、次の通りである。

まず、「徒歩のみ」と答えた割合は、当然のごとく、年齢を遡るに従い少なくなっていく。一〇歳代、二〇歳代ではほぼ四分の一（二三・八％、実数値一〇）の遍路者が「徒歩のみ」と答えているが、三〇歳代（一八・六％、実数値一一）、

四〇歳代（一九・三％、実数値二三）、五〇歳代（一六％、実数値三二）になると一五％強から二〇％弱、六〇歳代（八・五％、実数値三八）、七〇歳代（四・四％、実数値一一）になると五％弱から一〇％以下となっている。八〇歳以上には「徒歩のみ」と答えた遍路者はいなかった。

それとは反対の「車やバスが中心」と答えた遍路者の割合は、これも当然のごとく、八〇歳以上の九〇％（実数値一八）を筆頭に、年齢が下るにつれ、その割合は低くなっていく。

よって、徒歩遍路を実際に行っているのは、年齢別にみると、最大でもその年齢層の四分の一にすぎないが、年齢が若いほど実際に徒歩遍路を行っていることとなり、当然のことであるが、年齢という属性が徒歩遍路の実行可能性を大きく左右している。つまり、年齢が上がるほど徒歩遍路を実行しにくくなるといえる。これは老齢などによる体力の低下などから容易に推測できることでもある。

二　性別と移動手段

性別と移動手段の関係は、次の通りである。

「徒歩のみ」と答えた男性の割合は、一八・四％（実数値一一〇）であり、「徒歩のみ」と答えた女性の割合の、三・七％（実数値二三）をはるかに上回る回答割合であった。男性の「徒歩のみ」の遍路者は女性の「徒歩のみ」の遍路者のほぼ六倍と高い割合が示された。

また、「車やバスが中心」という遍路者は、女性が八七・四％（実数値五四三）と非常に高い割合であるのに対し、男性は、七〇・一％（実数値四二〇）であった。

ちなみに「徒歩が主」と答えた割合に関しては男性の五・八％（実数値三五）に対して女性は四・三％（実数値二七）

と男性の方がわずかではあるが、その割合が高く、「車やバスが主」と答えた割合に関しては女性の三・九％（実数値二四）に対して男性は三・二％（実数値一九）とわずかではあるが女性の方が上回っている。

よって、男性は「徒歩のみ」、「徒歩が主」が女性をともに上回っており、女性は「車やバス中心」「車やバスが主」が男性を共に上回っていた。これはおそらく男女の体力差や徒歩遍路を行う上での安全性といったものが影響していると考えられる。

三　年齢と徒歩遍路経験

年齢と徒歩遍路経験の関係は、次の通りである。

「徒歩通し打ち経験あり」に対して最も高い割合を示したのは、三〇歳代の八・五％（実数値五）であり、次いで二〇歳代の四・八％（実数値二）、四〇歳代の四・二％（実数値五）であった。「徒歩区切り打ち経験あり」に対して最も高い割合を示したのは、五〇歳代の一九・五％（実数値三九）であり、次いで四〇歳代の一一・八％（実数値一四）、三〇歳代の一〇・二％（実数値六）であった。

また、「徒歩遍路経験なし」に対して最も高い割合を示したのは、二〇歳代（実数値三八）、八〇歳以上（実数値一八）の九〇％であった。だが、この「徒歩遍路経験なし」に関しては、どの年齢層においても高い割合を示している。

よって全体として「徒歩通し打ち経験あり」と答えた遍路者は、その割合において各年齢層間に開きがあるにしても、いずれの層もごく少数のものであるということがいえ、さらに「徒歩区切り打ち経験あり」に関しても三〇歳代以上六〇歳代以下の年齢層にほぼ限定されるといえよう。

四　性別と徒歩遍路経験

性別と徒歩遍路経験の関係は、次の通りである。「徒歩通し打ち経験あり」に対する男性の割合は、五・〇％（実数値三〇）であり、女性の〇・八％（実数値五）に比べてはるかに高い割合を示している。また「区切り打ち経験あり」に関しても、その差は「通し打ち経験あり」に比べればはるかに少ないものの、それでもやはり、男性が一一・五％（実数値六九）であり、それに対して女性が八・九％（実数値五五）であった。

「徒歩遍路経験なし」は、女性八五％（実数値五二八）、男性七七・八％（実数値四六〇）と女性の方がその割合は高い。よって、「徒歩遍路経験」は男性の方が高い割合を示している。ここでも男女の体力差や徒歩遍路を行う上での安全性といったものが影響していると考えられる。

五　まとめ

まず、移動手段として徒歩を主とする遍路者は、若者ほど多い。年齢が上がるほど、車やバスによる遍路者が大勢を占めている。移動手段と性別に関しても、男性の方が相対的に女性よりも歩いて遍路を行う者が多い。「徒歩のみ」遍路と「徒歩区切り打ち経験あり」ではとりわけ五〇歳代、四〇歳代、三〇歳代に多かったことが分かった。よって徒歩遍路の実質を担っている年齢層は、中年層とくに三〇歳代、四〇歳代であるといえる。同様に、性別ではこれまでの徒歩遍路経験について、男性の方が高い経験比率を示していた。さらに、年齢においても、若者から中年にかけた年齢層が圧倒的に多いのである。つまり、徒歩遍路経験に関しては、三〇歳代、四〇歳代を中心とする男性がその中核部分なのである。このように、本調査時での現実行為においても、また、これまでの遍路経験においても、徒歩遍路の実質的な担い手は、女性よりも男性であり、高年齢層よりも三〇歳代、四〇歳代の若年層および中年層であるといえよう。

三　移動手段、徒歩遍路経験と「遍路道に対する考え方」

一　移動手段と「遍路道に対する考え方」

（一）移動手段と意見A「徒歩遍路・道中修行に意味がある」

移動手段と意見A「徒歩遍路・道中修行に意味がある」の関係は、次の通りである。

移動手段のうちで「徒歩のみ」である遍路が、この意見Aに対して最も多く「大いにそう思う」と答えており、その割合は、五九・七％（実数値八〇）と回答のほぼ六割を占めている。「大いにそう思う」に次いで多く答えたのは、「徒歩が主だが車・鉄道も利用」（以下「徒歩が主」）である遍路者で、その割合は五六・五％（実数値三五）で半数以上が徒歩遍路・道中修行を肯定しているといえる。「徒歩のみ」の遍路者と「徒歩が主」の遍路者の、意見Aに対する「大いにそう思う」「ある程度そう思う」という肯定的回答の合計は、それぞれ九〇・三％（実数値一一二）、八五・五％（実数値五三）と非常に高い割合になっている。それに対して、「車やバスが中心」「車や鉄道が主だが、場所によっては歩く」（以下「場所によっては歩く」）遍路者のそれぞれの意見Aに対する肯定的な割合は、七一・二％（実数値六九五）、六五・一％（実数値三八）と半数以上が肯定的ではあるが、「徒歩のみ」「徒歩が主」に比べれば、その割合は低い。ちなみに「余りそう思わない」「まったくそう思わない」の否定的な割合が最も高いのは二八％（実数値一二）の「場所によっては歩く」という遍路者であった。当然の結果ではあるが、移動手段において徒歩が中心の遍路者ほど徒歩遍路や道中修行を肯定する傾向がある。

（二）移動手段と意見B「車遍路は合理的」

移動手段と意見B「車遍路は合理的」の関係は、次の通りである。

移動手段のうちで「車やバスが中心」の遍路が、この意見Bに対して「大いにそう思う」と答えている割合が最も高い。その割合は、三二・二％（実数値三一四）であり、「ある程度そう思う」を加えた割合は、八〇・八％（実数値七八八）と非常に高い肯定的な割合を示している。次いで肯定的な割合が高いのは、「場所によっては歩く」遍路者で、「大いにそう思う」「ある程度そう思う」を合わせた肯定的な割合は、六九・八％（実数値三〇）である。

肯定的な回答とは逆の否定的な回答である「まったくそう思わない」「あまりそう思わない」の割合が高いのは、容易に推測できるように、「徒歩のみ」と「徒歩が主」の遍路者である。「まったくそう思わない」「あまりそう思わない」を併せた否定的な回答は、「徒歩のみ」の遍路者が四八・五％（実数値六五）、「徒歩が主」の遍路者が四五・一％（実数値二八）である。ただし注目すべき点は「徒歩のみ」の遍路者においても、「ある程度そう思う」という肯定的な回答が四七％（実数値六三）とほぼ半数を占めている点である。徒歩で遍路を行う一方で、車遍路の合理性をある程度受け入れている可能性があるといえる。

（三）　移動手段と意見C「札所巡礼に意味がある」

移動手段と意見C「札所巡礼に意味がある」の関係は、次の通りである。

この意見に対しても、やはり「車やバスが中心」の遍路者、および「場所によっては歩く」遍路者において、肯定的な回答割合が高いことが示されている。それに対して「徒歩のみ」「徒歩が主」の遍路者は否定的な回答割合がここでも高いが、とくに「徒歩のみ」の遍路者においては、「あまりそう思わない」「まったくそう思わない」を合わせた否定的な回答が七一・七％（実数値九六）と非常に高い割合を示している。だがこの「徒歩のみ」の遍路者の内、二三・一％（実数値三二）の遍路者が「ある程度そう思う」と肯定的な回答を示している点は注意をする必要がある。

（四）　移動手段と意見D「遍路道の便利化は望ましい」

移動手段と意見D「遍路道の便利化は望ましい」の関係は、次の通りである。

「道の便利化に」肯定的なのは、ここでもやはり、「車やバスが中心」「場所によって歩く」遍路者で、「大いにそう思う」「ある程度そう思う」を合わせた肯定的な回答の割合は、それぞれ、七〇・四％（実数値六八七）、五五・八％（実数値二四）である。これまでと同様、「徒歩のみ」「徒歩が中心」の遍路者は否定的な回答割合が大きい。「あまりそう思わない」と「まったくそう思わない」を合わせた回答割合は、それぞれ六九・四％（実数値九三）、六一・二％（実数値三八）である。ただし、「徒歩のみ」の遍路者においても、「ある程度そう思う」の回答が二三・九％（実数値三二）と、かなり高い割合を示している点は先の意見についての回答と同様、注目に値する点である。

(五)　まとめ

移動手段が徒歩中心の遍路者ほど徒歩遍路および道中修行を肯定する傾向がある。このことは、移動手段が車やバス中心の遍路者ほど車遍路を肯定する割合が高いことと対をなすと考えられる。これは、遍路における道中修行を重視したからこそ、徒歩遍路を行っていると考えれば、当然のことである。だがしかし、これだけでは、移動手段が徒歩中心の遍路者がすべて、歩くこと、つまり、道中修行に遍路の意義を見出しているとはいえない。このことは、徒歩のみの遍路者においても、その約四分の一が、意見Cを肯定していることから、徒歩のみの遍路者においても歩くこと、もしくは道中修行に意義を見出していない遍路者が存在することを裏づけている。

二　徒歩遍路経験と「遍路道に対する考え方」

(一)　徒歩遍路経験と意見Ａ「徒歩遍路・道中修行に意味がある」

徒歩遍路経験と意見Ａ「徒歩遍路・道中修行に意味がある」の関係は、次の通りである。

まず「徒歩通し打ち経験あり」の遍路者は、「大いにそう思う」「ある程度そう思う」を合わせた肯定的な回答は、九一・七％(実数値三三)と圧倒的な比率を示している。「徒歩区切り打ち経験あり」の遍路者の肯定的な回答も、八七・一％(実数値一〇八)とかなり高い割合を示している。ちなみに「徒歩遍路経験なし」の遍路者のこの意見Ａへの肯定的な回答は、七二％(実数値四五〇)とかなり高い割合を示しているが、やはり前二者と比べると、その割合は若干低いといえる。

(二) 徒歩遍路経験と意見B「車遍路は合理的」

徒歩遍路経験と意見B「車遍路は合理的」の関係は、次の通りである。

肯定的な割合が最も高いのは、当然のこととして「徒歩遍路経験なし」の遍路者である。「大いにそう思う」「ある程度そう思う」を合わせた肯定的な回答割合は、七七・三%(実数値七七八)と四分の三を超えている。ちなみに「徒歩遍路経験なし」の遍路者のこの質問への「あまりそう思わない」「まったくそう思わない」を合わせた否定的な回答は、一七・七%(実数値一七八)と二割に満たない。それに対して「徒歩通し打ち経験あり」の遍路者と「徒歩区切り打ち経験あり」の遍路者の否定的な回答割合は、それぞれ三三・三%(実数値一二)と二八・七%(実数値四八)とかなり高い。このように「徒歩区切り打ち経験あり」の遍路者の否定的な回答割合は、「徒歩遍路経験なし」の遍路者の回答割合の二倍を超えている。

(三) 徒歩遍路経験と意見C「札所巡礼に意味がある」

徒歩遍路経験と意見C「札所巡礼に意味がある」の関係は、次の通りである。

この意見に対して、「大いにそう思う」「ある程度そう思う」を合わせた肯定的な回答割合が高いのは、当然のごとく、「徒歩遍路経験なし」の遍路者であるが、次いで肯定的な回答割合が高いのは「徒歩通し打ち経験あり」の遍路者で、四一・七%(実数値一五)であった。肯定的な回答割合が最も低いのは、「徒歩区切り打ち経験あり」の遍路者で、その割合は、二八・二%(実数値三五)でかなり低い。当然のことではあるが、「あまりそう思わない」「まったくそう思わない」を合わせた、否定的な回答割合は、「徒歩区切り打ち経験あり」の遍路者で最も高く、六七・七%(実数値八四)と七割近くに達している。この意見に対しては常識的に考えれば、「徒歩通し打ち経験あり」の遍路者の方が、

「徒歩区切り打ち経験あり」の遍路者よりも、否定的な態度を示しそうなものであるが、ここでは、むしろ「徒歩区切り打ち経験あり」の遍路者の方が、否定的な割合を高く示した。

(四) 徒歩遍路経験と意見D「遍路道の便利化は望ましい」

徒歩遍路経験と意見D「遍路道の便利化は望ましい」の関係は、次の通りである。

「徒歩通し打ち経験あり」の遍路者と「徒歩区切り打ち経験あり」の遍路者は、「大いにそう思う」「ある程度そう思う」を合わせた肯定的回答割合が五〇%（実数値一八）と四二%（実数値五二）とほぼ半分の割合であるが、「徒歩遍路経験なし」の遍路者は、肯定的割合が六六・二%（実数値六六六）と五割をかなり上回っている。「徒歩遍路経験なし」の遍路者は、この意見を肯定する割合が高いが、「徒歩通し打ち経験あり」の遍路者、「徒歩区切り打ち経験あり」の遍路者は、肯定、否定の回答割合がこの質問をほぼ二分している。よって両遍路者においては、「遍路道の便利化」の捉え方は肯定的、否定的のどちらとも支持していると考えられる。

(五) まとめ

徒歩遍路経験がある遍路者は、徒歩遍路・道中修行を肯定する割合が高い。その反対に、徒歩遍路経験なしの遍路者は、車遍路は合理的であると考える割合が高い。よって、徒歩遍路経験が遍路道を歩くことに対する意識をより肯定的な方向で促進していることが理解できる。

図 12-5　年齢×意見A（道中修行に意味あり）

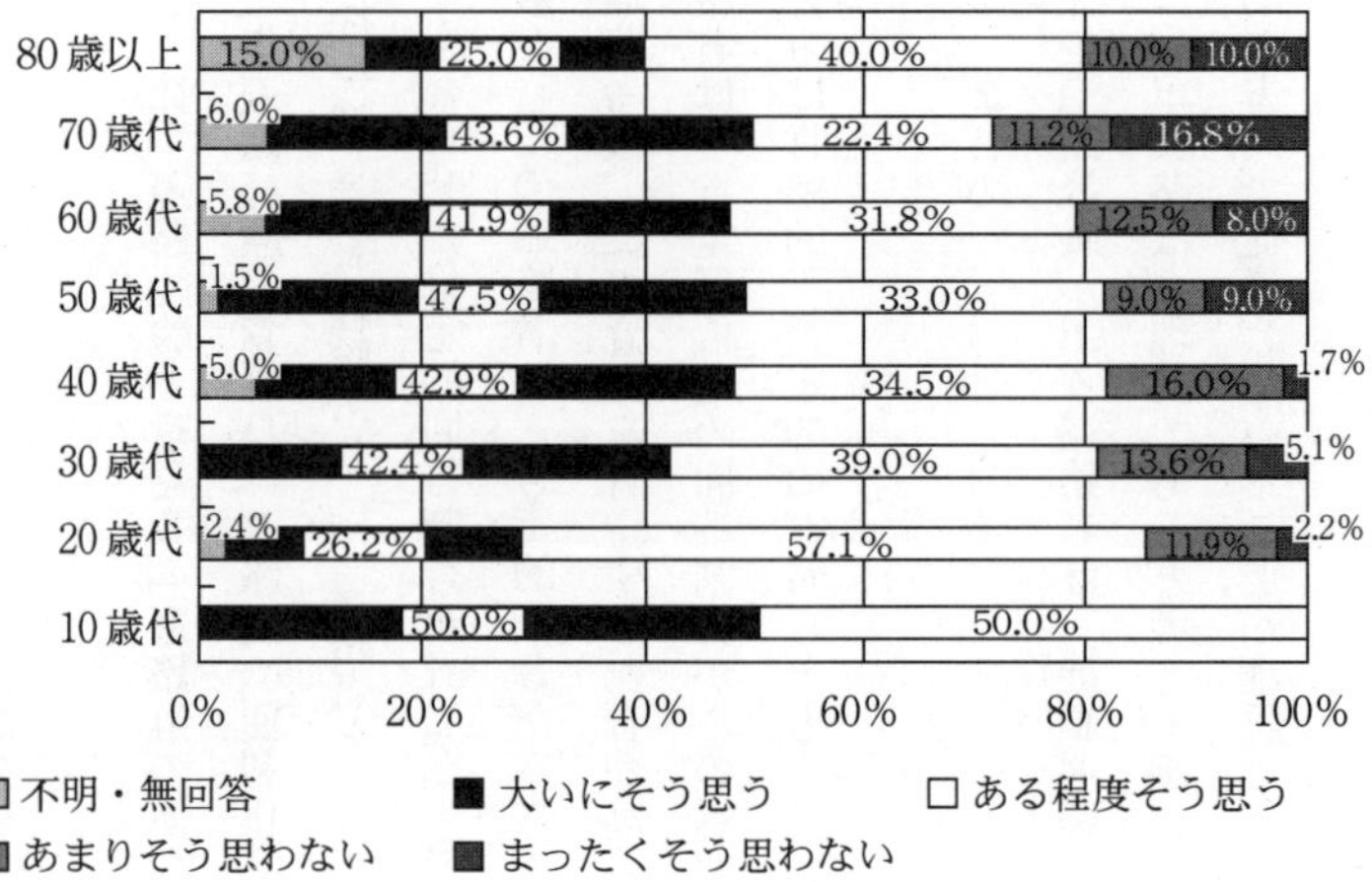

四　年齢、性別と「遍路道に対する考え方」

一　年齢と「遍路道に対する考え方」

（一）　年齢と意見A「徒歩遍路・道中修行に意味がある」

年齢と意見A「徒歩遍路・道中修行に意味がある」の関係は、次の通りである（図12-5）。

一〇歳代は、実数値が少ないため、考慮の対象から外して考えるが、「大いにそう思う」と答えた者の割合は、二〇歳代、八〇歳以上の二〇％台を除いて、それぞれ四〇％台であった。「ある程度そう思う」と答えた者の割合は二〇歳代の五七・一％（実数値二四）を筆頭に年齢を経るにつれて、八〇歳以上を除いて、低下する傾向にある。「あまりそうは思わない」と答えた者の割合は、ほぼ一五％から一〇％となっている。「まったくそう思わない」と答えた割合は、若干のズレはあるが、年齢を経るにつれ、その割合は増加する傾向にある。

意見Aに関して、「大いにそう思う」「ある程度そう思う」を肯定的回答、「あまりそう思わない」「まったくそう思わない」を否定的

図 12-6 年齢×意見B（車遍路は合理的）

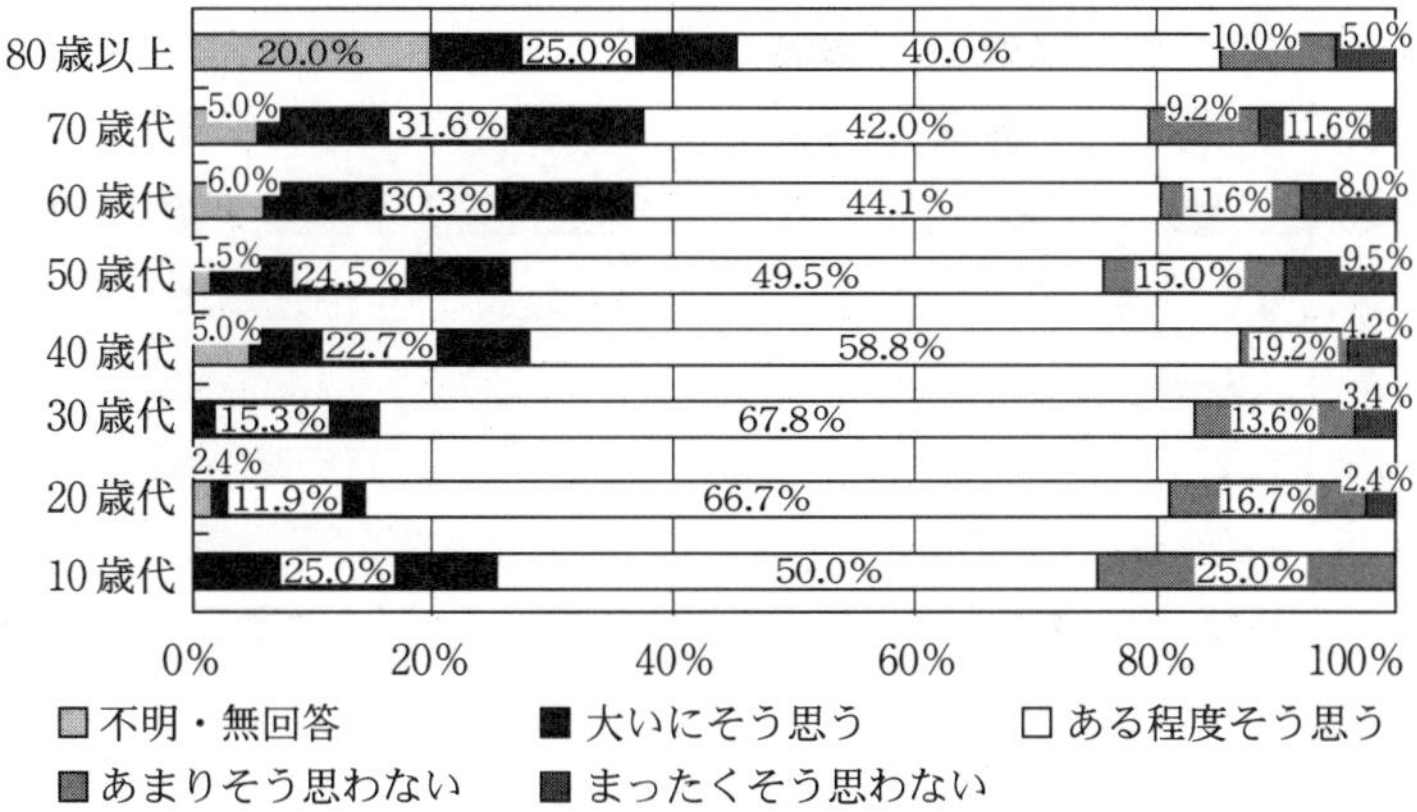

回答として、整理してみると、肯定的な回答は、二〇歳代八三・三％（実数値三五）、三〇歳代八一・四％（実数値四八）、四〇歳代七七・四％（実数値九二）、五〇歳代八〇・五％（実数値一六一）、六〇歳代七三・七％（実数値三三二）、七〇歳代六六％（実数値一六五）、八〇歳以上六五％（実数値一三）と、若干のズレがあるにしろ、全体としては年齢を経るに従い、肯定的な回答割合が低下する傾向にある。

否定的な回答は、二〇歳代一四・一％（実数値六）、三〇歳代一八・七％（実数値一一）、四〇歳代一七・七％（実数値二一）、五〇歳代一八％（実数値三六）、六〇歳代二〇・五％（実数値九二）、七〇歳代二八％（実数値七〇）、八〇歳以上二〇％（実数値四）と、八〇歳以上を除いて、ここでも年を経るごとにその割合が高くなる傾向にある。

したがって、上記の整理からいえることは、八〇歳以上は別として、年齢が若いほど、意見A「徒歩遍路・道中修行に意味がある」に対して肯定的、逆のいい方をすれば、年齢が高いほど、意見Aに対しては否定的であるといえる。

（二）年齢と意見B「車遍路は合理的」

年齢と意見B「車遍路は合理的」の関係は、次の通りである（図12-6）。

図 12-7　年齢×意見C（札所巡礼に意味あり）

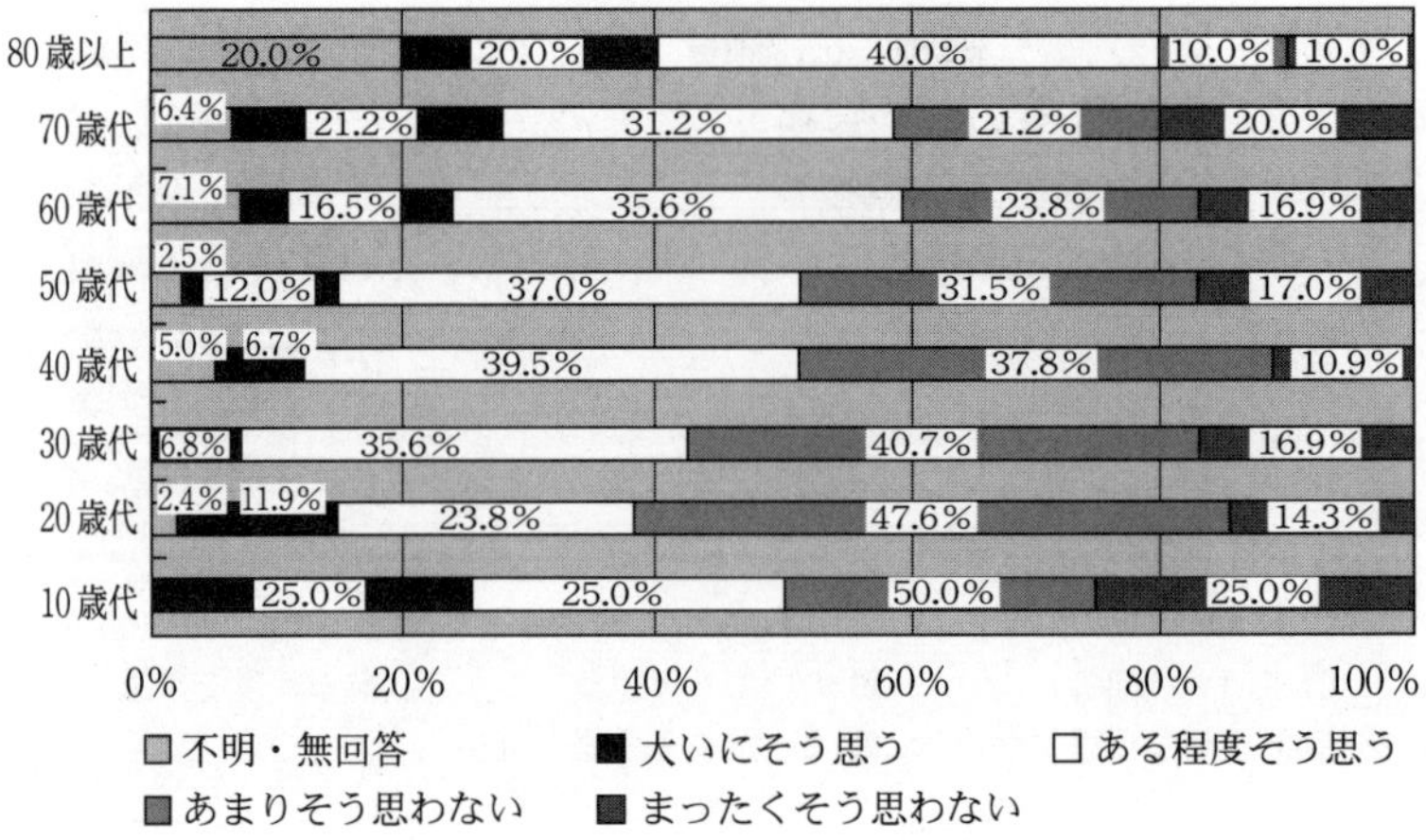

ここでも一〇歳代は、実数値が少ないため、考慮の対象から外して考えるが、「大いにそう思う」と答えた割合が高いのは、七〇歳代の三一・六%（実数値七九）、六〇歳代の三〇・三%（実数値一三六）、八〇歳以上の二五%（実数値五）、五〇歳代の二四・五%（実数値四九）であった。だが、その他の回答割合は、各年齢層によってばらつきがあり、年齢が高くなるもしくは低くなるといった属性から、何らかの傾向は読み取れなかった。

よってここ、年齢層と意見B「車遍路は合理的」の関連においては、とくに顕著な傾向はみられなかったが、全面的肯定という点に限ってみれば、中高年の方が肯定的な割合が高いことを示しているといえる。

(三)　年齢と意見C「札所巡礼に意味がある」

年齢と意見C「札所巡礼に意味がある」の関係は、次の通りである（図12-7）。

ここでも一〇歳代は、実数値が少ないため、考慮の対象から外して考えるが、「大いにそう思う」と答えた者の割合は、七〇歳代の二一・二%（実数値五三）を筆頭に、八〇歳以上の二〇%（実数値四）、六〇歳代の一六・五%（実数値七四）と年齢の高い層において、その割合が高い。また「大いにそう思う」に「ある程度そう思う」を加えた肯定的回答は、八〇歳以上の六〇％（実数値一二）を筆頭に、七〇歳代五二・四％（実数値一三二）、六〇歳代五二・一％（実数値二三四）、五〇歳代四九％（実数値九八）、四〇歳代四六・二％（実数値五五）、三〇歳代四二・四％（実数値二五）、二〇歳代三五・七％（実数値一五）と年齢が下がるごとにその割合を低めている。

肯定的な回答とは逆の、否定的な回答である「まったくそう思わない」と答えた者の割合は一〇％から二〇％に集中しているが、「まったくそう思わない」に「あまりそう思わない」を加えた否定的回答は、二〇歳代の六一・九％（実数値二六）を筆頭に三〇歳代五七・六％（実数値三四）、四〇歳代四八・七％（実数値五八）、五〇歳代四八・五％（実数値九七）、六〇歳代四〇・七％（実数値一八三）、七〇歳代四一・二％（実数値一〇三）、八〇歳以上の二〇％（実数値四）と年齢が高くなるごとにその割合を低めている。

意見C「札所巡礼に意味がある」に対しては、年齢が高くなるほど肯定的な回答が多数を占めた。逆の言い方をするのであるならば、年齢が低くなるほど否定的な回答が多数を占めている。こうした傾向は意見A「徒歩遍路・道中修行に意味がある」に示された回答割合とは、逆の結果を示している。つまり、意見Aにおいては、年齢層が高いほど否定的な回答が多く、年齢層が若いほど肯定的な回答が多かったのである。

よって、意見C「札所巡礼に意味がある」に対しては年齢的な属性がそれなりに作用していることが考えられる。

(四) 年齢と意見D「遍路道の便利化は望ましい」

年齢と意見D「遍路道の便利化は望ましい」の関係は、次の通りである（図12-8）。

ここでも一〇歳代は、実数値が少ないため、考慮の対象から外して考えるが、「大いにそう思う」と答えた割合が高

図 12-8　年齢×意見Ｄ（遍路道の利便化）

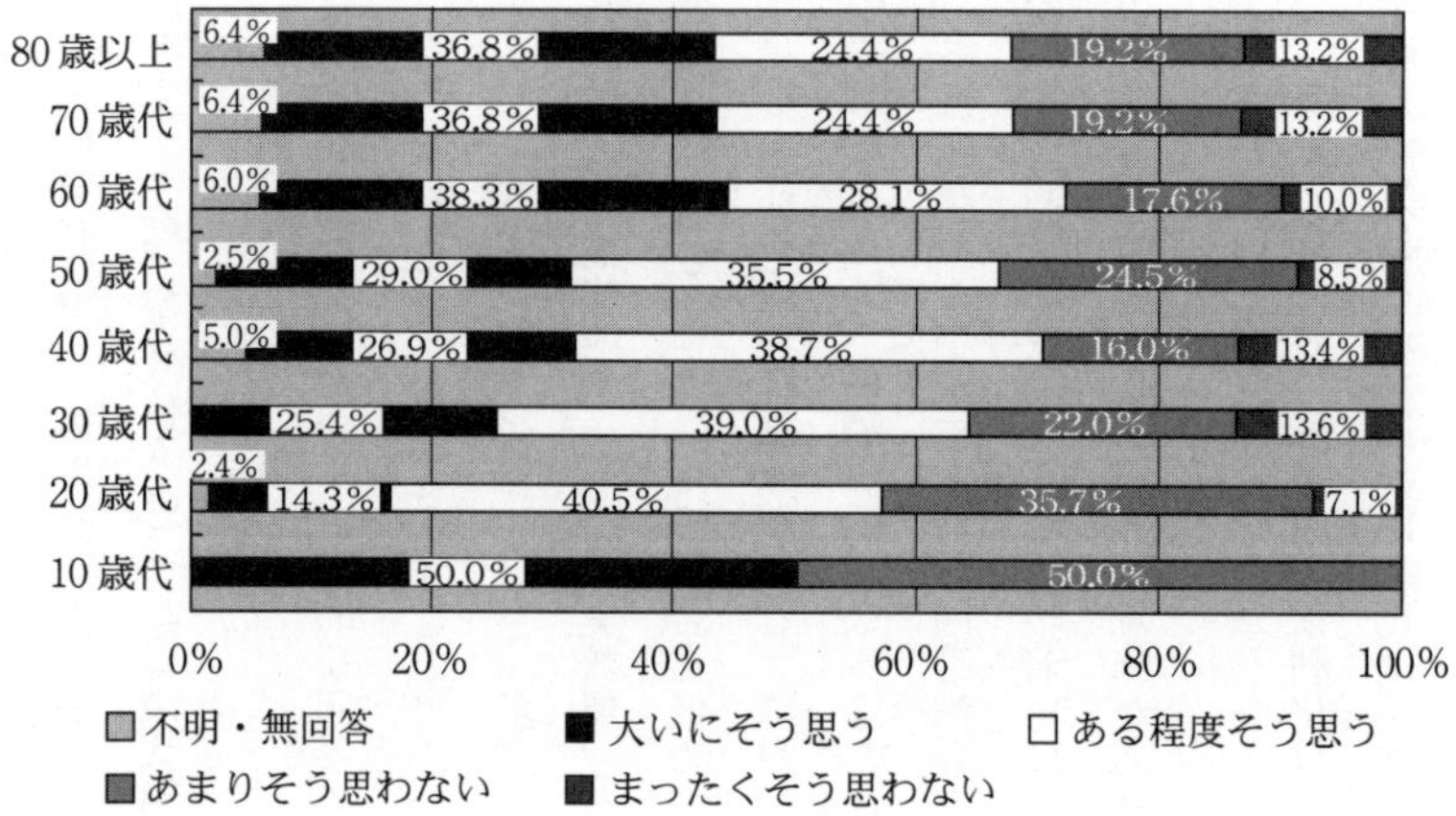

いのは、六〇歳代の三八・三％（実数値一七二）を筆頭に、七〇歳代、八〇歳以上が三〇％台、五〇歳代、四〇歳代、三〇歳代が二〇％台、二〇歳代が一〇％台であった。この「大いにそう思う」に「ある程度そう思う」を加えた肯定的な回答割合は、二〇歳代を除いては、すべての年齢層で六〇％台を示しており、「あまりそう思わない」「まったくそう思わない」の二つを合わせた否定的な回答割合に関しても、二〇歳代（四二・八％）を除いては、ほぼ三〇％前後を示している。

よって、年齢層と意見Ｄ「遍路道の便利化は望ましい」との関連においては、とくに顕著な傾向がみられなかったが、二〇歳代の遍路者の示した割合が他の年齢層と異なる点が注目に値する。

（五）まとめ

年齢層が若いほど意見Ａ「徒歩遍路・道中修行に意味がある」に対して、肯定的な回答割合が相対的に高かった。それとは対称的に意見Ｃ「札所巡礼に意味がある」に対しては、年齢層が高いほど、肯定的な回答割合が相対的に高かった。意見Ｂ、Ｄにおいては、それほど明確な差異がみられなかったが、意見Ｂに関しては全面的肯定という観点からみれば年齢層が高いほど肯定的な割合が高かった。

二　性別と「遍路道に対する考え方」

（一）性別と意見A「徒歩遍路・道中修行に意味がある」

性別と意見A「徒歩遍路・道中修行に意味がある」の関係は、次の通りである（図12-9）。

図 12-9　性別×意見A（道中修行に意味あり）

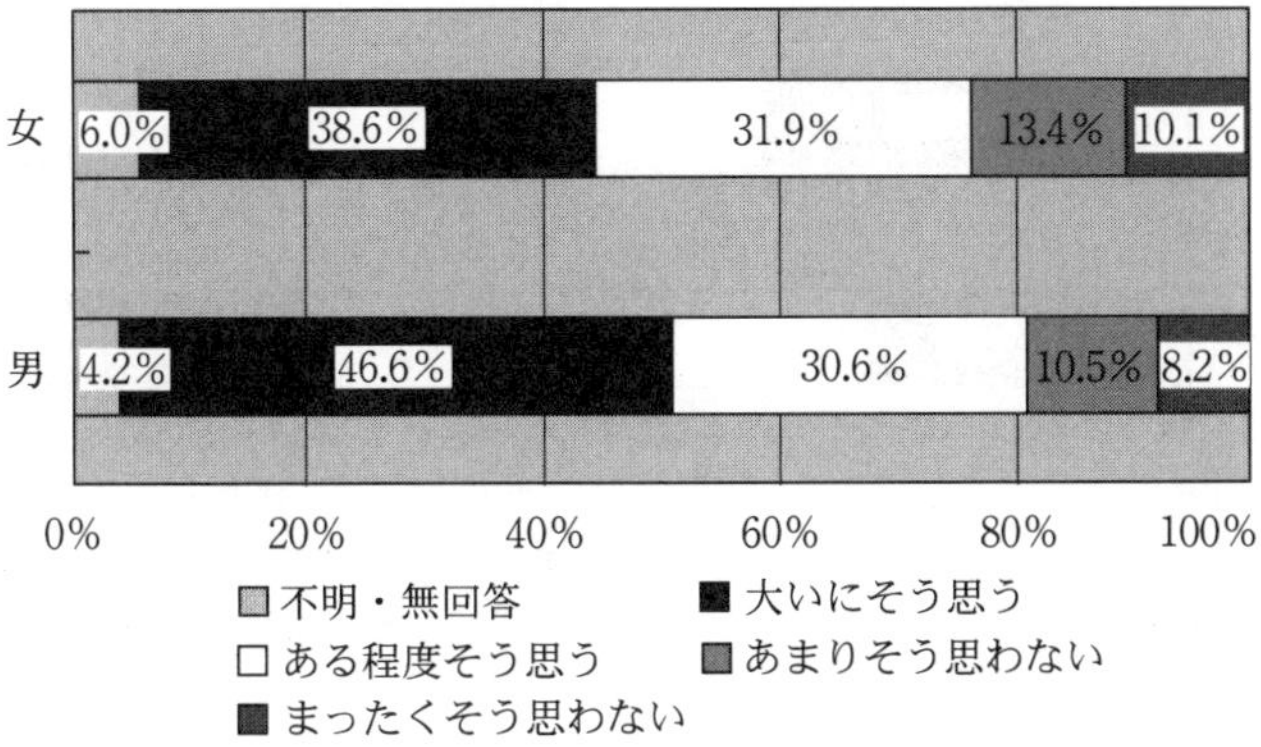

この意見に対して男性が最も高い割合を示したのは、「大いにそう思う」の四六・六%（実数値二七九）で、次いで高い割合を示したのは「ある程度そう思う」の三〇・六%（実数値一八三）であった。両回答割合を合わせると七七・二%（実数値四六二）と八割弱の男性の遍路が、この意見Aに対しては肯定的であることが分かる。それに対して女性がこの意見に対して最も高い割合を示したのは、男性同様「大いにそう思う」であり、その割合は三八・六%（実数値二四〇）であった。次いで高い割合を示したのも、男性同様「ある程度そう思う」でその割合は、三一・九%（実数値一九八）であった。両回答割合を合わせると七〇・五%（実数値四三八）と七割の女性の遍路者が、この意見Aに対しては肯定的であることが分かる。だが、男性によって示された肯定的割合と女性によって示された肯定的割合には、ほぼ一割の開きがあり、男性の遍路者の方が「徒歩遍路」もしくは「道中修行」を肯定する割合が高いといえる。

図 12-10　性別×意見Ｂ（車遍路は合理的）

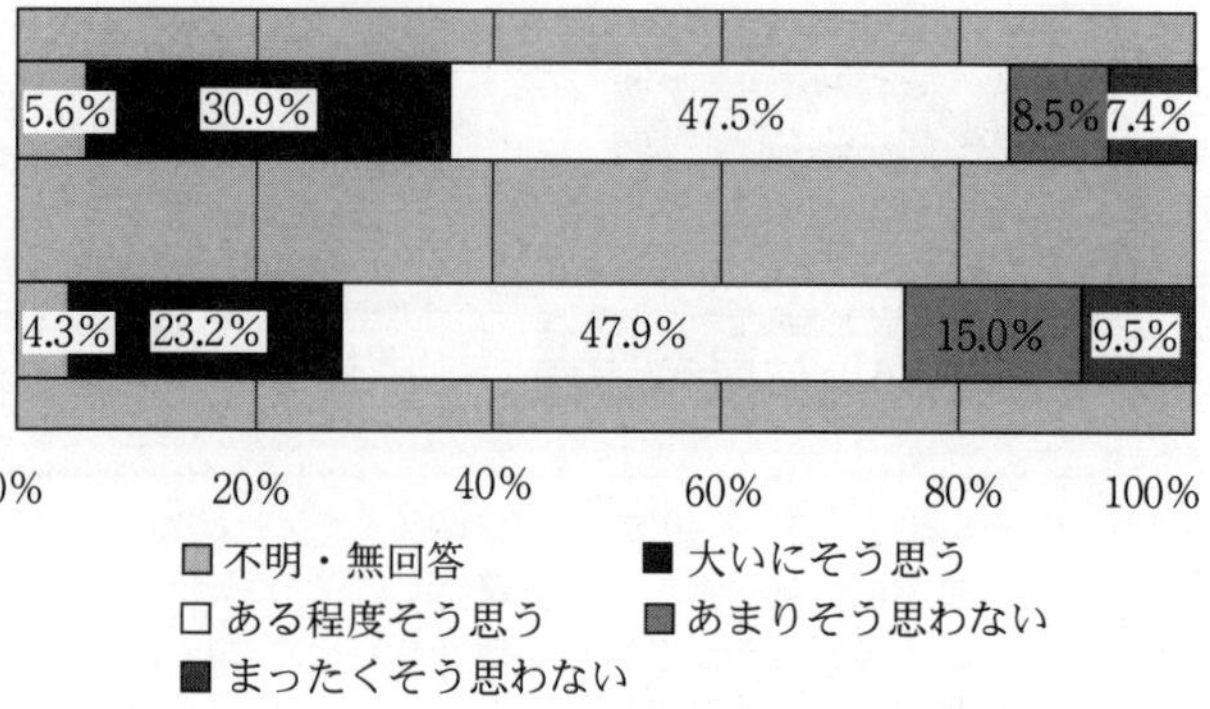

（二）　性別と意見Ｂ「車遍路は合理的」

性別と意見Ｂ「車遍路は合理的」の関係は、次の通りである（図12-10）。

この意見に対して女性が最も高い割合を示したのは、「ある程度そう思う」の四七・五％（実数値二九五）で、次いで高い割合を示したのは、「大いにそう思う」の三〇・九％（実数値一九二）であった。両回答を合わせると七八・四％（実数値四八七）と八割弱の女性の遍路者が、この意見Ｂに対しては肯定的であることが分かる。

それに対して男性がこの意見に対して最も高い割合を示したのは、女性同様「ある程度そう思う」であり、その割合は四七・九％（実数値二八七）であった。次いで高い割合を示したのも、女性同様「大いにそう思う」で、その割合は、二三・二％（実数値一三九）であった。両回答を合わせると七一・一％（実数値四二六）とほぼ七割の男性の遍路者がこの意見Ｂに対しては肯定的であることが分かる。

だが女性によって示された肯定的割合と男性によって示された肯定的割合には、ほぼ一割の開きがあり、女性の遍路者の方が「車遍路」を合理的なものとしてとらえている割合が高い。とくに、この意見Ｂに対する全面的な肯定である「大いにそう思う」の割合は、女性三〇・九％、男性二三・二％とその差が、七・七％と大きなものであるといえる。よって、意見Ｂに対して示された男女の回答割合の差は、全面的な肯定に対する男女の差にあるといえる。

（三） 性別と意見C「札所巡礼に意味がある」

性別と意見C「札所巡礼に意味がある」の関係は、次の通りである（図12-11）。

図 12-11 性別×意見 C（札所巡礼に意味あり）

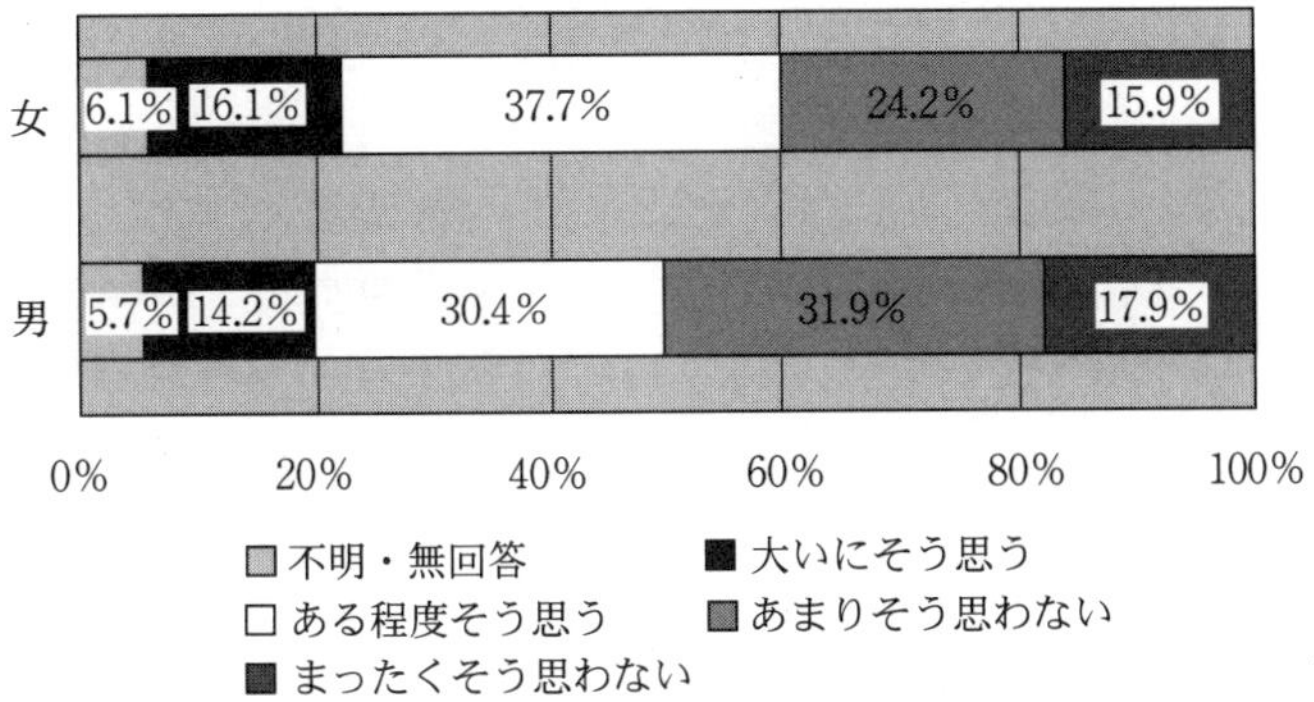

この意見に対して男性が最も高い割合を示したのは、「あまりそう思わない」の三一・九％（実数値一九一）で、次いで高い割合を示したのは、「ある程度そう思う」の三〇・四％（実数値一八二）であった。男性においては、否定的な見解の方が高い割合を示しているといえる。またこの意見Cに対する男性の完全否定の「まったくそう思わない」の割合一七・九％（実数値一〇七）が、完全肯定の「大いにそう思う」の割合一四・二％（実数値八五）を上回っており、男性においては、意見Cをどちらかというと否定的にとらえている割合が多い。

それに対して女性が最も高い割合を示したのは、「ある程度そう思う」の三七・七％（実数値二三四）で、次いで高い割合を示したのは、「あまりそう思わない」の二四・二％（実数値一五〇）であった。また意見Cに対する完全肯定の「大いにそう思う」の割合一六・一％（実数値一〇〇）は、完全否定の「まったくそう思わない」の割合一五・九％（実数値九九）に関してはそれほど差がないが、女性においては、意見Cをどちらかというと肯定的にとらえている割合が多い。

よって、男女の回答割合の違いが示しているように、意見Cに対しては男子が否定的、女性が肯定的な態度を示していることになり、先の意見A、B

とは傾向が異なる。

（四）性別と意見D「遍路道の便利化は望ましい」

性別と意見D「遍路道の便利化は望ましい」の関係は、次の通りである（図12-12）。

図 12-12 性別×意見D（遍路道の利便化）

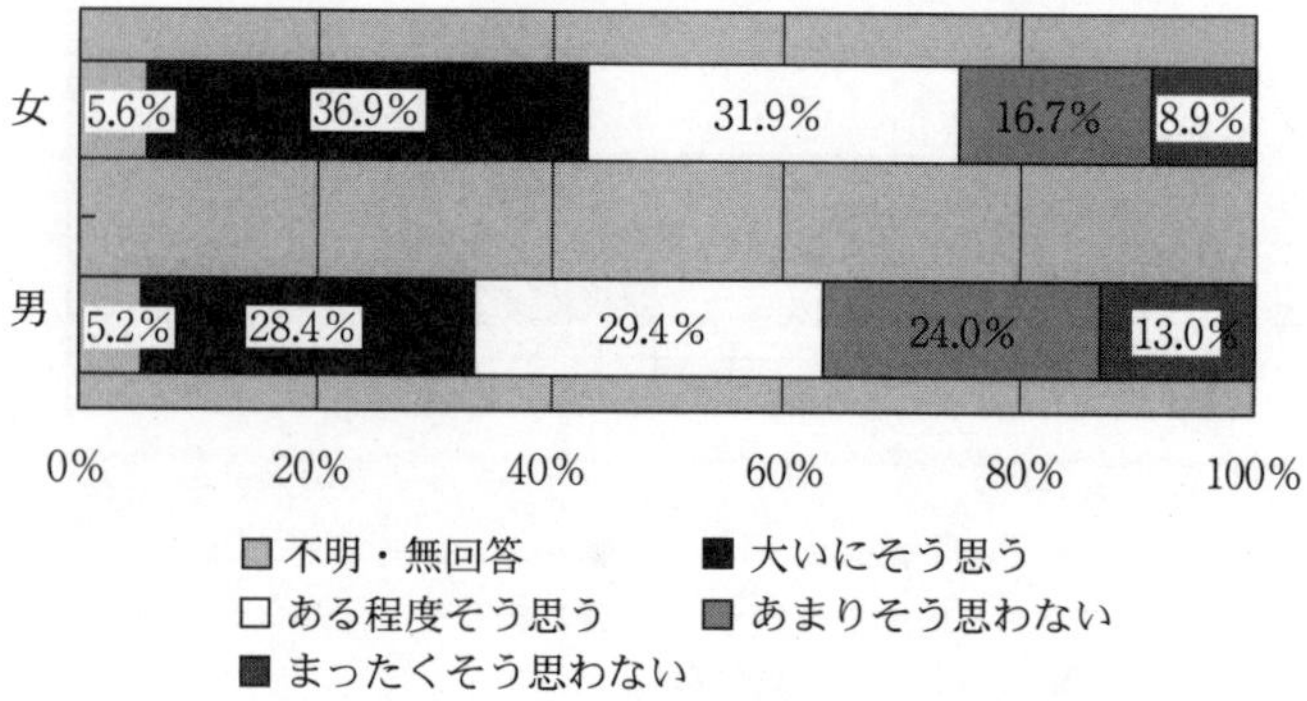

この意見に対して女性が最も高い割合を示したのは、「大いにそう思う」の三六・九％（実数値二二九）であり、次いで高い割合を示したのは、「ある程度そう思う」の三一・九％（実数値一九八）であった。

それに対して男性が最も高い割合を示したのは、「ある程度そう思う」の二九・四％（実数値一七六）であり、次いで高い割合を示したのは、「大いにそう思う」の二八・四％（実数値一七〇）であった。

男女ともに肯定的な回答が過半数を占めてはいるが、女性の方が肯定的な割合が高い。「あまりそう思わない」の割合が女性では一六・七％（実数値一〇四）であるのに対し、男性では二四％（実数値一四四）と女性の回答割合をかなり上回っていることもこのことを裏付けている。

（五）まとめ

意見Aに対しては、男女とも肯定する割合が高いが、相対的には男性の方がより肯定的であるといえる。それに対して意見Bに対しては、男女とも肯定する割合が多いが、相対的には女性の方がより肯定的である。意見Cに対しては男性は否定的、女性は肯定的な割合が高い。そして意見Dに対しては、男女とも肯定する割合が過半数を占めるが、女性のほうがより肯定的であるといえる。全体としては、徒歩遍路・道中修行に対する意識は男性の方が高いといえる。

五 総括

第一節「遍路道に対する考え方」から、遍路者は、一方で「徒歩遍路による道中修行」を肯定している割合が高いが、その一方で車遍路をも肯定している。そこにはおそらく、求められるべき本来の遍路行の理想像と現実に行う遍路との間に乖離が生じている可能性があるのだ。それは、つまり理想と現実のせめぎあいとでもいうべき意識が遍路者らに保持されているとも考えられる。一方では徒歩遍路・道中修行、つまり歩くことを理想としながらも、一方で現実的な遍路行においては、車などによって遍路を行わざるを得ないのである。ここに遍路行に対する錯綜した意識をみることができる。こうした錯綜した意識をより明確に分析するために、現実に歩くことに対応する軸として、遍路行を行う際の実際の移動手段が「歩き」であるかどうかをとり、もう一方の理想としての「歩く」ことに対応する軸として、遍路者らがもつ徒歩遍路・道中修行への意識をとることによって、理論的に遍路に関わる四つのパターンを整理してみると以下のようになる。

フェイズ① 遍路の本来性を歩くことや道中修行に求め、これを実際に歩く（実行派）。

フェイズ② 遍路の本来性を歩くことや道中修行に求めるが、実際には歩かない（理想派）。

フェイズ③　遍路の本来性を歩くことや道中修行に求めることはないが、歩く（イベント派、自己探求派）。
フェイズ④　遍路の本来性を歩くことや道中修行に求めないし、歩かない（観光派）。

こうした四つのパターンを理論的に導出できる。フェイズ①は、第三節二（一）移動手段と意見A「徒歩遍路・道中修行に意味がある」において、徒歩のみの遍路者ほどこの意見Aに対して肯定的な割合が高いことから、ここに対応する遍路者が存在することが理解できる。移動手段と意見B「車遍路は合理的」の関係から、車やバスが中心の遍路者つまり、実際には歩かない遍路者がこの意見Bを肯定していることから、フェイズ④に対応する遍路者が存在することも理解できる。だが、フェイズ②——実際には歩かないが、歩くことに意義を見出す——に対応する遍路者、およびフェイズ③——実際に歩くが、歩くことに意義を見出さない——には、どういった属性を帯びた遍路者らが対応するのであろうか。さらにこうした四つのフェイズそれぞれに対して、遍路者らのどのような属性が、どのような形で対応しているのであろうか。

「年齢と移動手段」との関係から、年齢が若いほど歩いている遍路者の割合が高い。確かに実数値そのものは多くないが、歩いて遍路を行う遍路者そのものが、どの年代層においてもそれほど多くないことを考えると、年齢別割合としては若年層の方が歩いて遍路を行う者が相対的に多いといえる。そこでこうした若年層の遍路者らが道中修行や徒歩遍路をどのようにとらえているのかをみてみると、年齢と意見A「徒歩遍路・道中修行に意味がある」から、若年層の者ほど徒歩遍路・道中修行に肯定的であることがみて取れる。したがって、実際に歩く層として若年層で少数の遍路者を、また歩くことを意識する層として、ここでも若年層を想定しうる。だが、注意すべき点は、若年層である二〇歳代の遍路者らの全面的肯定の割合は二〇%台と他の年代と比べてかなり低い。そのことを考慮して、フェイズ①には二〇歳代を除く若年層の遍路者が、対応すると考えられる。

ちなみに徒歩遍路・道中修行とは逆の車遍路に肯定的な割合は、年齢と意見B「車遍路は合理的」の関係から、車遍路を強く肯定するという点においては、中高年層に多いことが分かる。したがって、歩くことを意識しない層として中高年層が対応することが考えられる。ただしこうした中高年層がフェイズ③に対応するのか、フェイズ④に対応するのかは定かでない。だが、「年齢と移動手段」の関係からみる限り、中高年層がよりフェイズ④に高い割合で対応していることが推測できる。

「性別と移動手段」から、女性よりも男性の方が実際に歩いている遍路者の割合が高い。実数に関しても男性の方が女性よりもはるかに多い。では男性は道中修行をどのようにとらえているのであろうか。性別と意見A「徒歩遍路・道中修行に意味ある」から、男性の方が徒歩遍路・道中修行により肯定的であることがみて取れる。よってフェイズ①には男性の方が女性よりも比較的多く含まれると考えられる。ちなみに、車遍路に肯定的な割合は、性別と意見B「車遍路は合理的」から女性の方が男性よりもその割合が高いことがわかる。実数値に関しても女性の方が多い。さらに「性別と移動手段」から、「車やバスが中心」なのは、女性の方がその割合が高く、実数値においても女性の方が多い。よって、フェイズ④には女性が比較的多く含まれると考えられる。

「年齢と徒歩遍路経験」から、通し打ちありの遍路者は、三〇歳代、二〇歳代、四〇歳代の順にその割合が高い。また、区切り打ちに関しては五〇歳代、四〇歳代、三〇歳代の順でその割合が高い。ここから徒歩遍路経験は、三〇歳代、四〇歳代がその中心を成していることがわかる。では、徒歩遍路経験の有無が徒歩遍路・道中修行に対する意識にどのように作用しているのであろうか。徒歩遍路経験と意見「徒歩遍路・道中修行に意味がある」に基づくと、通し打ちの経験のある遍路者は、この意見に対して九一・七%と非常に高い割合で肯定しており、区切り打ち経験のある遍路者も八七・一一%とこれも高い割合で肯定している。つまり徒歩遍路経験のある者は、相対的に非常に高い割合で徒歩遍路・道中修行を肯定している。ちなみに、若年層である二〇歳代と最高齢層である八〇歳以上の遍路者には、徒歩遍路経験はなかった。これらを総合して考えると、フェイズ①実行派には、若年層でかつ男性が相対的に多く対応するのであるが、そのなかでも二〇歳代の遍路者には、徒歩遍路経験がないと考えられる。そうであるとするならば、二〇歳代の遍路者は、フェイズ①実行派よりもフェイズ②イベント派に位置する可能性が大きい。このことは、年齢と意見A「徒歩遍路・道中修行に意味がある」における、全面的肯定の回答である「大いにそう思う」と答えた二〇歳代の遍路者の割合が、他の年齢層と比べて低い二〇%台であったことからも裏づけられる。さらに年齢と意見D「遍路道の便利化は望ましい」との関係において、二〇歳代のみが、否定的な回答割合が高かった。この否定的回答割合が高いことを、遍路への思い入れの薄さとして考えると、二〇歳代の遍路者らがフェイズ③により対応すると考えられる。

「性別と徒歩遍路経験」からは、徒歩遍路経験は男性の方がその割合が高いことがみて取れた。さらに徒歩遍路経験と意見A「徒歩遍路・道中修行に意味がある」から、徒歩遍路経験者はこの意見Aを徒歩遍路経験のない遍路に比べて肯定する割合が高い。したがって、徒歩遍路経験のある者ほど「歩く」ことへの意識が高いのであるが、この徒歩遍路経験は男性の方が女性よりもその割合が高いのである。よってフェイズ①、②には、徒歩遍路経験があることが対応していると考えられる。だが実際に歩く遍路者は、圧倒的に若年層の男性が多いことを考えると、遍路経験がある四〇歳代、五〇歳代の遍路者は、フェイズ②に比較的多く対応すると考えられる。

移動手段と意見Aからは、当然、徒歩のみの遍路者ほど肯定的であることがわかる。このことは移動手段と意見B「車遍路は合理的」において車やバスが中心の遍路者がこの意見Bを肯定していることと対応していると考えられる。よって車やバスが中心の遍路者らは、歩かないのであるから、フェイズ②、フェイズ④のどちらかに対応することとなる。車やバスが中心の遍路者らの年齢は、相対的に中高年層でかつ女性の方が男性よりもその割合が高かった。よってフェイズ④には中高年で女性が比較的多く対応すると考えられる。

以上を再度整理してみると、フェイズ①には、若年層でかつ男性の遍路者がより多く対応し、フェイズ②には、徒歩遍路経験のある四〇歳代、五〇歳代の遍路者がより多く対応し、フェイズ③には、徒歩遍路経験のない二〇歳代の遍路者がより多く対応し、フェイズ④には、中高年でかつ女性の遍路者がより多く対応することとなる。だが、各フェイズに今述べたような属性をもつ遍路者のみが対応するということではなく、あくまでも典型例として描いたにすぎない。従ってここでの分析でとくに注目に値する点は、徒歩遍路経験の有無が年齢や性別とならぶ重要な属性として機能している点がとくに注目に値する点であるといえよう。

注

（1）早稲田大学道空間研究会編『四国遍路と遍路道に関する意識調査』一九九七年

（2）ある調査によると、四国遍路以外の巡礼においては、もはや徒歩遍路などの道中修行は薄れてしまい、札所巡礼のみが重視されているという。四国遍路における徒歩遍路という道中修行の形態は、他の巡礼とは異なり、突出した意味をもったものであるといえる。

（3）一〇歳代に関しては、その実数値が極端に少ないため、ここでの考察の対象から除外する。

結語　現代四国遍路研究の展望と課題

本書で試みようとしたものは、現代社会のコンテクストと道の社会学のパースペクティヴから、われわれが一九九〇年代に実施した一連の調査データをもとに戦後以降の現代四国遍路の基礎的実態を把握整理し、その特徴や問題点を明らかにしようとしたことにある。その際、現代四国遍路の全体的で巨視的な動向把握に主な分析照準が合わされている。もちろん、全体的な動向把握とはいえ、そこでとらえられたものは、現代四国遍路文化の一断面にすぎないことはいうまでもない。「道空間」の視点からアプローチするというわれわれの比較的限定された戦略的パラダイムからしても、その限界は明らかである。他方では、よりミクロなスタンスからのアプローチが希求される点もあるだろう。

ところで、これまで、四国遍路研究においてはその歴史研究が中心テーマとして措定されてきた。したがって、歴史学、民俗学、宗教学等のアプローチにおいて典型的に取り扱われてきたのは、主として平安期から江戸期までの中世・近世史においてであった。近現代の遍路習俗に関する研究は、一部の研究を除けば、十分に取り扱われてこなかった印象はぬぐえない。戦後以降の現代遍路研究となると、こうした事情はさらに決定的なものとなる。その意味で、星野英紀『四国遍路の宗教学的研究』(二〇〇一年)は、いわば遍路研究史上のミッシングリングとしてある近現代遍路を集中的に扱った重量級の研究として、記念碑的な研究成果といえよう(1)。近現代遍路研究は、ようやくその緒についたばかりの研究領域といえるのである。この点で、本書にささやかながらも意義があるとするなら、タイムスパンをさらに戦後以降の現代的位相に絞り、現代遍路をズームアップして論じた点にあると思われる。

とはいえ、本書で使用されたデータが、遍路文化の現状をどの程度反映しているものであるかについては、一定の留保が必要であろう。世紀の転換期におけるこの数年の四国遍路のブーム的活況は、かなりの程度、遍路の現場を急速に変えつつあると思われるからである。調査データが現状に追いついていかない点も少なくないだろう。

なぜ、現代遍路であるのか。一二〇〇年前後も続くといわれる四国遍路がそれほどに変化しない、いわば冷い文化であるなら、現代四国遍路研究に積極的な意味は見出せないかもしれない。この場合には、むしろ、激変する現代社会状況においても、なお、四国遍路が、なぜ変わらずに再生産され続けることができるのかが問われるべきであろう。しかしながら、実際には、四国遍路の文化が、とりわけ現代にいたって、急速に変容しつつあることは疑いない。一方においてその骨格部分を十分によく継承しつつも、他方においては、戦後以降の比較的短期間のうちに急激にその姿を変えつつある側面を強くもっているのである。車遍路の問題は、その最たるもののひとつであろう。遍路全体の数も歩き遍路も、急増の一途をたどっているのである。

もとより、四国遍路の習俗は、草創以来、長い期間を経てさまざまに変容してきたに違いない。札所の構成も、遍路する階層も、地元地域社会も、長い時間をかけて大きく変容してきたことは事実である。とりわけ、江戸期における遍路文化の民衆化による習俗変化は画期的なものであったに違いない。遍路史における宥弁真念の登場は、その意味で決定的な意味をもつものであった。

しかし、現代における変化は、その速度・範囲・質において、変化のオーダーがまるでこれまでとは異なっているように思われる節がある。近代以降の西欧文明の文化的インパクトを中心として、遍路文化は、相当程度に形態変化を余儀なくされているとみられる。世俗化、合理化、個人主義化、車社会化、組織化、消費化、情報化、余暇化、都市化、高齢化、リスク化、グローバル化等々の諸ベクトルが、社会全体に作用して、遍路主体の変化ばかりでなく、札所の対応や地域社会の対応をも大きく変えて今日にいたっていることは明らかである。

現代遍路文化の生成は、遍路文化の基本マトリックスを継承しつつも、内的諸装置がこれまでにないドラスティックな変動期を迎えつつある可能性を予感させるものである。われわれのスタンスは、目下のところ、この継承されつつも急速に変容しつつあるという二面性をもつ現代四国遍路の存立と再生産の社会過程を、「現代社会（時間）と道（空間）」の文脈から、把握しようとするところにある。

そこで、現代四国遍路の諸過程を概観するなら、われわれの立脚点からみて、現代遍路文化の理解にとっては、次のような遍路諸局面についての観察と洞察は避けて通れないものに思われる。

一　遍路社会の構成と社会過程
二　遍路文化における宗教的シンボリズムの持続と変容
三　遍路空間の再生産

以下、各課題について、約言してみたい。

一　遍路社会の構成と社会過程

現代の四国遍路文化は複雑である。その主たる原因のひとつは、遍路文化に参与するエージェント（主体）の多様性とその複雑なネットワークにある。遍路文化の基盤となる遍路社会の構成が複雑で流動的な社会システム（遍路社会）により成立しているのである。(2) 草創期や初期の遍路文化は、主として、修行僧などの特定階層を中心に、札所関係者（僧侶階層中心）や少数の奇特な善根宿など地元社会の一部関係者の積極的参与からなる比較的素朴で単純な社会関係を母体に成立していた。現代の遍路社会は、もはやそのように単純なものではない。

なによりも、遍路主体自らが多様な諸階層からなり、画一的で一枚岩的な存在ではない。観光遍路から修行遍路、車遍路から歩き遍路、通し打ち遍路から区切り打ち遍路など、あるいはその遍路動機も遍路行形態もまちまちである。札所も八十八ヵ所にとどまらず、上位組織（霊場会）を結成し、これに加えて別格霊場（別格霊場会もある）や各種の番外札所など多様で重層的な関係者からなる。さらには、地元社会も、接待・善根宿関係者はいうに及ばず、遍路相手の食堂・コンビニ・ドライブインなどの沿道商店などが重要な役割を演じている。また、遍路道の維持管理に関わりながら地域おこしを模索するなど、国・県・市町村の行政機関の関わりも増大する一方である。

同様に、遍路宿やビジネスホテルなどの専門宿泊業者、遍路用品関連業者、バス・飛行機・鉄道などの旅行交通関連業者などが、「遍路市場」の重要な経済主体として介在している。また、これら経済主体は、単なる経済単位としてのみならず、遍路文化の宗教的シンボリズムの継承にも一定程度の機能、時には重要な機能を果たしている場合が少なくない。さらには、現代遍路イメージを左右するポテンシャルをもつ遍路番組放映のＴＶ局や、遍路ガイドブックや関連書籍出版などに従事するマス・メディア関係者の存在も現代遍路文化の大きな特徴である。そして、多様な遍路団体やインターネットのオンラインコミュニティをはじめとする各種の遍路関連の自発的結社などを想起するなら、現代の遍路社会に積極的に参与している関係者は枚挙に暇がない。

こうして、多数の関係者による複雑で流動的な社会システムを母体に、現代遍路文化は形成されているのである。かつての遍路文化には決してみられないほど大規模にかつ緩やかに呼応し合う多様なエージェントが現代遍路文化を構成している。この流動的で複雑に関連し合うエージェントのいずれの部分が、現代遍路文化生成のヘゲモニーを握っているのかいないのか。あるいは、V・ターナーのいう巡礼集団のコミュニタス的特質が、いかなる程度に反映されているものなのか。複雑になればなるほど遍路社会の平等性と階層性の特質が、問われるべき課題となろう。

加えて、全体社会の情報化やグローバル化が進展すればするほど、遍路関係者は増殖し、遍路社会はますます複雑化して巨大化する一方であろう。たとえば、遍路道の文化遺産化運動の成り行き次第によっては、グローバルレベルのエージェントの積極的な関与の可能性も否定できない。そのとき、遍路文化は、公認された世界文化の一翼を担うことになるのである。R・ロバートソンのいう「グローカリゼーション」の典型的事例となるのであろうか。(3)

このように多様なエージェントが、互いにどのような社会関係や意味を生成しつつ現代遍路文化を構築しているのか、その注意深い観察が要求され、また、これらエージェントが現代遍路文化においてもつ位置とその意義が問われねばならないだろう。そのためには、第一に、どのようなエージェントが直接間接に関与しているかを析出することが肝要である。第二に、これらの多様な各エージェントの意識と行動水準を見定める必要がある。そして第三に、これらエージェント相互のコミュニケーション過程、および相互の顕在的あるいは潜在的な位置と機能関係が明らかにされなければならない。このようにして、現代遍路社会の様相を検証しつつ、その意味合いについて吟味する必要があると思われる。

二　遍路文化における宗教的シンボリズムの持続と変容

現代遍路文化における宗教的シンボリズムの中心テーマは、広く一般的には、遍路における宗教的シンボリズムそのものの持続と変容の問題であり、より特殊的には、弘法大師信仰の現代的継承の問題である。また、これらの宗教的シンボリズムを担う各種のエージェント間におけるシンボリズムの共有と齟齬の問題がある。遍路をめぐる宗教的シンボリズムの分布様態は、多様なエージェント構成になればなるほど一様ではない。

現代遍路の特徴として指摘される問題のひとつは、直接的な宗教的動機をもたない遍路主体の登場である。あるいは、主観的には弘法大師信仰に無縁の歩き遍路の出現問題がある。いわゆる「ニューエイジ」の遍路、または「哲学的遍路」等々と指摘される新類型の遍路の登場は、単に現代遍路に特徴的な一類型の誕生を意味するばかりではない。四国遍路の伝統的な宗教的シンボリズムを根本から揺るがす問題を孕んでいる現象である。

たしかに、観光遍路やスポーツ的遍路などは、戦前にもその存在が垣間みられてはいた。(4) しかし、一方では、それでもなお四国遍路における信仰的意味世界をそれなりに認識し、受容していた側面を濃厚に合わせもっていたように思われる。しかし、近年のウォーキング・ブームに触発され、いわば、ウォーキング・スポットの道場破り的な動機をもつ遍路や、全国バイクツーリングの一環として四国を巡るバイク遍路などの諸日記にみられる動向は、たしかに、宗教的関わりを微塵も感じさせない一部遍路の登場を物語っている。

とはいえ、彼らの遍路行に、宗教的要素や聖性に関わる経験が皆無かといえば、必ずしもそうではない。伝統的な宗教的シンボリズムではないが、未発達ながらも何がしかの宗教的ニュアンスのある世界や特異な経験に逢着するケースが少なからずみられるのである。出立時には宗教的意味合いに無縁でも、結願時には止めどもなく流れ出る涙に咽びつつ広大な世界の存在を感得するような遍路も少なくない。ここには、四国遍路をめぐる新たな宗教的経験とシンボリズムの可能性がみえ隠れしているように思われる。現代特有のこのような問題についての慎重な検証と洞察が必要である。

他方では、歩き遍路といえども、弘法清水の聖跡よりは、沿道自販機の飲料水やペットボトルの水に依存する。また、通夜堂で大師と一夜を共にするよりは、快適な一般旅館や民宿に泊まって先を急ぐのが一般的となっている。片や、沿道住民による接待も、必ずしもすべて遍路がすなわちお大師様であるからと思念されて実践されるわけでもない。札所宿坊においても、昔ほどの厳格な朝夕の勤行が遍路を待ちうけているとは限らない。行政における「四国の道」は「遍路道」と重なりつつも微妙に乖離し、弘法信仰シンボリズムからの脱却を促しているようでもある。このように、現代遍路における弘法大師信仰は、一見、その生命力を弱体化させているかのようにもみえる。

だが、子細にみるなら、次から次へと開発される各種遍路用品に多数みられる弘法大師の御影やデザイン、大師と衛門三郎説話を巡る多様な現代的文物(絵本や民謡カセットなど)、頻繁に催される空海展覧会や大師関連番組・映画などのメディア作品、時折、新たに創生される「弘法清水」スポットやペットボトルの「大師の水」商標など、形を変えて、弘法信仰シンボリズムが現代的により強く再生産されている状況もある。

このように、現代遍路文化における宗教的シンボリズム一般のあり方や弘法大師信仰シンボリズムのあり方が、大きくゆらぎ始めていることは否定できない。この「ゆらぎ」が新たな秩序(現代的宗教シンボリズムや新たな弘法信仰)を形成することになるのか、あるいは、伝統的宗教シンボリズムに結局は帰着することになるのか。はたまた、宗教的シンボリズムを多様に分岐させることになるのか、それとも次第にこれを消滅する方向に導いているのか。

この問題こそ、現代の遍路文化において、強く問われている課題のひとつであるように思われる。四国遍路が、弘法大師縁の聖跡を巡る「聖なる旅」だとする、根本的伝統の継承に関わる問題であり、その行く末が注目される所以である。これらシンボリズムの持続と変容の過程がよく吟味されるには、遍路、札所、地域、行政、業者、そしてメディア産業など多様な個々のエージェントに関わる事例を丹念に追究精査して行くほかはない。

道の社会学のスタンスからは、現代遍路空間の再生産過程が注目される。すでに、他章において指摘したことであるが、遍路空間は、主として、機能的に空間分化した札所空間・遍路道空間・休息空間の三下位空間からなる。われわれの見立てでは、現代遍路空間において、札所空間は大規模な変化はないものの、遍路道空間は、戦後以降の車社会化にともない大きな変容を迫られ、複雑な構成を強いられて今日にいたっている。これに対して、休息空間は、世俗化のプロセスとともに相対的にその比重を増しつつ、独自の空間形成を行ってきた。これら三空間の力学的な分布構成とその再生産過程の問題がまず第一に重要である。

個別的に概観すれば、札所空間では大規模な変容はないものの、諸堂宇の改築、駐車場整備、トイレ・売店・宿坊などの新・改築等において、ある程度の空間変容が進行してきた。とりわけ、戦後以降の現代において、おそらくは、資金的環境変化によって、境内空間変容がいちじるしくなったものと思われるのである。今日、札所の諸堂宇改築風景に出くわすのは日常的出来事になった。

このことにより、一方において札所が本来有していた聖なるシンボリズムが強化されるとともに、他方においては、世俗化が進展した側面があるのも否めないだろう。たとえば、大師堂を売店部分が遮るがごとき改築のような事例はその一例である。大資本が門前を改変して風景を一変させた札所例もあり、関わるエージェント相互の複雑模様を彷彿とさせる個所もある。しかし、札所空間の変容過程をつぶさに探索するには諸種の事情からくる限界もあるだろう。

他方、一四〇〇キロにも及ぶとされる遍路道空間については、一方における車道化の優先と、他方における歩き遍路道の部分的復活がその主要な現代的帰結である。このことにより、道中修行の意味は一変したのである。この問題は、本書全体において深く関わる次元のものである。

ところで、遍路道空間は、あまりにも長距離に過ぎて、その変容過程の子細を把握することは容易なことではない。また、道空間がもつ多機能的な点からみても、多様な視座からのアプローチが可能であり、さらには、遍路道の開発（変更）、利用（意味づけと行動）、維持管理などの各側面から、現代遍路文化に特徴的な再生産過程に着目する必要があるだろう。

なかでも、遍路道に対する多様な自発的結社の関わりや行政による近年の関与は、とくに注目されてよい。きわめて多くのエージェントによるボランティア精神や接待精神に基づく遍路道に対する心温まる活動事例は、道空間一般の復権と再生の可能性を着実に広げるものである。これらの事例に学ぶべきところは多い。

また、とりわけ、遍路道の世界文化遺産化をめぐる近年の多様なエージェントによる動向については慎重に見極める必要があるだろう。遍路道を重要な地域資源のひとつとして認識する四国全体の地域づくりや、各県、各市町村における多様な地域づくりの試みについて、息の長い長期的観察が必要に思われる。

他方、休息空間は、時代の進行とともにその相対的独立空間性を次第に強化し、現代遍路文化においては、決定的に重要な空間装置となりつつあることは明白である。たとえば、遍路行における宿泊施設の快適化へのあからさまなニーズとその動向は、遍路行の世俗化の問題でもあり、日常生活における消費論理の徹底でもある。遍路の苦行性をかなりの程度に無効化するベクトルであり、遍路における宗教的シンボリズムの変容にも関わる問題でもある。

休息空間の問題はまた、遍路道空間の変容問題（たとえば、本四架橋）や遍路時間（リズム）の問題（春遍路など）にもリンクしている。そのため、一方では、一部休息空間の市場的基盤を揺るがす事態や新休息空間生成の事態も進展している。多様な形態の遍路宿や寺院宿坊運営、あるいは現代の善根宿や新しい遍路屋に関する動向は、等閑に付すことのできない問題を孕むものである。

最後にインターネットやケータイなどの新しいデジタル・メディアが遍路空間の存立と変容に与えるインパクトの問題が次第にリアリティを増していることに着目せざるを得ないだろう。これらの新メディアの提起する問題は、空間分化とは反対の空間脱分化あるいは空間圧縮、さらには「聖地の移動」の問題である。

以上のように、現代遍路空間をめぐって、追究すべき課題は多い。これらの課題を前提にして、全体的には、次のようにいいうるだろう。すなわち、時間-空間の圧縮といわれるポストモダンの状況において、[5] 四国全体の現代遍路空間がもつ文化的意義について、その細部の下位空間の変容過程とともに考究することが、今、求められているのではないだろうか。

注

(1) 星野英紀『四国遍路の宗教学的研究』法蔵館、二〇〇一年

(2) 「遍路社会」という用語は、長田攻一による命名である。この種の概念がきわめて重要であるのは、「遍路者中心」（巡礼者中心）のパースペクティヴから、「コミュニケーション過程中心」（巡礼社会過程中心）のパースペクティヴへのパラダイムシフトを意味するからである。つまり、遍路主体ばかりでなく、札所や沿道地域住民その他のエージェントをも同等に視野に入れ、流動的で緩やかな現代遍路文化を扱う場合の基盤となる社会的ネットワークに関する視点が、不可欠であるとの認識による。

(3) R・ロバートソン（阿部美哉訳）『グローバリゼーション：地球文化の社会理論』東京大学出版会、一九九七年を参照。

(4) たとえば、吉田初三郎『四国八十八ヶ所霊場案内及名勝史蹟交通鳥瞰図』一九四四年の後書きを参照。

(5) D・ハーヴェイ（吉原直樹訳）『ポスト・モダニティの条件』青木書店、一九九九年、第三部を参照。

四国遍路の戦後史（年表）一九五一〜二〇〇一

四国遍路は戦後、モータリゼーションの拡大により、大きくその姿を変えた。旅行会社、バス会社による順拝バスの登場や、マイカーの普及などで車利用の遍路が増え、巡拝者数も大幅に増加し、年間一〇万人以上という規模に達した。

本年表は、そのようなマスプロ的四国遍路時代の半世紀に関する主な出来事をまとめたものである。とくに、交通、観光、メディアそして関連団体の動きに焦点を当て、戦後の四国遍路の拡大プロセスを一覧することを目標としている。そのため、個々の札所寺院や番外札所などの事項は除外したものが多い。

ベースになっているのは早稲田大学道空間研究所が一九九四年に出した報告書『現代社会と四国遍路道』に添付された年表である。これに大幅に加筆した。とくに一九八七年以降の事項に関しては、（財）国際宗教研究所・宗教情報リサーチセンターを通じて公開されている『宗教記事データベース』収録の新聞記事を参照することにより、大幅に充実させた。なお、新聞記事に関しては、この他にも朝日新聞 Digital News achives（一九八四年八月以降）、および毎日 News パック・毎日新聞記事データベース（一九八七年一月以降）を適宜参照した。

西暦	項目	出典
一九五一	○道路運送法改定（昭和二六年法律一八三号）。「一般貸切旅客自動車運送事業」として貸切大型バスの運行が可能に	道一九九四　七六
一九五二	○新道路法制定。国道の指定延長が四倍になり、高速自動車国道の位置づけも明確化	道一九九四　四一
一九五三	○伊予鉄（本社・松山市）巡拝バス第一号。費用一万三六〇〇円、一六歳から七五歳の男女一二名ずつが参加	道一九九四　七六
	○コトサンバス（本社・丸亀市）も巡拝バス開始か	道一九九四　八二
一九五六	○瀬戸内バス（本社・今治市）巡拝バス開始	道一九九四　七六

	○この頃、四国八十八ヶ所霊場会成立〔※一九六四年とする報道もある〔毎日（大阪）一九九三／一〇／一夕〕〕	道一九九四　二一
一九五七	○「国土開発縦貫自動車道建設法」自動車専用道路の建設開始	道一九九四　四一
一九六一	○名簿確認できる最古の公認先達（※先達制度の施行は霊場会発足の一九五六年からこの年までの間と推定される）	道一九九四　二七～二八
	○この頃には、伊予鉄、瀬戸内バス、徳島バス（本社・徳島市）、徳島市バス（本社・徳島市）、四国交通（本社・徳島県池田町）各社が巡拝バスを運行	浅川一九九九　四
一九六二	○四国各県の国、県道の現況は、改良率一五・三（三〇・七）%、舗装率八・三（一三・四）%。※三／三一現在、カッコ内は全国平均	徳島新聞の連載記事「悪路三千キロ」（一九六三）を元に筆者算出
	○内閣総理大臣池田勇人、鍵田忠三郎『遍路日記—乞食行脚三百里』に序文をよせる	鍵田一九六二
	○全国総合開発計画	
一九六四	○東京オリンピック開催（一〇／一〇～二四）	朝日（大阪）一九九六／五／一四夕
	○東海道新幹線開業	
	○八栗ケーブル開業	
	○文化財保護委員会「四国八十八ヵ所を中心とする文化財調査」（一九六七年まで）	近藤一九七一　一五
一九六六	○「国土開発幹線自動車道建設法」地域バランスのとれた高速道路網の基本計画	道一九九四　四二
	○同法により四国縦貫自動車道（徳島—松山—大洲）と四国横断自動車道（高松—高知）の予定線が決まる	道一九九四　五一
	○別格二十霊場会発足	道一九九四　三二
	○遍路を終えた八代目市川団蔵、淡路沖で入水自殺	
一九六八	○厚生省国立公園部「自然歩道整備計画構想」	道一九九四　四六
一九六九	○新全総〔新全国総合開発計画〕	

	○東名高速道路（東京―小牧間三四六・七キロメートル）開業 ○この年、四国遍路の巡拝者数は一万四二五七名（西国巡礼は三万〇四一二名）	前田一九七一　二、五二
一九七〇	○日本初の長距離自然歩道である東海自然歩道が整備される ○大阪で日本万国博覧会開催（三／一四～九／一三） ○本四連絡橋公団発足	道一九九四　四六 道一九九四　五一
一九七一	○環境庁発足	
一九七二	○四国遍路の全行程（一番からの環状路）は歩行計で一三八五・六キロメートル	田中一九八三　八二
一九七三	○大師生誕一二〇〇周年。この年、のべ年間一八万人の遍路が訪れたとされる ○「ろくにお参りもせずに、納経帳に朱印だけをもらう〝スタンプ遍路〟など、マナーの悪い人もどっと増えました」（コトデンバスM氏） ○第一次オイルショック	道一九九四　八二 道一九九四　八二
一九七四	○国土庁発足	
一九七七	○第三次全国総合開発計画	
一九七八	○「四国のみち保全整備計画研究会（環境庁）」「四国のみち保全整備計画調査委員会（建設省）」がそれぞれ発足 ○日曜遍路バス運行	道一九九四　五三 道一九九四　一〇三
一九七九	○建設省版『四国のみち保全整備計画調査報告書』 ○五六番泰山寺が機関誌『同行新聞』発行開始	道一九九四　五六
一九八〇	○建設省ルート整備開始 ○環境庁版『四国のみち保全整備計画調査報告書』	道一九九四　六一 道一九九四　五五
一九八一	○この頃、第一回全国先達大会開催か？（資料からの推定） ○四国自然歩道（「四国のみち」環境庁ルート）整備開始	道一九九四　一〇三 道一九九四　四七
一九八四	○大師入寂一一五〇周年。この年、四国遍路巡拝者の数は約一五万人に達したといわれる	山本一九九五　二五〇

	○伊予鉄『へんろ新聞』発刊	道一九九四　二四
	○第四回先達大会（約九〇〇名）	道一九九四　三〇
一九八五	○伊予鉄巡拝バス、年間運行数九五五台に	道一九九四　八六
	○第五回先達大会（約一〇〇〇名）	道一九九四　三〇
	○第一回関西先達大会開催（二〇〇名）	道一九九四　二八
	○霊場会『へんろ新聞』に告知板掲載開始	道一九九四　二四
	○NHKドラマ「花へんろ」放送（第二章八六年、第三章八八年）	
一九八七	○竹下首相、所信表明演説で「ふるさと創生」論を提唱	朝日（DNA）一九八七／一一／一九
	○この年、四国遍路巡拝者数は約四万六〇〇〇人。四〇年代から三倍強に増加	前田一九九三　一九九
	○西国巡礼巡拝者数は昭和五二年からの平均で七万三五九六人。四〇年代から二倍強に増加	前田一九九三　一九九
	○四国霊場会「四国八八トイレプロジェクト」発足	道一九九四　二四
	○第一一回愛知先達研修会（三〇〇名）	道一九九四　二九
	○第三回関西先達研修会（二〇〇名）	道一九九四　二九
	○「総合保養地域整備法（リゾート法）」（公布六／九、施行一二／五）	
	○四全総（第四次全国総合開発計画）	
	○霊場会「瀬戸大橋博八八見物と四国霊場八十八カ所めぐり」のPR	四国一九八七／九／二八
	○雲辺寺ロープウェイ開通	日経一九八八／四／一四夕
一九八八	○瀬戸大橋（本四連絡橋・児島—坂出ルート）開通	
	○伊予鉄バスで新企画「四国八十八ヶ所全周と一部歩き遍路」登場	関一九九九　七一
	○松山市の寝具商、宮崎建樹さん「へんろみち保存協力会」づくりを呼びかける	朝日一九八八／四／一三
	○八十八ヵ所のトイレの実態調査では、くみ取り式七割、男女兼用三割余、身障者や高齢者に配慮した手すり付きは約一割	毎日一九九〇／九／二六
	○竹下内閣「ふるさと創生一億円事業」。全国三二四五の全市町村に一律一億円の地方交付税を配分	朝日（DNA）一九八八／一一／三〇

一九八九	○四国のみち環境庁ルート、全体計画を完了	道一九九四　五六
	○四国のみち建設省ルート、整備率は六割弱に留まる	道一九九四　六一
	○観光客約四〇〇人へのトイレ・アンケート調査では、「汚い」「あまりきれいではない」が過半数を占めた	毎日一九九〇／九／二六
	○新四国曼陀羅霊場、開設	徳島一九八九／一一／二六
一九九〇	○柳水庵から一本杉庵にかけての一・二キロメートルの遍路道、「間伐促進強化対策事業」での拡幅工事に着工。議論をよぶ	徳島一九九一／三／一九
	○四国横断自動車が霊山寺周辺を通過する県土木部長の私案（一九八九年二月）に対し、住職らが反対運動を展開。一ヵ月で五万人の署名を集める	四国一九九〇／五／九
	○霊山寺住職らは約二万八〇〇〇人の署名を添えて県庁を訪れ、四国横断道のルート変更を陳情した（七／二）が、県側は変更の考えがないと回答	徳島一九九〇／七／二夕
	○へんろみち保存協力会編『四国遍路ひとり歩き同行二人』初版発行	道一九九四　九〇
	○NHKドキュメンタリー「聖路・左幸子四国遍路一三六〇キロ」（八／二一）放送	朝日一九九〇／八／二一
	○トイレ研究会と東京の町づくり後援団体の提案を受けて、六番安楽寺にモデルトイレ着工	毎日一九九〇／九／二六
	○四国霊場会「花の遍路道」計画、各霊場にバーベラテネラを植える	道一九九四　一〇三
	○五六番泰山寺『同行新聞』廃刊	
一九九一	○へんろみち保存協力会の実践活動「へんろ道歩こう会」発足	道一九九四　九三
	○一月現在の先達数は五二三三名	道一九九四　二八
	○四一番龍光寺の事務データからみる年間巡拝者数は約七万九〇〇〇人	道一九九四　三六
	○四全総の「高企画幹線道路網計画」を受け、横断道の高松―阿南、須崎―大洲間の延長が決定。8の字ルートに	道一九九四　五二
	○霊場会公認先達アンケートによれば「トイレ改善を望むもの七二・七％」	道一九九四　二四
	○「お坊さんからは『お前らバス屋は霊場を食い物にしている。修行を観光化した』と、よくおしかりを受けます」（コトデンバスM氏）	道一九九四　八二
	○近年巡礼者で賑わう篠栗新四国（福岡県）では、マイカー巡礼のため宿泊客が減少。旅館の転廃業が相次ぐ	読売（小倉）一九九一／一〇／二夕

	○高野山三宝院「弘法大師坐像」などを展示した「弘法大師空海の世界展」、各地で開催	高知一九九一／四／一三夕
一九九二	○『先達必携』一部改正。八十八の論拠など基本的な事項の意味統一を図る	道一九九四　二七
	○六四番前神寺の納札からみる年間巡拝者数はおよそ一一万五〇〇〇人（『月刊へんろ』平成五年四月一日号）	道一九九四　三七
	○伊予鉄巡拝バス、開業四〇周年、年間一〇〇〇台、約三万人の巡拝客を運ぶまでに成長	愛媛一九九二／三／六
	○六番安楽寺にモデルトイレ完成	道一九九四　二四
	○太龍寺ロープウェイ開業	朝日（大阪）一九九六／五／一四夕
	○「徳島県観光動向調査」（九／二〇〜一〇／三一）で、一一・五％が周遊地に「四国霊場」と回答	『平成五年報告書』（徳島県）
	○三〇番札所問題、最高裁は「安楽寺住職が善楽寺住職を兼ねる」と判決	毎日（大阪）一九九三／一〇／一夕
	○四国の一般国道の現況は、舗装率七七％（八八％）、改良率七八％（八八％）。この他、とくに指定外一般国道、県道、市町村道の整備は遅れている。※括弧内は全国	道一九九四　四八〜四九
一九九三	○第一三回先達大会。納経料の値上げ、三〇番札所問題が重要議題	道一九九四　三〇
	○善通寺にて行われた先達研修会で新任四五五名、昇補六五〇名	道一九九四　二九
	○「第一一次道路整備五ヵ年計画」では「ゆとり社会」の実現が基本方向に（平成五年度版『建設白書』）	道一九九四　四三
	○三〇番札所問題解決。両寺院の檀家総代の話し合いにより翌年一月から善楽寺に一本化を決定	毎日（大阪）一九九三／一〇／一夕
	○香川経済同友会『「ウオーキングアイランド四国」辿る四国計画の提言』	道一九九四　八八
	○平日遍路バス運行	道一九九四　一〇三
	○へんろみち保存協力会編『JR・私鉄・路線バス　のりつぎ巡拝ガイド：四国霊場先達』発行	
一九九四	○霊場会青年部発足	道一九九四　二三
	○第二七回四国霊場会公認先達研修会	道一九九四　三〇

一九九五	○阪神・淡路大震災。二六番金剛頂寺は被災者約一〇〇人に約一ヵ月間、無償で宿坊を提供 ○オウム・地下鉄サリン事件。麻原彰晃被告に贖罪の歩き遍路をさせるべきとの投書や、実行犯が遍路姿で逃亡中などの記事（誤報）が新聞・雑誌に掲載される ○へんろみち保存協力会「平成遍路石」の設置開始	報知(大阪)一九九五／一／二一 大阪一九九五／九／二八 読売(香川)一九九八／四／一五
一九九六	○四国遍路の代表的サイト「掬水へんろ館」（くしまひろし氏作成）の前身となるホームページが設置される ○へんろみち保存協力会、草刈り奉仕巡拝団を結成 ○早稲田大学道空間研究会「四国遍路と遍路道に関する意識調査」実施 ○環境庁「日本の音風景一〇〇選」に「大窪寺の鐘とお遍路さんの鈴」（香川県長尾町）が選ばれる	愛媛二〇〇一／一／三 道一九九七 毎日一九九八／一〇／三一
一九九七	○明石大橋開通で、関連四四業者五五航路のうち、廃止一一航路、縮小二二航路（運輸省再編計画） ○第一七回霊場会公認先達大会（松山）。元老大先達に鈴木凰永氏が選ばれ、へんろみち保存協力会の宮崎建樹氏に感謝状授与	愛媛一九九七／一〇／五
一九九八	○NHK「四国八十八カ所」シリーズ放映開始（二〇〇一年三月まで） ○五全総〔第五次全国総合開発計画〕 ○紀州接待講は一万個の接待品を配る ○明石海峡大橋完成により本四連絡橋・明石—鳴門ルート開通 ○明石大橋をにらんで一番札所では駐車場を倍増 ○明石大橋開通で大阪—徳島間の交通費は一〇分の一に（瀬戸内運輸） ○四国航空（本社・高松市）がヘリコプターによる巡拝ツアーを開始	毎日(徳島)一九九八／二／一八 毎日(徳島)一九九八／二／一八 朝日五／七夕

	○くしまひろし氏、「掬水へんろ館ニュース」（週刊のメールニュース）刊行開始	菊水一九九八／九／二三
	○愛媛県南宇和郡内海村新生内海50周年記念事業として「トレッキング・ザ・空海」開始	内海村ホームページ
	○第二二回世界遺産委員会京都会議。文化遺産候補地として「四国霊場八十八カ所遍路道」が取り上げられる。前後して「四国遍路を世界遺産に」の声が活発化	産経（大阪）一九九八／一二／一他
	○ＮＨＫ「四国八十八ヵ所」、初年度だけで五七〇〇件の反響が寄せられる	東京一九九九／一〇／七
一九九九	○映画『死国』（原作・板東真砂子）が公開される	
	○明石大橋開通一年で、一一社一六航路の関係航路が廃止された（神戸海運監理部）	
	○第一〇回空海のみちウォーク（日本歩け歩け協会、朝日新聞社主催）、一五四人が参加して三／八徳島を出発	朝日（徳島）一九九九／三／九
	○被災地の老人が作ったタオルを奉納・販売するキャラバン隊（被災地ＮＧＯ協働センター主催）が四国巡礼	朝日（徳島）一九九九／三／四
	○近畿日本ツーリストのパックツアー「歩き遍路の旅」。四月に行った第一回ツアー（一～二三番）は申し込み殺到	日経一九九九／六／一一夕
	○しまなみ海道（本四連絡橋・尾道―今治ルート）開通	
	○「平和の灯　四国巡礼」霊場会主催で五四回目の原爆記念日となる八／六に向けてスタート	朝日（大阪）一九九九／六／二一
	○メールマガジン「週刊へんろ」（発行・ふぃっつ）創刊	
	○「掬水へんろ館」リニューアル、個人サイトからテーマサイト化し現在の姿に	掬水一九九九／一／一
	○「四国八十八カ所メーリングリスト」（管理者・西田泰治氏）発足	毎日（愛媛）一九九九／八／一一
	○保存協力会の恒例事業「へんろみち一緒に歩こう会」終幕	掬水一九九九／八／二八
	○愛媛県を皮切りに四国四県で『国宝　弘法大師空海展』はじまる	
	○高松駅弁、「お遍路さん弁当」発売（九／二三より）	高知一九九九／九／二三
	○「地域限定キティちゃん」四国ヴァージョンに遍路姿が登場	高知一九九九／九／二九夕
	○第一九回霊場会公認先達大会（松山市）、三名が特任大先達に昇格	愛媛一九九九／一〇／七
	○長尾町で「へんろ資料展示室」（前山地区活性化センター内）開館（一一／七）	

	○四国地区経済同友会、四国霊場の世界遺産登録とフリーゲージトレインの四国新幹線への導入を共同見解として採択	毎日（徳島）一九九九／九／一八
	○新・四国平成義塾九九（四国・徳島・高知・愛媛の各新聞社主催）、「道」をテーマに高松で開催	四国一九九九／一〇／二四
	○四国地区経済同友会、「四国遍路文化調査委員会」を設立	四国二〇〇〇／二／二三
	○一番霊山寺では「明石・しまなみ開通とNHKの影響で、参拝者が三～五割増になった」と語る一方、五二番太山寺では「ここまで、来られる人は、例年の一割増ほど」	東京一九九九／一〇／七
	○「巡拝ツアー参加者が昨年より増えたのは四国霊場だけ」（名鉄観光担当者）	日経一九九九／一一／一夕
	○「旅行前の説明会で聞くと、八割ほどの人がNHKの番組を見ています」（近畿日本ツーリスト担当者）	東京一九九九／一〇／七
	○この年、歩き遍路は約一三〇〇名を数えたという（NHK『ゆく年くる年』）	浅川二〇〇一　三六
二〇〇〇	○歩き遍路の増加でピーク時の宿不足が問題化。へんろみち保存協力会、春遍路を前に相部屋を呼びかける	掬水二〇〇〇／三／一八
	○月刊『四国へんろ』誌（発行・ふぃっつ）創刊	
	○徳島自動車道の全線開通により、四県都を結ぶXハイウェイ成立	
	○徳島県「四国いやしのみちづくり事業」スタート	日経（四国）二〇〇〇／六／一七
	○五八番仙遊寺住職・小山田憲正氏ら『四国へんろ道文化』世界遺産化の会を設立	読売（愛媛）二〇〇〇／六／一六
	○四県経済同友会、提言書「四国の『遍路文化』を世界の人々に」を各県知事に提出（七／一四）	日経（四国）二〇〇〇／七／一五
	○四県「いやしのくに四国交流推進協議会」を結成（九／六）、インターネット博覧会（インパク）への参加を決める	毎日（愛媛）二〇〇〇／九／七
	○文部省委嘱「ハートでキャッチ『心の教育』」事業の一環として鳴門市の小学生が体験接待	徳島二〇〇〇／一〇／九
	○大川バス（本社・香川県長尾町）、八八番大窪寺までの路線バスを開設	読売（香川）二〇〇〇／一一／二八

	○インパク四国パビリオン「いやしのみち」（「いやしのくに四国交流推進協議会」）開催	毎日（徳島）二〇〇〇／一二／三一
二〇〇一	○国土交通省四国地方整備局「新四国のみち」事業、対象地区九ヵ所を決定 ○今治明徳短大、地域文化論のカリキュラムに歩き遍路学習を導入 ○紀州接待講、高齢化や財政難など厳しい状況ながら存続に意欲 ○空海のみちウォーク（日本ウォーキング協会、朝日新聞主催）閉幕。一二年でのべ約六三〇〇人が歩いた ○検索サイトYahoo! JAPANに「四国八十八ヶ所巡り」のカテゴリーが登場 ○建築家・歌一洋近大助教授、徳島県立近代美術館で「四国八十八ヶ所ヘンロ小屋構想展」開催 ○「四国八十八ヶ所ヘンロ小屋構想展」の第一号が徳島県海南町竣工	読売（香川）二〇〇一／二／一八 愛媛二〇〇一／三／六 徳島二〇〇一／四／一〇 朝日二〇〇一／六／九 掬水六／三〇 徳島二〇〇一／九／四夕
二〇〇二	デフレーションの時代。本四連絡橋による商品化された、京阪神や中国地方からの日帰り格安ツアーが人気をよんでいるといわれている。たとえば中国トラベルでは、一～六番を巡るツアーが三九八〇円（広島発・体験料金）	現地調査にて得た、関係者複数の証言による。

（参考資料）

早稲田大学道空間研究会『現代社会と四国遍路道』早稲田大学道空間研究会、一九九四年（※道一九九四と略記）

早稲田大学道空間研究会『四国遍路と遍路道に関する意識調査』早稲田大学道空間研究会、一九九七年（※道一九九七と略記）

浅川泰宏「四国遍路空間とその社会的認識の変容」一九九九年度修士論文（慶應義塾大学大学院政策メディア研究科）、一九九九年

浅川泰宏「遍路道を外れた遍路」『日本民俗学』（第二二六号）日本民俗学会、二〇〇一年

近藤喜博『四国遍路』桜楓社、一九七一年

関三雄「四国遍路と移動メディアの多様化」『社会学年誌40』早稲田社会学会、一九九九年

田中博『巡礼地の世界』古今書院、一九八三年

前田卓『巡礼の社会学』ミネルヴァ書房、一九七一年

前田卓「西国巡礼と四国遍路の今昔」懐徳堂友の会（編）『道と巡礼』和泉書院、一九九三年

山本和加子『四国遍路の民衆史』新人物往来社、一九九五年
歴史学研究会（編）『日本史年表』岩波書店、一九九三年
くしまひろし『掬水へんろ館』（http://www.kushima.com/henro/）（※「掬水」と略記）
（財）国際宗教研究所　宗教情報リサーチセンター『宗教記事データベース』（一九八七～）
朝日新聞 Digital News Archives（一九八四年八月～）
毎日 News パック・毎日新聞記事データベース（一九八七年一月～）

（出典と凡例）

各種新聞は『宗教記事データベース』に収録されたものを参照している。出典としてあげたもののうち、報道が複数あるものについては、より詳細なもの、あるいはより早いものを取り上げ、それらに差がない場合は、全国紙を優先している。新聞は全国紙については略称（例、日経＝日本経済新聞）を用いた。また地方紙については「…新聞」を省略した。なお、「夕」は夕刊を、全国紙の（　）は地方版をそれぞれ示す。

書籍・論文等については、原則として「著者・編者、刊行年、ページ」と表記したが、いくつかのものについてはスペースの都合で略記とした。

あとがき

長田・坂田・関の編集者三人で、道に関する社会学・文化人類学の立場から（旧）早稲田大学道空間研究会を立ち上げ、四国遍路道のフィールド調査に関わるようになってから、早や、十二年以上が経過した。その間、四国遍路においては、「歩き遍路」の復権を中心とする戦後第二回目の変容ステージが進行し、今日の遍路ブーム、巡礼ブームを目の当たりにすることになった。ちなみに、戦後四国遍路のドラスティックな第一回目の展開は、団体バス巡拝の登場による車遍路のヘゲモニー化の過程である。他方で、二十一世紀に入って、四国遍路の現況は、世界遺産化運動やインターネット・携帯電話利用の遍路の活性化などにみられるように、高度情報化やグローバル化の文脈の中で、ますます複雑な様相を呈し始めている。

戦後以降、四国遍路ではいかなる事態が進行しているのか。

本書は、先の旧研究会と、それを引き継ぐ形で新たに再編成された早稲田大学プロジェクト研究所「道空間研究所」が、一九九一年より開始した四国遍路道と現代四国遍路文化に関する一連のフィールド調査における産物である。すなわち、早稲田大学特定課題共同研究の助成を得て実施された第一次調査（一九九一・一九九二年度）および第二次調査（一九九五・一九九六年度）による両調査結果をベースに、その後の補足調査結果を踏まえて、現代四国遍路文化の状況を「道空間の社会学」の視点から総合的に分析考察を施したものである。

本書の眼目を、約言すれば、現代遍路文化を、「巡礼の社会学」のスタンスから「現代社会」と「道空間」というパースペクティブのもとに実証的データに依拠しつつ分析考察することにある。そのために、第一に、序章と第一部において、基本的視角の提示と、現代日本社会と遍路社会、さらには道空間に関する分析枠組について試論的考察を施した。ついで第二部においては、現代遍路文化における遍路者以外の主要な地域社会エージェントである、①札所、②行政、③交通メディアの各状況が吟味される。第三部では、遍路社会の主役エージェントたる現代遍路自身を対象として、④現代遍路者が持つ多様な諸側面―巡り方、移動手段、宿泊・費用・納経形態、動機ときっかけ、充実感、遍路道意識―に関して、その今日的な状況にたいするかなり突っ込んだ社会学的分析が展開されている。また、これら各章の理解をさらに深めるために、読者の便宜を図って、詳細にわたる四国遍路の戦後史年表(一九五一〜二〇〇二)が作成され、巻末に付されている。戦後四国遍路に関してこれまでに類を見ないほど子細に構成された本年表は、本書のみならず、現代四国遍路一般の理解に資する点が少なくないと思われる。

なお、これらの各章が、共有する実証的データを元にした共同研究ではあるもの、細部では各章が必ずしもまったく同一の結論や解釈を導いているわけではない点にはご留意いただきたい。われわれは、あえて、統一的な結論や解釈を導出することにはこだわらず、分析者各様の視座の相対性を尊重する立場を取った。したがって、執筆分担したそれぞれの分析者の視点が色濃くでており、それぞれがある程度独立した個別の論文としての性格を持っている、と言ったほうがよいかもしれない。各章がオルタナティブな解釈を施しうる点に、われわれは、あらためて現代遍路事情の多面性とその複雑性を確認できるのである。

それにしても今日の四国遍路を巡る事態は、きわめて流動的であり、新しい話題に事欠かない。通説には一二〇〇年もの伝統が継承されてきたといわれる現代四国遍路もその表層部分は、フィールド調査が現実に追いつかないほど可変的である。事実、遅々とした本書執筆の過程においても、幾つかの領域では事態が一変し、書き直しを余儀なくされた箇所は少なくない。また、それでもなお把握しきれない変容部分も想定されるし、細部においては一部データがやや最新の実態には即さない点があることも予想されるが、この点に関しては、ただ読者諸氏の叱責を謙虚に受止めるほかはない。

しかし、他方では荒削りでも、現代四国遍路文化の全体的状況をある程度まで体系的に投影し、おぼろげながらもその実像を結んでみることも大切であるように思われる。本文でも述べられているように、遍路文化や習俗は、これまで、どちらかといえば、遍路者中心のパースペクティブから見られ論じられがちであった。これを、遍路道を媒介とした遍路社会のプロセスに準拠点を移すことにより全体的遍路文化として再定位することも必要であるように思われる。とりわけ、複雑化の一途を辿っているように思われる現代遍路においては、このことが重要であろう。近年、マスメディアにおいてはたびたび「歩き遍路」の映像番組などが断片的に報道される。これら現代四国遍路の番組が往々にして持つステレオタイプ化された一面的メッセージに多少なりとも違和感を抱く者は、われわれだけではあるまい。現代四国遍路の内実は、もっと多元的であり、諸局面が交錯してより複雑な陰影を投げかけるものだ。

前述のように、ますます流動化する現代四国遍路の動向を把握するべく、本研究所の調査研究においては、その後、一九九八年度・九九年度文科省科学研究費による研究助成を受けて、お接待を中心とする地元地域社会の対応状況に関する調査報告書（二〇〇〇年）が公にされている。さらには目下、すでに実施された宿泊施設調査結果のデータ分析

（三次調査：二〇〇〇年度・〇一年度早稲田大学特定課題研究費）、現代遍路文化における「水の文化」調査（四次調査：二〇〇一年度・〇二年度文部省科学研究費）、現代四国遍路の宗教的シンボリズムに関する調査（五次調査：二〇〇二年度財団法人・三菱財団助成研究）が進行中である。これらの調査結果についての報告書は、順次、刊行の予定にあるが、いうまでもなく、いずれも、本書で取り扱われなかった現代四国遍路の諸側面をフォローするものである。現代四国遍路についてのより精確な全体像は、まだ、十分にはわれわれの視野に入っていない。

さて、本研究所における一連の調査研究がまがりなりにも継続できたのは、なによりも、早稲田大学をはじめ、文部科学省、民間研究所等から提供された貴重な研究助成によるものである。これら諸機関の研究費助成がなければ、現地調査関連の必要経費をまかなうことは不可能であった。

さらには、現地調査研究においては、数え切れないほど多くの関係諸機関や地域社会の方々の暖かいご支援・ご協力をいただいた。また、調査対象者としてご協力をいただいた多数のお遍路さんたちのことを挙げることも忘れてはならない。これらの方々から、惜しみなく頂戴した貴重な時間・お心遣い・諸資料等なくしては、これまでの調査研究と本書の刊行はありえなかった。ご教示頂いたこれらすべての関係者の方々にあらためてこの場を借りて心より感謝の辞を申し上げる次第である。

最後になったが、本書刊行の意図を汲み取られ、快諾された学文社の田中千津子社長には、まったく感謝の意を尽くす言葉が見つからない。近年の出版ご時世の中、清水の舞台から飛び降りるようなことをお願いしてもなんらたじろぐことなくお引き受けいただいたのが二〇〇一年のことである。「お大師様のおかげ」であろうか。もとより複雑な図表の多い本書の構成に加えて、何度となくいつもながらに遅々として進まぬ原稿提出や校正作業に、観音様のごとくに慈悲深く忍耐強く、長きにわたってお付き合いいただいた。その間、多大なご迷惑をおかけしたことを、編者一同、心よりお詫び申し上げるとともに、そのご厚情にたいしてあらためて深く感謝の意を捧げます。また、細大漏らさぬ緻密な原稿校正と言葉柔らかなご指摘とともに、これまた忍耐強くお付き合いいただいた中谷太爾氏をはじめとする学文社のスタッフの皆様にも、この場を借りて、厚く感謝申し上げる次第である。

なお、本書刊行にさいしては、二〇〇二年度早稲田大学学術出版補助費の交付を受けたことを付記するものである。

編者・執筆者一同

平成十五年一月

ま　行

や　行

ら　行

わ　行

た　行

な　行

は　行

さ　行

索　引

あ　行

か　行

長田攻一
現在：早稲田大学文学部教授
［主要著作・論文］
『社会学的世界の呈示』（共著，1990）
『岩波講座・現代社会学 6 時間と空間の社会学』（分担執筆，1996）
『現代に生きる四国遍路道』（CD-ROM，共同監修，1998）
「現代『遍路道』と遍路の多様化の意味」（1999）
「四国遍路の巡り方とその社会学的考察」（1999）

坂田正顕
現在：早稲田大学文学部教授
［主要著作・論文］
『世界のエイジング文化』（共編，1992）
『ドナウ河の社会学』（分担執筆，1997）
『現代に生きる四国遍路道（CD-ROM）』（共同監修，1998）
『転換期日本社会の諸相』（編著，1999）
『現代社会と人間』（共編，1999）

関三雄
現在：山陽学園短期大学教授
［主要著作・論文］
「人類学思想史あるいは思想史としての人類学」（1996）
「吸血鬼＝ドラキュラ現象における文化記号論的ディスクール」（1997）
「大航海時代あるいはルネサンスの人類学思想」（1997）
「四国遍路の移動メディアの多様化：遍路再考」（1999）
「トーマス・モアあるいは「文化批判」としてのユートピア思想」（2000）

現代の四国遍路
——道の社会学の視点から

二〇〇三年二月二五日　第一版第一刷発行

編著者　長田攻一
　　　　坂田正顕
　　　　関三雄

発行者　田中千津子

発行所　株式会社　学文社

〒153-0064　東京都目黒区下目黒三—六—一
電話　〇三(三七一五)一五〇一(代)
FAX　〇三(三七一五)二〇一二
振替　〇〇一三〇-九-九八八四二

印刷所／中央印刷株式会社
乱丁・落丁の場合は本社でお取替します。
定価はカバー・売上カードに表示

ISBN 4-7620-1195-9